Para Mike and Jane.
Con todo mi cariño y
simpatía.

DIARIO DE MAGALLANES

El hombre que lo vio y anduvo todo

DIARIO DE MAGALLANES
El hombre que lo vio y anduvo todo

José Manuel Núñez de la Fuente

EDICIONES DOCE CALLES

1ª edición: junio de 2017

ISBN: 978-84-9744-217-6
D.L.: M-14794-2017

Diseño, composición y fotomecánica: Ediciones Doce Calles, S.L.
Apdo. 270. E-28300 Aranjuez (Madrid)
docecalles@docecalles,com
www.docecalles.com

Impreso en España. *Printed in Spain*

SUMARIO

A Marco

El arte de perder se domina fácilmente.
Perdí dos ciudades, dos hermosas ciudades. Y aun más,
algunos reinos que tenía, dos ríos, un continente.
Los extraño, pero no fue un desastre.

ELIZABETH BISHOP

Juan Espadas Cejas
Alcalde de Sevilla

Si ciudades tan alejadas entre sí como Sevilla, Río de Janeiro, Lisboa, Buenos Aires o Cebú tienen una historia en común, todo fue gracias a un hombre: Fernando de Magallanes. Fue él quien ideó el plan de llegar a las islas Molucas, ricas en especias, a través del Atlántico. Y fue él también el responsable de que las dieciséis ciudades de cuatro continentes que formamos parte de la Red Mundial de Ciudades Magallánicas seamos hoy conscientes de pertenecer a un mismo mundo, a una inmensa y fascinante aldea global unida por las aguas que, hasta entonces, tan sólo nos separaban.

Magallanes dejó escritos muchos de sus recuerdos vitales y muchas de sus experiencias durante aquella larga travesía hasta su muerte, en 1521, en la isla filipina de Mactán. Y hoy, gracias al empeño recogido en este libro, podemos complementar con sus textos los del más famoso cronista de aquel viaje, Antonio Pigafetta.

Sin duda, Sevilla será uno de los nombres más repetidos en este fascinante diario del hombre que, como reza su título, lo vio y anduvo todo. En Sevilla encontró Magallanes el apoyo para hacer realidad su proyecto de encontrar un paso a las Indias por el oeste. En Sevilla se concentró la tripulación de los cinco barcos capitaneados por el genial explorador portugués. De Sevilla partieron los integrantes de aquella pequeña flota del Maluco, y a Sevilla arribaron, tres años después, tan sólo 18 supervivientes comandados por el insigne navegante vasco, Juan Sebastián Elcano.

Muchas veces hablamos de momentos históricos. Este fue, como lo han sido pocos, merecedor de este adjetivo. Porque aquella vuelta al mundo cambió nuestra historia, y en la historia del mundo, desde entonces, el nombre de Sevilla está escrito en un lugar central. Si Magallanes legó su nombre a un estrecho, Sevilla, como puerta de América y puerto de Europa, legó el suyo a una época en la que la humanidad se descubrió a sí misma.

Queremos que entre 2019 y 2022 nuestra ciudad vuelva a ser, quinientos años después, el lugar en el que el mundo se descubra, en un momento en el que, como si fuéramos los marineros de entonces, todo parece moverse bajo nuestros pies. Es una oportunidad ilusionante, y estoy convencido de que, del mismo modo que Fernando de Magallanes supo defender y ejecutar un proyecto a la altura de sus sueños, Sevilla será también capaz de capitanear el nuevo rumbo que el mundo adopte en esta nueva era que apenas comienza.

José Manuel Carvalho Marques
Presidente da Estrutura de Missão para as Comemorações do V Centenário da Circum-navegação comandada pelo navegador português Fernão de Magalhães

En efecto, hay coincidencias felices, y estoy seguro de que estamos ante algunas de ellas.

Este libro de José Manuel Núñez de la Fuente, que constituye un documento extraordinario en sí mismo, contribuyendo con especial relevancia al conocimiento del Primer viaje de circunnavegación de Fernando de Magallanes, se publica en la segunda década de este siglo, casi cinco siglos después de aquella gesta náutica. Y también casi cincuenta años después del primer viaje de un ser humano a la Luna. Precisamente, en el mismo año, 2017, donde un equipo de la NASA ha descubierto siete planetas orbitando una estrella, algunos de los cuales tienen superficies rocosas y masas similares a la Tierra, lo que permite prever condiciones objetivas para la existencia de agua líquida y por lo tanto, para la existencia de la vida en su superficie.

José Manuel Núñez es un autor inusual, un estudioso y metódico investigador que, como ningún otro, conoce y ha profundizado con el máximo rigor, durante más de dos décadas, en todas las cuestiones relacionadas con Magallanes y la primera vuelta al mundo. Los textos y documentos que posee este libro son la culminación de una trayectoria dedicada a este gran navegante que, por primera vez, nos habla en primera persona de su vida y de sus hazañas.

El autor, que llegó a realizar años atrás un viaje de navegación siguiendo la misma ruta de Magallanes, publica de forma inédita el diario de viaje del gran navegante y manifiesta en el libro que «Fernando de Magallanes es un hacedor de lo imposible», lo que me remite a aquella conocida frase de Albert Einstein que dice: «Algo sólo es imposible hasta que alguien lo pone en duda y lo resuelve para probar lo contrario». Por supuesto, Einstein se refiere a ese tipo de tareas que sólo están reservadas para los genios.

Otra coincidencia interesante y oportuna es que este libro nos llega cuando Portugal, España y el mundo ya se están preparando para las celebraciones entre 2019 y 2022 del quinto centenario de la primera circunnavegación, liderada por el ilustre navegante portugués. A tal efecto, el Gobierno de Portugal ha creado una Estructura de Misión para dicha conmemoraciòn que da al evento un carácter interministerial, teniendo en cuenta su naturaleza multidisciplinar. Este aspecto concita un gran interés porque intervienen muchas cuestiones y temáticas que están íntimamente asociadas con esta efemérides: el período durante el cual tuvo lugar el viaje registró importantes descubrimientos y avances en el ámbito del arte y la ciencia náutica, así como de la cartografía y el conocimiento astronómico. De ahí que, un gran capitán como fue Magallanes, para afrontar un desafío como aquél tuviese que combinar la capacidad de hacer frente a los obstáculos y a los difíciles retos de la navegación con la habilidad de comprender y aplicar los conceptos básicos del conocimiento náutico, matemático, oceanográfico, cartográfico y astronómico de su tiempo.

Por otro lado, se trata de una efemérides con capacidad de promocionar la paz y el desarrollo, la tolerancia y la reflexión global sobre el futuro de la humanidad en su conjunto, ya que intervienen y participan gentes y culturas de todo el mundo, guiando a la sociedad para un modelo de globalización más inclusiva y solidaria. Cuestión que, por otra parte, se revela muy actual y pertinente.

Una última coincidencia que me creo en el deber de mencionar es que, teniendo en cuenta que el autor de este libro es hoy día uno de los mayores y más reputados expertos en Magallanes, me sentí muy honrado cuando me pidió que escribiera este prólogo. En dicho momento yo era el Presidente de la Cámara de Sabrosa y, como tal, estaba tratando de promover diversos proyectos de interés relacionados con Fernando de Magallanes y los descubrimientos portugueses. Mas resulta que, cuando asumo esta honorable tarea de elaborar este texto, lo hago ahora como Presidente de la «Estructura de Misión para la conmemoración del quinto centenario de la circunnavegación liderada por el navegante portugués Fernando de Magallanes», nombrado para tal cargo por el XXI Gobierno Constitucional de Portugal.

Por ùltimo, sòlo me queda por recomendar vivamente a los lectores de este gran documento histórico que lo contemplen como testimonio de una parte fundamental de la Historia y como una gran oportunidad de futuro.

Juan Marchena Fernández
Catedrático Historia de América UPO de Sevilla

Tras el viaje magallánico, algo muy importante había hecho cambiar al planeta: la conciencia de la unidad del mundo en torno a una esfera nos hacía forzosamente colectivos. Los océanos ahora puestos en contacto permitían una conexión permanente entre los cuatro continentes, Europa, Asia, África y América, y la circulación entre todos ellos de personas, creencias, sistemas de saberes, bienes y productos comenzó a ser una realidad.

La otredad se plasmó desde entonces no en míticos u oníricos seres o paisajes, sino en grupos humanos, reinos, señoríos, ciudades, territorios y espacios a conocer, y seguramente también a dominar para explotar sus riquezas. Pero a su vez, recíprocamente, las cuatro partes del mundo ahora en contacto interactuaban entre sí, se mestizaban, en el sentido de influirse tras mantener contactos intensos entre culturas, sociedades, personas y efectos diferentes, y no cabía entender las unas sin las otras. El resto del mundo formó parte también en adelante de cada una de ellas. Una lógica global comenzó a extenderse sobre la superficie de la esfera, que al estar cubierta de agua en su mayor parte permitía precisamente ese contacto, cada vez más continuo y permanente; y desde las aguas oceánicas, ascendiendo los ríos, alcanzar los más recónditos rincones del globo.

Con la extensión de la imprenta, de la iconografía, plasmada en mapas, cartas y grabados, con el mayor interés por las noticias sobre cada vez más lejanas tierras y hombres, y por los nuevos mercados y nuevos productos que ahora se exponían en las tiendas, gradas y bazares, la geografía corrió más deprisa que nunca ante los ojos de unos y otros. Fue común, en los puertos europeos y americanos, oír hablar de las ciudades de la China o del Japón, o de las islas del Maluco; y en las ciudades portuarias del Pacífico occidental referirse a la plata mexicana o a los tejidos de Europa como bienes cercanos y corrientes.

Todo ello fue posible, y a nosotros nos consta, porque a partir de las páginas de este fascinante relato que José Manuel Núñez de la Fuente coloca ante nuestros ojos, somos testigos de cómo unos aventurados marineros al mando de expertos navegantes de mares y océanos recorrieron al completo la esfera terrestre, y conectaron lo que hasta entonces había estado desligado: el occidente con el oriente, y el oriente con el occidente, uno y otro ahora juntos para siempre en el mismo planeta. Fueron los primeros que tomaron conciencia de lo que hoy llamaríamos la *World History*, en cuanto construyeron las primeras relaciones planetarias que dieron origen a la modernidad. Ellos iniciaron las *Connected Histories*, en cuanto articularon mecanismos que vincularon las distintas sociedades que con ellos y desde ellos entraron en contacto.

En estas páginas escritas con pluma y alma magallánica, se nos muestra cómo estas gentes, superando contradicciones propias de su tempo, a bordo de sus –solo aparentes– frágiles embarcaciones, hicieron llegar el mundo europeo al mundo oriental, y al revés, uniendo y acercando las distintas partes que los componían; produciendo y originando a la vez un choque y también un descubrimiento mutuo, pero, qué duda cabe, poniendo en relación sociedades e historias que hasta entonces habían permanecido ajenas entre sí. Europa, América, África y Asia pasaron a ser escenarios de la construcción de una nueva dimensión de la historia del planeta: una dimensión global en una primera mundialización de las sociedades humanas.

La historia que nos narra este libro va mucho más allá de la relación de un periplo oceánico, por más vasto y prologado que este fuera. Ni siquiera procura acercarse únicamente a explicar los proyectos y afanes expansivos de las monarquías ibéricas y su extensión a escala planetaria. Sino explica cómo recorriendo ese espacio compuesto por elementos tan diferentes en cuanto a civilización material o espiritual, fragmentado en espacios discontinuos, este viaje pudo enlazar a tantos grupos diferentes, a tantos individuos, a tantas teselas de un mismo mosaico que es el gran mosaico de la humanidad, creando una red, una cadena, un camino de interdependencias situado más allá del terreno de las meras imposiciones, que lleva casi cinco siglos en funcionamiento y que contiene en sí mismo poderosas señas de identidad, conectando las historias, conectando las ideas, conectando las palabras.

El libro de José Manuel Núñez me trae a la memoria el *Orbe indiano* de David Brading, o *Las cuatro partes del mundo* de Serge Gruzinski. Libros de Historias Conectadas. Este libro se me antoja una fascinante propuesta para ampliar los horizontes de cómo ver el mundo, una invitación para situar los problemas del desde entonces orbe esférico en un contexto sin fronteras, o al menos más allá de las fronteras convencionales, mucho más próximo a la necesidad de entendernos en un complejo proceso de mestizaje social y cultural. Un mestizaje social y cultural que comenzaba en las mismas cubiertas de los navíos: aparte los españoles, viajaron en aquella armada cinco alemanes, seis flamencos, diecisiete franceses, seis griegos, dos hindúes, seis británicos, veinticinco italianos, un morisco, dos africanos, veintinueve portugueses y un brasileño. Un mundo.

Al que se sumaba el otro mundo, el que trajo Juan Sebastián Elcano a su regreso, cuando le escribe al Emperador:

> Navegamos de isla en isla, viendo modo de arribar, con la gracia de Dios, a las islas de Maluco, lo que ocurrió al cabo de ocho meses de haber sucedido la muerte del dicho capitán [Magallanes], y allí cargamos las dos naves de especería. Ha de saber V.M. cómo navegando hacia las dichas islas de Maluco, descubrimos el alcanfor, canela y perlas. Deseando partir de las dichas islas de Maluco la vuelta de España en cuyo camino descubrimos muchas islas riquísimas, entre las cuales descubrimos a Bandam, donde se dan el jengibre y la nuez moscada, y Zabba, donde se cría la pimienta, y Timor, donde crece el sándalo... La muestra de todas estas producciones, recogidas en las islas mismas en que se dan, traemos para mostrar a V.M. La paz y amistad de todos los reyes y señores de las dichas islas, firmadas por sus propias manos, traemos para V.M., pues desean servirle y obedecerle como a su rey y señor natural. Habiendo partido de la última de aquellas islas, en cinco meses, sin comer más que trigo y arroz y bebiendo sólo agua, no tocamos en tierra alguna... con grandísimo trabajo de la bomba, que de día y de noche no hacíamos otra cosa que echar fuera el agua, estando tan extenuados como hombre alguno lo ha estado, con la ayuda de Dios y de Nuestra Señora, después de pasados tres años, dimos fondo en Sanlúcar... Y con esto ceso, besando los pies y manos de vuestra alta Majestad. Escrita a bordo de la nave *Victoria*, en Sanlúcar, a seis días de septiembre de 1522.

Aquí terminaba el viaje, pero aquí comienza el libro. El viaje es una pieza imprescindible de la historia de la humanidad; este libro, una hermosa manera de reiniciarlo.

LOAS A MAGALLANES Y A LA PRIMERA VUELTA AL MUNDO

Son por cierto estos diez y ocho marineros que con esta nao aportaron a Sevilla más dignos de ser puestos en inmortal memoria que aquellos Argonautas que con Jasón navegaron y fueron a Colchides, de quien los antiguos poetas hacen tanta celebridad.

MAXIMILIANO TRANSILVANO, 1522

Fue el camino que esta nao hizo el mayor y más nueva cosa que desde que Dios creó el primer hombre y compuso el mundo hasta nuestro tiempo se ha visto, y no se ha oído ni escrito cosa más denotar en todas las navegaciones después de aquella del patriarca Noé, y ni aquella nao o arca navegó tanto como ésta. Cosa en verdad que no se sabe ni está escrita ni vista otra semejante ni tan famosa en el mundo.

GONZALO FERNÁNDEZ DE OVIEDO, 1535

La nave Argos de Jasón que pusieron en las estrellas navegó muy poquito en comparación con la nao *Victoria*, la cual se debiera guardar en las Atarazanas de Sevilla por memoria.

LÓPEZ DE GÓMARA, 1552

El viaje hecho por los españoles en el espacio de tres años alrededor del mundo es una de las cosas más grandes y maravillosas que se han ejecutado en nuestro tiempo y aun de las empresas que sabemos de los antiguos, porque esta excede en gran manera a todas las que hasta ahora conocemos.

JUAN BAUTISTA RAMUSIO, 1555

Nada se puede encontrar más admirable en la navegación, porque abrieron el camino para encontrar el nuevo orbe. Saliendo desde Sevilla, de la Andalucía de España, no lejos de la nobilísima ciudad de Cádiz y el Estrecho de Gibraltar, hicieron ruta hacia el poniente, de allí doblaron hacia el sur y a través del mar antártico se dirigieron hacia el oriente.

Siguieron navegando por el inmenso mar hasta volver al punto de partida. Los españoles habían dado la vuelta a toda la tierra.

FRAY LUÍS DE LEÓN, 1577

Y estos dos anchos mares que pretenden
pasando de sus términos juntarse
baten las rocas y sus olas tienden
Mas ésles impendido el allegarse
Por esta parte al fin la tierra hienden
Y pueden por aquí comunicarse
Magallanes, señor, fue el primer hombre
que abriendo este camino le dio nombre.

ALONSO DE ERCILLA 1578

Los dos hechos más importantes para la economía del mundo fueron gestas marinas: remontar el cabo de Buena Esperanza y cruzar el Estrecho de Magallanes y el Pacífico para alcanzar las Molucas. En manos de portugueses y españoles estuvo la frontera del conocimiento y fueron ellos los que enseñaron la navegación de alta mar a los demás.

ADAM SMITH, 1776

Esta fue la empresa de Fernando de Magallanes, caballero portugués cuya osadía y constancia grande en inquirir este secreto y no menos feliz suceso en hallarle, con eterna memoria puso nombre al estrecho que con razón por su inventor se llama Magallanes.

MARTÍN FERNÁNDEZ DE NAVARRETE, 1837

El drama glorioso de los descubrimientos transatlánticos tiene un personaje eminente y Portugal un nombre venerado por la moderna civilización. Uno de esos fervorosos emprendedores que de la espada y la nave han hecho los más poderosos instrumentos del progreso. Fernando de Magallanes nos pagó generosamente el desamor y la afrenta de renegarnos, es cierto que servía a Castilla cuando circunnavegaba el globo, pero el nombre de Magalhaes quedó siempre portugués, y la gloria de sus navegaciones ha de ser perpetuamente gloria también de Portugal.

JOSÉ MARÍA LATINO COELHO, 1856

Aunque la empresa de Magallanes es reconocida como la más grande jamás emprendida por cualquier navegante, sin embargo, él fue privado de su debida fama por los celos que siempre han existido entre los dos pueblos que habitan la Península, pues los españoles no toleraron estar mandados por un portugués, y los portugueses aún no han perdonado a Magallanes haberlos abandonado para servir a Castilla.

LORD STANLEY OF ALDERLEY, 1874

Magallanes nos revela un carácter muy por encima de su época; un hombre auténtico y desinteresado que estaba inundado de una gran pasión por los descubrimientos, buscando siempre el bienestar de la humanidad y la gloria de la cruz en vez de la riqueza y la fama. Los avatares de su vida no sólo fueron nobles, sino que tienen el espíritu de la caballería.

HEZEKIAH BUTTERWORTH, 1899

Magallanes puede ser considerado uno de los más intrépidos navegantes de la Historia. Su obra gigantesca permanecerá en tos fastos del pasado entre las grandes audacias del espíritu humano.

P. PABLO PASTELLS, 1920

De entre todas las figuras y todas las rutas, mi admiración se asió a los hechos del hombre que, en mi sentir, llegó a lo más extraordinario en la historia de los descubrimientos geográficos: Fernando de Magallanes. Su navegación es tal vez la odisea más grande en la historia de la humanidad y, es la verdad que, cuando decidí escribirla atento a los documentos fidedignos a mi alcance, tenía la sensación de contar algo inventado, una de esas sagradas leyendas de la humanidad, pues ¡nada hay más excelente que una verdad que parece inverosímil!

STEFAN ZWEIG, 1938

El infante don Enrique rodeado de sabios en la Escuela de Segres

PREFACIO

Habitamos un mundo situado en un lugar recóndito de un universo infinito de infinitos universos, cuya estructura y dimensión escapan de la lógica científica e incluso de la más fértil imaginación. Aun así, en el límite de nuestra audacia, los humanos nos empeñamos en salir ahí fuera y buscar en las estrellas el sentido de lo que somos y de cuanto nos rodea. Con la ayuda de inmensos radiotelescopios y de sofisticadas sondas de exploración espacial podemos ver y auscultar lugares muy alejados del universo conocido, que tan sólo representa una pequeña porción de lo que simplemente intuimos, pero queremos saber más y nos aferramos a ello sin comprender muy bien el porqué. Como tampoco lo supieron aquellos navegantes y exploradores de cualquier tiempo y lugar que se empeñaron en descubrir y poner en los mapas a cada uno de los rincones de nuestro planeta, un mundo que primero fue plano y creado por diferentes dioses, según los credos, y después redondo y poblado por una enorme variedad de animales, gentes y culturas. En 2019 se cumple el quinientos aniversario de la primera vuelta al mundo, efeméride que casualmente coincide con el cincuenta aniversario de la llegada del hombre a la Luna. Acontecimientos que tuvieron una trascendencia extraordinaria en el devenir de la ciencia y de la propia humanidad, pues si con lo primero el navegante Magallanes puso límites al mundo, por primera vez, y a su esférico contorno, con lo segundo, el astronauta Armstrong fue capaz de salir de nuestra casa la Tierra, también por vez primera, para pisar con sus pies la superficie de un astro exterior. Pero como las comparaciones suelen ser odiosas conviene aclararlas. Hace 25 años, cuando navegaba con mis compañeros por los canales de la costa suroccidental chilena tras cruzar el Estrecho de Magallanes, tratando de emular la ruta de navegación trazada por la flota del Maluco, pudimos abarloar nuestro velero *Antaviana* a un gigantesco buque factoría que faenaba en sus labores de pesca por aquellas aguas, ya cerca de Puerto Montt. Mientras reponíamos fuerzas para afrontar el paso del océano Pacífico pude mantener una amigable conversación con el capitán del buque sobre el insigne navegante portugués, del cual ambos admirábamos sus grandes proezas. Al final de nuestra charla le pedí al capitán que usara de la imaginación y me diese su opinión sobre lo que habría logrado Magallanes de haber vivido en nuestra época y con acceso a nuestra tecnología. Sin dudarlo un instante me contestó que, en nuestro mundo, Magallanes habría llegado a la Luna, lo cual me dejó sorprendido, pues según le dije no era muy espectacular y ni siquiera novedoso lo que planteaba. Entonces el capitán se excusó diciéndome que, al parecer, no se había explicado bien. Magallanes iría a la Luna, insistió, pero lo realmente insólito es que lo haría en un ala delta. Y entonces pude comprenderlo. Pues, efectivamente, mejor que cualquier otra cosa, esa es la verdadera impronta que Hernando de Magallanes ha dejado en la historia universal. Un hacedor de lo imposible.

AL QUE LEYERE

> No obstante que yo confieso el mal aparejo que mi rudo ingenio ha tenido para tan ardua empresa, y la pobreza del estilo para saber explicar tantas y tan peregrinas historias, tan a sabor y con tan apropiado gusto como estas diversidades historiales lo piden, no por eso dejaré de decir lo que supiere.
>
> GONZALO FERNÁNDEZ DE OVIEDO

Tome el lector como mías estas palabras de Oviedo, pues si bien arrojan luz sobre el talento que el soldado cronista de las Indias pretende ocultar, y hacen mérito de su escasa vanidad, en mi caso deben ser tomadas por ciertas, a la espera de la generosa indulgencia de quien pacientemente se aferre a las páginas de este libro, no tanto por el placer de leer lo que mi torpe ingenio produjo, sino por cuanto de verdad se dice en él.

Para una mejor lectura y comprensión del Diario de Magallanes, este libro se ha dividido en tres partes: una primera, de carácter introductorio, donde se plantea el marco geopolítico y sociocultural de la época, así como un amplio fresco sobre la vida y obra de Magallanes, todo ello desde un plano netamente historiográfico. La segunda corresponde al Diario propiamente dicho, y como tal hay que interpretarlo, es decir, un documento autobiográfico que describe las venturas y desventuras del navegante portugués hasta poco antes de su muerte. Y, por último, la tercera parte está dedicada a rematar todos y cada uno de los cabos sueltos que nos deja el Diario tras la muerte de su autor en Filipinas, así la propia descripción de la batalla de Máctán, donde lucha y muere Magallanes, como también el destino de las naos y de los principales protagonistas de esta epopeya. A modo de apéndice, el libro incorpora un selecto registro documental, fielmente transcrito desde los originales, acerca del material existente en archivos y bibliotecas de todo el mundo: capitulaciones, cartas de relación, cédulas reales, disposiciones testamentarias, cartas privadas, autos judiciales y detallados registros sobre la tripulación, como también de las cargas y costes de las naos. Un valioso material, sin duda, que aportará la *veritas veritatis* en cuestiones difíciles y espinosas de esta gran historia.

INTRODUCCIÓN

Imaginas querido lector qué habrían escrito aquellos sabios de la antigua Grecia si alguno de sus héroes hubiese realizado hazañas similares a las que logró Hernando de Magallanes a lo largo de su vida y en especial la más excelsa de todas, descubrir el paso entre el océano Atlántico y el Pacífico, permitiendo con ello, tras un sin fin de peligros y calamidades, la primera circunnavegación a la Tierra. Acaso puedes intuir siquiera qué odas y cantos habrían compuesto poetas tan insignes como Homero y Hesíodo exaltando a Tebas, Troya e Ítaca, si hubiesen sido cualesquiera de ellas el escenario elegido, en lugar de Sevilla, para convertirse en el alfa y el omega de tan extraordinaria proeza. Muchos cronistas y escritores de cualquier tiempo y lugar se han hecho preguntas como esas queriendo mostrar de un lado su admiración por un hecho tan insólito, y de otro su perplejidad por la escasa atención que siempre se ha mostrado desde España ante una hazaña tan gigantesca y admirable. Pues, en efecto, tal como distingue Jules Michelet en su obra *La mer*, jamás existió una vida más terrible y memorable que la de Magallanes. Todo en ella fueron combates y lejanas navegaciones, rebeliones y procesos, tempestades y naufragios. A lo que podemos añadir, amores secretos más uno interesado con triste final, envidias y traiciones, generosidad y sacrificio. Luego al final una muerte heroica entre feroces indígenas seguida de un olvido injusto y después la gloria. Magallanes, como un Prometeo redivivo, unió su infortunio y trágico destino a la consecución de una obra imperecedera y benefactora para toda la humanidad, fue ungido por su Dios y por los reyes para realizar un trabajo más propio de Hércules que de un hombre como él, ajado cuarentón, cojo y de escasa presencia, aunque también fue castigado por ello con dolor y sufrimiento, en la misma medida del arrojo y rebeldía que mostró durante toda su vida.

Magallanes se empleó bravamente durante su juventud al servicio de Portugal en África y en la India, lugar éste donde vivió y luchó a lo largo de siete años contra indios y malayos. Allí tomó la experiencia necesaria para la gran expedición que le llevaría por el poniente a las Molucas, a través de un paso secreto que sólo él decía conocer y que le conduciría directo a las Especias. Pues aunque cueste creerlo, unos insignificantes condimentos como la pimienta y el clavo de olor fueron la causa principal del viaje más glorioso y heroico de todos los tiempos. Despreciado por el rey de Portugal, a causa de envidias y calumnias, Magallanes cruzó la frontera hacia Castilla para lograr sus objetivos. En su nueva patria llegó a conocer una vida adoptiva y placentera, se aloja en las Reales Atarazanas de Sevilla y logra casarse con Beatriz, cuyo padre, Diego Barbosa, será la llave que le abra las puertas ante Carlos I para presentarle su ambicioso proyecto. El joven rey, aconsejado por el Obispo Fonseca, le ofreció cinco barcos, aunque nunca llegó a fiarse de aquél extranjero testarudo, por lo que acabaría colocándole cadenas invisibles mediante nobles muy apellidados, orgullosos y resabiados. De esa forma, navegando entre la malquerencia castellana y la venganza portuguesa, Magallanes hubo de enfrentarse a la geografía de un mundo que nadie sabía aún cómo era. A poco de comenzar la navegación hubo de sufrir la presentida rebelión de buena parte de su flota, ante lo que desplegó un espíritu intransigente e indomable. Primero, arrestó con astucia y humilló a su principal antagonista, para después acabar con el resto de sus enemigos mediante la ley del hacha y el verdugo. Ya cercanos al fin del mundo avistó el ansiado paso, aunque nadie quería seguirle, las violentas convulsiones de un mar lúgubre y enfurecido, rodeado por picos terroríficos de roca negra entre nieblas eternas causaron verdadero pavor entre la tripulación. Pero Magallanes no se rindió y ordenó seguir avante hasta cruzar el laberíntico estrecho. A continuación se enfrentaron a un impresionante mar desconocido al que Magallanes bautizó como Pacífico, aunque para ellos sería la mismísima puerta del infierno, pues durante los 110 días que duró la travesía sufrieron toda clase de privaciones y padecimientos, llegando a comerse las ratas y el cuero de las vergas, previamente ablandado con serrín y agua salada. Más tarde, a escasas millas de la gloria, Magallanes murió heroicamente en la isla filipina de Mactán, junto a un grupo de valientes entre los que se encontraba su propio hijo ilegítimo, Cristóbal Ravelo, a quien no dudó en socorrer tras verle malherido, aún a costa de su propia vida. Finalmente, Juan Sebastián Elcano, uno de los líderes sediciosos que se había amotinado contra Magallanes en la Patagonia, logró redimir su pena culminando con gran pericia náutica la hazaña de circunnavegar por primera vez el globo, demostrándose con ello dos grandes verdades, la redondez de la Tierra y que el destino es injusto.

Tras de aquella expedición inigualable, Castilla y Portugal, que se empeñaban en repartirse el mundo desde el tratado de Tordesillas como si de una manzana se tratase, tuvieron que revisar de nuevo los acuerdos papales y tratados bilaterales fiándose de lo que en adelante dictaminaran los sesudos sabios y cartógrafos de ambos reinos, quienes finalmente resolvieron que la posesión de aquel lejano tesoro le correspondiese a Castilla y al emperador Carlos V. Curiosamente, después de las muchas calamidades sufridas por los escasos supervivientes de aquella epopeya y por todos los que murieron durante el viaje, nadie parecía tener verdadero interés por poseer aquella manzana de la discordia. Naturalmente, la posición geográfica de las islas no se alteró tras el viaje de Magallanes, de ahí que tuviesen la urgente necesidad de convocar a los mayores sabios y expertos para fijar su exacta localización y determinar su propiedad según el tratado de Tordesillas. Así, después de muchos dimes y diretes, se llegó en 1529 a una solución de compromiso por la que se daba la razón a Castilla, aunque basada en datos erróneos, pues la verdadera posición de las Molucas no sería conocida hasta mucho más tarde, durante el siglo XVIII, tras la invención del cronómetro, una vez constatada la medida correcta de la circunferencia terrestre. De tal forma, las trescientas setenta millas de más conseguidas en el Tratado de Tordesillas se le acabarían atragantando a Portugal en las antípodas, pues de haber quedado la partición tal como estaba en la bula *Inter Caetera* otorgada por el Papa Alejandro VI, las Molucas hubiesen caído en la demarcación portuguesa, aunque a cambio habrían perdido el Brasil. Ciertamente, a la Cesárea Majestad, Carlos V, no le resultó provechosa la explotación del Maluco, pues tal como nos apunta el prolífico historiador Martín Fernández de Navarrete: «el paso recién descubierto quedaba muy lejano en el hemisferio meridional, en una latitud muy borrascosa y destemplada que hacía muy dilatada y peligrosa la navegación, haciendo su explotación muy costosa y arriesgada». Tras lo cual, el Emperador optó por hacer caja cuanto antes empeñando las nuevas posesiones a su máximo competidor, que no era otro que su vecino, Don Juan III, recién proclamado rey de Portugal. El precio acordado entre las partes fueron 350.000 ducados de oro, una ingente fortuna para la época, pero que escasamente sirvió para aplacar la codicia de los acreedores del Emperador, los siempre voraces banqueros alemanes que anteriormente le habían aupado con sus créditos al solio imperial. Aunque en realidad, nos fiamos más de las palabras del poeta portugués Manuel de Faria e Sousa: «Ni los unos ni los otros supieron en verdad lo que daban y tomaban». Y justamente así debió ser, pues el rey Don Juan III no tardó mucho en castigar a uno de sus consejeros, el licenciado Acevedo, por haber pagado los dineros sin declarar el tiempo de plazo, como tampoco pareció ajustarse aquella cesión a los intereses castellanos, sobre todo, si atendemos a lo dicho por hombres que entendían muy bien de los provechos en el negocio de la Especiería, el cual podría rentar, según ellos, en unos pocos años mucho más de lo que el rey cobraba en aquella transacción. Pedro Ruiz de Villegas, que estuvo en la contratación del Maluco, recomendó al rey que mejor hubiera sido empeñar Extremadura u otras ciudades y tierras de Castilla que no los Malucos, insistiéndole con ello para que las desempeñara. Todavía en 1548 los Procuradores de Cortes trataban de convencer al Emperador para que devolviese al reino las Especierías, tomándolas ellos mismos en arrendamiento tras de pagarle al rey de Portugal sus 350.000 ducados. Mas, según nos cuenta el cronista López de Gómara: «el Emperador mandó desde Flandes que ni lo diesen por capítulo de Cortes ni hablasen más de ello, de lo cual unos se maravillaron, otros se sintieron y todos callaron». Las Molucas pasarían nuevamente a dominio español en 1580, durante el reinado de Felipe II, en virtud de la unión temporal de las coronas portuguesa y castellana. Por último, ante la frecuente desidia de los reyes españoles se produjo un ajetreado vaivén, siendo tomadas primero por los holandeses y después rescatadas nuevamente por el gobernador de Filipinas, Pedro de Acuña, hasta que finalmente fueron abandonadas para siempre por temor a las correrías del corsario chino Kog-Seng.

I
CUESTIONES PREVIAS AL DIARIO

Enrique el Navegante

Castilla y Portugal. Una carrera para dominar el mundo

A finales del siglo XV las regiones del Algarve y Andalucía formaban parte de otro mundo situado más allá de los reinos a los que pertenecían. Unidas por una geografía hermana, así como por seculares lazos familiares y profesionales, las dos regiones sureñas de la península ibérica acabarían aportando en aquel tiempo, no sólo los medios, las artes y las tecnologías, sino también las personas que darían un gran vuelco a la historia durante los siglos siguientes. No en balde Colón se arrimó primero a los portugueses y después a los palermos, cercanos a la Rábida, para que le contaran sus conocimientos y secretos de allende la mar océana. Con ellos nutriría su alocada imaginación como también tomó buena nota de su pericia náutica y de los usos referidos a ese nuevo prototipo llamado carabela, que volaba en el mar dejando exhaustas a las viejas carracas del norte. Y finalmente, uniendo su suerte a los Pinzón, a los que aceptó como padrinos y maestros en el arte de marear, se pondría en el camino de las especias descubriendo un nuevo mundo al que primero algunos llamaron, erróneamente, las Indias, y algún tiempo después, torpemente, otros bautizaron como América. Tras de ello, había comenzado la gran carrera contra reloj para dominar el mundo. En Portugal ya hacía años que se vivía de la pimienta, los mercaderes sabían sobradamente que en tanto la gente fuese esclava de su vientre, harían grandes negocios, al igual que los banqueros alemanes y genoveses también lo harían mediante sus empréstitos para traer tales productos desde el oriente. Los portugueses habían relevado a los venecianos en el monopolio del rico comercio de la especias, la República marítima de los palacios flotantes había intentado a duras penas contrarrestar la situación amenazando a los comerciantes de Egipto y de la India para que no tratasen con los portugueses, cosa que a la postre resultó tan inútil como frustrante. Portugal era la auténtica reina de la pimienta y su capital Lisboa era la indudable dueña y señora de la ruta oriental de los océanos. Las grandes potencias vecinas como Francia, Italia, Flandes y por su puesto Castilla asistían atribulados al esplendor lusitano y sentían envidia por ello. Aunque tal situación no era casual ni injusta pues, precisamente, los portugueses habían sido los primeros desde comienzos del siglo XV en adelantarse en aquella carrera desaforada por controlar el ansiado mercado de las *drogas índicas*. Obra meritoria e

OLISIPPO.
1. Castelli regia.
2. Ripę regia.
3. Armamentarium.
4. Hospitale Omnium Sanctorum.
5. Domus Senatoria.
6. Domus Indica noua.
7. Domus Indica vetus.
8. Monast. S. Francisci.
9. Templum maximum. sedes Archiepiscopalis.
10. Monast S. Maria da graca.
11. Predicatores.
12. Monast. Carmelitarum.
13. S. Iuliani.
14. S. Vincenty.
15. S. Stephani.
16. S. Catharinæ.
17. Nostr. Dam da Victoria.
18. S. Petri.
19. S. Ioanis da paca.

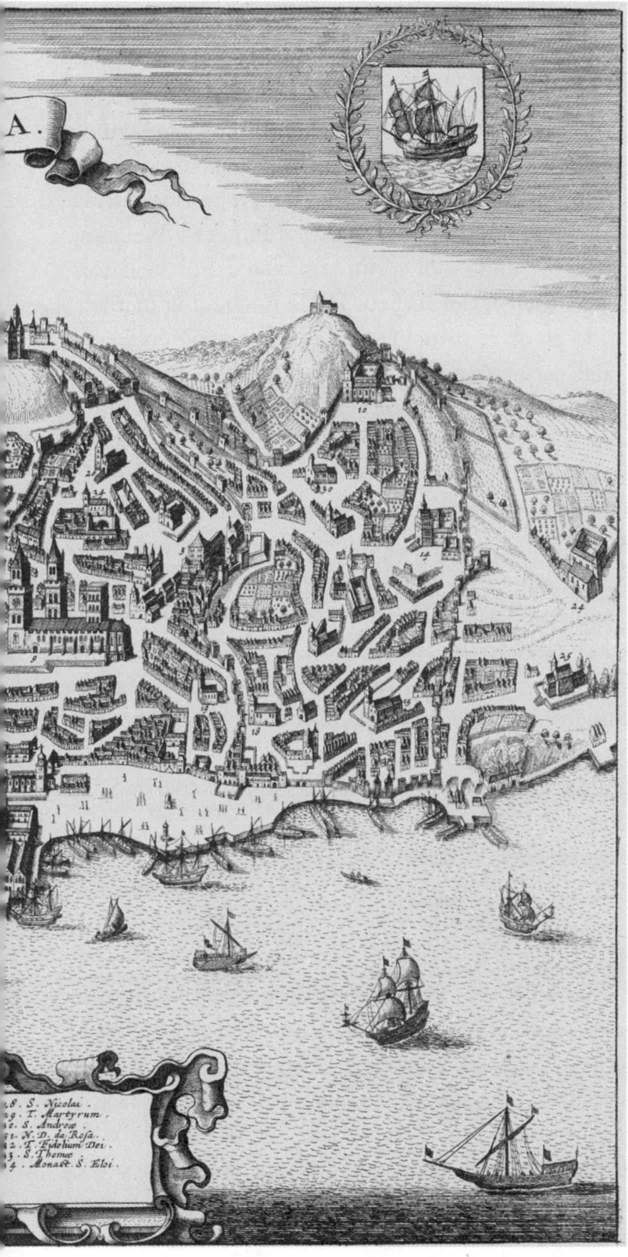

Olisppo,
Lisabona, 1660

indiscutible de un personaje singular en la historia de Portugal, el infante don Enrique el Navegante. Un hombre sereno y visionario que jamás navegó, pero que supo adelantarse a su tiempo y plantear una estrategia a largo plazo que convirtió a su reino, uno de los más pobres y pequeños de la vieja Europa, en una nación próspera y admirada por las naciones de todo el orbe. Quizá se trate de la primera vez que alguien pensó a escala global, hasta el punto que los clanes banqueros de los Fugger y Wellsser, interesados hasta entonces en Italia, volvieron sus ojos a Portugal tras los primeros viajes que retornaron del Índico. De la noche a la mañana Lisboa se había convertido en el eje principal de la política comercial del mundo, razón por la cual necesitaba de la ayuda del gran capital, que estaba donde siempre, en Alemania. De repente Portugal había obtenido una enorme herencia que a duras penas podría disfrutar si no controlaba las rutas africanas del Índico y el Atlántico, así como la península de Malaca, la cual suponía el último jalón continental en el tránsito de las especierías. No obstante, a pesar de ser una nación pequeña y con poca población, Portugal tenía a gente muy grande y emprendedora que hizo posible el milagro, los primeros serían Gil Eanes, que dobló el terrorífico Cabo Bojador en 1434 y Diego Cao llegando al río Congo en 1482, al que pronto seguiría Bartolomé Díaz en 1488, que logró cruzar el Cabo de Buena Esperanza. Finalmente, Vasco da Gama culminaría el proceso con su victoriosa llegada a la India en 1498, poniendo con ello todo el Oriente en manos de la pequeña nación ibérica, cuya salida natural en el océano era, paradójicamente, hacia el Poniente.

Un poco antes de todo esto, cuando Colón regresó felizmente de su primer viaje en 1492, sin saber exactamente a dónde había llegado, la consternación se había apoderado de los portugueses. Qué poco les había durado la felicidad de sentirse dueños de un monopolio que todos anhelaban en Europa. Temían tras la noticia de Colón que todo lo que habían conseguido se le escapase entonces de las manos. Todos sabían que quien dominara la ruta de las especias se convertiría en el dueño de la Tierra, como también lo sabían cualesquiera de los marinos, jóvenes y viejos, que desde antiguo habían rondado por la Escuela de Sagres, un centro de investigación náutica creado por el infante don Enrique que llegó a ser, salvando las distancias, la NASA del siglo XV. Entre tanto, Francia, Alemania e Inglaterra, con sus problemas territoriales y dinásticos, así como

Cristobal Colón

Doble página siguiente
Joannes Stradan, Americae rettrectio, *ca*. 1580-1590

Ioannes Stradan. inven. Adrianus Collaert sculp. Phls Galle excudit

QVIS POTIS EST DIGNVM POLLENTI PECTORE CARMEN
CONDERE PRO RERVM MAIESTATE, HISQVE REPERTIS?

LVDOVICO, et ALOYZIO Almanijs fratrib. nobil. Flor. Joannes Strada. inven. D.D.

1

CHRISTOPHORVS COLVMBVS LIGVR *terroribus Oceani superatis alterius pęne Orbis regiones à se inventas Hispanis regibus addixit. An. salutis* ∞.VIIID.

AMERICVS VESPVCCIVS FLORENTINVS portentosa navigatione ad Occasum atque ad Austrum duas Orbis terrarum partes, nostris oris quas incolimus maiores, et nullis antea nobis notas sæculis, aperuit. quarum alteram de suo nomine AMERICAM mortalium consensus nominavit. An. sal. ∞. IIID.

FERDINANDES MAGALANES LVSITANVS anfractuoso euripo superato, ∞ telluri ad Austrum nomen dedit, eiusque navis omnium prima atque novissima Solis cursum in terris æmulata, terræ totius globum circumiit. An. Sal. ∞. D.XXII. 4

España, vigilando siempre al moro de reojos, permanecían bloqueados. Por el contrario, Portugal gozaba de una paz y libertad de acción que le permitía mirar hacia el océano con ambiciosa perspectiva. A ello se sumó una circunstancia derivada de un avatar histórico que a la postre resultó determinante. Con la expulsión de los judíos de Castilla en 1492 por orden de los Reyes Católicos, no sólo se escapaba una fuente importante de capital autóctono, que podría haber facilitado las empresas oceánicas del reino castellano, sino también el talento atesorado por los sabios cartógrafos y astrónomos judíos que se pusieron inmediatamente al servicio de la corona portuguesa, tal fue el caso del célebre Abraham Zacuto, que se llevó con él a Lisboa sus bien conocidas tablas astronómicas, que eran en aquel momento el vademécum de la navegación de altura para todos los pilotos y aventureros al servicio de Castilla. A la postre, Zacuto sería nombrado Astrónomo real a las órdenes de don Juan II, cargo que mantuvo con el rey don Manuel I, dando lugar a consecuencias concomitantes con el propósito de este libro, como más tarde se verá. Con todo ello, la última esperanza para los portugueses, después del éxito de Colón, se llamaba Vasco de Gama. Era éste un marino del Alentejo muy capacitado en las artes de navegar, que había estudiado astronomía a las órdenes del mismo Zacuto, demostrando con creces ser capaz de cosas muy grandes. No por menos, don Manuel I, llamado «el Afortunado», le confió la conquista de la India por el camino del Oriente, al objeto de poder controlar desde allí la zona de la Especiería, que se encontraba un poco más al este, en las Islas Molucas (actual Indonesia). En el verano de 1499, las carabelas *Berrio* y *San Gabriel* regresaban por el estuario del Tajo para dar las novedades al rey. La misión se había cumplido con éxito. Portugal había logrado realizar el viaje oceánico más largo hasta esa fecha y llegar al destino soñado por todos. Aunque Vasco da Gama hubo de retrasar un mes su regreso desde las Azores debido a la muerte de su hermano, el rey le premió por su gran hazaña nombrándole Almirante de los mares de la India, con una asignación anual de 300.000 reales. Tales honores no le impidieron mantenerse como uno de los más activos y eficaces marinos portugueses de su tiempo, ni tampoco amainaron un ápice su agrio carácter contra aquellos que osaban atravesarse en su camino. Más tarde, sería el militar y explorador Francisco de Almeida quien en 1505 acabó la faena emprendida por su insigne compatriota, realizando una misión de conquista que logró

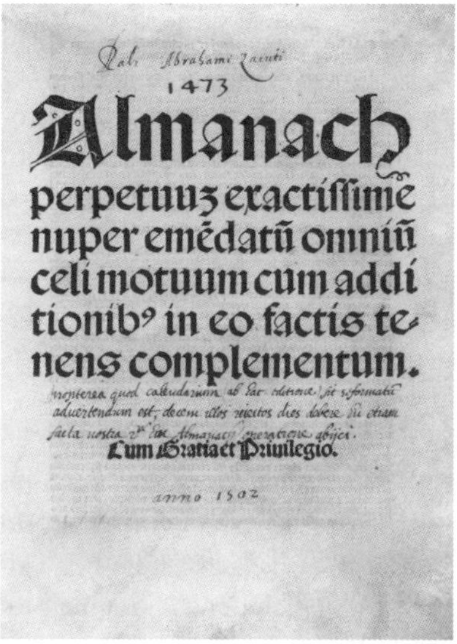

Rabi Abrahami Zacuti
1473

Almanach perpetuuz exactissime nuper emēdatū omniū celi motuum cum additionib⁹ in eo factis tenens complementum.

Cum Gratia et Privilegio.

anno 1502

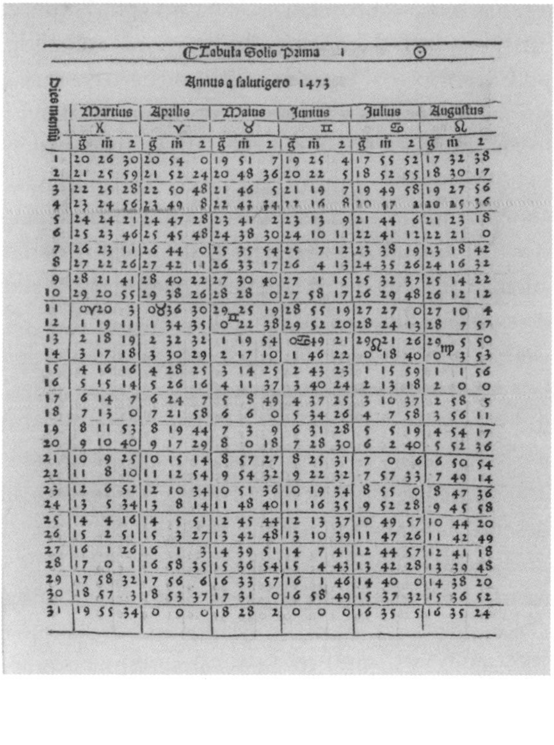

Tabula Solis Prima 1 ☉

Annus a salutigero 1473

Dies mensium	Martius ♓			Aprilis ♈			Maius ♉			Junius ♊			Julius ♋			Augustus ♌		
	g̃	m̃	2	g̃	m̃	2	g̃	m̃	2	g̃	m̃	2	g̃	m̃	2	g̃	m̃	2
1	20	26	30	20	54	0	19	51	7	19	25	4	17	55	52	17	32	38
2	21	25	59	21	52	24	20	48	36	20	22	5	18	52	55	18	30	17
3	22	25	28	22	50	48	21	46	5	21	19	7	19	49	58	19	27	56
4	23	24	56	23	49	8	22	43	34	22	16	8	20	17	2	20	25	36
5	24	24	21	24	47	28	23	41	2	23	13	9	21	44	6	21	23	18
6	25	23	46	25	45	48	24	38	30	24	10	11	22	41	12	22	21	0
7	26	23	11	26	44	0	25	35	54	25	7	12	23	38	19	23	18	42
8	27	22	26	27	42	11	26	33	17	26	4	13	24	35	26	24	16	32
9	28	21	41	28	40	22	27	30	40	27	1	15	25	32	37	25	14	22
10	29	20	55	29	38	26	28	28	0	27	58	17	26	29	48	26	12	12
11	0 ♈	20	3	0 ♉	36	30	29	25	19	28	55	19	27	27	0	27	10	4
12	1	19	11	1	34	35	♊ 0	22	38	29	52	20	28	24	13	28	7	57
13	2	18	19	2	32	32	1	19	54	0 ♋	49	21	29	21	26	29	5	50
14	3	17	18	3	30	29	2	17	10	1	46	22	♌ 0	18	40	♍ 0	3	53
15	4	16	16	4	28	25	3	14	25	2	43	23	1	15	59	1	1	56
16	5	15	14	5	26	16	4	11	37	3	40	24	2	13	18	2	0	0
17	6	14	7	6	24	7	5	8	49	4	37	25	3	10	37	2	58	5
18	7	13	0	7	21	58	6	6	0	5	34	26	4	7	58	3	56	11
19	8	11	53	8	19	44	7	3	9	6	31	28	5	5	19	4	54	17
20	9	10	40	9	17	29	8	0	18	7	28	30	6	2	40	5	52	36
21	10	9	25	10	15	14	8	57	27	8	25	31	7	0	6	6	50	54
22	11	8	10	11	12	54	9	54	32	9	22	32	7	57	33	7	49	14
23	12	6	52	12	10	34	10	51	36	10	19	34	8	55	0	8	47	36
24	13	5	34	13	8	14	11	48	40	11	16	35	9	52	28	9	45	58
25	14	4	16	14	5	51	12	45	44	12	13	37	10	49	57	10	44	20
26	15	2	51	15	3	27	13	42	48	13	10	39	11	47	26	11	42	49
27	16	1	26	16	1	3	14	39	51	14	7	41	12	44	57	12	41	18
28	17	0	1	16	58	35	15	36	54	15	4	43	13	42	28	13	39	48
29	17	58	32	17	56	6	16	33	57	16	1	46	14	40	0	14	38	20
30	18	57	3	18	53	37	17	31	0	16	58	49	15	37	32	15	36	52
31	19	55	34	0	0	0	18	28	2	0	0	0	16	35	5	16	35	24

Abraham ben Samuel Zacuto (1450-1515) y su Alamanaque, que utilizaron tanto Calón como Magallanes someter bajo el yugo portugués a todas las plazas de la India que estaban controladas hasta entonces por los turcos y venecianos, comenzando así uno de los monopolios comerciales más extraordinarios de toda la historia, cuyo ocaso coincidió con el esplendor del monopolio de la Carrera de Indias por parte de los castellanos. Enrolado en uno de los 22 barcos de aquella flota guerrera, con una tripulación de 1.000 marinos y 1.500 soldados, se hallaba un joven y adusto soldado de fortuna, aún anónimo para la historia, llamado Hernao da Magalhaes, el cual no tardará en dar mucho que hablar y no pocos quebraderos de cabeza en ambos lados de la frontera de la península ibérica, llegando a protagonizar las mas gloriosas y brillantes páginas de la historia náutica universal. Mientras tanto en Castilla los Reyes Católicos asistían atónitos a los éxitos de Portugal, al tiempo que seguían sin comprender de qué les servía poseer aquel vasto territorio situado allende el océano de poniente, pues a pesar de la insistencia de Colón, ni aquello parecía ser la India ni de allí se obtenían beneficios tangibles en forma de oro, de esclavos o de especias. A su parecer, los portugueses estaban ganando con creces la partida por la ruta oriental, mientras Colón buscaba y buscaba a sabiendas que había cometido un gran error, que sólo podría corregir si lograba encontrar un paso que le llevase a la ruta de las verdaderas Indias, a Catay y al dorado Cipango. En 1487 Giovanni Caboto, un capitán genovés que navegaba bajo pabellón inglés pero con el mismo objetivo de alcanzar las islas de las especias, llegaría hasta Terranova, concluyendo que aquella tierra continental debía ser enorme porque los ríos que desembocaban en las costas del norte eran gigantescos, pensando además que dicha tierra debería estar anclada a los Polos sin posibilidad de conexión con otro mar hacia el oeste. Colón por su parte siguió con sus viajes, en una búsqueda desesperada, explorando desde el Orinoco hasta la actual Honduras sin encontrar el paso que le llevase al oriente. Sin duda, todo aquello resultaba muy enigmático e imprevisible para los cartógrafos y exploradores, pero en especial para los reyes, armadores e inversores, que no sabían a qué atenerse con tan exiguos resultados tras los grandes desembolsos realizados.

Pero justo en el momento de mayor confusión y desesperanza para los castellanos surge la figura inesperada de un antiguo contable florentino a cargo de la Banca de los Medici en Sevilla que responde al nombre de Amerigo Vespucci. Éste había abandonado su carrera como banquero y

Amerigo Vespucii

se enroló como piloto para navegar, según el caso, a cargo de portugueses y castellanos por las costas de ese nuevo mundo recién descubierto. Su tenacidad y perspicacia le llevó a concluir, después de recalar hasta los 25 grados de latitud sur, que todas aquellas tierras formaban parte de un nuevo continente, y que por tanto no se trataba de la India. Vespucci estuvo navegando desde 1497 hasta 1502 llegando a ostentar el primer título de Piloto Mayor de Castilla otorgado por la casa de Contratación de Sevilla. Más tarde, el célebre cartógrafo alemán Martin Waldseemüller bautizaría en 1507 al nuevo continente con el nombre de América en honor al de Vespucci. Precisamente, Amerigo no era más que una italianización del germánico Almerico, así para el sabio teutón todo quedaba en casa. Pero si se trata de un nuevo continente, se preguntaban todos, entonces debería haber agua entre medio de esas tierras y la India. Y, por qué no, también un paso que conectase a esos dos océanos. Era obvio,

Mapa de Martin Wadseemüller, publicado en 1507, es el primer mapa que representa las nuevas tierras descubiertas con el nombre de América y separadas de Asia

AMERICI VESPVCII
AQVILO
CECIAS
SVBSOLANVS
ASIA
INDIA MERIDIONALIS
EVRONOTVS
ET AMERICI VESPVCII ALIORV OVE
LVSTRATIONES

según sus cálculos erróneos, que quien primero lo hallase podría llegar hasta las especias mucho antes que por la ruta oriental de los portugueses. Pero el problema no acabaría entonces, pues una vez allí sería necesario decidir a quién pertenecían en realidad las citadas islas, según determinaba el Tratado de Tordesillas, que había sido firmado por portugueses y castellanos en 1494. Hernando Colón, el sabio bibliófilo, hijo natural del gran navegante descubridor de América, estuvo presente en las Juntas de Elvas y Badajoz para fijar en las antípodas la línea meridiano que determinase la pertenencia de las Molucas, de lo cual nos refiere:

> La certidumbre de saber cuántas leguas castellanas o marineras de a cuatro millas por legua corresponden a un grado tiene fundamento en la experiencia, y como el asentar el tal experimento sea difícil, ha dado causa a que ninguno de los que viven la haya verificado y así, a ninguno nos es con evidencia manifiesto, ni puede en ello hablar afirmativo salvo por autoridad o acotación del autor. Mas porque la operación de las dichas maneras parece y es difícil será necesario que de todas se aprovechen poniéndolas todas en ejecución, pues lo uno no tiene impedimento a lo otro y aun con ellas se debe conformar la de la singladura eligiendo peritos de mucha experiencia y juicio, y así se podría esperar que se haría partición en que no hubiese notable daño ni agravio contra algunas de las partes, porque de otra forma, *rebus stantibus ut nunc* (tal como están las cosas ahora), tengo por imposible que la una parte pueda convencer a la otra para demostrarle que los dichos Malucos caen en su término.

Palabras sabias y precisas que demostraban no sólo la imposibilidad de desatar ese nudo gordiano entre portugueses y castellanos, sino también la convicción manifiesta de que el mundo les pertenecía y tenían derecho a repartírselo como una herencia. No es de extrañar por ello que el muy codicioso y nada recatado rey de Francia, Francisco I, llegase a exigir a sus consejeros que primero hallasen y después le mostrasen el mismísimo Testamento de Adán, pues, de lo contrario nadie le haría creer, ni tampoco aceptar, que Dios había creado el mundo con todas sus criaturas para dárselo a esas dos naciones ibéricas, y sólo a ellas.

Tiempo de exploraciones

Magallanes fue el primer navegante que logró cumplir el sueño de llegar a oriente por el poniente; sin embargo, no fue el primero en pensarlo, ni tan siquiera en intentarlo. Fue Colón quien primero puso las cartas boca arriba, cartas de marear se entiende, delante de los mismísimos Reyes Católicos. De ahí sus viajes, sus descubrimientos, pero también sus desengaños por no haber conseguido lo que tanto ansiaba, que no era otra cosa que llegar a las Indias por la ruta atlántica, para darle a Castilla el monopolio del lucrativo comercio de las especias. A Colón le siguieron otros muchos navegantes, tan osados y ambiciosos como él, con el mismo empeño y con idéntico infortunio, pues del mismo modo se prodigaban los conocimientos geográficos del continente recién descubierto como se desvanecían las esperanzas de encontrar el camino para llegar a la especiería. Una frustración del lado castellano que garantizaba, por otra parte, pingües beneficios a la corona portuguesa, que no quería oír hablar de otra ruta que no fuera la del Índico. Pasado el tiempo los Reyes Católicos se desentendieron de los compromisos adquiridos con Colón y comenzaron a conceder capitulaciones a todos aquellos interesados en llegar al vivero natural de la especiería, que no era otro que las lejanas islas Molucas, situadas en las antípodas de Europa. De tal suerte, nombres tan encumbrados para la historia náutica universal como Vicente Yáñez Pinzón, Amerigo Vespucci, Juan de la Cosa, Rodrigo de Bastidas, Diego de Lepe o el mismo Juan Díaz de Solís, se dejaron su hacienda y no pocas veces la vida en su afán por buscar un atajo de salida a ese inmenso muro continental que se interponía entre ellos y su paraíso soñado. De tal modo, decenas de expediciones con cientos de barcos, la mayoría armados con financiación privada, no fueron más que intentos baldíos que deambularon ciegos y sonámbulos de aquí para allá por latitudes caribeñas, así como también los que llevaron a cabo los marinos de la familia Caboto por mares septentrionales, remontando la costa norte de Canadá por encargo de la corona inglesa, en su intento de lograr a la desesperada una parte del jugoso pastel que disfrutaban en exclusiva los portugueses y españoles.

Así las cosas, mientras las potencias europeas competían por ver quién era el primero en llegar al Maluco, ocurrió algo que vino no sólo a demostrar la existencia cierta de lo que buscaban sino a reforzar aún más la necesidad de encontrarlo. Tal fue el descubrimiento del mayor océano del Planeta, paradójicamente, no por mar sino por tierra. El 25 de septiembre de 1513 el audaz explorador Vasco Núñez de Balboa logró divisar desde una loma del istmo panameño del Darién las azules aguas de un extenso mar que se perdía en el poniente. Días más tarde, el propio Balboa pudo remojar sus pies en esas aguas, no sin antes blandir su espada para bautizarlas como el Mar del Sur y jurar por Dios que las tomaba en posesión de la Corona de Castilla. La misma Corona que poco después le enviaría al cadalso valiéndose del mismo recurso empleado con otros tantos héroes que le estaban forjando un imperio, la perfidia. Así pues, conocida la existencia de ese mar al otro lado del muro americano, el objetivo por parte de todos consistía en hallar el paso que conectaba ambos océanos. Dicho sea esto con la excepción de Portugal, que, por el contrario, confiaba a Dios, y al mismísimo Demonio, que tal paso no existiera, ya que ello causaría un gran quebranto en sus intereses. Ciertamente, aunque el botín de los españoles no estaba tan mal, a tenor de la dimensión y potencial del continente «heredado», lo cierto es que hasta comienzos del siglo XVI, dicha herencia se había mostrado parca en ganancias y muy costosa en esfuerzos y gastos, pues ni había tanto oro como se había pensado, ni los indígenas capturados como esclavos eran tan fuertes y eficaces como los africanos. Siendo lo peor de todo que las especias, verdadero filón comercial del momento, quedaban realmente muy lejos y bajo el exclusivo control de los lusitanos.

La última esperanza apareció con el nombre de un marino sevillano llamado Juan Díaz de Solís. Gracias a sus excelentes servicios y a la confianza que por ello le tenía el rey Fernando, el Católico, Solís logró ocupar los más altos cargos en lo referente a la navegación y al tráfico con las Indias. Como Piloto Mayor de la Casa de Contratación tenía buen conocimiento de todos los viajes realizados hasta la fecha, disponiendo de la mejor actualización de los viejos derroteros con cada nueva expedición que partía o regresaba al Puerto de Sevilla. Con tal propósito se le encomendó la misión de explorar hacia el sur de América en busca de un pasaje que condujera por el mar de Balboa hacia las ansiadas especierías. Pero el destino, siempre caprichoso, tampoco quiso que Solís se llevara la gloria de encontrarlo. En 1516 con tan sólo tres carabelas de pequeño

Vasco Núñez de Balboa

porte pudo llegar mucho más al sur que nadie hasta entonces había logrado, descubriendo un extenso estuario que bautizó como el Mar Dulce, debido a la escasa salinidad que había encontrado en sus aguas turbias y amarronadas. Allí se detendría algún tiempo para explorar, pero lo único que encontró fue una muerte cruel y sanguinaria a manos de una tribu de nativos guaraníes, los chandules, que se lo comieron tras matarlo junto al resto de expedicionarios. En realidad, lo que Solís había descubierto era el inmenso estuario que forman los ríos Paraná y Uruguay en su desembocadura hacia el Atlántico, lo cual produce el mayor tajo en las costas del continente americano. De este modo, la naturaleza y unos nativos celosos de su territorio, se encargaron de dejar las cosas tal como estaban, al menos por un tiempo.

A la conquista del estómago. Las especias

Al comienzo de su inalcanzable biografía sobre Magallanes, Stefan Zweig nos deja una sugerente sentencia que emula al Génesis bíblico cuando explica el origen del Universo: «Al principio fueron las especias». Es decir, que la culpa de todo lo hasta ahora escrito y de lo que aún resta por contar en este libro la tuvieron unas pequeñas bayas, tan insignificantes en el tamaño como gigantescas en la relevancia social y económica de la época, llamadas especias. En efecto, unos minúsculos condimentos como la pimienta, el jengibre, el macis o el clavo de olor fueron la principal inspiración del viaje más glorioso de todos los tiempos, el de la primera circunnavegación al globo terráqueo. Desde comienzos del Renacimiento corría el dicho entre los nobles y poderosos de toda Europa que quien llegase a dominar el comercio de las especias acabaría dominando el mundo. Y tal aseveración no andaba muy descaminada si se atiende a la economía de aquel momento, pues, si en las islas Molucas el valor de un quintal de clavo era de dos ducados, esa cifra se elevaba en Calicut hasta los cincuenta, mientras que en Lisboa, Sevilla, Londres, Venecia y Frankfurt llegaba hasta los doscientos. Por tanto, no debe extrañar a nadie que las principales potencias de Europa se afanaran hasta lo indecible en controlar tan pingue mercado, tal como hoy lo hacen las grandes potencias y multinacionales para obtener el control de las fuentes de energía o las redes cibernéticas. Por tal motivo, los puertos de las ciudades involucradas en dicho tráfico se convirtieron de la noche a la mañana en peligrosos y abarrotados nichos de espías al servicio de las *inteligenzias* nacionales enfrentadas en tan fabuloso negocio.

Pero, qué clase de poder tenían aquellas bayas, gránulos, cortezas, y polvos molidos, para llegar a provocar esa locura colectiva en los mercados internacionales y hacer que su precio por gramo sobrepasara a veces el propio valor del oro; e incluso que algunas ciudades, como en el caso de Lisboa, parecieran tener sus calles perfumadas con aromas de clavo y canela. Desde luego no era la primera vez que algo similar sucedía en Europa, ya que desde mucho tiempo antes existía la tan afamada y lucrativa Ruta de la Seda, responsable indiscutible del emporio veneciano, con su singular paisaje acuoso, sus portentosas iglesias y suntuosos palacios y, sobre todo, de la inmensa fortuna de sus mercaderes. Sobre este particular, la causa de tan exuberante negocio eran los adornos y el gusto por lo exótico, pues ya fuese en forma de tejidos y abalorios para el tocado de una dama, o el cinturón de un caballero, los elementos habilitados para el exorno y distinción entre las diferentes castas sociales estaban muy bien considerados en el arrobo del comercio internacional. Sin embargo, en el caso de las especias no se trataba de elementos suntuosos ni deslumbrantes, acotados al reducido y selecto segmento de la nobleza y de los reyes; por el contrario, se trataba de artículos cotidianos que tan solo buscaban agradar los paladares y excitar los sentidos más básicos. En suma, diminutos y olorosos condimentos que sazonaban o en su caso endulzaban las comidas, según los gustos, haciendo más llevaderas y agradables las aburridas dietas de la nobleza y de la emergente burguesía, consistente en carne y más carne a todas horas. Bien es cierto que la carne, de sabor más bien insípido, se corrompía con facilidad produciendo un olor poco agradable para su ingesta, y que la variedad culinaria era pobre y poco imaginativa a medida que se subía en el escalafón social. Pues, como suele ocurrir, paradójicamente, el pueblo llano producía las mejores y más diversas recetas, surgidas del talento que produce la escasez. Sin embargo, no es menos verdad que en occidente ya se conocían desde muy antiguo algunos excitantes gastronómicos en forma de hierbas y mejunjes que hacían las delicias de las bocas y mesas más exigentes. Lo cual hace dudar, seriamente, que el verdadero motivo para explicar tamaña convulsión de

En 1512 los barcos portugueses alcanzaron las Molucas. Su imperio quedó trazado en detallados mapas basados en los grados de latitud y longitud,

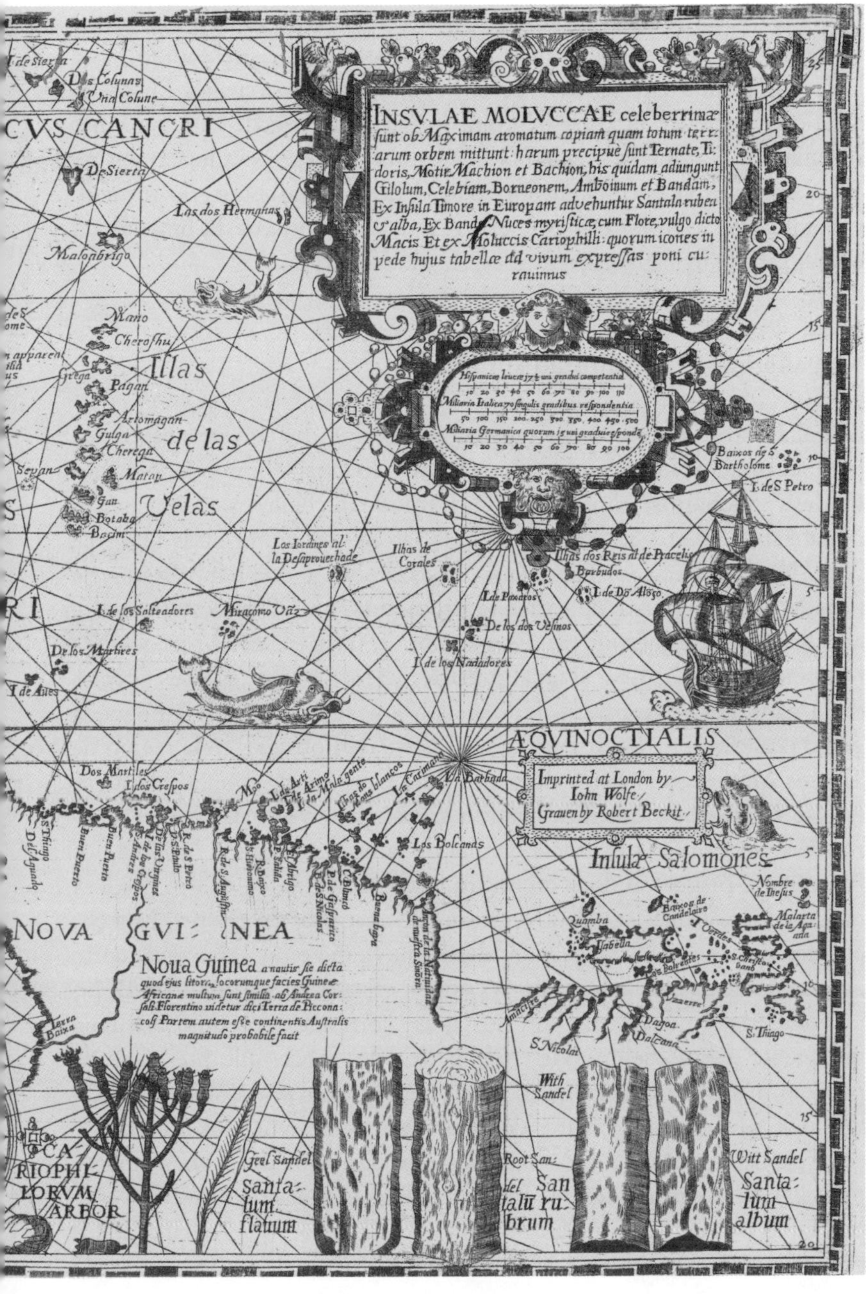

el sudeste asiático y las islas de las Especias. El cenit se alcanza con el magnífico *Insulae Maluccae* de Petrus Plancius publicado en 1598

los estados europeos en torno a las especias fuese el pretendido hasta la fecha, basado exclusivamente en la tiranía del estómago. Pues aun siendo en parte cierta, no nos impide llegar a otra conclusión, quizá más razonable y certera: la premeditada, cuando no desesperada, expansión de la civilización occidental por todo el orbe, para conocerlo primero y dominarlo después. Por primera vez en la historia de la humanidad comenzaba la inacabada aventura de la globalización.

Magallanes. Una voluntad sin límites

Magallanes es el perfecto paradigma del explorador y navegante de su tiempo, perteneció a una clase de hombres sin igual, emprendedores humildes y visionarios, faltos de medios y grandes luchadores, locos capaces de lanzarse a mares inmensos y tierras salvajes sin mirar atrás una sola vez. Magallanes se convirtió en un nuevo Moisés al que también le sería negado ver y disfrutar de su tierra prometida, un héroe desesperado y sacrificado por el destino para ser inmortal, pues ese es el castigo para todos aquellos que osan, al igual que Prometeo, desafiar las leyes y reglas de la naturaleza. Hernando de Magallanes nace en 1479 en la pequeña pedanía agrícola de Sabrosa situada al norte de Portugal, en la región de Tras os Montes, una tierra dura y agreste en su parte montañosa, pero que se hermosea y dulcifica cuando es bañada en el valle por el Duero. Perteneciente a una rancia familia de la nobleza agraria lusitana, los Magalhaes, pronto se dotó de un título de hidalguía en cuarto grado y un escudo de armas jaquelado en forma de cuadritos de ajedrez. Esta circunstancia permitió a Magallanes desde muy niño estar cerca de la corte en calidad de paje de la reina doña Leonor, esposa del rey don Juan II. En tal cometido se educó como un verdadero cortesano, aprendió la lengua inteligente del momento, que era el latín, pero sobre todo presenció de primera mano el extraordinario despliegue que los portugueses estaban llevando a cabo por los mares de oriente para ensanchar sus dominios y controlar el apetitoso mercado de las especias. Movido probablemente por el ansia aventurera que le transmitían las hazañas náuticas de Vasco da Gama y Pedro Álvares Cabral, amén de la visión que tomaba de los barcos que iban y venían a las Indias en el Puerto de Lisboa, no tardó

Pedro Álvares Cabral

en embarcarse durante su juventud en una de aquellas expediciones portuguesas cuyo objetivo era la conquista de Malaca, ciudad que se había convertido en el principal centro exportador de las especias en el Índico, pues no se hallaba muy lejos de las islas Molucas, que era el lugar donde se producían. Magallanes vivió durante más de siete años en el lejano oriente mostrándose siempre como un marino esforzado y un buen guerrero, auxiliando en muchas ocasiones, no sólo a sus oficiales y superiores en el mando, sino también a sus más humildes camaradas de armas. Sucesos que le otorgaron un reconocimiento general como soldado valiente y marino ejemplar. Entre los años 1505 y 1513 Magallanes vivió apasionadamente su papel de aventurero y conquistador entre los aguerridos malayos, aprendiendo no sólo a combatir y navegar, sino que también pudo asimilar la experiencia necesaria para llevar a cabo el que habría de ser su gran sueño, del cual trataremos más adelante. Sin embargo, entre tanta enseñanza, Magallanes olvidó aprender algo muy importante para quien pretendía hacer carrera en la Corte portuguesa, en medio de una jauría de nobles resabiados y envidiosos: callarse a tiempo. Pero su carácter no invitaba a ello, fuerte y agrio como para no allanarse a los designios y caprichos de la mediocre cadena de mando, le granjeaba fácilmente el recelo cuando no la cruda antipatía de sus jefes. Cosas que al final acabaron por pasarle factura, pues ya se sabe que la valentía y la honradez tienen una amnesia para las rencillas que no poseen la envidia y la cobardía; razón por la cual, a la hora de su regreso a Portugal, después de haber estado también en África, luchando por su patria y por su rey, le estaban esperando sus antiguos enemigos que se relamían las babas de la insidia preparando su venganza. Y como era natural, ésta no se hizo esperar, pues Magallanes, que solía actuar como un toro bravo delante de un capote grana, embistió a la primera de cambio destapando su áspera rebeldía y se plantó desafiante ante el todopoderoso rey don Manuel I, llamado también el Grande, pues en realidad no había otro rey en Occidente que hiciera sombra a sus riquezas y posesiones de ultramar. Poco antes de su comparecencia, Magallanes había sido desacreditado ante la corona por algunas acusaciones falsas, entre las que se encontraba un supuesto delito de abigeato cometido durante su campaña africana en Azamor. Claro que cualquiera que conociera por esas fechas del año 1515 al veterano soldado de Malaca sabía con certeza que era incapaz

Francesco Valeggio, Azamurum, Marruecos. Nenecia, *ca*. 1580

de cometer fechoría alguna y menos aún de robar ganado o cualquier otra cosa en beneficio propio. Su personalidad granítica era una mezcla de rectitud, honradez y lealtad, valores adquiridos desde la infancia por la educación paterna y el ambiente de su crianza, lo cual, dicho sea de paso, según los usos morales de la época, se acabaría convirtiendo más en un lastre que en una ventaja para él, pues el nivel de exigencia para consigo mismo y el que obligaba a los demás estaba muy por encima de lo que la mayoría podía conceder. De hecho, Magallanes sólo tendría que haber cedido un poco ante sus falsos delatores, de forma que éstos se cobrasen sus afrentas en forma de rapapolvo real, para que se hubieran olvidado definitivamente de tan molesto y desagradable camarada de armas. Pero Magallanes era de otra pasta. En la primavera de 1516 se presentó delante del mismísimo Rey, al que no sólo le negó todas las acusaciones vertidas contra él, sino que además le solicitó un pago más justo por todos los servicios que hasta entonces había prestado a la corona, a cambio de los cuales tan sólo había obtenido una cojera de por vida en la pierna derecha, junto a una miserable pensión que comprendía mil reis mensuales, más una pequeña ración diaria de cebada. Pero también en las formas Magallanes tiende a mostrarse diferente al resto de sus colegas contemporáneos, pues cualquier otro en su misma circunstancia se habría comportado de manera más humilde ante el rey, y habría empleado un tono más zalamero con el arrogante y espigado monarca de los pies planos. Sobre todo, a sabiendas de que se trataba de un rey inmensamente rico y poderoso, acostumbrado a que todos en la corte bailaran al son de su música. Magallanes, sin embargo, no dudó en rechazar el lenguaje de la humillación y prefirió tomar el camino recto, optando por llamar a las cosas por su nombre y presentándolas como una exigencia. En un tono insolente esgrime ante el soberano que hace la demanda más por una cuestión de honor que por la suma económica que representa; pues, tal como él mismo nos dice: «Subir cinco reales en la pensión y moradía era subir muchos grados en el escalafón de la calidad social, y crecer en esto era crecer mucho en la opinión general». Y justo en ese detalle se perdió Magallanes, pues el muy curtido marino por tantas guerras y refriegas en lugares tan remotos, ignoró un principio elemental que rige las reyertas de cualquier salón palaciego: la conciencia y la decisión de los poderosos jamás está sometida a la justicia y mucho menos a cualquier obligación respecto a los plebeyos; por el contrario, las dádivas que se conceden a los siervos son siempre el resultado de la libre voluntad cuando no del capricho o la caridad del que manda, de ahí que los reyes y mandamases siempre hayan interpretado las quejas de sus vasallos como graves ofensas imperdonables, *Nihil novum sub sole.* A resultas de lo cual, el rey no sólo le negó tan parco estipendio sino que le reprochó crudamente sus constantes rebeldías y desacatos contra sus superiores. Finalmente, tras un desigual intercambio de razones y exabruptos entre ambos contendientes, Magallanes optó por amenazar abiertamente al monarca solicitándole permiso para ofrecer sus servicios a cualquier otro reino, concretando además que tal vez Castilla fuese su destino. A lo que el monarca, muy enojado y ya fuera de sus casillas, respondió conminándole para que se marchara donde quisiera o pudiese, y cuanto antes mejor, pues ya para entonces poco o nada le importaba.

No obstante de verse despreciado por su rey, Magallanes supo templarse a tiempo y aún se reservó un año entero en tierras portuguesas para centrarse por entero en su proyecto, y con ello en el estudio teórico de la cosmografía y de la náutica. Visitaba con frecuencia las estancias de la

El soldado Hernando de Magallanes

Tesoria de Lisboa, que venía a ser el *Sancta Sanctorum* del conocimiento náutico y cartográfico de la época. Consultaba todo cuanto veía y caía en sus manos, estudiando y escudriñando los documentos y mapas como un auténtico poseso, los cuales copiaba como un espía llegado el caso. Así lo hizo con la hoja volante alemana *Newen Zeitung auss Presill Landt*, impresa por Erhart Oglin, y con los mapas del alemán Martín Behaim, como también con el fascinante Globo terráqueo de Johann Shöner. Todos ellos tan pretensiosos como erróneos. También se ayudaba en la distracción de su maltratado ánimo con la composición de una obra acerca de «Los reinos, costas y puertos e islas que hay en el mar de la India oriental». De tal suerte, Martín Fernández de Navarrete lo cita en su *Biblioteca Marítima* como uno de los escritores de la época con mayor gracia y talento sobre el arte de la navegación.

En su incesante estudio de todo cuanto refería al proyecto que maquinaba emprender, Magallanes buscaba y se dejaba aconsejar por los marinos de mayor prestigio, tanto en Lisboa como en Oporto, ciudad ésta última donde solía residir. Recogía toda cuanta información le resultaba interesante y novedosa, mas no tanto por acumular teorías y cábalas, que no pocas veces llevaban a perder el juicio a los que se afanaban en ello, como por orientar tales conocimientos a unas miras mucho más osadas y ambiciosas, pues a la postre todos esos cálculos y medidas necesitaban de algo tan importante como la audacia para llevarlos a la práctica. En todo ese tiempo Magallanes tampoco se había olvidado de un viejo compatriota y camarada de Indias, cuyo nombre era Francisco Serrao, ya que, a pesar de la distancia que les separaba, su amistad no se había enfriado y seguían carteándose aún desde las antípodas. Serrao, viejo marino y aventurero que le debía por dos veces la vida a su valiente amigo Hernao de Magalhaes, le insistía en sus cartas que, según sus cálculos, por la distancia entre Malaca y Ternate, una de las cinco islas del Maluco donde él mismo residía, podía asegurarle que la Especiería se encontraba en la demarcación de Castilla. Cuestión a la que Magallanes solía contestarle, entre ilusionado y escéptico, asegurándole que pronto se juntarían allí como antaño, bien por el camino de los portugueses o bien por el de los castellanos. Entre tanto, Magallanes supo asociarse con hombres de mucho mérito en la ciencia como Rui Falelro y su hermano Francisco, grandes astrónomos e hidrografistas, pues así eran llamados entonces,

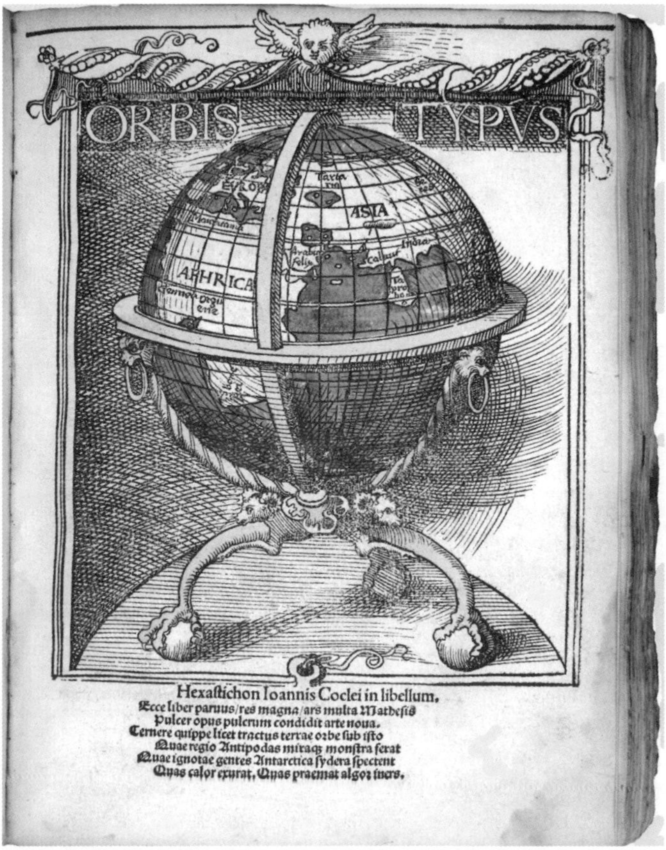

Johann Shöner, Orbis Typus. Holzschnitt. Nürnberg, Johann Stuchs, 1515

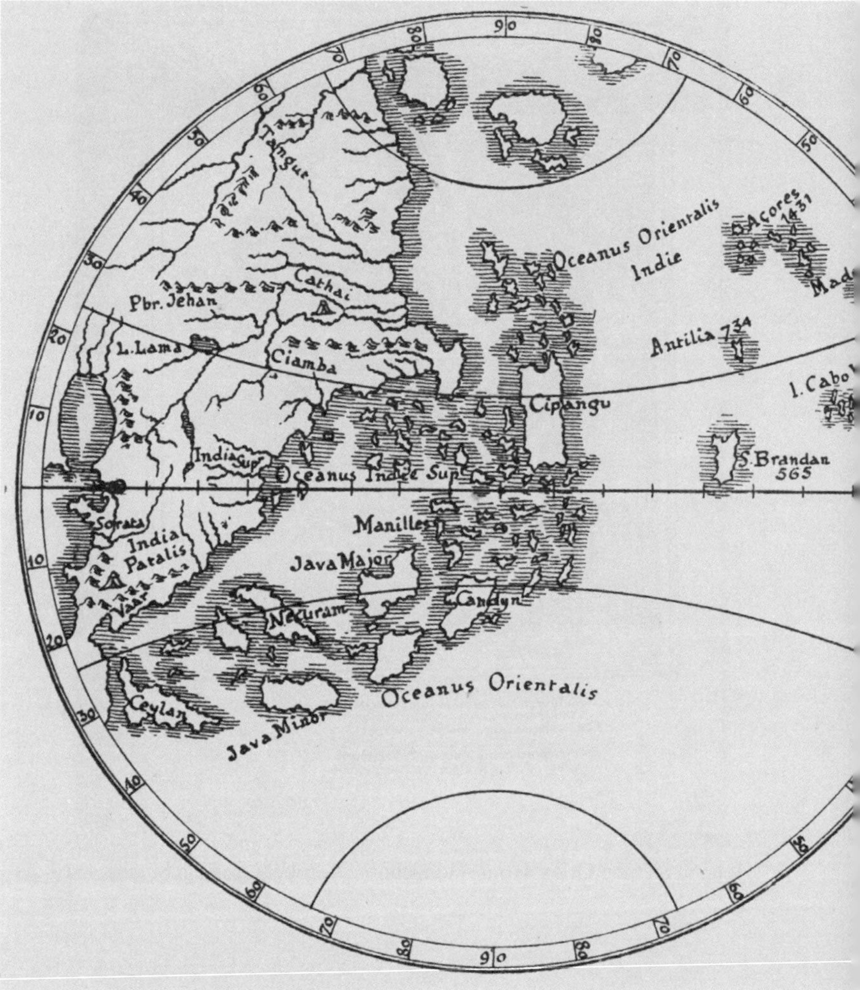

Mapamundi del Globo de Martin Bahaim (1492) que comprende
los últimos mapas de Portugal y que muestra el sudeste asiático,
según las hipótesis de Colón y Toscanelli

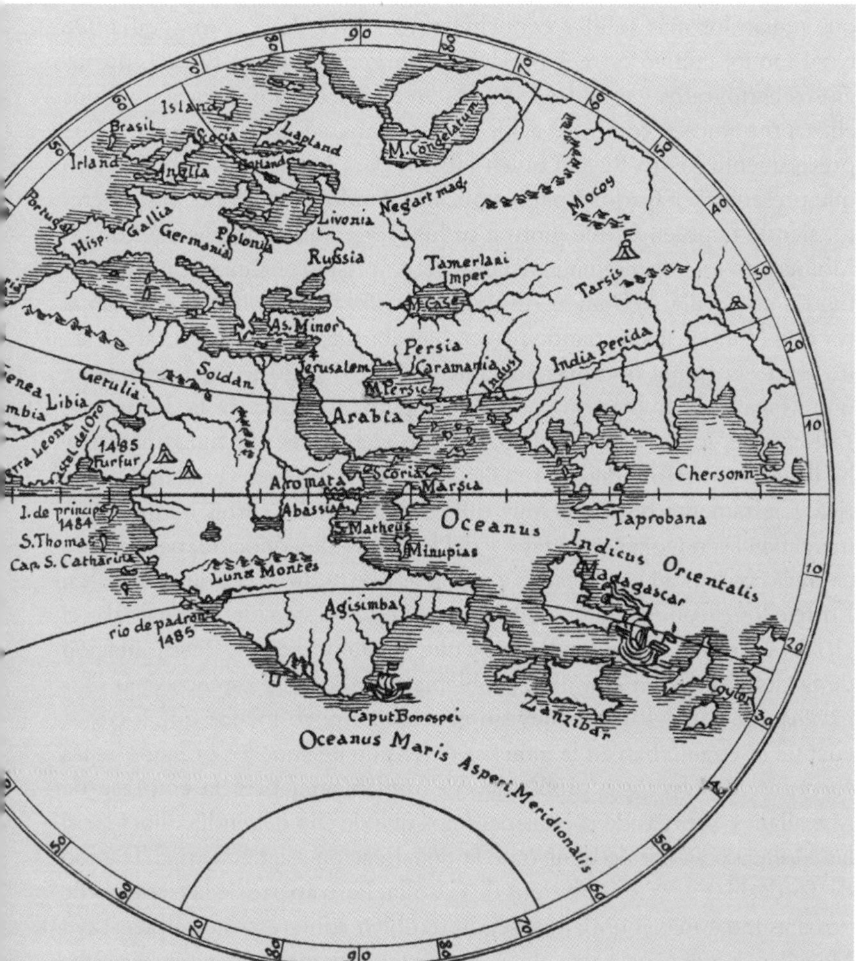

Island
Brasil
Scocia
Lapland
Irland
Anglia
Gotland
M. Condelatum
Portugal
Hisp.
Gallia
Germania
Polonia
Livonia
Negart mad
Mocoy
Russia
Tamerlaai
Imper
M. Casp
Tarsis
As. Minor
India Perida
Persia
Caramania
Soldan
Jerusalem
M. Persic
Indus
Gerulia
Libia
Arabia
1485
Furfur
Aromata
Scoria
Marsia
Chersonn
I. de principe
1484
Abassia
S. Matheus
Oceanus
Taprobana
S. Thomas
Minupias
Indicus Orientalis
Cap. S. Catharina
Luna Montes
Madagascar
Agisimba
rio de padron
1485
Zanzibar
Caylon
Caput Bonespei
Oceanus Maris Asperi Meridionalis

que tenían los más sólidos conocimientos acerca de la cosmografía. De igual modo, cultivó estrecha relación con Pedro y Jorge Reynel, prestigiosos cartógrafos y grandes expertos en el arte de la navegación. Todos ellos portugueses como él, a los cuales embarcó en su proyecto. Fue precisamente Pedro Reynel quien fabricó para Magallanes el planisferio que presentaría a Carlos I para explicarle donde se hallaba el paso secreto, siendo también el que junto a su hijo Jorge marcó la posición de las Molucas en ese mismo mapa delante del rey. Así lo cuenta el Cónsul portugués en Sevilla, Sebastián Álvares, en su detallado informe enviado al rey don Manuel, justo cuando pretendían abortar la expedición castellana urdiendo la trama que más adelante veremos. Todo lo cual desmiente que Magallanes hubiese robado documentos y mapas de la Tesoria de Lisboa para lograr sus propósitos, como alguna vez sin fundamento se ha llegado a escribir, más por malicia envidiosa que por veracidad histórica. Ciertamente resultaba muy útil disponer de las cartas marinas que marcaban las regiones orientales y del Poniente desconocido, pero aún lo era más contar con los dictados científicos que pudiesen llevar hasta ellas. Entre ellos el conocimiento de la altura «Leste-Oeste», del que hablaba el cronista portugués Juan de Barros y que no era otro que la determinación de las longitudes en alta mar, problema muy arduo y espinoso para los navegantes del siglo XVI, pues sin él se veían poco menos que a ciegas cuando se engolfaban en la inmensa extensión de aquellos océanos jamás surcados. Resolver ese problema era fundamental para la empresa de Magallanes, sobre todo si consideramos que de ello dependía dilucidar si las Molucas caían o no dentro de la demarcación asignada en el Tratado de Tordesillas para los dominios de Castilla. Pero aparte de la ciencia y de otros asuntos más mundanos, según también contaremos, también tuvo Magallanes que procurarse el sustento y muy buenos contactos para que le facilitaran la gestión de su futuro negocio en Castilla. De tal modo se las arregló para penetrar en el influyente círculo de los mercaderes flamencos en Lisboa, donde estableció una estrecha relación con Diego de Haro, un acaudalado comerciante judío que ostentaba la representación en Portugal del lucrativo comercio de su hermano Cristóbal. Personaje que a la postre resultaría clave para Magallanes, pues no sólo le prestó dineros, antes y después de su llegada a Castilla, para proveer la futura expedición transoceánica, sino que además le facilitó algo mucho más valioso, el nombre de Diego Barbosa, la verdadera llave maestra que en adelante le abriría todas las puertas al marino lusitano: la de su llegada a Sevilla, la de la Casa de Contratación, la del corazón de su hija Beatriz y la de su gloriosa entrada en la historia universal.

Un apátrida en Sevilla

Con los deberes hechos y las cosas en su sitio, el 20 de octubre de 1517 Magallanes cruza la frontera hacia España para conseguir sus objetivos, y lo hace dirigiéndose a Sevilla, llamada entonces «Perla del Guadalquivir», aunque como una crisálida comenzaba a transformarse en la megaurbe que algo más tarde sería nombrada «Reina del Grande Océano» por el poeta vernáculo Fernando de Herrera. Pero sepamos ahora quiénes y por qué acompañan a Magallanes en su particular diáspora. A diferencia de Colón y de otros grandes exploradores del Renacimiento europeo, Magallanes presenta una impronta moral poco reconocible en los usos y costumbres de la época, pues, si su sólida honradez se sustenta en una condición metódica y escrupulosa en todo lo tocante a cuestiones materiales, a ello le suma una reconocible generosidad y lealtad con sus círculos más íntimos, sin distinción de raza o estamento social. Cuando otro en su lugar, teniendo en cuenta su peculiar misión, hubiese preferido viajar ligero de equipaje y de personas, Magallanes descarta el abandono de cualquiera de sus deudos, salvo que ello fuera por la propia voluntad de los interesados. Razón que explica la abultada compaña que llevaba en su camino a Sevilla, lo que les hacía parecer más una colonia de emigrantes en busca de tierra virgen que un grupo de expatriados que busca refugiarse discretamente en una populosa ciudad del reino competidor. El séquito de Magallanes lo forman Francisco Falero, al que pronto se unirá su hermano Rodrigo, que se ha quedado rezagado en Portugal por asuntos familiares, los pilotos Estevao Gómes, Alvaro Mesquita y Juan López Carvalho, que tanto darán que escribir en los episodios que nos aguardan. Todos ellos viajan junto a sus familias y deudos, tal como si fueran emigrantes actuales, amén de los esclavos Enrique de Sumatra y Jorge de Azamor, a los que hay que añadir otros sirvientes en grado de criados: Francisco, Hernando, Nuño y Diego. A última hora se unieron también Alonso Gonzales y su mujer, sin otra razón que lo justificase que haber sido ésta el ama de leche del inmortal explorador. Y ya por último, Cristóbal Ravelo, del que de momento sólo apuntamos que a pesar de su papel de criado, era una persona muy allegada a Magallanes. Siempre juntos, nunca les separó la vida, como tampoco lo haría la muerte.

En Sevilla, Magallanes conoció una nueva vida y fue feliz por primera vez, aunque, tal como advertíamos al principio, la fortuna nunca le sonreirá largamente, pues la desgracia siempre parece esperarle paciente en el zaguán de su casa. Hasta ese momento el viejo marino no había revelado sus ideas a nadie, salvo a Rui Faleiro, pero ya por entonces había llegado el momento de hacerlo. Allí mismo, en aquella «Gran Babilonia de España», a decir de Góngora, «urbe ampulosa de cosas y de gentes», habría de poner en práctica lo que durante tantos años había meditado pacientemente. Consumaría con ello la visión que tuvo Colón y remataría la faena emprendida por Balboa, encontrar el paso y navegar por el Mar del Sur hasta llegar al Maluco. A tal fin, nada más llegar se alojó en la casa de Diego Barbosa, persona principal y muy influyente en la ciudad, que también facilitó el oportuno acomodo para la singular tropa que llegaba con el portugués apátrida. El apellido Barbosa ocupaba un lugar destacado en la ciudad gracias al desempeño del patriarca familiar. De procedencia portuguesa como Magallanes, y también autoexpatriado como él por pleitos con el rey, en su caso don Juan II, Diego Barbosa había ofrecido leales y provechosos servicios a los Reyes Católicos desde su llegada a Castilla, gracias a lo cual fue designado en 1503 para que ocupara el cargo de Teniente Alcaide de los Reales Alcázares y Atarazanas de Sevilla, bajo las órdenes de don Álvaro de Braganza, el cual ostentaba dicha concesión por la corona desde el año 1495. Por el mismo motivo, ya con anterioridad, Diego Barbosa había sido premiado con el hábito de comendador de la Orden de Santiago, razones que fueron más que suficientes para que se cobrase un buen casamiento como el que contrajo con doña María Caldera, mujer de la nobleza sevillana que le aportó una buena dote y aún más, una larga prole, ya que de esa unión nacieron los varones, Jaime y Duarte, y las hembras Isabel, Beatriz y Guiomar. Una amplia nómina de nombres de la que, de momento, nos quedamos con dos, Duarte y Beatriz. El primero de ellos porque bien podría ser una de las razones principales del agasajo recibido por Magallanes en la casa de los Barbosa, ya que, tras la inmediata complicidad entre los dos aventureros cuarentones, se presume su antigua camaradería en la India como miembros de una expedición portuguesa, amén de que será uno de los tripulantes de mayor confianza en la futura Armada del Maluco, donde comenzará como sobresaliente y acabará ocupando el cargo de Capitán. Y el segundo, Beatriz, porque se convertirá en la esposa de Hernando de Magallanes y madre de sus dos hijos, aunque el insigne explorador nunca los verá crecer. De todo lo cual se sustrae razón suficiente para entender que Diego Barbosa usara de su privilegiada posición en la sociedad sevillana para ayudar a su compatriota y futuro yerno. Cosa ésta que sucedió en un plazo muy breve de tiempo, pues Magallanes contrajo matrimonio con Beatriz tan solo a los tres meses de su llegada a Sevilla. Si tal suceso se produjo a causa de un flechazo entre enamorados, o bien primaron razones de interés mutuo son cuestiones que escapan del análisis histórico, aunque no necesariamente del sentido común, puesto que lo recibido el uno del otro justificaba de sobras el casamiento, mediase o no para ello las invisibles flechas de Cupido. Magallanes, ya cuarentón y lejos de su mejor apariencia, obtenía una esposa joven de la alta sociedad sevillana, acompañada de una dote de 600.000 maravedíes, toda una fortuna en la época, pagadera en dos plazos tal como se describe en las actas firmadas por el escribano de Sevilla Bernal González de Vallecillo, de todo lo cual dio fe, al igual que hago yo por haberlas visto y consultado, así como la de las arras entregadas por el marido que se sustentaron en dos mil ducados de oro. Por su parte, Beatriz, poco agraciada y en los limes de su edad casadera, conseguía un marido portugués, honesto y afamado por sus logros en las Indias, amén de un padre para sus hijos venideros. Aunque tampoco habría que menospreciar la mella que pudo dejar la capacidad seductora del experimentado y valeroso aventurero en el alma de Beatriz; una joven tal vez sensible y romántica que vio en Magallanes a su príncipe soñado. Como tampoco conviene olvidar, para compensar el equilibrio de intereses, que mediante esa unión matrimonial Magallanes obtenía la ciudadanía castellana, otorgada ésta por la credencial de nacimiento de su esposa, lo que le daba ventajas innegables de cara a las futuras gestiones que habría de emprender con la Corona para llevar a cabo su complicada empresa.

Durante los casi dos años que Magallanes pasa en Sevilla, presentando el proyecto primero y armando la flota del Maluco después, vive con

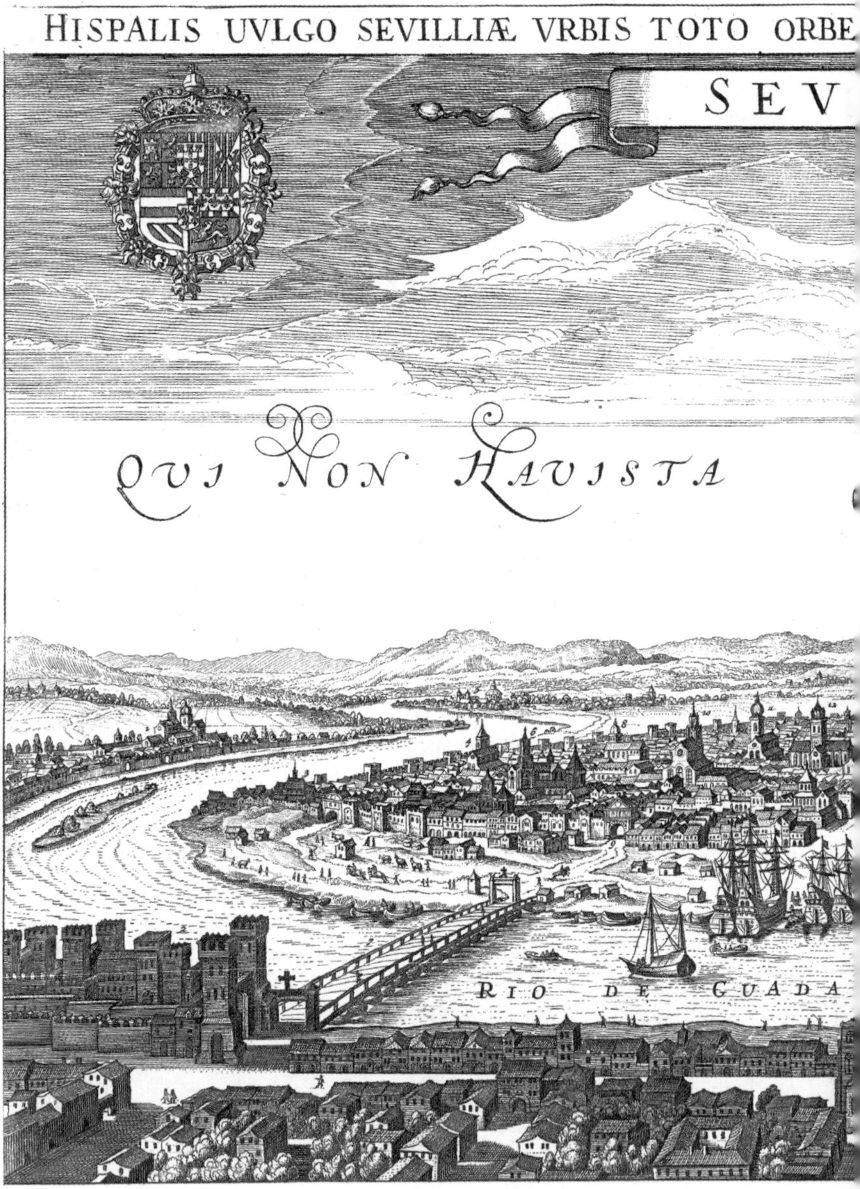

Frederick de Wit, Sevillia, 1638

BERRIMÆ PRIMARIÆ EFFIGIES HISPANIÆ QVE.
LIA.
ON HAVISTA MARRAVILLA.
E VIR

su familia en la casa palacete de su suegro, Diego Barbosa, que estaba situada en una de las naves centrales de las Reales Atarazanas, un antiguo edificio dedicado a la fábrica de galeras, cuya construcción había sido ordenada dos siglos y medio antes por el rey Alfonso X el Sabio. Estaba situado extramuros, de espaldas a la Catedral y de cara al río, con la cota de su suelo terroso a tan sólo medio metro de la lámina de agua, para facilitar con ello la entrada y salida de las galeras y bajeles que debían salir a Puerto o refugiarse durante las duras invernadas. Precisamente, a comienzos del siglo XVI los Reyes Católicos decidieron clausurar su función como astilleros y ordenaron la reconversión de las 17 portentosas naves del antaño más famoso arsenal de occidente, según palabras del cronista Rodrigo Caro, para otros usos y funciones de mejor provecho y utilidad. En la nave central estaba situada la casa del Alcaide, que se ordenaba según las trazas de un amplio galpón palaciego con patio ajardinado y pozo, a la más clásica usanza árabe. La nave colindante a la casa del Alcaide, mirando hacia el norte, estaba organizada a manera de capilla dedicada a San Jorge, advocación que se mantuvo después con la creación del Hospital de la Santa Caridad y que se mantiene aún en nuestros días. Allí mismo, ante los familiares y amigos congregados por la familia Barbosa y teniendo por testigos a los deudos más cercanos de Magallanes, tuvo lugar el casamiento de Hernando y Beatriz mediante una sencilla y emotiva ceremonia oficiada por el capellán del arsenal. Paralelamente a los preparativos de la boda, Magallanes y Diego Barbosa se habían ocupado también de los pormenores del otro gran asunto que se traían entre manos, el proyecto secreto por el que Magallanes había cruzado la frontera y que venía pergeñando desde mucho tiempo atrás. Barbosa utilizó toda su influencia, que no era poca, para que su yerno fuese recibido en un tiempo record por los todopoderosos oficiales de la Casa de Contratación, cosa que finalmente ocurrió. Sin embargo, a pesar del respeto y aprecio personal que en la ciudad se tenía por los Barbosa, los muy curtidos representantes de la corona en los negocios de las Indias coincidieron en pronunciar un no rotundo a las propuestas del portugués. En aquel momento, el tribunal de la Domus Indica estaba compuesto por las siguientes personas: el doctor Sancho de Matienzo, abad de Jamaica y canónigo de Sevilla, que desempeñaba las funciones de tesorero y máximo responsable de la Casa desde su fundación por expreso deseo de los Reyes Católicos; el contador Pedro Ochoa de Isásaga, que había relevado en el cargo a otro de los fundadores de la Casa; el genovés Francisco Pinelo, que era a su vez Comendador de Rodas y al igual que Matienzo hombre de muy avanzada edad y, por ello, no dados al riesgo; por último, el cargo de factor lo desempeñaba desde hacía un año el burgalés Juan de Aranda, el cual, en contraposición a los dos anteriores, era un hombre muy práctico y con la juventud suficiente para mantener su ambición bien despierta. A todo esto, Magallanes, durante su brillante disertación en una especie de portuñol de la época (mezcla popular del español y portugués), pues aún no andaba fino con el castellano, no sólo había intentado convencer al docto tribunal sobre su conocimiento veraz acerca de un paso existente entre los dos mares para llegar a la especiería, sino que además les garantizaba que la demarcación de aquellas islas tan lejanas quedaban bajo la soberanía de Castilla, tal como se demostraba en las cartas y mediciones secretas que sólo él manejaba, y que había obtenido en la mismísima Lisboa, durante sus conversaciones con los sabios más preclaros del momento. Cosa ésta de no escasa importancia, ya que toda la disputa castellano portuguesa se basaba en una línea imaginaria con la que el Papa Alejandro VI había repartido el planeta entre las dos naciones ibéricas como si de un pastel se tratara. De tal suerte, atribuido el poniente para Castilla y el oriente para Portugal, sólo restaba por determinar donde quedaría dibujada la línea en las antípodas para proclamar a cuál de las dos naciones correspondía el control de las especias.

Ante la tenaz negativa del triunvirato que regía el monopolio de las indias, la pasión de Magallanes acabó transformada en enfado, y el enfado ya se sabe que es la antesala de la bronca y el desatino. De ahí que Barbosa, más prudente y experimentado en los negocios del mundo, pero también del alma, cortase tajante la reunión antes de que su impetuoso yerno acabase por estropearlo todo. Pero antes de avanzar con esta materia, que será trascendente en el devenir de la vida de Magallanes, conviene saber algo más sobre los entresijos del funcionamiento de la Casa de Indias y la labor de sus operarios. Pues así como éstos merecen una crítica por su raquítico juicio acerca de gente visionaria como Colón y Magallanes, cabe también reconocerle su gran mérito en la iniciativa y encomienda de otros muchos proyectos, amén de su acierto mayoritario en la criba de cientos de propuestas de toda índole, muchas de ellas sin fundamento, que eran presentadas ante el Consejo de Indias por aventureros, tan carentes de escrúpulos como de rigor y cualidades para llevarlas a cabo. A lo que es menester añadir una circunstancia que, cuando menos, arroja un oportuno matiz que clarifica y equilibra la balanza de buenos y malos en todo este asunto; a saber, tanto la propuesta del marino genovés como la del navegante lusitano, las dos finalmente abanderadas por España y resultando a la postre las mayores gestas de la historia universal, estuvieron sustentadas en dos de los mayores errores de esa misma historia, pues ni América era finalmente la India aventurada por Colón, como tampoco el paso hacia el Mar del Sur estaba en el lugar y la posición que aseguraba Magallanes. Digamos, sin que suene a indulgencia, que tal y como suele suceder en todos los periodos convulsos de la historia, era muy complicado separar el grano de la paja en asuntos tan peliagudos como los referidos a los viajes de descubrimientos. De ahí que tampoco deba resultar chocante que la mayoría de las decisiones del monopolio índico estuvieran fundamentadas en el viejo principio natural del *ensayo error*, pues bajo ese mismo principio se han gestado las más grandes proezas del conocimiento humano. Cualquier idea, por ingeniosa que fuese, era sometida a la estadística del sentido común mediante un análisis metódico de toda la casuística recogida por los funcionarios de la Casa de Indias, es decir, de todos y cada uno de los proyectos emprendidos por aventureros, pilotos y cartógrafos al servicio de la corona, ya fuesen exitosos o fracasados. Todo, absolutamente todo, formaba parte de un compuesto depositado en una misma probeta, con ingredientes muy variados, del que finalmente se extraía una solución única, para bien o para mal. Más como la Casa contemplaba una suerte de *control de calidad* en su toma de decisiones, ocurrió que, apenas Magallanes había tenido tiempo de encajar los sinsabores de la negativa, el factor Juan de Aranda se apresuró a buscarle en su casa de las Atarazanas. Le pidió con urgencia que le ampliara detalles acerca de lo que había expuesto ante el tribunal. La sorpresa resultó tan grata para el tenaz navegante que, a su pesar, olvidó la promesa jurada que de forma conjunta había hecho con su socio Rui Faleiro en Portugal: ninguno de los dos en ausencia del otro daría más noticia que la necesaria para provocar el interés de terceros, aunque sin avanzar jamás los datos y medidas precisas de los mapas, pues ambos sabían que en ello descansaba precisamente la piedra angular de su proyecto y la del protagonismo de ambos en él. Sin embargo, por la razón antedicha, Magallanes no supo mantener la continencia debida y cedió ante la insistencia de Aranda, al cual le desveló lo que hasta entonces había sido un secreto muy bien guardado. En sus aposentos del palacete de los Barbosa, ante la discreta presencia de Beatriz y la atenta mirada de su suegro, Diego Barbosa, Magallanes desplegó sobre la mesa el bellísimo y detallado mapamundi creado por Pedro Reynel, al tiempo que, sin mediar pasión alguna, explicaba pormenorizadamente el insólito sistema de cálculos para tomar el altura de la longitud meridiana inventado por Faleiro, ante lo cual Aranda no pudo menos que maravillarse. Con lo primero, el mapamundi, el experto marino del Índico se garantizaba la probanza de la existencia del paso que cruzaba desde el Atlántico hasta el recién hallado Mar del Sur, pues Reynel lo situaba con astucia científica en el grado 42 de latitud sur, es decir, ni tan arriba que lo hiciera confundir con el Mar de Solís, ni tan abajo como para ser descartado de antemano, por la creencia general de la continuidad continental con el casquete antártico. Mientras con lo segundo, o sea, la medición meridiana, rema-

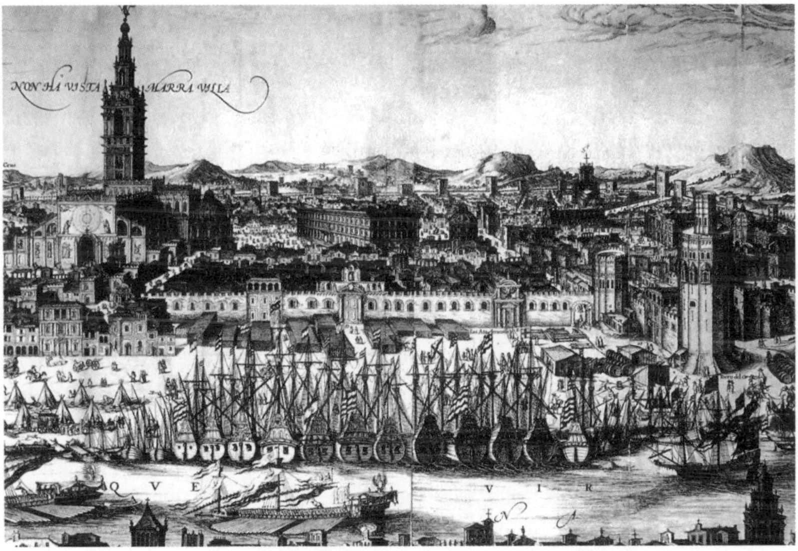

Muelle del Arenal y Atarazanas Reales. Simon Wynhoutsz de Vries, Sevilla (detalle), 1617

taba la faena ante el asombrado Factor mostrándole la tan ansiada piedra filosofal de la náutica, pues hasta ese momento nadie en el mundo había logrado idear un sistema para el cálculo de la longitud terrestre, cuestión que se mantenía desde hacía siglos como la gran asignatura pendiente de la ciencia cartográfica, considerada, por esa misma razón, *razón de estado* por todas las potencias marítimas europeas.

Ante evidencias tan contundentes, Juan de Aranda no tuvo más remedio que admirarse de cuanto había visto y oído. Más como era persona, aunque de espíritu inquieto, extremadamente práctico, aconsejó a Magallanes que guardara celoso lo que acababa de contarle, solicitándole además algunos nombres de referencia para poder consultarles acerca de su persona y de su vida en Portugal, pues en Sevilla ya le bastaba con la opinión del Alcaide Barbosa. Magallanes le facilitó los nombres de Diego de Haro y Diego de Covarrubias, los cuales informaron desde Lisboa al factor de Sevilla con las mejores credenciales sobre el portugués, tanto en su faceta de marino y militar, como de caballero leal y de orden. A la par, Magallanes, visto el cambio de actitud en Aranda, supo de inmediato que podía sacar provecho de ello, por lo cual comenzó a equilibrar la balanza de los intereses recabando del todo poderoso señor de la Casa de Contratación si realmente el Consejo estaba capacitado para oficiar en el negocio de armar flotas o, por el contrario, dependía del permiso de la Corona para tal misión, pues en tal caso, ya se las compondría él mismo para llegar hasta el Rey. Aranda convenció a Magallanes de que, a pesar de los recelos fundados del Consejo de Indias acerca de la viabilidad del proyecto, él le podría ayudar a título particular, pues estaba convencido de la cordura y sensatez de la propuesta, al tiempo que le advirtió de la enorme dificultad que le entrañaría llegar hasta el Rey, pues no resultando tan fácil como imaginaba, aún lo sería mucho menos vencer las reticencias de quienes en ese momento formaban una auténtica muralla entorno al monarca: los miembros del Consejo del Reino. Éste órgano se había convertido en el verdadero instrumento de control y gobierno de Castilla durante la mocedad del rey Carlos. El joven monarca, nacido y criado en Flandes, y llamado a ocupar grandes páginas, blancas y negras, en la Historia Universal como Emperador heredero del Sacro Imperio Romano Germánico, acababa de llegar a su nueva patria casi al mismo tiempo que lo hiciera Magallanes y, al igual que el portugués, sin apenas pronunciar más que unas pocas palabras en castellano. De ahí que, tanto su impericia idiomática como su falta de tablas le obligasen a depender en exceso de un reducido grupo de personajes mediocres, extranjeros como él, que enturbiaron de forma general su primera etapa de gobierno en Castilla y, más en concreto, la forzada relación en el negocio que estableció con Magallanes, consistente en la demanda del Maluco.

Tal vez, querido lector, te resulte algo prodiga cuando no innecesaria para el propósito general de este libro la abundancia de detalle en lo que refiere a este episodio, la mayoría de las veces escamoteado cuando no ignorado por la crónica y la literatura histórica. Sin embargo, nuestro detenimiento en este caso como en otros de singular importancia se verá ampliamente recompensado por un mejor y cabal entendimiento de los diversos entresijos históricos, circunstancias y perfiles psicológicos de los personajes protagonistas, que aparecerán más tarde en el propio Diario de Magallanes, el cual, finalmente, será el que aporte luz y verdad a los hechos para no simplemente creerlos como si de un cuento se tratara.

Más prosiguiendo, veamos a continuación lo que sucedió realmente. Juan de Aranda había aventurado por su cuenta y sin el consentimiento de Magallanes una carta dirigida al Gran Canciller del Rey, Juan Sauvage, a efecto de solicitarle una recepción para presentar el proyecto directamente al Consejo Real en la Corte de Valladolid. Revés táctico al que vino a sumarse una nueva circunstancia que, lejos de favorecer las cosas al proyectista más audaz de todos los tiempos, vino a complicárselas aún más. Nada más llegar a Sevilla Rui Faleiro, una vez resueltas sus cuitas en Portugal, conoció por boca de su hermano Francisco que Magallanes ya se había presentado en solitario ante el Alto Tribunal de la Domus Indica, y que además se había visto a solas con el Factor Aranda. Rui Faleiro, lejos de ver la noticia como algo positivo por lo que felicitarse, interpretó las gestiones de Magallanes y su complicidad con Juan Aranda como una traición al pacto juramentado entre ambos en Lisboa, por lo que montó en cólera y se transformó en una persona mal airada y agresiva, sin nada que ver con el carácter templado que se presume en un sabio que resuelve serenamente en su gabinete complicados cálculos aritméticos y astronómicos. Finalmente, una vez más, los buenos oficios de Diego Barbosa hicieron que los socios retomaran el rumbo del sentido común y pactaran las paces prometiéndose nuevamente fidelidad y prudencia en el trato con los demás, fuesen quienes fuesen. No obstante, Magallanes, que nunca daba puntada sin hilo, acabaría anotando el citado incidente en su particular archivo de desacatos. A continuación, Aranda vino a informar a los dos socios acerca de su misiva al Canciller Sauvage, lo cual encendió nuevamente una mecha que no se había enfriado del todo. Faleiro reprochó agriamente a Magallanes delante de su confidente que no se le hubiese tenido en cuenta en todo aquel asunto, mostrando con ello muy malos modos y una rabia que comenzaba a insinuar algo más que el simple enfado de un carácter fuerte. No obstante, en tal ocasión fue la propia reacción de Magallanes la que facilitó que las aguas no salieran de su cauce, pues él mismo reprochó vivamente a Juan de Aranda que hubiese hecho tal cosa sin su permiso y conocimiento. Actitud que Faleiro apreció por resultarle sincera y leal, provocando que éste diese por finalizada la contienda, aunque, a la vista de los hechos, propuso a Magallanes la partida inmediata hacia Valladolid para entrevistarse con el Consejo Real. Por su parte, Aranda intentó convencerlos de que quizá fuese mejor esperar a tener una respuesta del propio Consejo antes de aventurarse en aquel viaje, aunque a esas alturas las cartas ya estaban boca arriba y nadie parecía fiarse de nadie. Durante aquel trance Faleiro ya no ocultaba su natural proceder histérico y desconfiado, más propio de un rufián que de un hombre de ciencia. De hecho, recrecido por la compañía y el apoyo de su hermano Francisco, aumentaba su inquina hacia el Factor en la creencia de que Aranda pretendía en realidad sonsacarles toda la información referida a los mapas y las tablas de alturas, para después dejarlos abandonados en Castilla como aventureros de fortuna, apátridas y traidores. La desconfianza de Faleiro era tan acusada que incluso le hizo olvidar que, gracias a la dádiva económica del Factor, tenía casa y manutención desde su llegada a Sevilla, pues a diferencia de Magallanes, Faleiro no traía bolsa propia, como tampoco tenía parientes o amigos con los que resolver el sustento. Sin embargo, Aranda se mostró en todo momento hombre de mundo y decidió aguantar paciente las impertinentes tarascadas de quien, para sí, calificaba como un energúmeno desabrido e insolente. Al menos, mientras cuajase el proyecto, pues al margen de su posible valía como astrónomo, Faleiro mostraba síntomas evidentes de un juicio desequilibrado, cosa que en adelante podría poner en peligro tan extraordinaria empresa, amén de que se interponía gravemente entre sus miras personales y el verdadero instructor de todo aquel negocio, que no era otro que Magallanes. Esta quiebra de intereses se hizo patente nada más emprender el viaje desde Sevilla a Valladolid, pues mientras los socios portugueses decidieron avanzar el paso por el camino de Toledo, agregados por recomendación de Barbosa a la comitiva de la duquesa de Arcos, Doña Beatriz de Pacheco, en camino hacia su casa de Escalona; el caballero de la Casa de Contratación lo haría por la ruta extremeña de la Plata. Concertando entre ellos, previamente, que se reunirían a la altura de Medina del Campo para entrar todos juntos en Valladolid. Una vez comenzada la partida, aún no se habían apartado mucho de Sevilla los del primer grupo cuando vino a retenerles un correo a caballo enviado por Aranda. Magallanes, excitado y nervioso, no pudo evitar leer en voz alta la carta recibida. El mismísimo rey le urgía a través de ella su presencia en la Corte para saber de primera mano acerca de ese proyecto suyo de navegar a la India por el poniente en busca de la especiería, viendo un gran provecho en todo ello y conminando al portugués a explicarle los términos de su atrevida propuesta. Emocionado al extremo, Magallanes forzó a la comitiva para adelantar el paso y muy pronto se reunieron todos en la posada de Medina del Campo, donde Juan de Aranda no perdió tiempo en hacerles ver, sobre todo al desconfiado Faleiro, el buen fin que había tenido su pronta solicitud al Gran Canciller. Gracias a ello, iban a ser recibidos por el Consejo Real como personas de orden y no como simples arribistas advenedizos en busca de fortuna, de los que pululaban por cientos en el Reino de Castilla. De tal forma, les inquirió que en vez de estar quejosos por ello, más bien deberían corresponder a su buena gestión ofreciéndole un quinto de las ganancias que obtuviesen con aquella empresa. Además les advertía que para los propósitos que llevaban, el hecho de ser portugueses no era la mejor carta de presentación, de ahí que su presencia como mediador ante el Consejo y sus buenas amistades en la Corte podrían acabar arrimando el ascua a las sardinas que pretendían llevarse a la boca. A todo esto, Magallanes no podía reprimir su alegría por todo lo que estaba aconteciendo, pues su espíritu, más acostumbrado a sentir las inclemencias de la vida en forma de rechazos y desaires, estaba entonces henchido de gozo y deseaba presentarse ante el Rey cuanto antes para hablarle del proyecto que tan largamente había preparado y del que tan cerca veía ahora su ejecución. Aún a título personal no

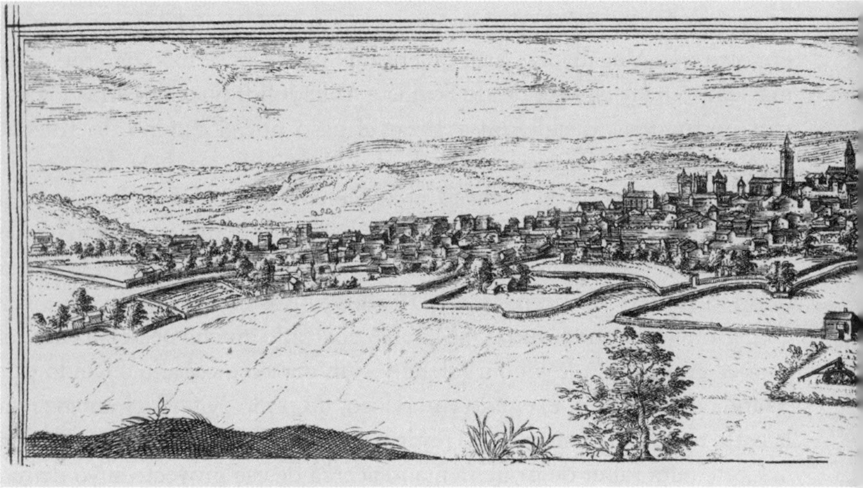

Georg Braun, Valladolid. Siglo XVI

dudó en aceptar la sugerencia del Factor, que aparte de útil para sus fines también la consideraba justa. Sin embargo, Rui Faleiro, alentado por su hermano Francisco, vino otra vez a estropear el acuerdo negándose rotundamente a desembolsar cualquier cantidad en beneficio de Aranda. Nuevamente se encresparon los ánimos y saltaron los reproches de los hermanos Faleiro en base a desconfianzas infundadas hacia el Factor, en vista de lo cual, Aranda optó finalmente por renunciar a cualquier ganancia, sugiriendo no obstante que seguiría en la encomienda de facilitarles la entrevista con el Consejo, aunque sólo fuese como servicio obligado a la Corona, en su papel de miembro de la Casa de Contratación. Tras lo cual, todos decidieron retomar nuevamente el camino hacia Valladolid, cosa que hicieron después que Magallanes pronunciara las últimas palabras, las cuales, por el tono empleado, más bien resultaron ser una suerte de sentencia irrevocable. Él mismo le daría al mediador Aranda la octava parte de su propio estipendio en los futuros beneficios que hubiesen de cobrar. A lo que Faleiro no tuvo más remedio que asentir para evitar males mayores, según observó en el sombrío semblante del veterano militar. Aunque, dicha sea la verdad, tampoco supo guardarse su enojo ante lo que consideró una nueva extralimitación de su socio por: «lo decir su

compañero solo, sin decir ambos aparte». Este nuevo pacto verbal, hecho prácticamente sobre las cabalgaduras, fue lo último que hablaron antes de partir hacia Valladolid, para lo que de nuevo separaron sus caminos, tomando Aranda el más rápido y derecho hasta la capital del reino y los portugueses el de Simancas.

En la ciudad del río Pisuerga todos despacharon en la misma posada los asuntos que habían de considerar antes de la importante reunión con el Consejo. Posada en la que el día 23 de febrero de 1518 también quedó rubricado el acuerdo con Aranda mediante escritura pública otorgada por el escribano del rey, don Diego González de Santiago, por la cual se establecía la concesión al Factor de aquella octava parte de la que hacía mérito, si bien conviene recordar que la misma debería extraerse, según declaraban los otorgantes: «Del provecho e intereses que hobiéremos del descubrimiento de las tierras e islas, que, placiendo a Dios, hemos de descubrir e de hallar en las tierras e límites e demarcaciones del Rey nuestro señor Don Carlos». Suceso al que no cabría añadir nada más salvo la aceptación expresa de Aranda dándola por buena: «En cuanto me es útil e provechosa», aunque en adelante habría de darle algún que otro quebradero de cabeza, ya que, no habiéndose guardado la discreción debida por ninguna de las partes, la noticia corrió de boca en boca hasta trascender a la Corte, donde cayó realmente mal que uno de sus funcionarios tomase parte en negocios de la Corona con terceros. De ahí que, aún con cierta cautela, el rey Carlos I hiciera levantar al doctor Juan Fernández de la Gama diligencias contra Aranda en octubre de ese mismo año, a fin de que le informase de todo lo acontecido, pues era sabido por parte de los ministros de la Casa que no podían hacer negocio con privados en asuntos que concernían en exclusiva a la Corona. Sin embargo, pasados los años, el Factor Aranda seguiría manteniendo el cargo como se demuestra en autos y cédulas firmadas por él mismo desde 1525 en adelante, de lo que se deduce que, amén de hombre sagaz y ambicioso, también se mostró hábil en la defensa de sus intereses, pues logró convencer al rey de que su empeño había sido tan justo y acertado, como de muy buenos provechos para la corona.

Pero regresemos de nuevo a Valladolid y más en concreto a la posada donde aguardan Magallanes y su séquito para la entrevista con el Gran Consejo de Castilla. Magallanes sabe de sobras que se halla ante el «Rubicón» de su vida, conoce al dedillo las andanzas que unos años antes, casi por la misma razón, tuvo que correr otro hombre visionario y pasional como él, más o menos con la misma gente y más o menos en el mismo lugar. Intuye con fruición el sabor de la miel y la hiel que hubo de probar Colón por el juicio de los que poco saben y nada hacen, pero todo lo pueden. Pobre hombre aquél, se dice a sí mismo. Qué injustos fueron la vida y el destino con tan grande descubridor, concluye. Pero, a pesar de la ineludible comparación, por nada del mundo está dispuesto a detenerse a esas alturas, la suerte está echada para él. El juego es a todo o a nada. Presuroso e inquieto pregunta a los presentes por los miembros del Consejo, quiere saber de primera mano quiénes son, qué fuerza tienen y cuáles son sus debilidades, si es que las tienen. Preguntas que para nuevo disgusto de los Faleiro sólo obtienen respuesta de Juan Aranda, quien de forma precisa relata los pormenores de las diferentes personalidades a las que deberán enfrentarse a la mañana siguiente. No hace falta repetir pero si recordar que en ese momento el rey Carlos I cuenta tan sólo con 18 años y que acaba de llegar, tan sólo hace unos meses, desde Flandes a una tierra completamente extraña para él. Su madre, la reina Juana, a la que han dado por perdido el juicio, ha sido enclaustrada en Tordesillas, ciudad no muy alejada de Valladolid, pero si lo suficiente para que el rey no pueda sentir cercano su influjo materno. Desde muy niño, por razones de Estado el príncipe Carlos sólo se ha valido de sus ministros flamencos, convertidos ahora en auténticos mentores que influyen en todo lo que ha de hacerse o no en el reino de Castilla. A su lado, como una sombra, siempre se halla Guillermo de Croy, Señor de Chievres, su tutor personal. Mostrándose ajeno por completo a las Indias, las especias y los viajes oceánicos, todo su empeño está orientado a la política europea, por ello se mostró como el principal instigador de la candidatura del rey de Castilla para ocupar la vacante del Imperio Sacro Romano Germánico, tras el fallecimiento del emperador Maximiliano, al tiempo que, con el mismo celo, orientaba sus ambiciones personales en acaparar todo el poder y riquezas posibles. Cosas en las que no le anduvo a la zaga Jean Sauvage, otro de los ministros custodios del rey. De origen flamenco al igual que De Croy e igualmente gris y ambicioso, tampoco supo aportar algo útil al gobierno de Castilla. Sin embargo, a diferencia de estos dos, el tercero de los ministros extranjeros, el Cardenal Adriano de Utrech era un hombre sensato y justo. Tras su predecesor, el Cardenal Jiménez Cisneros, ya muerto, había desempeñado la difícil regencia del reino de Castilla durante la minoría de edad del príncipe Carlos. El rey confiaba plenamente en su preceptor holandés, puesto que había sido designado expresamente por su abuelo Fernando, el Católico, para tal misión desde su más tierna infancia. Era culto, metódico y muy austero, sin más pretensiones que la de servir a su señor, hasta el punto que, cuando en 1523 fue nombrado Papá manteniendo su propio nombre, Adriano, mediando para elló la larga mano del entonces Emperador, ni siquiera se permitió asistir al Cónclave, como tampoco se le conoció jamás ambición o vanidad pegadas a la mitra. Dicho lo cual, no debe inferirse por ello que, para los intereses que se jugaba Magallanes en aquella ocasión, le fuese más útil este consejero que los anteriores, puesto que en lo tocante a las Indias y a los océanos, el Cardenal Adriano era un auténtico lego en la materia, por tanto, su opinión no contaba para nada. No obstante, a Juan de Aranda aún le restaba por presentar al cuarto miembro del Consejo Real, el único español, el temido por terrible Juan Rodríguez Fonseca. Obispo intrigante y más dado a los asuntos mundanos que a los de su misión apostólica, se había comportado como un auténtico demonio con todos y cada uno de los grandes personajes que, desde Colón, habían tenido algo que ver con Castilla en el negocio de las Indias. Llevaba con mano de hierro todo lo tocante a las capitulaciones y se mostraba como un dictador inmisericorde con cuantos aventureros y proyectos se presentaban ante el Consejo de Indias, del cual era la voz más autorizada y el voto más reputado. Sin embargo y contra pronóstico, esta vez la suerte no le resultó esquiva a Magallanes. Para esta ocasión Fonseca ya estaba frisando el final de su vida y se mostraba, según palabras de Fray Bartolomé de las Casas: «como galera desarmada», queriendo esto decir, sin que haga falta explicación, que el temido Obispo ya no era el de antes.

Magallanes tomó buena nota de todo lo dicho por Aranda y cuando se encontró frente a frente con los miembros del Consejo Real, fue precisamente al obispo Fonseca a quien dirigió con más ahínco todos los dardos de su apasionado aunque riguroso discurso. Al que volveremos de inmediato, no sin antes aprovecharnos nuevamente del fraile Las Casas para aventurar una especie de retrato robot acerca de cómo era realmente Hernando de Magallanes, tanto en su aspecto físico como en lo referido a su talante y personalidad. Precisamente, Fray Bartolomé de las Casas, antiguo tripulante de Colón, feroz encomendero más tarde y, por último, defensor a ultranza de los indígenas americanos, estuvo presente como miembro de honor en aquella cita crucial para la vida de Magallanes y para la historia del mundo. A diferencia de otros cronistas, que sólo hablan de oídas o leídas, Las Casas, aparte cómo no de Pigafetta, nos brinda un extraordinario pasaje de su propio puño y letra, a través del cual nos proyecta una imagen muy aproximada sobre nuestro personaje. Se basa para ello en el *argumentum veritatis,* es decir, el manifiesto puro de la verdad por encontrarse en el lugar de los hechos y ver exactamente lo que ocurrió. Al respecto, destaca en su célebre *Historia de las Indias*:

> Este Hernando de Magallanes debe ser hombre de ánimo e muy valeroso en sus pensamientos e para emprender cosas muy grandes, aunque la persona no la tiene de mucha autoridad, porque es pequeño de cuerpo, y en sí no muestra ser para mucho, aunque tampoco da a entender que quien quisiera le pudiese fácilmente supeditar, porque parece a la par ser recatado y de coraje.

Es decir, Las Casas nos presenta al Magallanes que muchos imaginamos e intuimos, un hombre seguro de sí mismo, sin mucha prestancia física pero si mental. Recatado de gestos al tiempo que ampuloso en su visión y forma de expresarla. En suma, un hombre de voluntad férrea e inquebrantable. Habiendo sido invitado para este Consejo por el Gran Canciller, Señor de Chievres, Fray Bartolomé nos cuenta también que pudo observar la llegada de Magallanes junto a sus socios, y cómo éste fue a colocarse inmediatamente al lado de Fonseca, quien mostró desde el principio una absoluta complicidad con el portugués respecto del negocio que venía a proponer al Reino de Castilla. Tal como ya se ha indicado, Magallanes utilizó para la presentación de su proyecto toda la artillería pesada de la que disponía, pues no sólo se sirvió del latín, la lengua culta del momento al alcance de muy pocos, para las cuestiones científicas, sino que se acompañó además de elegantes ademanes aprendidos en su etapa cortesana como paje de la Reina Doña Leonor de Portugal, adornándolo todo con una excelente demostración de sus conocimientos náuticos y cartográficos, los cuales aparejó con el abundante material de planos y mapas que traía en las alforjas desde Lisboa. Siendo los más destacados el mapamundi confeccionado por los Reinel y un globo terráqueo policromado que produjo verdadera sensación entre los presentes, especialmente en Carlos I, un rey de espíritu sobrio y pesimista que quedó plenamente cautivado y convencido por la briosa personalidad de Magallanes.

Sevilla centro del mundo

Cuando Colón regresó de su primer viaje hacia lo que él mismo bautizó como las Indias, no tardó en sugerir a la Corona que designara un solo puerto en Castilla para habilitar el tremendo tráfico náutico que provocaría la colonización de las tierras recién descubiertas. Cádiz fue su primera elección, pues como marino sabía de las ventajas que un puerto de mar orientado a poniente ofrecía para tamaña empresa a través del océano. Sin embargo, los Reyes Católicos le hicieron caso en lo primero pero no en lo segundo, es decir, decidieron crear un monopolio portuario para todo lo referente a las Indias, aunque la ciudad elegida para ocupar tal misión y llevarse la gloria sería otra, Sevilla y su Puerto del Arenal.

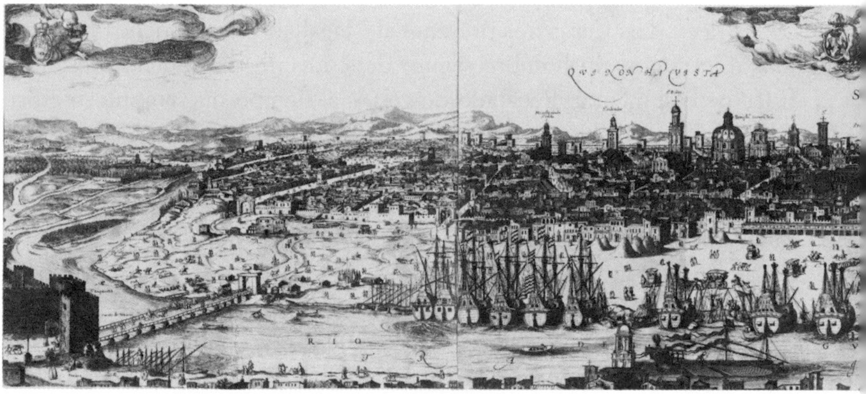

Simon Wynhoutsz de Vries, Sevilla, 1617

Según nos refiere tan graciosamente el profesor Lutgardo García, Sevilla era a finales del siglo XV y, sobre todo, durante el siglo XVI como aquella Eva mítica del Antiguo Testamento: «una hermosa muchacha de múltiples seducciones a la que no se le podía decir que no». Basta leer la lista de curiosidades y excelencias de la ciudad descritas por Morgado, un cura extremeño afincado en la Triana del siglo XVI, para comprender la gran cantidad de riquezas y manjares que ofrecía aquella tierra prometida a todos los que iban a visitarla desde cualquier parte del mundo. Sevilla estaba en boca de todos, ya fuesen reyes, pícaros, frailes, banqueros, ladrones o aventureros, la ciudad del Gran Río se había convertido gracias a la feracidad de su entorno y a la facilidad de sus comunicaciones, por tierra y por agua, en la urbe más importante del sur europeo, aunque con gran vocación para serlo de todo el orbe. Tenía de todo y en abundancia, una agricultura poderosa que brindaba con creces los tres tesoros de la gastronomía mediterránea, la vid, el trigo y el olivo, a lo que se añadían infinitas variedades de cuantos frutos producían la tierra y el mar en las costas y las campiñas aledañas. Infinitas hileras de carretas tiradas por gigantescos bueyes acabaron trazando un paisaje repleto de caminos que conducían a los más remotos lugares allende el Mediterráneo y el Atlántico. A la par, Sevilla también se mostraba como un centro de producción industrial de primer orden. Ingeniando o copiando, se fabricaba cualquier género y producto que fuese menester al gusto de la época:

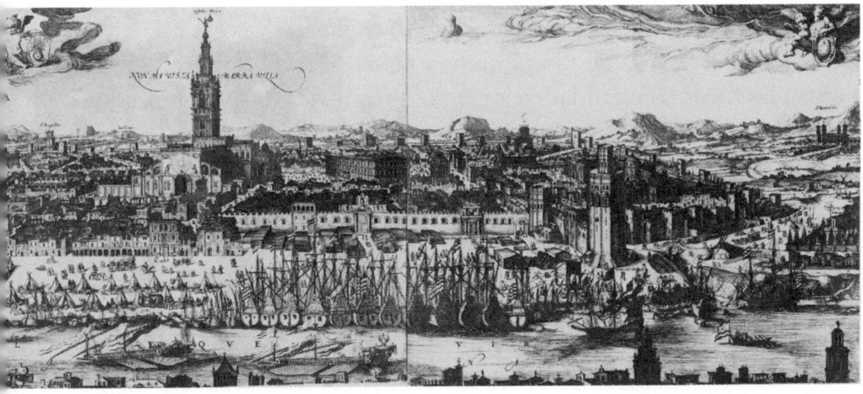

pólvora, armamento, jabones, cueros, vestidos, barcos, instrumentos náuticos, libros y mapas, seda de muy buena calidad, y sobre todo pan. No existió en la época ninguna otra ciudad que fuese capaz de abastecer por si misma a tanta gente como lo hacía Sevilla, cien mil personas. El aire olía a pan, a bizcocho y a galleta, inundando las calles, las plazas y las fuentes. Y por el río se dejaba escapar un suculento aroma caliente que hacía llorar a los embarcados que regresaban a sus casas después de largos y peligrosos viajes, embriagando también con su exquisitez a los extraños acompañantes venidos desde los lugares más remotos. Pero, con todo, lo mejor era el propio puerto. Tres veces milenario y abrigado aguas adentro del Gran Río, antaño Tartessos, después el Betis romano y rebautizado Guadalquivir por los moros, constituía el mejor seguro contra los innumerables riesgos que provocaban, aún en esa época, los puertos abiertos a la mar. Sobre todo si se consideran en su justa medida las miras que pusieron los Reyes Católicos en el rico y abundante tráfico de mercancías que habrían de llegar desde las nuevas posesiones de ultramar. De ahí que los astutos monarcas Isabel y Fernando consintieran la exclusividad de Sevilla y la de su Puerto para tal misión, confiando tan ingente labor a la Casa de Contratación de las Indias, una nueva institución creada como monopolio de gobierno de la corona castellana, a imitación de la Casa da India de Lisboa, la cual se encargaría, no sólo de fiscalizar y controlar cualquier asunto relacionado con el tráfico naval, sino también de poblar los nuevo territorios con todos las personas, animales y cosas que fueran menester para la vida de sus súbditos y colonos. A tal fin, desde Sevilla partían las flotas convertidas en auténticos Arcas de Noé para reproducir exactamente la vida del viejo mundo en el nuevo recién descubierto. Parejas de animales de todas las especies, caballos, cerdos, gallinas, ovejas, cabras, vacas, pájaros, como también esquejes y plantones de todos los árboles y plantas conocidos fueron transportados a América desde Sevilla bajando por el Guadalquivir hasta el océano Atlántico. Así llegó el olivo, el naranjo, la vid y el café. Y aún algo más valioso que todo lo demás, la lengua castellana, que también fue llevada allende los mares desde el Puerto del Arenal. Convertida en gramática por el sevillano Antonio de Nebrija, que la llamó vehículo del Imperio, hubo de clonarse allá donde iba con un habla y una entonación propios de la cálida ciudad del Betis. Por tanto, no debería sorprender a nadie, en especial a los estudiosos del tema, que Magallanes pusiera rumbo a Sevilla tras marcharse de Lisboa, pues ambas ciudades eran el origen y el destino de las mayores y más prodigiosas aventuras marítimas jamás realizadas por el hombre. Pero quedaba por ejecutar la mayor y más excelsa de todas, circunnavegar el mundo. Algo que Magallanes pensó, preparó y logró.

II
DIARIO DE MAGALLANES

A todos los que esto vieren y aun leyeren,
guarde Dios del mal.

HERNAO DE MAGALHAES

INTRODUCCIÓN

Las páginas que dan cuerpo a este diario no son las habituales de un libro de historia o de lo que sería una biografía convencional sobre Magallanes, sino que están sacadas directamente de las vivencias que el insigne explorador dejó escritas de su propio puño y letra a partir de su llegada a Sevilla, en octubre de 1517, hasta su muerte en Mactán (Filipinas) en abril de 1521. Se trata del diario de un marino y ello explica que Magallanes se muestre algo austero en su literatura y con un especial agrado por las cuestiones náuticas, sobre todo en la parte que concierne al propio viaje de circunnavegación; sin embargo, el escrupuloso estratega del Douro no deja puntada sin hilo en la costura de su diario y sabe apañárselas para sacarle partido a su relato. Le interesa contar su vida con todo lo que pasa a su alrededor, esmerándose sobremanera en una precisa narración de los hechos cuando los considera importantes, como también se empeña en dejarnos una pormenorizada descripción de los personajes más relevantes, lo cual facilita un mejor entendimiento de la trama y del contexto histórico.

Magallanes inicia la primera parte de su diario en 1518, y lo hace desde su aposento situado en las Reales Atarazanas de Sevilla, justo un año después de su llegada a la gran capital del sur de España y de conocer a Diego Barbosa, quien, aparte de ser su compatriota, pronto se convertiría en su suegro y valedor. Posteriormente, tras la salida de la flota en 1519 desde el puerto sevillano de las Mulas, Magallanes continúa con la redacción de su diario, aunque esta vez lo hace, y ya para siempre hasta su muerte, desde su propio camarote, situado en el castillo de popa de la *Trinidad*, la nao capitana de la flotilla del Maluco. Sin que sepamos bien el porqué, Magallanes elige para el comienzo de su narración la fecha de su regreso a Lisboa en 1514, después de haber estado luchando en África durante un año y anteriormente otros siete en la India y en Malaca, amén de haber explorado algunas islas del Mar de Banda. No obstante, asumida esta secuencia autobiográfica diacrónica, tan precisa como limitada, lo cual advierte que nos hallamos ante un documento de gran valor pericial pero que nos priva de buena parte de su vida, en especial la que se corresponde con su niñez y juventud, Magallanes nos desvela en contrapartida, de vez en cuando, pequeñas pinceladas que refieren a sucesos muy anteriores de su vida. Flashes acerca de su infancia en la corte de Lisboa, así como lances y hechos memorables como marino y militar en sus expediciones portuguesas, todo lo cual permite mostrar un interesante fresco que refuerza aún más el retrato de una personalidad excepcional.

Hernao de Magalhaes, castellanizado después como Magallanes, era una persona culta e instruida en diferentes conocimientos y habilidades, que también manejaba con soltura el latín, lo cual venía a ser como el inglés de aquel tiempo, hablaba algo de italiano y también un poco de español. Pero a la hora de escribir, como a nadie debería sorprender, prefirió usar de su lengua vernácula, el portugués, lo cual hacía con cierta gracia y habilidoso talento. De tal suerte, el legajo que recoge los papeles, las cartas y anotaciones que compilan el Diario de Magallanes están escritos íntegramente en portugués arcaico. Y esa es la razón por la que decidí transcribirlo al español, respetando al máximo el original pero haciéndolo inteligible al objeto de que pueda ser leído e interpretado en su totalidad. El diario se presenta en un formato de episodios titulados bajo libre licencia del transcriptor y numerados de forma cronológica según fue escrito, es decir, desde la llegada de Magallanes a Lisboa tras superar el litigio en Azamor, donde tiempo atrás había sido acusado de abigeato, hasta la noche anterior a su muerte, ocurrida ésta durante la batalla de Mactán en Filipinas. Sin embargo, pese a lo dicho, presumo que el mayor tesoro que guarda este relato autobiográfico es la contundente demostración de que Magallanes fue el primer hombre que circunnavegó la Tierra por primera vez. Lo cual no significa, a pesar de ser una cuestión trascendente, que fuese reflejada en el diario de manera explícita por su autor, que lo fue también de tan magna proeza. Por el contrario, se manifiesta una vez más el escaso o nulo interés que sobre estas materias tenían aquellos navegantes y exploradores que poca o ninguna gloria obtuvieron en su momento, recibiéndola sólo algunos de ellos en siglos muy posteriores. El diario demuestra que Magallanes fue el primer hombre en dar la vuelta al mundo, puesto que, tal como el mismo reconoce, ya estuvo en las islas del mar de Banda junto a Francisco Serrao, en una misión encomendada por el Virrey de la India, Alfonso de Alburquerque, para explorarlas primero y anexionarlas después a la corona portuguesa. Avatares del destino hicieron que sus barcos y sus caminos se separaran para siempre, pues mientras Magallanes acabaría regresando más tarde a Portugal, su compatriota optó por quedarse en Ternate, una de las islas Molucas, gozando *il dolce far niente*. Por tanto, cuando años más tarde Magallanes alcanzó las Filipinas en su épico viaje en busca de las Especierías, logró con ello cruzar el grado meridiano que ya había navegado en su aventura anterior por el oriente, pero esta vez llegando desde el poniente. Es decir, Hernando de Magallanes había rodeado el planeta en toda su extensión y por primera vez en la historia del mundo.

Ya por último, apreciado lector, antes de que te embarques en la lectura de este fascinante diario, me gustaría esbozarte, aún con riesgo de resultar cansino, una consideración importante acerca del mismo. Debes saber que llevo buena parte de mi vida dedicada al estudio y divulgación de la Primera Circunnavegación a la Tierra y a la figura histórica del gran explorador y navegante Hernando de Magallanes. Esta labor, a veces obsesiva, me ha llevado a seguir sus huellas a lo largo y ancho del planeta navegando por los mismos océanos que surcaron sus barcos y recorriendo los mismos parajes y regiones que pisaron sus pies. Obsesión que también me ha permitido tener acceso a los documentos y materiales que guardan la memoria escrita y visual de todo lo sucedido, según testimonian las crónicas que se registran en las bibliotecas, museos y archivos públicos y privados de España y Portugal, así como de Chile, Argentina, Brasil, Filipinas, Italia y EE.UU. Sin embargo, a pesar del ingente material de referencia, entre fuentes directas, crónicas y bibliografía, más que menos deslavazado, siempre se echó en falta por parte de los historiadores, cronistas y escritores, el venero más importante y fidedigno de todos, el santo grial de la Primera Vuelta al Mundo, es decir, el diario de su principal protagonista, Hernando de Magallanes. Sin duda, ningún otro documento aportaría mayor crédito que ese, aun incluyendo el otro gran relato autobiográfico del citado episodio, tal es *Il primo viaggio intorno al mondo,* que fue escrito por otro de sus grandes artífices, el vicentino Antonio Pigafetta. Pero lo cierto es que jamás apareció. Ni en los grandes archivos nacionales de las dos antiguas potencias ibéricas, Archivo de Indias en Sevilla y Torre do Tombo en Lisboa, como tampoco extraviado en cualquiera de las bibliotecas de alguna ciudad de aquí o de allá, tal fue el caso de la *Relazione* de Pigafetta, cuyo único ejemplar en italiano fue descubierto muy tardíamente por Carlo Amoretti en la Biblioteca Ambrosiana de Milán. Sin embargo, dado por perdido para siempre por la mayoría de los especialistas, se tenía constancia de que el diario fue escrito y que por tanto existió, de ello no había duda, pues lo decía la lógica según sugiere el propio carácter metódico de Magallanes, y más aún, sus antecedentes como cronista de viajes cuando estuvo en la India, así como también el propio cumplimiento de la norma y costumbre, pues era obligación de los capitanes y pilotos que embarcaban a las Indias dar cumplida cuenta de todo lo ocurrido durante el viaje, ya fuese con el diario de a bordo o cualquier otro documento que ayudase a mejor comprender la travesía a los oficiales de la Casa de Contratación, cuando no, para procurarse mayor fama y honores, si las cosas salían bien. Así, por las razones ya citadas, estuve siguiendo cuantas pistas me aparecieron durante todos estos años, aceptando cada fracaso como una catapulta hacia nuevos retos. Mis caminos partían de tres premisas sustentadas en las dos vías originadas tras la muerte de Magallanes en Filipinas, dándose con ello una situación dual que favorecía, o bien la destrucción del diario, o bien su salvaguarda: una primera vía sustentada en la nao *Trinidad* y Gonzalo Gómez de Espinosa, mano derecha de Magallanes y personaje muy relevante durante el viaje, del que se dará cumplida información en el diario y en los apartados complementarios al mismo, y una segunda, a través de la nao *Victoria*, con dos variantes, la que iría tras los pasos de Juan Sebastián Elcano, capitán de la nao triunfante del viaje de circunnavegación y enemigo declarado del Capitán General, y otra vinculada a Pigafetta, en tanto posible custodio y garante de la integridad del manuscrito. Finalmente, después de mucho tiempo dedicado a tan estimulante como infructuosa misión, con múltiples desengaños en cualquier parte del mundo, el Diario, o más correctamente, los papeles manuscritos de Magallanes, fueron hallados de la forma más extraña y prodigiosa que uno pueda imaginar. Así finalmente, tras una meticulosa labor de restauración y de una trabajosa interpretación de los pasajes dañados por cortes y rayaduras, cuando no, simplemente, borrados o quemados, decidí publicarlo en su integridad, tal como fue escrito, *ad litteram,* para un mejor aprovechamiento por los estudiosos, o como simple delicatesen histórica para los lectores que tanto gustan de esta temática. De otro lado, la decisión de mantener ocultas tanto las circunstancias del hallazgo como la ubicación del Diario se debe

Retrato del infante Enrique el Navegante. En *Crónicas dos feitas do Cuiné*, 1450. Lisboa

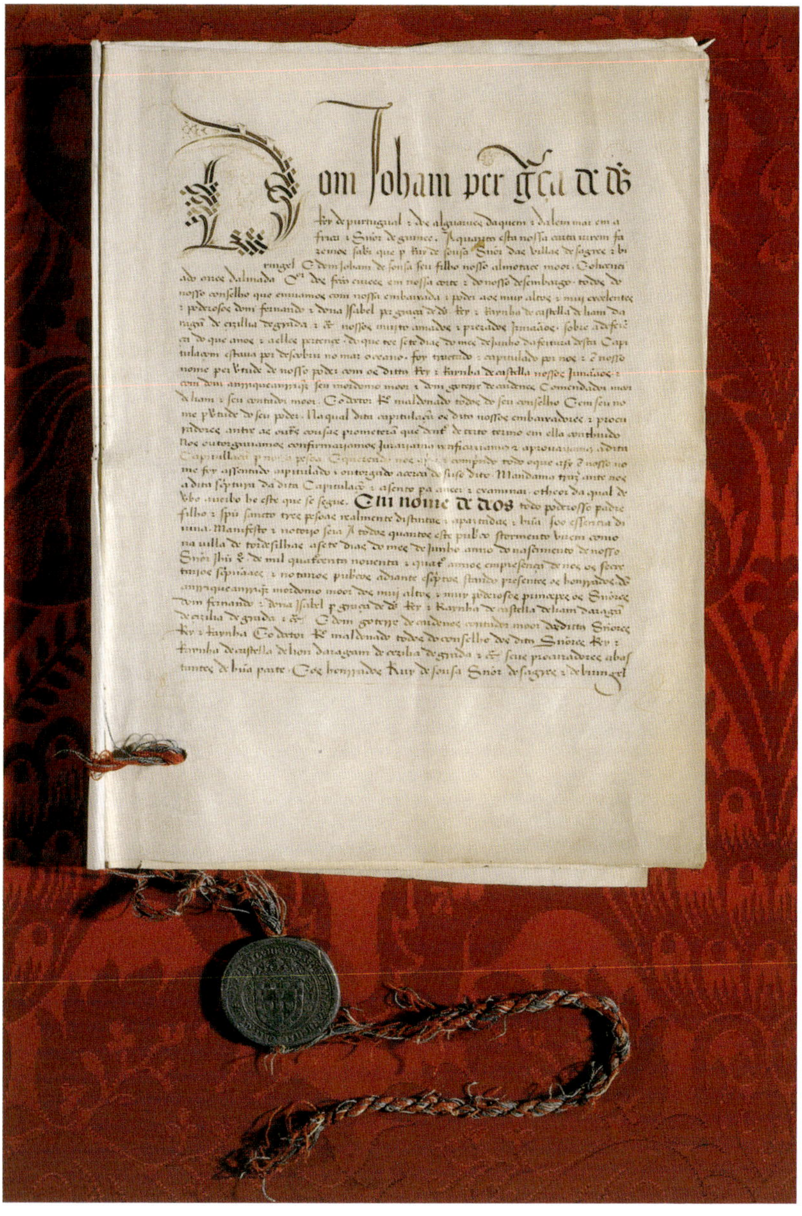

Versión portuguesa del Tratado de Tordesillas. Archivo Nacional, Lisboa

Retrato y divisas de don Manuel I el Afortunado

Gregorio Lopes, Retrato de Vasco de Gama, *ca*. 1525-1550.
Museu Nacional de Arte Antiga, Lisboa

Página siguiente
Sebastian Münster, Totius Africæ tabula, & descriptio uniuersalis, etiam ultra Ptolemæi limites extensa. De *Cosmographia uniuersalis*, Basel, 1554
Descripción de la 7ª Armada de Indias, *Livro de Lisuarte de Abreu*. Pierpont Morgan Library, *ca*. 1565
Anónimo, Retrato de don Francisco de Almeida, *ca*. 1545

Totius Africæ tabula, & descriptio uniuersalis, etiam ultra Ptolemæi limites extensa.
Hispania
Granat
Sardinia
Mare mediterraneum
Sicilia
Malta
Candia
Cyprus
SYRIA
Asia
Regnum Fes
Barbaria
Mauri
Hippa
AFRICA
Marmarica
Ammon
AEGYPTUS
ARABIA deserta
Medina
ARABIA Petrea
ARABIA Felix
Mare Rubrū
Insule Canarie
Budezor
Nigritæ
Capo Verde
Hodent
Regnum Senega
LIBYA Interior
LIBYAE desertum
NUBIAE Regnum
REGNUM Orguene
AETHIOPIA
REGNUM Habesch
Hamarich Sedes Pr̄e te Iohan
REGNUM de Seylam
REGNUM Melinde
Regnum MELLI
Imperiū Nubeorum
Monoculi
Tellus Psi tacorum
QUIOLA Regnum
Zaphala aurifodina
AFRICAE extremitas
Caput bonæ spei

ARMADA DE CAPITAES ANO DE 507

GUOVERNA
DOR DA IN
ANO
O VICE REI D. FRAN CISCO DE AL
MEIDA, O PRIME IRO QUE PASSOU A ESTE
ESTADO COM O DITO TITU LO DEPOIS DO
DESCOBRIMENT O DA INDIA, C HEGOU AELLA
NO ANNO DE 1505, E GOVER NOU ATE 18 DE
NOVE MBRO DE 1509

LISBO

CASCALE Lusitaniæ opp.

OLISIPO, SIVE VT PERVE-
TVSTÆ LAPIDVM INSCRIP-
TIONES HABENT, VLYSIPPO,
VVLGO LISBONA FLORENTIS-
SIMVM PORTVGALLIÆ EMPORIV.

Doble página anterior
Lisboa y Cascais. Braun and Hogenberg, *Civitates Orbis Terrarum*, 1572

Emblama y retrato de Hernando de Magallanes

a dos razones, la primera por hallarme sometido a una promesa que jamás incumpliré, y la segunda, porque, aun obviando la primera razón, sería del todo improbable que tales circunstancias fuesen aceptadas o creídas, de tal punto es inimaginable acreditar lo ocurrido. Así las cosas, querido lector, puedes pensar libremente lo que gustes, bien que te encuentras ante el auténtico legado de Magallanes, o simplemente que tienes en tus manos una novedosa aventura literaria sobre la mayor gesta de la historia, más o menos acertada, y debida a la calenturienta imaginación de un inveterado devoto magallánico.

DIARIO

Episodio 0. Quo vadis Magallanes

Siendo en la ciudad de Sevilla miércoles en los veinte y siete días del mes de octubre, año del nacimiento de nuestro Salvador Jesucristo de mil quinientos diez y ocho años, yo Hernando de Magallanes, hijo de Portugal y ahora vecino de la susodicha ciudad del reino de Castilla, Comendador de la Orden de Santiago, capitán general de Sus Altezas de la armada de la especiería, esto escribo a cuenta de saberse las cosas hasta ahora sucedidas en mi vida y aun más de cuanto habrá de sucederse en adelante, y ello lo hago no tanto por el valor de mi persona que es muy poco, sino porque conviene mucho a la verdad que sea contada la muy grande y valiosa ocasión que me provee el destino. Nuestro señor Jesucristo quiso sin yo merecerlo que estando en tal desventura hace apenas un año, huérfano de patria y sin más fortuna que la de mi propia persona y las de mis deudos, a la sazón una cohorte de portugueses entre criados y gente de mar, fuese acogido en esta urbe ampulosa de Castilla por el Comendador Diego Barbosa, y aun que me brindara éste su amistad fraterna y un hogar donde aposentar mis penas hasta mejor hallar acomodo en esta tierra que es mi nueva patria. Y así me hallé a veinte de octubre, hace un año pasado, en las orillas del muy famoso río Guadalquivir junto a una gran boca de la fábrica astillero de Sevilla llamada la atarazana de la que Don Diego es su alcaide y lo es también de los antiguamente alcázares moros según dispuso don Álvaro de Braganza, quien tomó la guarda y custodia de ellos por Don Fernando el Católico, siendo Barbosa su deudo y servidor. En un palacete del mismo astillero tengo ahora mi aposento con Doña Beatriz mi esposa, hija del dicho Barbosa el cual vino a dármela en casamiento en poco hará un año. Mi agradecimiento a este hermano de patria será eterno en esta vida y en la otra por razones que saberse podrán más adelante. De tal suerte, menguada mi estrechez y aliviada el alma por gente tan buena, presumí entonces arrojar palabras al papel que, aun mal escritas, salen del alma muy agradecida de este humilde marino, que posee en tierra ajena lo que en la propia no halló. Y ya sea por servir al buen entendimiento del que esto leyere convenga saberse por qué vine a esta ciudad, y así me apresto en relatar con más penas que gloria las cosas que me acontecieron cuando arribé a Portugal tras mi regreso de la India hace poco más de cuatro años.

Episodio 1. El cojo vuelve a casa

Me aventuré a la suerte como tantas otras veces y en ello regresé a Lisboa siendo junio de mil y quinientos catorce, más en esta ocasión para quedarme por un tiempo. Y aún desoí entonces los consejos que me daban la razón y las cartas de mi camarada en armas Francisco Serrao, que por entonces andaba entre las cálidas brisas del oriente, rodeado de riquezas y de mil otros placeres que olvidar quiero para no abundar en mi desdicha. No pocas cosas e infortunios me hubieron de suceder en los meses anteriores, pues no acabé de llegar de la India después de siete años en los que luché y me afané en el servicio de la patria, cuando nuevamente me vi enrolado para el África junto con otros muchos soldados y capitanes de una expedición que el muy afortunado rey don Manuel aprestó de suyo para sofocar la plaza levantisca de Azamor. En tal negocio me vi envuelto en agosto del año precedente de mil y quinientos trece, y tanto me persiguió la mala suerte que, sin tregua, ya el primer día, apenas desembarcado, anduve en una escaramuza donde fue muerto y lanceado mi caballo. A duras penas pude zafarme a pie de aquellos infieles que en poco o nada alejaban su bestial fiereza de los terribles malayos. De tal suerte saqué una primera muestra de lo mal que serían pagados mis trabajos y sacrificios, ya que tras el requerimiento de los dineros por la cabalgadura perdida en el dicho acto de guerra, sólo una limosna me concedieron, y aún ni después del mucho empeño se aumentó tras mi queja a S.M. el rey Don Manuel, salvo el efecto contrario de quedar mal visto y señalado. Un tiempo después durante otra jornada, luchando bajo las órdenes del capitán Joan Soares, fuimos hostigados por la hueste del mismísimo Muley Seyam, quien se negaba de vez por vez a pagar el tributo. Allí fui alcanzado en la corva por una lanza que casi me rebanó del todo la pierna izquierda, por fortuna no fue mucho el daño, aunque de ello me ha quedado una cojera de por vida, y aún después, siendo el dicho Soares el jefe de la plaza, procuró participarnos a Alvaro Monteiro y a mí mismo en otra partida donde capturamos a 900 moros y apresamos 2.000 cabezas de ganados. Tras de lo cual fui nombrado cuadrillero mayor y así hube en administrar el reparto del botín como bien supe y pude, no sin que dicho negocio me trajera un sinfín de quebrantos, los cuales se sumaron a los otros muchos que me encontré en mi regreso a Lisboa.

Episodio 2. Entre pleitos y mapas

A cuenta de mi escaso quehacer en África y aun de que Joan Soares fuera reemplazado por otro capitán llamado Pedro Sousa, con el que no hube de llevarme bien ni mal, partí de Azamor como tal dije en Junio de mil y quinientos catorce sin ni siquiera tomar licencia, después de estar por diez meses en aquel lugar abandonado de Dios. Apenas sin dinero y sabiéndome desatendido y postergado por mi rey, a quien siempre serví con lealtad y devoción, no hube más remedio que empeñarme en nuevos negocios y recuperar algunos antiguos que hice tiempo atrás en la lejana India. Mas la suerte, siempre esquiva, me la volvió a jugar. Hete aquí que cuando ya contaba con las ganancias que me correspondían según contrato que firmé en Cochín con Pedro Annes Abraldez el dos de Octubre del año mil y quinientos diez al cual presté 100 cruzados y diez portugueses, bien ganados por mí, debiendo recibir a cambio en Portugal la suma de 200 cruzados o su equivalencia de veinte quintales de pimienta, el deudor ya hubo fallecido para entonces. Por tal razón hube de atizar el pleito contra el padre del muerto, ya iniciado antes de mi partida hacia Azamor, y a tal efecto obtuve requisitoria contra el susodicho, que para entonces vivía en Galicia, por la que hubo embargo sobre siete quintales de clavo, los cuales rondaban los sesenta cruzados. Y para acabar cuanto refiere a este engorroso asunto interesará saber que hube de esperar hasta una sentencia de Junio de mil quinientos y diez y seis para sacar algo en limpio. Apoderé a mi hermano Duarte Sousa, quien a la postre cobró mis dineros en Ponte de Lima, mas no antes del veinticuatro de Noviembre de ese mismo año, y aun todo ello sin los intereses ni las costas con las que pretendí compensar el tiempo perdido. Entre tanto enojo y desafuero procuré entretener mi descontento merced a encuentros buscados con antiguos camaradas de la India y aun con gente sabia y de muy alta consideración en Lisboa. Con tan buena fortuna esta vez, que pude conocer y sellar buena amistad con el muy honrado Pedro Reynel, el más notable hidrógrafo y astrólogo del reino de Portugal y aun de todo el occidente. Era muy conocida por entonces su carta de marear, la más antigua a decir de muchos, en la que dibujó los antiguos viajes y exploraciones portuguesas por el África, la cual me mostró con mucho recelo, tal si fuese un tesoro. A cambio yo le mostré las misivas que recibía desde los Malucos, enviadas por mi antiguo camarada Francisco Serrao, en ellas me requería con mucho agrado que fuese a buscarle para tomar provecho de las muchas maravillas que aquellas islas guardaban. Pedro Reynel hubo a bien en leerlas y maravillarse de lo que decían, mas aún no acierto a saber si lo creía. Grandes cosas hube de aprender de ese hombre, cuyo hijo llamado Jorge siempre andaba en su compañía, tan docto y sabio como su padre en la lectura y escritura de mapas y portulanos. Moraba yo entonces entre Lisboa y Oporto, donde nunca me faltaba residencia y buena acogida de mi familia, y aun siempre andaba con pilotos, cartas de marear y cálculos de la altura de leste-oeste, recordando mi aprendizaje en la Escola da Guinea, en la cual anduve con mi hermano Duarte, quien a su pesar nunca tomó verdadera afición por la mar. Por entonces entretenía mis tiempos de holganza escribiendo mis aventuras en la India y relatando con cuanta certeza cabía hacerlo las anotaciones y mapas de todos los reinos, costas, puertos e islas que había visto en mis viajes de exploración y conquistas desde el Cabo de Buena Esperanza hasta la lejana China. También por entonces presté atención a una nueva compaña que surgió repentina, sin más razón para ello que compartir el desamparo y la desgracia mutua. Convenga saber que me refiero al muy famoso, y de muy buena nota aunque malogrado astrólogo y cosmógrafo, Ruy Faleiro, caído como yo en desgracia ante sus camaradas de la Tesorería de mapas de Lisboa y tras de ello en la Corte ante el Rey. Hombres de escaso mérito le habían postergado humillándole con infamias acerca de su escaso conocimiento y juicio torcido. Con Faleiro hiçe prontas y buenas migas porque a los dos nos unían parecidos intereses y provechos, a la par que repartíamos lo que a cada cual faltaba, que eran la ciencia al uno y la audacia al otro. En verdad que hube de ver a muchos hombres extraviar la sesera ocupados en los difíciles cálculos de la longitud y la altura, sin que jamás hubiesen embarcado ni sentida la mar en sus carnes; mas a la postre, no era menos cierto que yo requería mucho de ellos y de su ciencia para armar mi proyecto y aun convencer al rey Don Manuel y a su Consejo. El resto era cosa mía y de la misericordia de nuestro Señor Salvador Jesucristo. Luego más tarde, en los albores del muy fatídico año de mil quinientos y diez y seis, resolví elevar mis quejas hasta el poderoso Rey don Manuel, pues no consideré justa la muy escasa moradía que se me otorgó como veterano de guerra, a razón de mil y doscientos cincuenta reis por mes, que más hube de tomar por una humillación que por el justo premio de mis esforzados trabajos y sacrificios, y aun de las muchas pérdidas que hube, las cuales sufrí en cuantas navegaciones y batallas tomé partido, sin dejar atrás la herida en la pierna, que bien cojo me tenía y casi inútil para las armas. Y valga para mejor saber la verdad, que en esta nueva batalla, que vino en ser la más sucia y traicionera de cuantas tuve hasta entonces, ni la mala fama que contraje, ni la condición cobarde y ruin de los envidiosos cortesanos con que hube de enfrentarme, me adobaron un ápice el camino. Por el contrario, el sino de la derrota estaba escrito aun antes de empezar la contienda, pues fue lo cierto que apenas solicité audiencia con el Rey, se alzaron de súbito voces en la Corte que hablaron muy mal de mi persona, rindiendo cuentas pasadas acerca de mi escaso recato y disciplina con mis jefes de la armada durante las campañas de la India en Cananor, Goa, Cochín y Calicut. Amén de ello no hubieron de faltar quienes propalaron con muy mala lengua, entre corrillos cercanos al monarca y también lejos de él, que mi cojera era fingida, así como otra sucia parlería acerca del susodicho negociado que hube con las reses prendidas a los moros en Azamor. A tal plaza africana hube de embarcarme raudo cuanto pude para lavar mi honra, lo cual logré por justa sentencia con la absolución plena de la causa contra mi persona, para regresar después como tigre herido en busca de venganza.

Episodio 3. El único camino, el mar

A la edad de treinta y nueve años andado lo tenía todo al Este. Había navegado el África entero y todo el océano hasta la India, y corrido también el mar de Banda con sus islas, a no muchas leguas al sur del Maluco. Mas nuestro señor y la mala suerte quisieron privarme de arribar a donde mi camarada Serrao andaba ya en negocios con los naturales de aquellas islas. Tiempo antes, en el Agosto de mil y quinientos once años, el muy grande y poderoso Virrey de la India, Alfonso de Aburquerque, había mandado anudar a su yugo la ciudad de Malaca, y en ello estuvimos Serrao y yo mismo como soldados de cuentas. Tras muy durísimos combates y un asedio que duró seis semanas cayó al fin la perla de oriente y pudimos ganar un riquísimo botín para mayor gloria del virrey y de nuestra amada patria, la cual en adelante se enseñoreó de aquellas regiones con el comercio de todas las especias y productos que de allí partían. Mas no siendo el virrey del todo contento porque hubiese que aguardar en Malaca las drogas que llegaban del Maluco, consintió preparar una pequeña partida con tres bajeles para explorar el camino y llegar hasta las dichas islas, de modo que las ricas especias retornasen a Portugal por la vía más directa. Y así partimos de Malaca acabando el año antedicho al mando de Antonio de Abreu, siendo los otros dos capitanes de la escuadrilla Simón Alfonso de Bisagudo y el mismísimo Francisco Serrao. Y así de tal suerte corrimos la dicha navegación por más de 600 leguas al este de Malaca y vinimos en separarnos las tres naves por la fuerza de un terrible temporal. Tras de ello Abreu llegó a tocar una isla de los Malucos y regresó a Malaca con abundancia de especias y mercaderías, en tanto Serrao naufragó con su junco en las islas de Lucopino, con tan buena fortuna del salvamento de las personas y de las armas, que bien hubieron de servirles para vencer la oposición de los naturales de aquellas islas, y aun ganar buena fama en las contiendas que de ello se sucedieron entre pueblos vecinos, en los que mismamente tomaron parte. Y tanto se agrandó la fama de Francisco Serrao por estos sucesos que fue requerido por los reyes de Tidore y Ternate, los cuales contendían entre sí por la primacía de sus reinos en el Maluco. Todo lo cual ocurría mientras yo regresaba a Malaca con las manos vacías después de haber navegado a ciegas por aquel laberinto de islas, en un piélago de aguas tan oscuras como ya por entonces se presagiaba mi destino. Mas con todo, aún pude cruzar algunas cartas con Serrao desde Malaca donde nos felicitábamos por nuestra gran aventura y aún hubo de contarme todo lo pasado y animarme a seguirle. Me decía muy de agrado que ya estaba en el paraíso ansiado, sólo quedaba explotar sus riquezas abundantes en especias y otras mil maravillas que aumentarían nuestra fama y fortuna, mas en mucho también la de nuestra amada Portugal. Convenga saberse que mi hermano en armas Francisco Serrao tuvo a bien contraer nupcias con la hija de un cacique de Java al que hubo ayudado en la guerra contra sus vecinos. Finalmente, fue a quedarse en Ternate para nunca regresar, no sin antes intentar convencerme para que fuese presto en su compaña, pues me advertía que aquel paraíso de los Malucos tenía de todo en abundancia para colmarnos a los dos. A lo que yo respondí muy diligente que, placiendo a Dios, luego me vería con él más adelante, y que cuando tal cosa no fuese posible por la vía de los portugueses, lo sería por la de los castellanos, entre tanto, que me aguardase allí porque en conociéndonos de muy antaño era de esperar que bien haríamos este negocio entre los dos. Serrao, como buen y honrado caballero que era, se esforzaba en no olvidar nuestra vieja amistad, ganada desde la infancia, pues junto a mi hermano Odoardo nos criamos los tres en servicio de la gentil reina Doña Leonor, esposa que era del rey Don Juan el segundo. Y aun mucho menos quiso olvidar la deuda de sangre que me tenía desde Cochín, cuando hube en salvarle la vida, no en una sino en dos de las muchas veces en que nos vimos emboscados por los muy feroces malayos. Conviene saberse a tal efecto que yo andaba por la India desde el pretérito año de mil y quinientos cinco, tras embarcarme en la gloriosa partida que dispuso el muy afortunado rey don Manuel para la India, a cuyo cargo estaba Don Francisco de Almeida. Fue la más grande y poderosa armada vista hasta entonces en los mares, con no menos de veinte navíos de alto porte, mil y quinientos soldados y doscientos artilleros, y aun más, otros cuatrocientos marineros, los cuales se dicen entretenidos en Castilla, entre los cuales me hallaba y también Francisco Serrao. Conviene saberse para mejor comprender la verdad que siempre fui un leal servidor de mi patria y de mi rey, pues desde niño fui enseñado en la doctrina de servir a Dios y a nuestro soberano por encima de todas las cosas. Y eso hice, mas con la suerte y el provecho muy contrarios a la de muchos otros que nunca se esforzaron ni nada arriesgaron, quedando los susodichos en la Corte para mejor servir a sus estómagos y a sus mezquinas ambiciones, en tanto los más de nosotros habíamos de procurarnos el sustento allá lejos, poniendo en suerte la vida y la fortuna por ganarle nuevos reinos a la patria, y aun colmarlos a todos los dichos señores de grandes riquezas, de lo que no se hizo justo merecimiento sino falsas intrigas y calumniosas proclamas. Así con ello, tras el gravoso litigio que sostuve en Azamor por la acusación insidiosa de abigeato, me dispuse arreglar cuentas con el rey por última vez y ya por siempre, para ello me esforcé grandemente en olvidar las maldades y acechanzas vertidas contra mi persona a mi vuelta de la India, y hube en someterme sin más pleito a la voluntad prudente y justa del por entonces más afortunado monarca del orbe. Pues a la gloria y riqueza del rey Don Manuel no le alcanzaba reino alguno en occidente desde Bretaña a Venecia. Ansioso pretendía de Su Majestad, sin menoscabo del decoro debido, que se me reconociera mis beneméritos trabajos en pro de la conquista de todas las plazas ganadas en la India y también en el África. De tal suerte, desde el quince de abril de mil y quinientos quince años hasta la fecha me fueron pagados mil y doscientos cincuenta reales por mes a cuenta de mi moradía como hidalgo caballero, más un alquier de cebada por día, razón por la que presenté ante el Rey una instancia para verla aumentada en doscientos más. Puse por delante la sangre y nobleza de mi casta, pues de buena opinión gozaron siempre los Chefe de Magalhaes en Portugal, y así también planté mi hoja de honor por los grandes servicios prestados al reino, no faltos todos ellos de grandes sacrificios y carestías en la contienda. A la sazón, bien podía mostrar muchas heridas en el cuerpo, sin dejar atrás la cojera que tan penosamente arrastraba. Tanto más, insistí en el hecho de esta privanza por cuanto veía que otros, con muy pocos merecimientos, lograban esos aumentos de sus gajes y aun más. Valga saberse, dicho sea en verdad, que en poca estima tenía yo esa cuantía por su mismo valor salvo que a decir de todos, crecer en los dineros de la moradía, aun fuese en cinco reales, era crecer muchos grados en calidad de apellido y opinión. Y en ello andaba cuando a poco tardar me vi ante el rey, sin más compaña que la que Dios quisiera ofrecerme.

Episodio 4. El peor patrón el rey

Y fue a viernes en los trece días de septiembre de mil quinientos diez y seis años cuando vi de hallarme ante el rey. Nunca antes hube estado tan al pie del venturoso soberano, mas ahí anduve de rodillas por muy largo rato hasta que el muy poderoso Don Manuel desde su trono hubo de darme la venia para levantarme y hablar. Y no era de extrañar tal conducta cuando yo sabía de antes que no me recibía en su gracia, y aun esto lo hizo mostrando distancia y mucho encaramiento, pues habían mediado en ello personas muy principales en la corte que mal le hablaron de mi persona y de mis hechos. Convenga saberse de cierto que nunca fui de hacer halagos y lisonjas en el trato, pues muy poco o nada me importaron la cuna y abolengo del señorío, pero a sabiendas de los modos que se gastan en la corte, pues en ella anduve en mi mocedad, no oculté el respeto debido a la realeza aun siendo muy agudo y espinoso el empeño en que me afanaba. Así le mostré al soberano los muchos méritos y honores que Su Altísima Majestad atesoraba en su gloriosa persona, cuyo reino y prosperidad hacían justicia a la sabiduría y magnanimidad de su monarca. Palabras que Don Manuel no quiso apreciar y ni tan siquiera fueron de su agrado, pues presto su rostro se mudó jalado por la ira y el resentimiento. Mas convenga saberse que la queja escuece menos si se unta con el bálsamo apropiado, y en ello me aventuré primeramente en alabar los grandes episodios de Gama, Sequeira y Alburquerque en la India y en Malaca, pues los nombrados eran los grandes héroes portugueses con los que su majestad había honrado el nombre y los esforzados trabajos del infante Don Enrique. Y aun quise hacer justa semblanza de que ninguna otra nación hubo logrado hazañas tan heroicas y gloriosas como las que por doquier eran pregonadas de la nación portuguesa, como así también los muy provechosos negocios que de ellas se sacaban. Llegado al punto que estaba, pues era la intención la susodicha, hube de hablar de mi persona en tales episodios, pues a efecto de la merced que convenía, debía sin mayor recato componer con mi propio cuento lo que antes otros habían descompuesto con agravios y habladurías. A tal fin me avine en hacer cuentas a la llana y aun encarándome al rey no hubo de verse en ello más que razones para la porfía. Así le dije que siendo mozo prendí la espada por vez primera en la compaña del gran Francisco de Almeida, un hombre que jamán mintió ni huyó, en su arribo a la India después de pasar el Cabo de las Tormentas, donde bien hube de rociarme el rostro con los mares índicos. Y aun navegué y peleé junto a Sequeira y García de Sousa para conquistar Malaca y otras plazas, no sin dejarme con ello la piel en jirones y la sangre muchas veces derramada, pues nunca me arredré en el combate ni escatimé el ánimo para alcanzar allá donde se me mandase, fuese el cielo o el infierno. Y aun hube en recordarle al rey la lanzada de Azamor en África, que cojo me tenía desde entonces. Y pues nada más podía perder ya que nada hube ganado hasta el momento, tomé riesgo y me apresuré en señalar al rey cuánta ventaja traería para su reino explorar otra vía que no fuese la de oriente para alcanzar la especiería, ya que ese camino era largo y lleno de peligros, a causa de los moros y los mares tenebrosos, correr los cuales eran menester para llegar a ella. Dije aun que yo bien conocía como llegar hasta la India por el camino de poniente sin enfadar a los castellanos, y que bien podría su majestad echar cuenta de esta novedad puesto que muy mal negocio sería que la ruta la tomase Castilla antes que Portugal. Tras de ello, ya no pude hacer más sino esperar la opinión de mi señor a la hora que esto sucedía, y justo es saberse que fue tan clara y repentina como el amanecer en Mombasa. No y nada fue la respuesta del rey. Amén de ello, su agria malquerencia le hizo negarme el aumento de la moradía en los susodichos doscientos reales, por cuanto dijo que ni tomarlos ni merecerlos yo habría. Y aun muy colérico vino en preguntarme por qué tanto afán tenía en mostrar los méritos cuando eran bien sabidas por todos la ingratitud y desobediencia que gastaba con los superiores en el mando. Y aun vino en afearme los sucesos del naufragio en Padua, lugar de infausto recuerdo cerca de Goa donde hube de quedar en tierra con la marinería por mor de evitar pleitos de quién ir y quién quedar. Y en ello estuve, cierto es, con los de abajo, yéndose los oficiales en el único batel que restó de la desgracia, pero no sin antes obligarles de hacer juramento para que volviesen a por el resto cuando alcanzasen tierra firme. Y aún andaba el rey muy despechado con una afrenta, que a decir de las malas lenguas hice al Alburquerque en el Consejo de Cochín, pues siendo ello a diez de octubre del año de mil quinientos y diez mostré mi opinión contraria a su plan para atacar la ciudad de Goa, lo cual hice por considerar los peligros de tal navegación a causa de la mala mar y peores vientos de aquellas regiones para la estación en que andábamos, ambas cosas de tal verdad que a poco tardar se reconoció la sensatez de cuanto dije en tales cavilaciones, las cuales resultaron más acertadas que las dichas por los mismísimos consejeros del Alburquerque. Pero muy poco le sirvieron al monarca las dichas razones que hube en darle, cuando muy enfurecido vino a levantarse de su solio y muy fuera de sí me mandó callar y aun quedar nuevamente de rodillas. A fe que tan iracundo se hallaba aquel rey cruel, ya por falta de razones o por estar cargado en abundancia de mis quejas, que vino en acabar el pleito escupiéndome las sucias mentiras que por ahí andaban en parlerías acerca de mi cojera, la cual decían ser falsa y fingida por cuanto me dijo que la herida ya hubo sanado del todo. Calumnias muy podridas a las que un rey miserable puso oídos y después voz, a lo cual no pude más que responder ahogando la rabia y clamando muy adentro el disfavor. Convenga saberse que el veneno que llevaba esa injuriosa mentira obró más daño en mi alma que todos los dardos que recibí en las contiendas de moros y malayos. Fue por entonces que rogué a Dios para que hubiese piedad de mí y me acogiera en la orilla suprema de su reino, pues, convenga saberse, que aunque nunca hube de arrojar una sola palabra en contra de la vida, imploro a Dios en su inmensa generosidad que no me haga menester hacerlo, pues así de injusto y torticero se vuelve a veces el destino, como para tomar por un premio que está bien elegido del cielo aquel cuya muerte sigue pronta al nacimiento. Con tan negros pensamientos, aun antes de alejarme de la presencia del rey don Manuel, quise recabar licencia de S.M. para poder marchar a cualquiera otra nación donde prestar servicios y buscar fortuna en el empeño de mi espada y mi persona. A lo cual me respondió muy ufanamente que fuese allá donde me quisieren y no me conocieren, tal fue el último desprecio con el que me despidió para siempre aquel rey Don Manuel.

Episodio 5. Sin prisa pero sin pausa

A poco de salir de la estancia real fui a detenerme junto a los muros de poniente del Castelo de San Jorge. Desde allí divisé el Tajo anchuroso lleno de naos y carabelas que por doquier subían y bajaban, yendo y viniendo de mares ignotos. Lejos del desánimo por tan mal pago, andaba ya ganoso de los nuevos negocios en los que habría de aventurar mi suerte. Peores cosas y humillaciones no habrían de sucederme, aparte del injusto trato de aquel soberano ingrato que hubo en tomar por ofensa la justa queja de su vasallo. Nada ni nadie podría detenerme más tiempo del debido en aquel reino de cortesanos intrigantes y traidores que en tan poca consideración tenían a la gente muy leal y esforzada que llenaban sus barrigas navegando y peleando allende los mares. Muy pronto dejé Oporto para ir a vivir a Lisboa. Allí fijé la poca hacienda que tenía mientras procuraba hacer lo que obligaba a mis intereses antes de mudar a cualquier otro lugar, y Lisboa fue mi casa por un año, aunque ya expatriado me hallaba, pues la disputa ante el rey puso precio a mi deshonra. Entre tanto, buscaba por el puerto el trato y la compaña con la gente de mar, como también la de sabios astrónomos y matemáticos en los patios de la Tesorería real. En mis sesos no dejaban de resonar atronantes las palabras de mi camarada Serrao, con las que me convocaba insistente en su compaña, allá en el Maluco, y aun aquellas otras que el sabio Toscanelli confió al fraile Fernao Martins a quien hubo en confesar que llegar a las Indias ocupaba menos jornadas de las que pretendía Portugal, y que todo ello podía hacerse por un rumbo más corto, pues, para lograrlo era muy suficiente navegar y cruzar el mar tenebroso siempre al oeste. Y aun convenga saberse que frecuenté los salones de mapas y portulanos haciendo pesquisas de todo cuanto se había navegado a la India, y lo que mucho antes se había pintado en cartas y roteiros desde tiempo atrás con el Infante don Enrique y hasta las que aún andaban frescas y por secarse la tinta. Hube de maravillarme con las buenas nuevas que a menudo me ofrecía Pedro Reynel, de cuanto hubo oído y sabido de los cartógrafos venidos del norte, uno de los cuales era Martin de Bohemia, que había compuesto un mapa del orbe que aun después copió en un globo, ni muy grande ni muy pequeño, por el que pude observar todo lo que interesaba a mi empresa. De no menor interés para mi propósito fueron los mapas y dibujos de Nicolás Caverio, un genovés que los hubo copiado de otros mapas anteriores hechos por los portugueses, los cuales sabían y conocían cosas arcanas acerca de tierras mucho más allende de lo visto hasta entonces. Y aun llegué a maravillarme con el mapamundi de Johannes Ruysch, que valía más por sus misteriosas palabras allí escritas que por su dibujo incompleto de tierras y mares. Mas andando atribulado con tantos informes que mucho decían pero poco aclaraban, vino en sacarme el pábilo aquel episodio secreto que oír pude de quien conoció al mismísimo Juan de Lisboa, marino venerado por el rey Don Manuel, pues era tenido por el mejor piloto de Portugal. Y así fue que el dicho Juan de Lisboa vino a dar en las tierras de Brasil con dos navíos a cargo de un tal Cristóbal de Haro, de quien más tarde mucho se hablará, y aun zarpando desde allí pudo navegar hasta tierras muy lejanas, seiscientas leguas al sur, donde hubo hallado gentes y bestias no vistas jamás por nadie hasta entonces, y que halló por demás un paso que iba y volvía entre dos grandes mares. Aparte lo cual leía y me instruía en todo lo que ocupaba a mi oficio, así me afané en el buen conocimiento del almanaque perpetuo de Abraham Zacuto y en el uso de su astrolabio, el cual hacía mucho mejor medida para las declinaciones de esas tablas, que tanto ayudan a navegar por la mar océana a los portugueses y castellanos. Y estando en ello seguía tratando con Rodrigo Faleyro, cuya sabiduría vino a ilustrarme en todo lo tocante a la ciencia de la astrología y también aumentar lo que por mí era sabido hasta entonces en las artes de la náutica. Un lazo grande de hermandad vino a unirnos por el agravio que entrambos sumábamos del mismo rey y de la misma patria. Huérfanos éramos los dos de la misma madre y a la busca andábamos de madrastra y cobijo donde fuese menester. Faleyro era muy versado en todas las ciencias de los astros y un gran matemático que hubo inventado un sistema de cálculos de la altura de leste-oeste, el cual decía que era infalible en cualquier mar que se navegase. Amén de ello, era muy buen perito en la fábrica de astrolabios y en el dibujar de cartas marinas. Sus críticos le afeaban por entonces el mal genio, como aquí también lo hacen ahora en su nueva tierra, por eso anda siempre desconfiado de todos y es tan mal amigo de compañas. Y aun le maldecían por farsante y por ser persona de muy poca verdad en los conocimientos y méritos que decía poseer, salvo el de tener torcido el juicio por demonios de familia. Mas por todo ello vino a caer en desgracia sin remedio ante el rey Don Manuel para cualquier cargo u oficio que quisiere ocupar, tales como los que hubo pretendido por mérito de astrólogo real judiciario y aun el de una cátedra en Coimbra. Con Faleyro y los Reynel me afané en la afición de la lectura de mapas, haciendo copias de todos cuantos caían en mis manos bajo su doctrina y sapiencia, guiándome para ello de mi oficio como veterano de guerra, por lo que obtenía crédito ante mis antiguos camaradas en los registros de la Tesorería, cuyas puertas me abrían. Convenga saberse que ello lo hacíamos sin mediar traición y aun poniendo la vida en juego, pues bien sabido es que el hurto y la copia de una sola pieza de mapa portulano de la Tesorería Real se paga con la muerte por sentencia. Y mediando también el consejo de Pedro Reynel vine en dar con el mayor y más formidable de aquellos tesoros, el globo terráqueo de Johannes Shonnër, del cual es para maravillarse que el mismo Reynel fabricase una copia esférica, tan bien hecha y perfecta, que mejoró todo en ella del original. A la sazón, pintó en esa copia todos sus conocimientos y los muchos otros que yo mismo y el Faleyro hubimos de darle tras las muchas pesquisas que hicimos el año que aguardé en Lisboa hasta mi destierro.

Episodio 6. Good bye Portugal

Cuando ya presto anduve al alcance de lo sabido por otros acerca de las Molucas, a lo que se añadía lo ya aprendido por mi propia experiencia, me apresuré en ganar cosas nuevas de no menor importancia, tales eran los dineros y apoyos de gente principal, a la que habría de arrimarme allá donde iba. Y en este nuevo empeño andaba algo gastado cuando la casualidad vino en mi auxilio y pude conocer a Diego de Haro, mercader que regía en Lisboa los negocios de su hermano Cristóbal, hombre muy rico y poderoso que traficaba al servicio de la Casa de los Fugger, con barcos y mercancías entre oriente y el poniente. Estos dos hermanos hacía tiempo que andaban en el modo de hallar un camino más corto para traer a occidente los productos orientales y así rebajar los costes. De ahí que no hubiese gran disgusto en ellos cuando supieron de mi empresa, y aun menos de mis cuitas con el rey, pues a la sazón también ellos estaban en desagrado y malquerencia con Don Manuel a cuenta de una deuda que el rey se negó a pagarles. A sabiendas de mis planes, Diego de Haro me allanó el camino para llegar a Castilla, hubo a bien prestarme dineros suficientes para el sustento propio y el de mis deudos, con la promesa de que ya se los devolvería con creces cuando la suerte me mudara a mejor rumbo. Convenga saberse que hube de emplear el tiempo que restaba en otro asunto de no escaso interés, pues era la verdad que sintiéndome despedido por el rey, vine en desnaturalizarme de aquella tierra patria de mis antepasados, y hube por ello de sacar instrumentos públicos tomándolos por fe de escribano y quedando libre de tal suerte para hacer con mi espada y mi persona lo que en adelante me placiera. Así me afané de tal modo que habría de dar a extraños lo que mis propios no quisieron, quedando por entonces y para siempre sin mi patria ni mi hacienda, encomendando con ello el alma a la Virgen Santísima y a nuestro Señor Jesucristo redentor. Hice en cuanto pude contrato con Faleyro acerca del negocio que habíamos de concertar con el rey castellano, a cuenta de servirle e ir primeramente a las islas del Maluco por el camino de poniente, conviniendo a tal suerte que hiciéramos dos partes de la futura provisión, siendo el doble la mía que la suya en cualquier provecho venidero. Y así quedó entrambos concertado mediante fe pública, amén de jurarle que no habría de ir adelantado a la Corte, ni hablar con persona alguna de nuestra empresa sin antes esperarle en Sevilla para despachar juntos el negocio. Siendo a Sábado, día de Nuestra Señora la Virgen diez de Octubre de mil quinientos y diecisiete años, hube en despedirme de mis afectos en Lisboa para poco después hacerlo con mi vecindad en Oporto, y lo mismo hube de hacer con mi hermano y hermana que allí quedaban en Portugal para mejor guardar la hacienda de nuestros padres y abuelos. Allá, junto al Douro me despedí de todos sin mirar atrás, después de hacer acopio de cuanto pude en dineros y vituallas, los cuales habrían de proveernos a toda la cohorte de personas y deudos que iniciamos el camino hacia Castilla. Y convenga saberse, aunque ello sea por mera curiosidad, que mi compaña era formada por gente muy diversa y cabal. A la sazón, un hermano de Faleyro llamado Francisco, quien era también hombre de ciencia y venía en lugar de su hermano Rodrigo para la ocasión, había también pilotos y gente de mar porque necesitado estaría de ellos, y en Oporto los había buenos y en cantidad. Marinos como Vasco Gallego, Juao López Carvalho, Estevao Gómez y aun otros más jóvenes con ganas de aventura, tal era mi sobrino Álvaro de la Mezquita, de quien hice votos a su familia de bien tratarle y ayudarle cuanto pudiere para hacer fortuna. Y vino también en nuestra compaña Jorge Reynel, a quien su padre me lo confió hasta que él mismo llegase. Y aun quise acompañarme de todos mis criados, y sabe Dios que esto lo hice por no abandonarles, más que por necesitarles, en un trance que ni yo mismo sabía dónde posar mi sombra. A la sazón vinieron conmigo Jorge el morisco, mi fiel esclavo Enrique, que compré en Sumatra, los propios de mi quinta, Francisco, Hernando, Nuño y Diego. E igualmente me ocupé de Alonso González y de su mujer, que hubo sido mi ama de leche allá en Sabrosa. Y también vino conmigo Cristóbal Ravelo, que me acompañó todo el tiempo, antes y después de que dejáramos Portugal, para entrar en Castilla siguiendo las orillas del Douro.

Episodio 7. Sevilla, la Babilonia de Europa

Continuando por algunas jornadas hacia Badajoz y después por el camino viejo de la Plata, vine por fin a dar en Sevilla un martes a veinte días de octubre del año susodicho de mil y quinientos diez y siete años. Esta ciudad era puerto principal para las Antillas en el Guadalquivir, antiguamente llamado Betis por los romanos. Concurría allí mucha gente de mi propio oficio por causa de ser puerto para las armadas que de allí se hacían a la mar del poniente en busca de las nuevas tierras. A poco de acomodar a mi gente en una posada junto al postigo que llaman del carbón fui a verme con Diego Barbosa, que era persona muy principal de la ciudad por ser alcaide del alcázar y de las atarazanas, y por demás caballero de la Orden de Santiago. Portugués como yo mismo, también obtuvo desprecios del rey don Manuel tiempo atrás y por ello hubo de marchar lejos de su casa. Luego después de ameritar muchos premios luchando a favor del muy católico rey don Fernando, contrajo nupcias con doña María Caldera, señora que es de muy excelente familia y que hubo en darle hijos e hijas. Convenga saberse que la dicha familia Barbosa vive en un palacete de las Atarazanas, que son unos astilleros y arsenales cuyas amplísimas bocas miran al gran puerto de Sevilla, el cual anda apostado cerca de una enorme torre debida a los moros tiempo atrás y que casi todos la llaman torre del oro. Gracias a los buenos oficios de Diego de Haro, Barbosa me acogió como un hijo prodigo, amén de camarada en desgracia, pues sabía de su propia mano cuánta pena y desgracia acompañan al destierro. Nada más saber de mis sacrificios en la India y en el África me bendijo, y aún más cuando supo de la injusticia en el trato recibido por la Corte, pues mucho le recordaba a él mismo en otro tiempo. Y por más saber de mí, quiso conocer también qué fue lo que me trajo hasta Sevilla con tal número de deudos a mi costa, pues de ello presumía y auguraba cuántos grandes negocios había de portar en las alforjas, amén de librarme de quebrantos y tristes añoranzas. Ante dicho apremio y sabiendo de la honradez y nobleza de ese buen hombre no hube reparos en platicar con él de todo cuanto me trajo a Castilla comenzando por mostrarle las credenciales por las que estaba públicamente desnaturalizado de Portugal. Así le hablé de mi malquerencia con un rey que en tan poco apreció mis servicios, dándome tan pobres mercedes que más parecieron castigo. Y aun me afané en decirle cómo había de acometer la empresa que tanto tiempo perseguía y para lo que era menester contar con una real orden, pues habría de emprender un viaje que tocaba posesiones cerradas a un tráfico no autorizado por los reyes de Castilla y Portugal. Con tal confesión le hice ver la verdadera razón por la que vine a Sevilla, y aun le dije que era mi afán servir a un soberano que, a buen seguro, mejor sabría valorar a sus leales y esforzados siervos. Luego después, estando Barbosa muy ensimismado por cuanto yo le decía, me preguntó de súbito qué clase de viaje era ese tan secreto y que tan provechoso resultaría para el rey castellano, pues no era desconocido, me insistió, que gran abundancia de gentes venidas de todas partes acudían al puerto de Sevilla para aventurarse ante la Casa de Indias, y de seguido al mismísimo rey, a fin de proponerle negocios igualmente venturosos de los que muy poco sabían y aun menos proveerlos. Lejos de abrigar sospechas por aquella pregunta tan directa, vine a contárselo todo guiado de la buena fe y en satisfacción de la empresa en que andábamos, a pesar de reconocer que con ello faltaba a la palabra fiada con Faleyro en Lisboa, por la que no habría de compartir jamás nuestro negocio sin estar él mismo presente. Y aun ello lo hice porque la persona y la ocasión lo merecían, no dejando pasar tan grande oportunidad para enfrentar un reto tan difícil en el que toda ayuda sería muy de agradecer por escasa que fuese. Con tal propósito le dije a Barbosa que bien conocía cómo llegar a los Malucos por un nuevo camino, más breve que el que los portugueses andaban corriendo hasta Calicut, Malaca y las islas de Banda. Y aun continué diciéndole que navegando al poniente y después al austro, más allá de las tierras del Brasil, se abría un paso que conducía a la China y a las especierías, y que sólo yo conocía tan grande secreto, del que muy bien podía proveerse el rey castellano. Porque a fe que podría demostrarle que las islas del Maluco no estaban en la posesión de Portugal, según lo acordado por la consabida raya de la demarcación, sino que estaban en la parte de Castilla. Y que eso yo lo podría probar por diversas maneras y materias. Luego más tarde, a fuerza de querer probar lo que decía ante persona tan justa y de tan alta probidad, convine en mostrarle las misivas de mi camarada Francisco Serrao, en las cuales requería solicito mi presencia en aquellas islas, de las que él ya se había proveído en mucha fortuna y mil maravillas, y en las que yo presto mismamente habría de hacerme rico. También decía en las misivas el dicho Serrao que, según sus cálculos por oir lo dicho a gente muy sabia del oriente que él conocía, se podía aventurar que tales islas del Maluco caían de la parte castellana. Razones a las que don Diego Barbosa no se mostró ajeno y así me lo hizo ver con gestos de mucha sorpresa y agrado. Convenga saberse que hubimos plática de todo cuanto importaba y le mostré también todos los mapas y papeles que portaba desde Lisboa, de los que se quedó tan maravillado que apenas podía entender como pude haberlos conseguido sin perder la vida en ello. Y hube gusto en enseñarle la relación escrita por Luis de Varthema, hombre sabio y aventurero al que bien conocí en Malaca y hubo en darme noticias de Borney, Bachián, Tidore, Zamotra y Chamtam, todas las cuales islas visitó y me dijo que están muy lejos al este de Malaca, bajo la línea de la equinoccial. Todo lo cual hice por devoción a Diego Barbosa y a su generosa acogida, no sin esperar por añadidura de sus buenos oficios, los cuales me habrían de habilitar el camino a seguir en adelante, no siendo de escaso interés el que me guiase en su nueva lengua, pues poco sabía yo por entonces de hablar y escribir la lengua castellana, tan perfecto como de cumplir debiese, con lo mucho que habría de decir a los unos y los otros de lo que tanto importaba.

Episodio 8. Quien tiene un suegro tiene un tesoro

Conviene al caso relatar algunas otras cosas de este Diego Barbosa que a efectos de mi propia causa vienen a resultar de suyo elocuente y de mucho agrado saberlas. Es este Barbosa hijo de Portugal como ya se dijo y por rencilla con don Manuel vino en servir lealmente a sus majestades católicas en el Reino de Granada y otras partes, siendo premiado a la postre con el hábito de Santiago en el año de mil cuatrocientos y noventa y uno, cuando ya hubo casado un año antes con la susodicha María Caldera, la cual señora amén de prudencia y dote sustanciosa aportó una prole de cinco hijos al matrimonio, a saberse, don Odoardo, don Jaime, doña Isabel, doña Beatriz y doña Guiomar. De todas éstas la última ya casada con el caballero Gaspar Viernes de Sevilla, y aun la tal Doña Isabel por casar pero pretendida por Alonso Ortiz de Castilla, y doña Beatriz que, con tan grande fortuna, vino a convertirse en mi esposa, no siendo menor mi afición por ella que el agradecimiento a su padre por el honor de concedérmela. El dicho Barbosa puso dote de seiscientos mil maravedíes, y yo mismamente vine en donar por arras a mi esposa con dos mil ducados de oro. Convenga saberse que Diego Barbosa anduvo embarcado para la India en el año de mil quinientos y uno al mando de un navío que hubo armado Don Álvaro de Portugal, hermano del Duque de Braganza, a efectos de lo cual y de tan sacrificados servicios Don Álvaro le dispuso a su regreso, pasados dos años, para que comandase por él la alcaldía de las atarazanas y de los alcázares de Sevilla. Mercedes a las que hubo de añadir el ser nombrado Caballero Veinticuatro de la ciudad, lo cual desempeña como notable y honrado regidor de justicia a decir de muchos que le conocen. De resultas de las muchas pláticas que abordaba en esos días con Don Diego, a las que se unía con mucho interés y agrado su primogénito Duarte, pude saber de los lugares y las personas antes los que debería recalar si acaso quería llegar a buen puerto. Así, estando en ello mientras aguardaba la llegada de Rodrigo Faleyro, que habría de hacerlo para noviembre del susodicho año de mil quinientos diez y siete, dispuse no retrasar los pasos que habrían de darse pese a lo acordado entrambos, aun a sabiendas de que su mal airada condición comportaría represalias. Y así fue que con la compaña de Don Diego, quien bien asistía con su palabra mi torpe castellano, me encaminé con tal negocio a la Casa de la Contratación. Convenga saberse que el docto tribunal está regido por muy ilustres personas y de altísima consideración, tal es el doctor Sancho de Matienzo que es canónigo de Sevilla y tesorero de la Casa, hombre de muy lograda confianza de los antiguos reyes Fernando e Isabel, y aún por su rango es el principal de la Casa en opinión. Luego, tras él, es seguido en importancia por el contador Pedro Ochoa de Isásaga, al efecto, Comendador de Rodas, el cual goza de muy buena fama tras de suceder al muy honrado Francisco Pinelo. El último en posición y también en llegar a este tribunal resulta ser don Juan de Aranda, un burgalés de voluntad muy alegre que es el más reciente de los tres oficiales, y con quien, finalmente, hube de vérmelas a fuerza de que los otros dos fueron muy contrarios a mi negocio. Sépase que hube de ver a este Aranda tan aparejado a mis intenciones que no dudé en regalarle de súbito alguna información, y así le dije que el empeño que me traía a la Casa era de mucho servicio y provecho para su Alteza y que para ello era menester saber y tener experiencia de las cosas de la longitud y la altura, como yo mismo sabía y tenía, y aun de todo el mundo en derredor como así yo tal lo conocía, pues había andado y descubierto mucha tierra allende la mar. A cambio le solicité su opinión y noticia cierta si acaso la Casa y sus oficiales tenían licencia precisa y facultad para decidir sobre el negocio que el Licenciado Faleyro y yo traíamos a Castilla, lo cual no arrancó mucho de Aranda, salvo que la Casa tomaba buen asiento de cuantas empresas llegaban, haciendo de ello relación al rey. Dicha confesión me dio a entender con claridad que sus poderes no alcanzaban en mucho para llegar a capitular lo que de suyo planeaba, y de ahí pude entrever la necesidad de tratar con el mismísimo rey sin ayuda de mediadores, pues es bien sabido que quien se pierde en veredas nunca alcanza el final del camino. Mas lo que hubo oído de mi empresa resultó tan provechoso para el tal Aranda que no quiso despacharme sin antes saber más de ella, y así vino en preguntarme, sin el menor recato, por alguna gente de Portugal que hablase por mí y de los míos. A tal punto vi aquello de razón que resolví proveer su curisosidad con nombres y apellidos ilustres de Lisboa y Oporto, entre los que, hace poco supe, eligió los de Diego de Covarrubias y Diego de Haro, ambos mercaderes y vecinos de Lisboa, los cuales tuvieron a bien informar muy en favor de mi calidad de apellido y navegante. Tras de ello Aranda puso en conocimiento del Gran Canciller todo lo que refería al empeño y negocio que traía de Portugal y del mucho servicio que se podría hacer con ello al reino de Castilla y a su Alteza don Carlos, y así, convenía que el rey fuese informado de buen grado para hacerme llegar cuanto antes a la corte, cosa que aún no podía aventurarse, puesto que a tal fecha Rui Faleyro todavía no había alcanzado Sevilla.

Episodio 9. Como agua y aceite

Y fue a cinco de diciembre de ese mismo año tan nombrado de mil quinientos y diez y siete cuando vino a recalar en Sevilla Ruy Faleyro, con el cual su Hermano Francisco y yo mismo nos fuimos a encontrar al alba junto al puente de barcas en Triana. A no muy tardar, pues no doy cabida en mis alforjas para intrigas y trajines, quise referir a los Faleyro las nuevas desde mi llegada a Castilla, así como hacerles saber de las pláticas habidas con el factor Aranda, que tan buenos oficios había mostrado para entender nuestro negocio, y de cómo éste había escrito de ello al Canciller y al mismísimo rey don Carlos. Convenga saberse que Ruy Falcyro hubo en disgustarse, y mucho, pues sintiéndose de ello muy airado se encaró conmigo y de muy mala manera, viniendo a reprocharme mi conducta por no respetar el juramento hecho en Lisboa, de no decir ni contar a nadie sin estar ambos presentes, y aún peor, sentenció mi deslealtad por no haber hecho mención de su persona. Pasados los días pero no así el desconcierto entre uno y otros, quise acudir a la posada de Faleyro en la compaña de Diego Barbosa y el bachiller Ruy López, que era a tal suerte criado de don Jorge de Portugal, con cuyas gracias pudimos entablar nuevo concierto y sociedad, aunque para nunca más hermandad cierta. En esta nueva escritura quiso el Faleyro, no sin mucha influencia para ello de su hermano Francisco, ser parte igual con la mía en todo y que todo lo supiese el uno del otro, así en Portugal como en Castilla anduviésemos, y que en lo tocante a este nuestro negocio se comunicase también el uno con el otro en las seis horas habidas de un hecho cualquiera, y aun más, si alguno de ambos con su honra quisiere volver a Portugal, que lo pudiere hacer sin perjuicio de la otra compaña, en tanto así estuviese determinado y dentro de las seis horas habidas lo informase. Convenga saberse que don Diego Barbosa fue para esta ocasión como de mi misma sangre, y aun el dicho don Diego vino a darme otras muchas señales de no menor consideración acerca de su afición por mi negocio y mi persona, de tal suerte convino en concederme la mano de su hija Beatriz, a expensas de lo cual hicimos desposorios, un año hará en poco, en el día del Señor, Domingo veinte y siete días de Diciembre del año susodicho de mil quinientos diez y siete en el alcázar de esta ciudad, lugar donde dimos en casarnos, para después de seguido hacer velación, en el mismo día, en la capilla de San Jorge de las atarazanas, según la Santa Iglesia lo manda, con los pocos y muchos deudos que de una parte y otra fueron presentes. Así con ello bien hube de alegrar mis muchas y antiguas cuitas hallando patria, suegro y esposa en muy poco tiempo. Mas sin alcanzar aún el goce de la holgada vida que me ofrecía la hacienda de Barbosa y el consuelo amoroso de mi amada esposa Beatriz, hube de resolver nuevamente los asuntos en que andaba con Rui Faleiro, a los que no eran ajenos, tal es sabido, el factor Aranda y el dicho Barbosa. A tal fin, concertamos sin demora marchar a la Corte, la cual andaba por entonces en la ciudad de Valladolid. Y como fuese que ya estaban arreglados los pleitos con el Faleiro quiso éste que también nos acompañase su hermano Francisco, queriendo yo hacer lo propio con Aranda, a lo que ambos se opusieron sin más razón que la de no fiarse de él. Así nuestra partida hubo de ir por el camino de Toledo en tanto el Factor lo haría por el camino de la Plata, mas no sin antes pedirnos de muy buen grado que aguardásemos todos hasta recibir respuesta a su carta dirigida al Gran Canciller. Cosa que no vieron bien de hacer los Faleyro y a lo que no hube más remedio que callar y esperar. Luego después, tras el concierto de Diego Barbosa para que fuésemos en la seguridad del séquito de la Duquesa de Arcos, partimos desde Sevilla el veinte de Enero del año presente de Nuestro Señor Jesucristo de mil quinientos diez y ocho. Convenga saberse que a poco hubimos andado algunas leguas y salido del valle hacia la vía de Escalona, lugar a donde iba la Duquesa, cuando un mensajero del factor Aranda fue a pararnos cerca del puerto que llaman del Herrado, allí nos informó que Aranda había tenido respuesta del Canciller en la que le ordenaba sin mayor tardanza que fuese a la Corte llevándome en su compaña. Tras de lo cual el dicho mensajero me entregó de súbito otro despacho que vino a ser una cédula real del mismísimo Monarca, queriendo Aranda que yo lo leyese de primera mano. En la dicha cédula el rey decía verse muy placido en que yo fuese a su corte porque deseaba mucho conocerme y hacerme mercedes. Luego de pronto, aun me entregó el mensajero otra carta del propio Aranda para juntarnos las dos partidas en Medina del Campo, y fue pronto que allí nos hallamos, yéndonos a hospedar en la misma posada donde el Factor nos hizo honra, para luego emprender nuevamente el camino de Valladolid todos juntos por Puente de Duero. Antes de ello el tal Aranda quiso adivinar en la susodicha posada el agrado de Faleyro por las buenas nuevas que hubo conseguido su carta al Canciller, queriendo recordarle acerca de sus infortunadas quejas, pues era el caso que para ocasión tan favorable debería estar entonces muy agradecido, y aun más lo habría de estar por lo que restaba por hacer y decir a su Alteza sobre la información que del dicho Ruy Faleyro tenía de Portugal. Y aún siguió el Aranda en su plática diciendo que deberíamos tener a bien concederle parte de lo que con la gracia de Dios se hiciere, y que por ello era muy justo que le diésemos la quinta parte de lo que hubiésemos en provecho de la armada que habría de confiarnos S.A. el rey don Carlos. Razones a las que hubo de sumar que él tenía muy buenos aliados en la Corte con quienes habría de tratar este negocio aprovechando de ello lo que se pudiese. Petición que hubimos por buena y sensata Ruy Faleiro y yo mismo, por lo que decidimos, mejor a la buena que a la mala, conceder al Factor la décima parte de lo que hubiese por venir de la armada. Mas no estando mismamente Francisco Faleyro de acuerdo con ello, vino en tratarlo después aparte con su hermano, al que convenció a duras penas de no concederlo, viéndose el Factor con ello nuevamente despechado. Luego de aquel trance, resuelto a la mala, Aranda no quiso despachar tan atravesado negocio si no era recibiendo al menos una octava parte de lo que se correspondiese en los provechos, añadiendo a título de honra que aunque mucho le holgaría aceptarlo, tanto se le diese como si no, de la misma forma habría de negociar en ello como servidor de su Alteza y Factor de la Casa, sin olvidar que él siempre lo habría de merecer porque bien sabía con quien habría de negociar y lo que aún mucho nos habría de ayudar en adelante. Al punto de oír lo dicho por el Aranda y apenas me repuse de tanto contratiempo, no sin mucho enfado por cuanto pasaba entre unos y otros, dije voz en alto que bien me placía dar el octavo al Aranda, a lo que vino en sumarse Ruy Faleyro, acomodando a su hermano en la dicha opinión por cuanto le hizo ver lo que no podía ocultarse a la verdad. Vino en decirle además que en este empeño éramos todos muy favorecidos por el Factor, y que en adelante aun más lo seríamos en el manejo del negocio con la Casa de la Contratación, pues muy suficiente podría ser su arbitrio aprovechando o dañando el dicho negocio, si tal fuese el caso. A lo que hube de añadir por justicia, que entre esos favores se debían contar los dineros que el Factor les había prestado cuando tuvieron menester de ello para su mantenimiento, desde su llegada a Sevilla, sin otra razón para hacerlo que la gran empresa que llevaban entre manos. Y así fue que ofrecimos al Factor la octava parte de todos los provechos bajo la condición de que la armada quedase a la expensa del erario real, y aun más, si ello no fuese posible, nada le daríamos, a lo que se añadió que si el Aranda proveía a su expensa este negocio con otros dos mil ducados, hubiese también su parte de lo mueble que se proveyese de la dicha armada, y aun una parte más de la herencia de la tierra que se descubriese. Convenga saberse que el dicho concierto fue acordado con agrado de las partes y en especial consideración de Juan Aranda, que fue muy justo y honrado de lo suyo escribiendo a S.A. y aun ofreciendo dineros a los Faleyro por tenerlos a buen recaudo y en suficiencia. Sólo Dios fue testigo de este contrato que hicimos entre las dichas partes, siendo a la nona del miércoles en los diez y siete días de febrero del año presente, y por ventura que no fue menester moverse más pleitos por entonces.

Episodio 10. En la boca del lobo

Y aun antes de proseguir con sucesos de mayor alcance y conveniencia convenga saberse que luego al día siguiente partimos de aquella posada nuevamente por separado, tomando el Factor camino derecho a Valladolid, en tanto nuestra partida quedose en Simancas por tres días hasta que a no mucho andar llegamos a la susodicha ciudad de Valladolid. Una vez allí Juan de Aranda nos salió al encuentro y nos llevó a su posada donde bien pudimos comer y dormir, y aun quiso el Aranda hacernos honra para quedarnos con él en su posada y así gastar de lo suyo con nosotros, a lo que presto me negué a sabiendas del mal ojo que se tenían Francisco Faleyro y el Factor. Aun con ello, Aranda mantuvo su palabra y nos ofreció ayuda en el negociar y dineros prestados si habíamos menester de ellos, y nos dijo también que ya hubo tenido plática con el Gran Canciller y el Consejo, y aun nos mandó hacer allí mismo los capítulos referidos a la dicha negociación acerca de lo que pedíamos a Su Alteza, por lo que hubimos de súbito en ponernos a escribirlos, y una vez hechos fuimos con ellos a la posada del factor a entregárselos. Estando allí con el Factor hubo también un escribano de S.A. llamado Diego González de Santiago quien tenía una escritura a efecto de ser firmada en la cual se contenía lo que éramos obligados según el contrato de palabra que hubimos con el dicho Factor en la posada de Medina. Y convenga saberse que por el dicho concierto le dotábamos con la octava parte del provecho que hubiésemos del descubrimiento de las tierras e islas que placiendo a Dios hubiésemos de descubrir y de hallar en las tierras y demarcaciones del Rey nuestro señor don Carlos. Y así Aranda nos pidió que todo ello lo otorgásemos ante el dicho escribano y los testigos que hubieron presentes, llamados y rogados a todo lo dicho, que a la sazón fueron Benito de Madrigal, criado de Pedro Zapata de Cárdenas, y Juan de San Martín, criado que lo es de Diego López de Castro, y aun Antonio Torres, criado del factor Aranda. Y así fue que lo otorgamos y firmamos en Valladolid a Martes veinte y tres días del Febrero pasado. Escritura de la que según ando enterado el Factor no hizo misterio y así ufanamente la mostró a sus parientes, y aun por ellos vista estuvo también por Cristóbal de Haro quien lo hizo saber a la misma chancillería, donde no fue bien percibido lo acordado por cualquiera de las partes, como en poco tiempo habrá de saberse cuando se venga a deponer declaración ante la Casa, según ordena el doctor Juan Fernandez de la Gama, pues requeridos nos tiene a los Faleyro, al Aranda y a mí mismo a no mucho tardar. Entre tanto yo hube hablado de ello a mi suegro Diego Barbosa sin escatimar detalle a fin de que viese lo más conveniente de hacer según su sabia y ajustada opinión, a fin de abonar la muy escasa que yo había para estos trances. Mas vuelto a la ocasión del negocio para el que estuve presente en Valladolid, conviene saberse que el Consejo de este Reino está formado por personas muy sabias y prudentes. A la sazón hombres extranjeros como yo mismo que vinieron con su Alteza Carlos desde Flandes y lo hicieron para proveerle de su sabiduría y buenos consejos. De entre ellos el hoy difunto Jean Sauvage era el principal y de mayor importancia por ser el Gran Canciller del Reino. Mas a la postre por no ser muy diestros los dichos consejeros flamencos en la materia de ultramar, o bien parecérmelo a mí, hube en dar mis razones a un consejero castellano, de abultada edad y experiencia, que, bien sabía de oídas, era muy versado en las cosas de las Indias, aunque no era muy grata su fama con los que habían de tratar con él de los dichos negocios. Para entonces el factor Aranda ya se había adelantado en hablar con el dicho consejero, cuyo nombre es Juan Rodríguez Fonseca, a la sazón obispo de Burgos. De tal suerte andábamos el Faleyro y yo mismo en la gran sala del Consejo frente a todos los susodichos, no sin antes sumarse uno más que parecía ser de mucha confianza del rey, cuyo nombre recuerdo por Bartolomé de las Casas, que resulta ser fraile. Quise mostrarles primeramente los papeles de Serrao en los que me escribía lo ya sabido por susodicho. Y así les dije sobre los muchos y ricos provechos que el Maluco habría de traer para estos reinos y el buen gobierno de Castilla, puesto Francisco Serrao, que era portugués como yo, acertaba en demostrar que las islas de las especierías andaban en la demarcación de Castilla y no así en la de Portugal como era lo tomado por cierto hasta entonces. Y aun quise mostrarles un globo muy bien pintado por Pedro Reynel, el cual traje de Lisboa, en el que estaba puesta toda la tierra conocida, y ante el asombro de todos los presentes allí hube en señalar la ruta que habría de llevar, salvo el camino del paso, que dejé sin dibujar a conciencia de hacerlo, porque alguno no me lo saltease, según es costumbre entre marinos y pilotos. Les mostré también otros mapas traídos de Portugal, y bien quise con ello ganarme su confianza en tanto les enseñaba las tierras y mares de la India donde yo mismo hube estado tiempo atrás. Y fue así que el tal fraile de las Casas, por indicación del obispo, me preguntó por el camino que pensaba llevar, pues a tal punto no aparecía la derrota en los mapas ni tampoco en el globo, a lo que yo hube en responder que tomaría el camino del cabo de Santa María, comúnmente nombrado como Mar dulce o el río de Solís, y que de allí correría costa abajo hasta dar con el paso. Y aun por una nueva indicación del obispo el fraile me preguntó que por dónde habría de pasarse al otro mar de no hallarse o no haber tal paso, pues así le pareció ver por los dibujos del globo, y yo le contesté que bien podía dar fe que el paso existe, pero si fuese el caso que Dios no quisiera mostrárnoslo, tomaría sin tardar el camino de los portugueses a la India por el cabo de Buena Esperanza, pues por un camino o por otro era de saberse que los Malucos son de la parte castellana y de ninguna otra. Todo esto vino a suceder ante el asombro de todos los allí presentes porque vieron y creyeron cuanto yo les dije, y aun mucho más pareció agradar al obispo, quien se plació mostrarlo de manera muy elocuente con gestos y miradas al resto de los susodichos presentes. Convenga saberse que ya pasado el Febrero y avanzado en dos semanas el mes de Marzo hubimos de vernos con el mismo Consejo, mas para aquella ocasión hubo de estar presente S.A. el Rey don Carlos, queriendo el dicho Rey que para entonces le acompañase el mercader Cristóbal de Haro, el cual habiendo llegado reciente de Portugal gozaba de toda su confianza y era muy conocedor del comercio de las especias. Y como fue parecer del Rey que yo tuviese la empresa muy cierta y averiguada por cuanto decía, quiso oírme decirla muchas veces sin más razón para ello que el pensar que yo era más versado y entendía mejor que el Faleyro las cosas de la mar. A la sazón, el Monarca se manifestó muy holgado en conocer que las islas del Maluco y las otras de donde los portugueses se toman las especias caían dentro de la partición que los antiguos Reyes muy Católicos y el muy honrado Rey don Juan segundo de Portugal, hicieron de las partes australes y occidentales para Castilla. Y aun después de hacerme repetir de ello mismo muchas veces le placía oírlo de nuevo, como también le placía oír que sabríamos llegar hasta allí por un nuevo camino más corto y breve del que tenía Portugal. Y aun con todo lo visto y oído vine en mostrarle además a S.A. la carta de Francisco Serrao, la cual se plació mucho de ver y aun hizo acatamiento con gestos de cuanto en ella se decía. Convenga saberse que hube en mostrar en la dicha audiencia como en las otras que hubieron anteriormente cuantas cartas de marear traje de Lisboa y aun el globo de Reynel, del que muy aficionado se mostró S.A don Carlos, el cual se plació mucho de ver a Faleyro en su oficio y a mí en el mío muy ciertos y aventajados de cuanto fiábamos en este negocio. Y aun me pareció ver a S.A. fuera de sí cuando vine en decir que no ha mucho yo mismo estuve cerca de los Malucos, y en ello hablé de cuantas costas e islas y mares navegué, y de cuantos frutos y especias y mil maravillas de allí se tomaban. Luego al fin dije a S.A., con ánimo de ultimar todo lo dicho, que bien podría alcanzar los dichos Malucos por un camino nuevo que nadie más conocía salvo yo mismo, y esto hube en decirlo teniendo muy de cerca a Enrique de Sumatra, el cual causó honda admiración con su presencia y aun ella se aumentó cuando supieron el paraje donde yo mismo lo compré. Luego más tarde el rey mandó que contestara por él a Pedro Mártir de Anglería, que es su secretario real y persona muy entendida de estos asuntos, el cual dijo escuetamente que de lograrse tal empeño se podría ganar a los moros orientales y al rey portugués en el comercio de los aromas y de las piedras preciosas. Luego después el Rey también quiso preguntarme por él mismo cómo era yo tan seguro de cuanto decía, pues era muy bien sabido de muchos otros que habían dicho y aun probado lo mismo sin que la fortuna hubiese jamás acompañado a lo que prometían. Yo vine en responder al Rey que bien sabido y probado sería cuanto hube dicho si me proveía de los aprestos y la armada que para ello era menester. Y aun, sin mayor apremio, pues a la sazón todo era dicho, quise informar a S.A. que habiendo navegado tiempo atrás el Cabo de las Tormentas por más de una ocasión, hube de estimar por mis propios ojos que de igual forma que el dicho cabo permite el paso de los dos mares de oriente a poniente y en su reverso, también lo mismo habrá de sucederse, según el mundo está hecho por el mismo Dios, pudiendo pasarse de un lado al otro por el cabo austral de la tierra de Brasil. Y vino a sumarse a tal opinión el obispo Rodríguez Fonseca, que estuvo muy complacido por todas las cosas vistas y oídas tocantes a este negocio, y en verdad que era la persona más experta y sabia de cuantas había en el Consejo, y supe además que este obispo lo hubo aprendido todo del mismísimo Nebrija, el cual es persona muy docta en las cosas de ultramar y de la cosmografía. Y a fin de que S.A. no abrigase dudas, convino este buen obispo, antaño muy fiero a decir de algunos, mas andando ahora como galera desarmada, en mostrar una carta harto curiosa que vino de la isla Española y que ahora llaman de Sto. Domingo, en que un tal licenciado Alonso Zuazo quiso advertir al Rey don Carlos que debía verse muy agraviado en las tierras firmes de Brasil, pues desde el cabo San Agustín al austro no más podrían tocar treinta leguas al rey de Portugal y en cambio posee más de doscientas, de donde le vienen al año veinte mil ducados y muchos esclavos. Decía también en su carta el licenciado Zuazo que habiendo enviado un piloto a su costa al dicho cabo de San Agustín halló estar errada su marca en las cartas por más de ciento treinta leguas de lo que se debe a levante. Y aun vino a contar este licenciado otro gran secreto al Rey, puesto en el oriente había mucho de Castilla que le era hurtado como la misma ciudad de Malaca, y convino en informar dulcemente a S.A. que, para no llorar sobre ello, era menester que se hiciere una verdadera partición del mundo, y aun que armase en cuanto pudiese dos navíos pequeños pero muy veleros para verlo y conocerlo todo mientras averiguase lo del estrecho que tanto se oye hablar en tierra firme. Y luego con ello, el dicho licenciado hacía glosa en su carta sobre la mucha fama y de las muchas historias que se contarían de S.A. el rey don Carlos porque tuviese islas tan ricas, y aun, cuánto más se contaría por ser el único héroe que vino en desatar el nudo de Gordión. Y así fue todo lo que se dijo y se vio en el susodicho Consejo tomando fe cierta de ello el mismo Rey, que se maravilló de cuanto informó el obispo, aun dando éste mismo razones a la vista de cuán larga y peligrosa sería la dicha navegación y cuán difícil y costosa. Mas aun siendo muchos los presentes que nada entendían y menos creían, los más de ellos dieron fe cierta tras darla el Rey. Y sin mayor tardanza, en ese mismo miércoles a diez y siete días de marzo del año presente, a poco hará siete meses, el rey mandó hacer provisión de oficio para resolver la capitulación de la dicha empresa, para lo cual tomaron la nota de los capítulos que hubimos el Faleyro y yo entregados a Juan de Aranda en su posada de Valladolid, y así quedó para resolverse tan venturoso negocio con la ayuda de Dios, y de su hijo nuestro Señor Jesucristo, y aun de su madre Nuestra Señora la Virgen Santísima.

Episodio 11. Del dicho al hecho

De tal suerte anduve todo ese tiempo en Valladolid con Ruy Faleyro hasta que hubimos asiento de la capitulación con SS.MM. la reina doña Juana y el rey don Carlos, pues hubo en gastarse algunos días en haber y no haber acuerdo de los capítulos que ambos dimos al Consejo, lo cual vino en resolverse de mutuo favor a lunes veinte y dos días del mes de marzo de este año de Nuestro Señor IHS de mil quinientos y diez y ocho, que por acabarse está. Convenga saberse al efecto de lo mucho tratado en esta capitulación, por la que con ayuda de Dios nuestro Señor habíamos de descubrir y abrir camino y poner así bajo el señorío real muchas islas de ricas especierías y tierras firmes de mucho provecho dentro de los límites de la demarcación castellana, que las mayores súplicas a expensas de nuestro empeño están en ella escritas y que SS.MM. no habrán de otorgar licencia a más personas ni naos para armar y descubrir en nuestro camino y derrota de la parte del oeste a donde entendemos ir, queriéndolo Dios, en los diez años por venir. Y que en remuneración por cuantos trabajos y peligros hemos de pasar S.A. el rey don Carlos nos hará merced de cuantas tierras e islas se descubran, y que, sacadas primeros las costas que en ello se hicieren, llevaremos el Faleyro y yo la veintena parte con el título aún de Adelantados y Gobernadores de las dichas tierras e islas. Y aun más mercedes hubo en darnos S.A. don Carlos por cuanto de las islas que descubramos, si pasaran de seis, quedasen esas todas para el rey, y de las que sobrasen nosotros podremos señalar dos y llevarnos la quincena parte de todo el provecho e intereses de renta y derechos sacadas las costas que de ello se hicieren. Y que acatando los gastos y trabajos que en el dicho viaje se ofrezcan de hacer merced por nuestra parte en esta primera armada, por esta vez sean de interés limpio las cosas de S.A. que de ultramar traigamos, y aun de ello tengamos y llevemos la quinta parte, una vez sacadas las costas que en la dicha armada se hicieren. Y que si en el descubrimiento de todo lo susodicho alguno de ambos falleciese, el rey mandará guardar al que de nosotros quedase y a sus herederos de juro, por siempre jamás todo lo que en la dicha capitulación está contenido, cumplidamente, así como de ello se guardase entrambos estando vivos. Luego sépase que para cuanto escrito y jurado se pudiese hacer y cumplir el rey mandará armarse cinco navíos, dos de ciento treinta toneladas cada uno, otros dos de noventa toneles y aún otro de sesenta, abastecidos todos ellos de gente, mantenimientos y artillería. Mas, de igual manera, convenga saberse que los dichos navíos irán provistos por dos años de las gentes y mantenimientos a cargo de S.A. y que serán doscientas y treinta y cuatro personas para el gobierno de la dicha armada entre capitanes y pilotos y maestres y contramaestres y marineros y grumetes y toda la otra gente necesaria conforme a los memoriales que yo mismo puse letra por lo mucho aprendido de este oficio en mis viajes, los cuales entregué al Consejo para que pusiesen en obra a los oficiales de la Casa de la contratación de Sevilla, como tal hicieron. Así hubo en firmarse ante el rey la dicha capitulación y así lo hubimos de hacer con mucho agrado todas las partes, pues de tal suerte se verán gratificados nuestros servicios como de perpetua memoria serán la gloria y el poderío del Reino de Castilla. Válgase tomar crédito cierto de que lo susodicho es la verdad y no otra, de lo cual doy fe para su buen uso y entendimiento, pues, aunque lo que un rey me quitó otro me lo dio, sólo en el juicio final rindiendo cuentas a Dios sabré lo que perdí y lo que gané en este envite. A muy poco de este concierto con S.A. por el que habríamos de andar muy holgados y contentos, hube de oír nuevas críticas de Ruy Faleyro contra el factor Aranda, siendo lo cierto que mucha razón le asistía, pues no hubieron más que caer nuestros capítulos en manos del Consejo para que fuesen bien estimados, sin la menor mengua y tampoco aumentados. De lo que Ruy Faleyro y su hermano Francisco extrajeron que el factor estuvo en tratos con el Consejo, aun mucho antes de nosotros alcanzar Valladolid, lo cual hicieron de tal modo para bajar nuestros provechos y no así los trabajos y obligaciones en la capitulación. A fe cierta que, aun con la razón de su parte, puse fin a dicho pleito diciendo a los dos hermanos con la mano en el pecho que, o lo tomaban o lo dejaban tal como estaba. Y muy pensado tenían que bien lo habrían de tomar, aun sin faltar con ello las quejas y los quebrantos de vez

La Virgen protege con su manto a los españoles. A la izquierda arrodillados, Cristobal Colón, Américo Vespurcio y uno de los hermanos Pinzón. Reales Alcázares, Sevilla

Barend van Orley, Retrato de Carlos V.
Museum of Fine Arts, Budapest, 1519

Círculo de Quinten Massijs I,
Retrato de Guillaume de Croy.
Siglo XV

Representación de diferentes especias. Theodoro Bry. Cuarta parte de las Indias Orientales. Francfourt de Meno, 1600

Atribuido a Alonso Sánchez Coello, Vista de Sevilla, finales del siglo XVI. Museo de América, Madrid. Vista del puerto de Sevilla, con los barcos que van y vienen de América. En primer término resalta la gran actividad del puerto sevillano. También se puede apreciar el trabajo de los astilleros y cómo se reparan y construyen las naves destinadas a la navegación atlántica. Al fondo, la ciudad en la que desde 1503 se encontraba la Casa de Contratación

Página siguiente.
Sección de carga de la nao *Victoria*

8

Río Guadalquivir y Puente de Barcas (detalle). Atribuido a Alonso Sánchez Coello, Vista de Sevilla, finales del siglo XVI. Museo de América, Madrid

Puerto de las Mulas, labores de calafateo (detalle). Atribuido a Alonso Sánchez Coello, Vista de Sevilla, finales del siglo XVI. Museo de América, Madrid

Reales Atarazanas de Sevilla. Los astilleros fueron creados por Alfonso X, el Sabio, en 1252 (detalle). Atribuido a Alonso Sánchez Coello, Vista de Sevilla, finales del siglo XVI. Museo de América, Madrid

Antiguo Puerto del Arenal (detalle). Atribuido a Alonso Sánchez Coello, Vista de Sevilla, finales del siglo XVI. Museo de América, Madrid

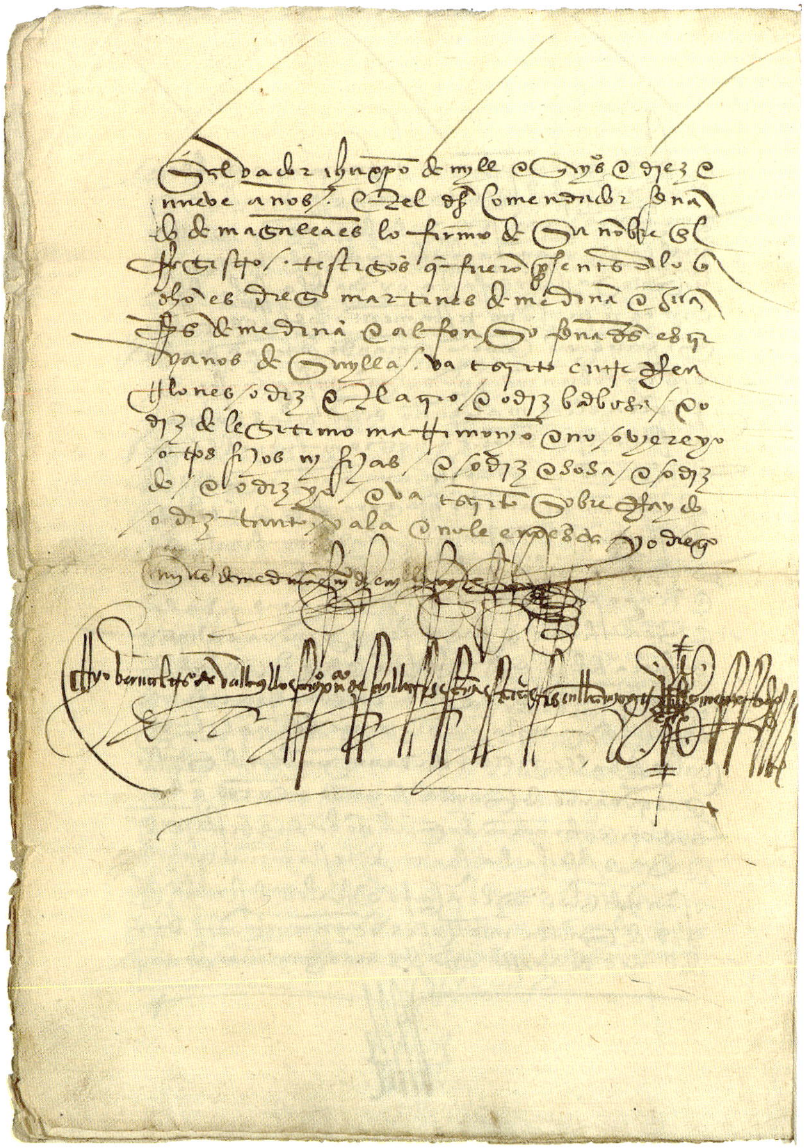

Última página del testamento de Magallanes, 24 de agosto de 1519.
Archivo General de Indias, Sevilla

en vez, cargándome en ello de la culpa para lo malo y a ellos los méritos para lo bueno. Y razones no faltaron entonces ni tampoco ahora para la queja, pues a lo escrito y capitulado de no haber ni consentir navegación ni descubrimientos en la parte que nos toca, sabemos en verdad de una armada que se apresta por este mismo tiempo, la cual anda a costa de un tal Andrés Niño de Moguer, que es piloto de S.A. y mora en Triana. Mi muy honrado suegro Diego Barbosa, sabedor de esta cuita, me aconseja que siendo nosotros portugueses en tierra castellana nada puede hacerse salvo callar y otorgar, y aun me advierte que nada debo reprochar al rey pues nada era hace muy poco, y mucho soy ahora gracias a S.A. Luego con ello, se place y me aconseja que mirando al poniente sólo queda jalar y jalar, y jalé cuanto pude desde la firma de la dicha capitulación, en la que S.A. don Carlos vino en concedernos a Faleyro y a mí mismo los nombramientos de capitanes de la dicha armada bajo el título de caballeros naturales de Portugal. Y aun dispuso que bien deberíamos tener el dicho nombramiento por el tiempo que en ella andemos, y hasta cuando volvamos que también usemos del dicho oficio en estos reinos, así por mar como por tierra, y que por tal orden se manda a lo maestres y contramaestres y pilotos, marineros, grumetes y pajes y cualesquiera personas que estuvieren en dichas tierras e islas descubiertas, y así como en otras, que nos reciban como tales capitanes de la armada, y que así cumplan nuestros mandamientos bajo pena que pudiéremos y mandáremos poner, y que el rey en su nombre dará por puestas. Y en diciendo lo susodicho el rey vino a darnos también facultad para ejecutar cuanto queramos en las personas y bienes, y aun que se nos hagan guardar las honras, gracias y mercedes y franquezas, libertades, preeminencias, prerrogativas e inmunidades que por razón nuestra de ser capitanes deberemos gozar y nos deberán ser guardadas. Convenga saberse que S.A. nos concedió la dicha merced por si en el tiempo que anduviésemos en la armada se moviesen algunos pleitos y diferencias, así en la mar o en la tierra, los podamos de tal suerte librar y determinar haciendo sobre ello cumplimientos de justicias sumariamente y sin tela de juicio. Y quiso acabar el rey don Carlos de dar cumplimiento de todo lo otorgado, dándonos a la par merced de los dichos nombramientos de capitanes con un salario de cincuenta mil maravedís por cada un año, y aun vino más tarde en aumentarlo en otros ocho mil maravedíes por cada mes, desde este presente año en el que comiencen a devengar sueldo los otros pilotos que han de ir en la dicha armada, y así se hará hasta que por voluntad de Nuestro Señor Jesucristo regresemos con la susodicha a Castilla en salvamento. De todo lo cual, signado y librado asiento por los oficiales de la Casa de Contratación, tengo original escrito y doy fe a la fecha, yo Hernando de Magallanes. Quiso el Rey, al punto de aligerar el apresto de las cinco naves de la armada, que hubiésemos de presentar todas estas disposiciones reales a los oficiales de la docta Casa para que, sin faltar a lo dispuesto, los dichos oficiales abastecieran de la gente y los bastimentos necesarios, no sin que antes se les anunciara de tales provisiones, y aun se les avisara, sin falta, de cuando hubiésemos de estar listos para hacernos a la vela. A lo que el rey don Carlos hubo en añadir que, al término de nuestro viaje, le hiciéremos saber de forma que lo supiese súbito en su persona cómo fuésemos llegados en salvamento, porque de todo quiere estar muy a prisa informado, y así mismo yo lo espero en la misericordia de Nuestro Señor que se hará. Mas para que de este episodio no se aprecie que todo era de agrado conviene saberse que, no más hubimos puesto los pies en Sevilla, yo anduve en plática con Diego Barbosa quien hubo en advertirme que S.A. había dispuesto nombrar a nobles caballeros castellanos para los cargos de oficiales en la armada, ante quienes yo mismo habría de rendir cuentas y pasarles los oportunos rescates y la contratación de todas las mercaderías, y aun todo lo que tocase a la armada se hiciera con entrega al contador y al factor mediante escritura ante escribano. Convenga a tal punto saberse que Barbosa me advirtió muy de recato para no hallar más disgusto del que ya advirtiese en mi rostro, que el rey hubo en prevenir a los oficiales de la Casa de Contratación mediante otra cédula, que cuanto se hubiere de hacer a cuenta de mi nombramiento como Capitán general lo hiciere tomando el parecer de las dichas personas y con su consentimiento, y siendo todos juntos conformes para ello. Barbosa vino a explicarme muy afablemente que tales disposiciones eran de normal asiento en las capitulaciones y que de ello no había que extraer mal juicio ni pensamiento. Mas, al contrario, me previno de fiar mucho en S.A. y que debía hacer cuanto estaba acordado, habida cuenta que, siendo nosotros portugueses en tierra castellana, más valdría en todo tiempo mantener el temple que la ira. A este suceso aun vino a sumarse otro episodio que hube de saber por el factor Aranda, el cual vino en prevenirme sobre el enojo habido entre los oficiales de la Casa por la capitulación habida con S.A., pues a decir de ellos no tenían noticia alguna de lo ocurrido en el Consejo de Valladolid y aun menos de la dicha capitulación. Así hubieron de elevarlo los dichos oficiales por escrito a S.A. don Carlos en buena muestra de sus fueros, y de cuán extrañados eran de no ser consultados en materia tan suya y de sus pilotos reales, puesto, a su parecer, mucho hubiesen tenido que decir y opinar de la conveniencia y práctica de ese viaje, y aun más cuando el trato era con portugueses. Luego de ello, Aranda me dijo que S.A. don Carlos hubo en responder a los oficiales sobre su parecer de muy cuerda y justa manera, puesto entre lo mucho que había en juego y lo mucho que se espera de la Casa para que ello sea menester, el Rey obró para la ocasión con la prudencia de un monje y la dureza de un tirano, y en ello se valió de la muy sabia opinión del obispo de Burgos. Todo lo cual me lo dijo el Factor en Sevilla mediado el mes de Mayo del presente, tras lo que hube en recordar, aun sin quererlo, viejos celos y acechanzas habidos en Portugal. Mas hube de tomar buen asiento de cuanto se me dijo por una y otra parte para nunca más fiar en adelante de lo bueno o de lo malo en apariencia, salvo que viniese por la gracia de Dios, como a tal punto fue que Beatriz vino en quedarse preñada, loado sea por ello Nuestro señor Jesucristo en su bendita misericordia. Tomada la opinión de Barbosa convine con Ruy Faleyro en aligerar la empresa y que ni él en lo suyo ni yo en lo mío diésemos pábulo a rumores, sino mayor brío a los trabajos, que eran muchos los que había y los que habrían de venir. En el dicho mes de Mayo fui a dar los nombres de los pilotos que debieran apuntarse en la armada, según disposición de S.A., para que fuesen nombrados a mi parecer y examinados por la Casa de la Contratación, y aun que todos ellos fuesen provistos de buenos y ventajosos sueldos. Convenga saberse que para ese mismo tiempo llegó una carta signada por S.A. desde Zaragoza, ciudad en la que se hallaba entonces el Rey para recoger juramentos, en la que consentía retrasar la partida hasta el mes aún por llegar de diciembre, y que ello lo hacía por mejor abastecer a la armada de personas y bastimentos, lo cual hubo ordenado a los oficiales de la Casa para que de ello se ocupasen los dichos oficiales, y también nosotros lo que mejor pudiésemos y supiésemos. Y aun convenga saberse, como yo también lo supe fuera de oficio, que los mismos oficiales de la Casa hicieron posterior queja ante el rey por lo incierto del viaje y de sus futuros provechos, mostrándose muy quejosos por la escasez de información y aun de los dineros que contaban para abastecerlo, siendo que luego más tarde S.A. don Carlos hizo llamar al contador de la Casa, don Juan López Recalde, para oírle opinión en lo tocante a este negocio, mas no tanto por dejar de cumplir lo asentado en la capitulación, cuanto para mejor proveerla en adelante. Después de lo visto y oído de los unos y los otros, no siendo más que buenas palabras y promesas y aun de lo contrario, pues la Casa de las Indias no puso mayor apremio en el apresto de la armada, hube de tirar de mi propia opinión y en ello tomé camino de Zaragoza con el empeño de ver y platicar con S.A. siendo a dos de junio el día en que esto hice. Y en llegando a la Corte sin más tardanza que la debida para sumar las razones que otros restaban, aun hubieron de torcerse más las cosas, pues con todo lo que placía este viaje al rey don Carlos, también era por entonces el dicho viaje muy sabido de S.M. don Manuel, que lo hubo tomado como gran ultraje, en menoscabo de Portugal. De tal suerte, así se lo hubo contado al rey el caballero portugués don Álvaro da Costa, que era camarero real y guarda mayor, el cual vino a Castilla para cuadrar el negocio del casamiento del susodicho don Manuel con una infanta hermana de S.A. don Carlos. El mismo da Costa anunció al rey don Carlos sobre los muchos perjuicios que ello causaba a su serenísimo primo, el rey de Portugal, y para que nada faltase en tan sucia intriga, vino a mostrarle los grandes recelos que el dicho rey tenía acerca de Faleyro y de mi persona. Convenga verse en todo ello la gran rivalidad existente entre ambos reinos y el temor de Portugal en perder lo mucho que había ganado en la India. Luego más tarde, aun quiso este Álvaro da Costa platicar conmigo y el Faleyro, entre compatriotas, a fin de convencernos de no hacer traición a nuestra patria. Y placiendo de ello nos hizo promesa del generoso olvido que habría de hacer S.M. don Manuel por tan terrible afrenta y por todas las pasadas, y aun nos habló de cuantos provechos habría de esperarse de su magnánimo favor. Y esto lo hizo no una sino varias veces, las más de ellas sin querer ver ni tomar opinión de Ruy Faleyro, pues decía de él estar muy falto de juicio. A todo lo cual vine a decirle al dicho da Costa que era ya tarde para tal oficio, y más aun cuando mi palabra estaba empeñada al rey de Castilla quien ahora era mi único señor y valedor, y aun quise añadirle que no se apenase por ello, pues en lo tocante a la patria no más que destierro y amargura me quedó de ella.

Episodio 12. El enemigo en casa y en la ajena

Siendo que esto escribo a viernes cinco días de noviembre del año mil quinientos diez y ocho de Nuestro Señor Jesucristo Salvador cuando tanto hay por hacer para el apresto de la armada del Maluco conviene saberse de las muchas conjuras y maldades que de Portugal traía el dicho Álvaro da Costa, y no con su sola persona mas también con otros portugueses cuyo oficio era intrigar y arruinar nuestra empresa para darle al rey don Manuel ese gusto. A sabiendas que yo andaba en esos días del mes de junio pasado en Zaragoza con el Faleyro a fin de asentar en la Corte el apremio de los oficiales de la Casa, fui tentado vez tras vez por Da Costa como el demonio a Jesús en el desierto. Luego Diego Barbosa vino a informarme por carta que el dicho embajador hubo tomado promesa de don Jorge de Portugal, quien era tenedor por entonces de los alcázares y atarazanas en Sevilla, que haría despacho sin demora de nosotros ambos para Portugal. Y que ello lo habría de hacer efectivo medrando con personas muy principales del Consejo y la Chancillería, tal el ministro Xievres, y aún con el mismísimo Rey tras de enfermarse el dicho ministro. Y fue por entonces el embajador Da Costa a decirle a S.A. don Carlos que se guardase mucho de hacer oídos a hombres malquistados con su rey, de lo que tanto escándalo podría seguirse en ambos reinos, y que bien debía excusarse de hacerlo, pues en lugar de ello podría usar de otros vasallos castellanos de gran mérito para hacer descubrimientos cuando fuese tiempo. El rey don Carlos hubo en contestarle de suyo, más por agradar que por sentirlo, que nada haría en disfavor de Don Manuel dando orden al Cardenal Adriano para entender en el dicho asunto. Convenga saberse, si aún quedase sitio para el pasmo, que Barbosa vino a informarme, sin menor aflicción que de lo anterior, que ya hacía tiempo era pregonado en Portugal un alto precio por mi cabeza, y aun que el mismo rey don Manuel hubo celebrado consejo secreto en Sintra, con la asistencia del duque de Braganza y con la de don Juan de Meneses, que es Conde de Taronqua, y con don Fernando de Vasconcelos, a la sazón obispo de Lamego, quien puso el sello de su villanía encomendando vivamente mi muerte al rey si no lograba atraerme a Portugal con gracias y favores, pues con ello hacía ver a don Manuel que este negocio con los castellanos sería de gran perjuicio al reino de Portugal y causa de muchos males y desgracias. Y aún espantado de ello, pero muy agradecido a Barbosa por cuanto hacía y me decía, convine en poner proa al temporal tomando opinión del obispo Fonseca, el cual me ordenó de súbito que no diese crédito alguno a las promesas del embajador da Costa, y sí mucho a las amenazas, por lo que en adelante el Faleyro y yo hubimos de andar a sombra de tejado el resto de las jornadas que gastamos en Zaragoza. Y aún muy generoso el obispo hizo diligencias para guardarnos las espaldas con la compaña de sus sirvientes, y esto lo hizo mismamente cuando éramos los dos en camino desde su palacio a nuestra posada en horas muy entradas de la noche. Y a fe de que no siempre van penas y alegrías las unas sin las otras, vino en darse a este tiempo una orden de la junta de pilotos de Sevilla que vino a ser muy favorable a los propósitos del viaje. Así después de haberlo visto y platicado todo en esta materia daban los oficiales de la Casa de contratación muy buenas razones de tomarnos a los dos portugueses como honrados servidores del reino de Castilla y de su S.A. el rey don Carlos. Mas resultando ciertas las razones dadas por los dichos oficiales, a pesar del poco favor habido antes, no por ello se ocultaba la larga mano del obispo, la cual me empeñaba en adivinar adonde habría de llevarnos y aun hoy no lo consigo saber. Luego más tarde, el Rey ordenó al obispo abrir diligencias y dar cumplimiento a un memorial que contenía todo lo que hubiese por comprar para el apresto de la armada, y aún todo esto habría de hacerse a la vista y contento de mi parecer. Y como fuese que, para tal efecto, los oficiales anunciaron el no haber dineros suficientes, mandó el Rey que los dichos oficiales tomasen hasta seis mil ducados del oro llegado no hacía mucho de la isla Fernandina. Y aun mandó que todo lo que hubiere de proveerse se trajese de donde mejor precio tuviere, así de Vizcaya o de Flandes, y que todo se aparejase cuanto antes y lo más a propósito de nuestras voluntades como capitanes. Todo lo dicho vino en signarlo S.A. don Carlos siendo a veinte días de julio en Zaragoza, en tanto ambos éramos en pláticas con da Costa, teniendo de ello cumplida noticia pues el propio rey puso en mi mano la carta para que yo mismo la entregase a los oficiales de la Casa en Sevilla, lo cual hice bien entrado Agosto, de lo que los oficiales no pusieron trabas. Convenga saberse para que surta la honra y deshonra de uno y otro rey que, andando no más de un mes en que esto escribo, el uno en Portugal quiso mi muerte y el otro en Castilla vino en decorarme Comendador y señor Caballero de Santiago, que lo es también Ruy Faleyro, y aun ambos vestimos el hábito de la dicha orden placidos de ello y con mucho gozo. Andando de tan buena ventura no hallo más tiempo que gastar por el puerto de Sevilla a la vista de cuanto pudiere satisfacer el apresto de los navíos. No hay lugar para la holganza y ni aun otro que valga, pues no pasa jornada sin que vea con mis ojos ni toque con mis manos cada bastimento y apresto que se compra o repara. Así las artillerías y la pólvora almacenada, las jarcias que se aparejan por doquier, ya en la *Trinidad*, en la *Concepción* y en la pequeña *Santiago*, las cuales naos fueron compradas no hace mucho en Cádiz por Juan de Aranda. Ando temeroso que la fortuna se agote y apenas duermo en las atarazanas con mi esposa Beatriz, y aun cuando allí me hallo sólo busco informar a mi buen suegro don Diego de cuanto estoy sirviendo y aun debo tratar de hacerlo a gusto del obispo, quien sin ocultar su preferencia por mi persona la ha primado en todo a Faleyro. Convenga saberse que éste no tiene el agrado de unos ni de otros, pues anda el dicho Faleyro enojado todo el tiempo y en pleitos a cuenta de la mala sangre de su hermano. Tampoco se empeña como debiera en los trabajos propios de su oficio, y así anda sospechando de la gente y de mí mismo sin más razón de hacerlo que el yo andar de allí y para allá en la plática con todos para aligerar los aprestos. Y aun por tener malos pensamientos el Faleyro vino en tomar celos contra mí persona a cuenta de S.A. don Carlos, quien fue a interceder ante su tío hermano el rey de Portugal por dos parientes míos que fueron culpados en la muerte de un juez, y aun por la instancia de S.A. fueron favorecidos, librándose de la ejecución y del perdimiento de sus bienes. Así, por todo ello, el dicho Faleyro se mostró muy agraviado y convino en acusarme de hacer tratos en privado con el Rey porque decía no ser el asunto susodicho del negocio de ambos, y que en nada lo aventajaba, aun por el contrario más lo perdía y estorbaba. Convenga saberse que en este tiempo ya pocos fían de él porque lo dan con el seso ido, mientras con mucho recato yo ando empeñándole para que obre sus cálculos en las tablas de la altura leste-oeste, y aun con ello abrigo la esperanza de que pronto andaremos juntos allende la mar en busca de los Malucos. Entre tanto, hube de apreciar la gracia de S.A. en el buen cumplimiento de su palabra para con los dineros acordados, pues siendo a Viernes veinte días del Agosto ya pasado hubieron de librarse por el tesorero de la Casa veinte y dos mil doscientos y veinte y dos maravedís, los cuales cobré como pago y prorrata de mi salario desde el veinte y dos de Marzo del año presente. Y aun otros mil quinientos y dieciocho maravedís fueron librados por el tesorero de S.A. Alonso Gutiérrez a cuenta del viaje que hice desde Zaragoza, poco hace dos meses, en que traje carta de S.A. para los oficiales de la Casa de Contratación, siendo mucha la afición y el empeño que gastaba el tesorero de la Casa, que lo era el doctor Sancho de Matienzo en favorecer el gusto de S.A. para aprestar el viaje, no sin sospechar que tras de ello anda siempre la mano del obispo de Burgos, del que el rey Don Carlos toma siempre la mejor razón en las cosas de ultramar. De tal suerte, S.A. previno en esos días que los pesos de oro que llegasen de las Indias se gastasen para mejor proveer el aderezo y despacho de la armada de la especiería, pues era su voluntad, según me indicó el mismo Matienzo, aligerar el aparejo de las cosas necesarias y de no cesar en ello a fin de que no faltase cosa alguna. Y fue así que yo hube calculado con este mismo tesorero que fueran menester no menos de diez y seis mil ducados, según la provisión que hice de oficio para la capitulación. En verdad vienen a ser muchos los dineros y no todo surge con la diligencia y ánimo que manda S.A., mas cuando el hambre aprieta el seso despierta, y así no ha mucho hube de hacer nueva queja ante el Rey para que sacasen de hasta cinco mil cuatrocientos ducados que faltan para completar la suma, y aún vine a informar que la cantidad de tres mil ducados que Ruy Faleyro y yo mismo éramos consentidos de emplear en mercadería se elevasen en más ducados, pues le hice ver a S.A. que tan poca suma no bastaría para cargar las naves de especiería, y que por ello sería de gran pérdida y mucha pena traerlas vacías. Y aun le dije a S.A. que dejase libertad a los mercaderes, servidores de estos reinos, para más cargar de estas mercaderías, en tanto las ganancias serían del veinte por uno, siendo a veinte y cuatro días de Octubre que de esto di cuenta a S.A., no hace de ello más que una semana en que esto escribo. Convenga en verdad saberse que vino a suceder algo terrible por enojoso, lo cual hube de añadir a la dicha carta, y ello lo hice para que S.A. pudiese comprobar las muchas acechanzas y peligros que yo corría en esta aventura, así como el negocio emprendido, pues a tenor de lo sucedido era manifiesto el mucho afán que unos y otros ponían en el fracaso de esta empresa. Y como tal suceso conviene conocerse con certeza, quiero informar de ello con la misma letra que puse al rey don Carlos. Siendo así que a viernes veinte dos días del presente mes de octubre hube de tirar una nao a tierra, y porque la marea era muy de madrugada vine en levantarme muy de temprano para hacer que los aparejos estuviesen prestos, y cuando fue hora y tiempo de trabajar mandé a la gente poner cuatro banderas de mis armas en los cabrestantes, donde se acostumbran poner las de los capitanes, por cuanto las de S.A. habían de venir encima de la misma nave con otra más de la Santísima Trinidad, cuya invocación tiene la dicha nao. Y como fuese que el Factor hubo ido a por ellas y no estaban acabadas de pintar no las hubo traído, en tanto que yo mismo con el trabajo de varar la nao no lo miré. De manera que trabajando en la dicha nao a pie de la ribera que llaman de las Mulas acudió mucha gente a mirar por ser cosa ésta que no se acostumbra a ver en la ciudad, y como en el mundo no faltan envidiosos y gente de mal pensar, comenzaron a murmurar que estaba muy mal hecho el poner mis armas en los cabestrantes, y esto se decía murmurando sin yo oírlo, hasta que me lo vinieron a decir, y entonces fue que llegó un tal Sebastián Rosero, Alcalde de mar, que es propio de esta ciudad, junto al Teniente de Almirante, que es hijo de Pedro de Nalcázar, diciendo al pueblo que las quitasen y aun rompiesen, y entonces fue que me lo dijeron todo y llegué a donde él estaba diciéndole muy claramente que aquellas armas no eran las del rey de Portugal, y aun le dije que eran mías y que muy bien me tenía por vasallo de S.A. el rey don Carlos; con ello puse fin al pleito y me torné para seguir en la obra. Mas el dicho Alcalde no se tuvo por satisfecho, y como vio que me aparté él quiso hacer el atropello por sí mismo, pero el Doctor Matienzo que allí se hallaba no vino en consentirlo. Luego después el dicho Matienzo convino en decirme con muy buenas palabras que tuviese a bien quitarlas en beneficio de todos, a lo que yo hube en contestarle que no me placía entonces puesto me sentía afrentado por estar allí presente un caballero del Reino de Portugal, y aun que por mandato del dicho rey vino el tal caballero a esta ciudad a contratar conmigo para que me volviese al dicho reino de Portugal, y que si no lo hacía levantaría intrigas que fuesen en contra de mi provecho y del servicio a S.A. Y así en ello el doctor Matienzo pudo ver la afrenta que se me hizo. Mas conviene saberse que en esta carta que yo escribí a S.A. no supe aún de cierto sobre el susodicho caballero portugués llamado Sebastián Álvarez, el cual es un enviado de aquel otro, Álvaro da Costa, quien ya quiso cambiar mi opinión en Zaragoza siguiendo el mandato de su rey. Luego, por las diligencias de Diego Barbosa hubimos en saber que los dichos dos caballeros están en liza para hacer fracasar mi empresa de la manera que sea, puesto que así lo han prometido y conjurado con otros caballeros del mismo reino. Mas siguiendo en lo de antes, hube en decirle a S.A. que el Alcalde de mar se fue entretanto al Teniente de Almirante a decirle que viniese a quitar las banderas, y él, sin más consejo ni poder para ello, fue llamando por las gradas a la gente con muchas voces a fin de prender a un capitán portugués que era yo mismo, y era la razón según decía porque levantaba banderas del rey de Portugal. Convenga saberse, en honor a que la verdad no quede oculta, que las armas pintadas eran las de mi linaje y no las del reino de Portugal, de cuyo servicio perdí la naturaleza para servir a este reino de Castilla. Llegado al punto el dicho Teniente me preguntó que dónde estaban las banderas y por qué las puse en el cabestrante, a lo que respondí que cuentas a él no las quería dar ni las daría. Y fue así que llamó a los alguaciles para prenderme, echándome la mano al cuello y dando voces para que me prendiesen y aun también a los míos. Y no faltaron quienes mostrasen muy buena voluntad para ello, pero más por hacer el mal que para ayudarnos a hacer lo que cumplía al servicio de S.A. Luego viendo el doctor Matienzo la sinrazón de aquel pleito y el agravio que a todos los que allí andábamos nos querían hacer tan injustamente, echó mano del Teniente de almirante requiriendo de parte de S.A. que no se hiciese cosa tan contraria a su servicio, mas a pesar de ello, los que venían con el dicho Teniente echaron mano del doctor Matienzo y aun blandiendo las espadas desnudas sobre su cabeza le querían dar con ellas y herirle. Luego después, visto tamaño desafuero por la gente que allí trabajaba, los cuales tenían recibidos dineros por cuenta, vieron todos en callarse y se fueron. Tras de lo cual, en ausencia de la gente necesaria y ante el peligro de quebrarse la dicha nao presto me fui de allí cuanto pude dejándola bajo recaudo del Teniente de Almirante y así también del Teniente del Asistente que eran allí presentes, aun no siendo ello de justicia ni lo que convenía a S.A. Mas viendo el doctor Matienzo que sin mí no habrían de sacar la dicha nao me retuvo a las buenas porque no se hiciere peor recaudo de todo aquello. Luego requerí al Teniente del Asistente y aun al Alcalde mayor del duque de Medina Sidonia que no se fuesen de allí y me diesen ayuda y favor por ser yo y los míos en menor cantidad y extraños de esta tierra. Mas como ellos vieron que los míos tomaban armas y algunos de los otros eran presos en el cepo, se fueron sin dar ni prestar favor y ayuda. Y ello es en suma lo que pasó y así con ello quise decirlo a S.A. jurando ser la verdad por Dios Nuestro Salvador, pues me parece cosa muy ajena a este concierto ser tan mal tratados los hombres que dejan su reino y naturaleza por venir a servir en cosa tan señalada como es ésta y de tan grande provecho para la corona de Castilla, en la que Ruy Faleyro y yo mismo nos ofrecemos a servir. Y aun hube de suplicar a S.A. en la misma carta en favor de Ruy Faleyro, que no vino de Portugal tan bien despachado, pues tanto él como yo fiamos mucho en la voluntad de S.A., a la cual rogué humildemente en acompañamiento de la susodicha queja que ordenase proveer un oficio, de manera que S.A. fuese en todo bien servido como nosotros bien tratados, siendo que los que hicieren cosas que no deben hacerse no quedasen sin castigo, porque el fruto de lo que los dichos Alcalde de la mar y Teniente de Almirante hicieron con su maldad y desconcierto no fue otro que restar crédito a esta empresa de S.A, dando espaldarazos a diestra y siniestra y acuchillando en la mano a Juan Rodríguez de Mafra, que es un piloto de S.A., que a la sazón andaba trabajando, y aún prendieron a mis hombres y les quitaron las armas diciendo que anduviesen todos a la ribera. Por todo ello rogué a S.A. que mandase y ordenase cuanto de bueno y justo resulte para ello, de lo que yo mismo resultaré muy satisfecho, pues la afrenta que me hicieron no la tomé como Hernando de Magallanes sino como capitán de S.A., y aun los que la hicieron no ofrecen tanto servicio como yo satisfago a S.A. don Carlos, pues con sólo palabras y malos gestos los susodichos sirven a la corona, en tanto yo lo hago con mi espada, mi hacienda y mi vida, y aún muy ofrecido soy de hacerlo, estimando más cumplir mi palabra que no las promesas que de Portugal me ofrecen. Y porque es de justicia, convenga saberse que también hube en decir a S.A. que el doctor Sancho de Matienzo obró en tal pleito con equidad y muy en favor y lealtad de la corona. Guardo con ello la esperanza de que S.A. obre en razón y justicia contra los culpables mandando el castigo que en ello merezcan para que no haya de sucederse en adelante, como tal lo espero que se cumpla en el día que esto escribo.

Episodio 13. Vísteme despacio que tengo prisa

Siendo a la nona del jueves treinta días de diciembre del año de Nuestro Señor Jesucristo de mil quinientos diez y ocho años, en que tanto más bueno que malo me ha ocurrido desde que arribé a este reino, y aún de lo que me ha de ocurrir si Dios todopoderoso lo quiere, súbito me apresto aclarar que tras la queja que hube de enviar a S.A. por el suceso de los pendones tuve la debida réplica de S.A. que, sin mayor tardanza, puso letra a los oficiales de la Casa de la Contratación, al doctor Matienzo y al Asistente Sancho Martínez de Leiva, mostrando sentirse muy afligido de que ello pasara por no favorecer a los oficiales y al Tesorero de la Casa ni al capitán general de la armada, lo cual era injusto y contrario a los intereses del reino. Esto lo hizo S.A. a fin de que los oficiales y caballeros susodichos castigasen a los culpados con la mayor prisa, y que ello se hiciere como mejor conviniese, y aun con el ánimo de dar ejemplo y para mejor favorecer y hacer merced de la voluntad que este servicio merece. En la dicha carta S.A. don Carlos ordenaba al Asistente que con la mayor diligencia se provea y favorezca todo lo tocante a la armada del Maluco, en tanto con ello no se acaezca de nada para el dicho servicio, y que sería lo contrario un gran disgusto y displacer para S.A. el no hacerlo tal como conviene. Entretanto esto ocurría yo andaba y ando pasando los días completos desde la amanecida a las vísperas de aquí para allá mirando de ver y provisionar las raciones para cada nao y en su justa medida. No hace más de cinco días que el Factor Aranda trajo de Cádiz las otras dos naos que restaban, la *Victoria*, en honor a Nuestra Señora Santa María, y la *San Antonio*, según es la advocación del santo que guarda a la nao de mayor porte y con más toneles de la armada. Convenga saberse, aun siendo mejor a veces no saber para no malpensar, que mi buen suegro Barbosa me lo informa todo para mejor prevenir y curar la enfermedad antes de que sea tarde. Así me dijo, basado en su experiencia, que no le parecían de rigor estos navíos para un viaje tan largo y de tan natural peligro, y que estaba bien informado que los habían comprado de esa guisa por no hallar otros mejores por tan bajo precio. A falta del empuje y apremio necesarios por parte de los oficiales de la Casa de la Contratación, S.A. don Carlos hubo de embarcar en el negocio al mercader Cristobal de Haro para que pusiese dineros en cuantos menesteres fuesen de interés para el apresto de la armada, como tal fue la compra de armas y artillerías en Vizcaya, lo cual mandé hacer a mi cuñado Duarte, hijo de don Diego Barbosa, por ser de mi confianza y buen conocedor de este negocio. Así de lo que hubo en traerse cuentan los cincuenta y ocho versos, siete falcones, tres lombardas gruesas, y tres pasamuros, que todos se compraron en Bilbao, así como de otras armas vinieron sesenta ballestas, cincuenta escopetas, y cien coseletes con sus armaduras de brazos y espalderas y capacetes y cien petos, y más otras doscientas rodelas, trescientas docenas de saetas, mil lanzas, seis hojas de espadas y doscientas picas, seis chuzas y seis astas de lanzas. Y aun trajo consigo cincuenta quintales de pólvora y no escasa partida de plomo para hacer balas, y otros tantos dados y pelotas de hierro que son para la artillería, más noventa y cinco docenas de dardos y diez docenas de gorguces. Y aun para que nada faltase hubo de añadirse, comprado en Sevilla, los veinte ovillos de hilo de respeto para las ballestas. También ordené el avío de tres mil tachuelas y doscientas hebillas de respeto más otros cincuenta frascos para las espingardas, cincuenta rascadores y ciento cincuenta varas de mechas cuyo monto de todo no vino a ser menos de quinientos cincuenta y mil maravedís. Y aun con ello hube de andar mirando al expurgo y así mandar reparar algunas de estas armas y aderezarlas y guarecerlas con cueros y limpiarlas al esmeril. Luego tras de ello no hube de contar por días más novedad que el trabajo a pie en la dársena del rio junto a la carena de las naos o en las mismas atarazanas, cuadrando las muchas cuentas que del apresto de la armada se desprenden, siendo que los oficiales de la Casa de la Contratación la dan por bien aprestada, no sin antes pedir a S.A. la provisión de otros cuatro mil ducados a efecto de su empleo en mercaderías de rescate. Y como resultase que tal cosa es impedimento para el erario del Reino por los muy elevados costes que se tienen por éste y otros aprestos, mandó S.A. al obispo Fonseca proveer sin tardanza lo que faltase y, más aun, que hallase personas que pusieren dineros como al efecto se hizo, ganándose para ello con la condición de que les fuere permitido a las dichas personas poner dineros y sueldos a libra de rescate en los viajes a las islas y tierras por descubrir. Pocos días atrás, en tiempo muy señalado de la Natividad de Nuestro señor Jesucristo, hube de agradecer a Dios nuestro Divino Salvador y a la Virgen Santísima las muchas mercedes concedidas, pues aún no hará dos años andaba huérfano y perdido, abandonado de patria y de gente, mas ando ahora colmado de gozo junto a mi esposa Beatriz, cuyo vientre un hijo mío guarda, benditos sean los dos ahora y por siempre Amén.

Episodio 14. Sevilla Barcelona Sevilla

A la prima del viernes veinte y nueve días de abril del año del nacimiento de nuestro Salvador Jesucristo de mil quinientos diez y nueve, a muy poco de arribar a Sevilla después de no escasa plática y acuerdos con S.A. don Carlos en la ciudad de Barcelona, tiempo hace que no hube en decir ni escribir acerca de las muchas cosas que han ocurrido y que son dignas de saberse, no tanto por lo que son mas por lo que aventajan en el conocimiento de esta aventura, que no es la mía propia sino la de un viaje que ha de mudarlo todo. Cuatro meses hace que mudamos el año y aún la armada sigue al pie de la ribera pareciendo que nunca han de acabarse los trabajos para la provisión de los barcos, pues mucha es la faena y pocas las manos, de suerte que aun vería bien que los días tuviesen más horas por cuantas cosas restan por hacer en el apresto de la armada. Y en esto convenga saberse que S.A. el rey don Carlos me tiene muy maravillado por cuanto hace y deshace a su antojo, pues lo que bien parece dar con una mano presto lo quita con la otra, y esto sucede una y otra vez mientras andamos al pairo sin más rumbo que fiar en la sagrada mano de Dios. Mas sin enojarme por lo segundo ni dar gracias por lo primero, ha de saberse que en el mes de Febrero pasado, pues ello fue para cuando mi hijo Rodrigo vino al mundo, no sin mediar la gracia de la Virgen Santísima, el obispo hubo tomado rienda cierta en este negocio, y aun pareció echar mano del cielo y del infierno por cuanto de bueno y de malo tenía lo que hacía. Para ello contrajo acuerdo con Cristóbal de Haro, quien a la hora presente lleva puestos muchos dineros a su propia costa, que algunos suman en no menos de un millón, y aun medio millón más de maravedís, todo lo cual lo hace según la opinión de Fonseca y aun por mandato de S.A. don Carlos, quien le mandó que estuviese en Sevilla para el mes que andamos, y aun le ordenó ver qué hacer y no hacer con las mercaderías que faltan y otras cosas de mayor interés. Mas en verdad también hubieron otros armadores y mercaderes que han puesto dineros y mercaderías por cuanto parten con el rey sus ganancias en el provecho de este negocio, así un tal Alonso Gutiérrez, que es caballero veinticuatro de Sevilla, vino en poner veinte quintales de azogue y bermellón, andando con ello y haciendo cábalas todo el tiempo de la mano del dicho Cristóbal de Haro. Así también por esta misma fecha fueron nombrados por el rey don Carlos los capitanes y contadores y tesoreros, todos ellos castellanos, que lo fueron de esta guisa para servir en la armada, siendo de ello informados los oficiales de la Casa. Y aun yo aprecié este nombramiento para mejor aventajarse a la empresa, no tomando celos de ello, tal como si hizo Ruy Faleyro que vino en agriársele el ánimo y aun después quiso hacerlo con el mío. Entretanto yo andaba gastando los días y las semanas, días y noches, por la ribera de Triana, arriba y abajo por todas las cinco naos que aún andaban acostadas en el muelle de las Mulas, oliendo a pez por mor de los calafates que tapaban las últimas junturas y rogando a Dios que pronto hubieren de estar prestas para echar las velas y hacernos a la mar. A resultas del poco afán de los oficiales de la Casa y de la mucha prisa que era menester para aligerar los servicios que restan en el apresto de las naves, hube de ir a encontrarme con S.A. don Carlos, que para entonces andaba con su corte en Barcelona, que es una ciudad grande y antigua situada al noreste de estos reinos, a la cual yo arribé aún no mediado este mes de abril. Quise mostrar a S.A. no tanto las quejas como si los temores de las no pocas desventajas que para entonces ya eran estorbo, tales eran la falta de provisión en dineros para abastecernos de las mercaderías necesarias que restan en la armada, como también el que algunos pilotos se excusaban de ir en la dicha armada, poniéndose en rebeldía con excusas de poco entendimiento, y aun era lo peor siendo de estos reinos los susodichos pilotos y salariados de S.A. Y así tanto ocurría con la marinería y los soldados que han de contratarse. Supliqué por ello a S.A. para que se proveyese con toda diligencia de lo que estaba aún en carestía, de suerte que fuese posible el apresto y hacer la vela en el mes de mayo que está por venir, siendo en ello de la misma opinión el Reverendo Obispo de Burgos. Y así fue lo que hablé con S.A. quien lo signó para los oficiales de la Casa en cartas que yo mismo hube de traer a Sevilla, y aún S.A. mandó en ellas al susodicho obispo que con mercaderías o sin ellas se haga a la vela para el dicho tiempo con la bendición de Nuestro Señor Jesucristo. Mas convenga saberse que estando por ello muy afligido S.A. don Carlos vino en excusarse ante mí y el obispo Fonseca, puesto dijo que de su misma hacienda hubiese puesto dineros sin tardanza, de no haber tan grandes necesidades en el reino. Cuando fui llegado a esa ciudad de Barcelona hube de prestar palabra en el proceso proseguido al factor Juan de Aranda y ello lo hice bajo juramento ante el obispo de Burgos y don Juan Padilla, y a tal punto informé lo ya dicho en Sevilla ante el doctor de la Gama, y así dije conocer al susodicho Factor, y que éste hubo escrito a camaradas suyos de Portugal porque supiesen y hablasen de la mucha o poca experiencia que yo había en las cosas de la navegación para descubrir islas e tierras para el rey nuestro señor. Y así también que hallé muy buena acogida y voluntad en el dicho Juan de Aranda, mas no por ello vino en dar y poner dineros, aun sabiendo que al rey de Portugal le pesaba mucho mi venida y por ello procuraba con promesas y temores que me volviese a Portugal. Y aun hube en decir que cuando platicamos en Valladolid hace ya tiempo con el dicho Factor acerca de la provisión que habría en demandar a S.A. por hacer estos descubrimientos, siempre fue su consejo que era mucha la demanda que hacíamos, y por dicha causa vinimos en demandar mucho menos de lo que hubimos pensado demandar. Y aun dije la verdad cuando Faleyro y yo pasamos los capítulos de la dicha provisión a S.A. don Carlos, la cual era de diez a uno de todo aquello que rentase todo el negocio del dicho descubrimiento, y a causa de lo dicho por Aranda vinimos en no demandar más de veinte a uno, y sólo entonces fue cuando el Factor nos tomó escritura de los dichos capítulos, los cuales fueron los mismos que hicieron llegar al obispo de Burgos y al gran Chanciller. Y que por todo ello fuimos muy enojados con el dicho Factor, pues nos dispuso a pedir muy poco, y aun más lo fuimos por haberle creído. Y porque es de suyo la verdad, debe saberse que el factor Aranda resultó libre de toda culpa en el proceso, y que esto lo hice en justicia y en favor del dicho Factor por ser hombre muy leal y agradecido, siendo para la ocasión más de provecho lo callado que lo dicho. Y sin que hubiese que maravillarse por ello, tras saberse lo sabido, hube de verme asaltado nuevamente en la dicha ciudad de Barcelona por personas emisarias del rey de Portugal, el cual no varó en su empeño de hacer fracasar nuestra empresa. Vine con ello en reunirme primero con el caballero Juan Méndez, que a tal suerte quiso, como los otros anteriores, quitarme las ganas de hacer tal perjuicio a la patria de ambos. Luego después hube de verme con otro caballero portugués que dijo ser el superior del susodicho Juan Méndez, a la sazón llamado Nuño Ribeiro, el cual me dijo estar en Castilla desde hacía algunos años como factor delegado en misión del reino de Portugal, residiendo en la ciudad de Cartagena, y que por andar entonces en ese mismo cumplimiento estábamos en plática allá en Barcelona. Luego de ello, hube en decirles a ambos que por nada habría de cambiar mi palabra y los juramentos dados a S.A. don Carlos rey de las Españas, y aun les dije que mucho mejor sería que un portugués hiciere tales descubrimientos, puesto de no hacerlo yo un castellano lo haría por mí, y más aun, que la armada que se aprestaba para ir a las Indias, de la que eran por capitanes dos portugueses, nunca sería en perjuicio de los derechos del rey de Portugal, pues nunca habría de tocarse ni sólo uno de sus dominios, más allá de hacerse buen recaudo sobre el concierto de la demarcación que fue asentado y capitulado por los muy Católicos Reyes Fernando e Isabel. Y aun quise informarles, para que no hubiese duda, que de todo ello hacía tiempo S.A. don Carlos hubo informado a su tío hermano el rey don Manuel. Luego después aun hube tiempo de platicar con S.A. en la dicha ciudad de Barcelona y suplicarle que los cincuenta mil maravedís de salario por cada un año que me tocasen fuesen pagados, si no a mí, a mi esposa doña Beatriz Barbosa, la cual es madre de mi hijo Rodrigo, en tanto que yo anduviese por aquellas partes de ultramar, y que si Nuestro Señor Jesucristo fuese servido en disponer de mi vida en tal viaje, se hiciere merced de los dichos cincuenta mil maravedís a mi esposa en cada un año en adelante. Así me hizo promesa S.A. de hacerlo saber y cumplir al tesorero de la Casa, el doctor Sancho de Matienzo, de tal suerte que estando yo ausente en el servicio de esta armada así se pagará la dicha cantidad y cuantos provechos resulten de todo el tiempo que yo anduviese en el dicho viaje y aun después de no estar. Luego después hube también de suplicar a S.A. que, siendo yo y Ruy Faleyro capitanes de la dicha armada, y que placiendo a Dios todopoderoso que volviésemos en salvamento con buen provecho del dicho viaje en el descubrimiento de la especiería, hubiésemos de tener privilegios de caballerías así como de otras privanzas que pudiésemos tener merced, y que por nuestros trabajos y servicios hubiésemos de merecer, de todo lo cual S.A. mandó a su secretario hacer apuntamiento y aun quiso de buen grado hacer promesa de tales dádivas y merecimientos.

Episodio 15. Solo ante el destino

A la tercia del miércoles veintisiete días de julio, año del nacimiento de nuestro Salvador Jesucristo de mil quinientos diez y nueve años me dispongo a escribir y aumentar con ello los papeles que de cierto llevo escritos sobre mi vida, y aun de todo cuanto acontece en este y otros parajes de estos reinos acerca del apresto de una armada de la que soy capitán general para alcanzar los Malucos en servicio de S.A. don Carlos. Mas dando por bueno lo mucho sabido hasta ahora, resulta menester saberse y aun asombrarse con ello de que nunca hubo armada tan difícil de provisionar y abastecer, ni tan penoso el hallar marinería y otros oficios que atreverse a correr en la dicha armada quisieren, los cuales resultan de mucha necesidad proveer. Entre tanto los oficiales de la Casa apremian de suyo para no acrecentar los doscientos treinta y cinco hombres que al parecer de los dichos oficiales bastan para obrar en el dicho viaje, y aun dicen que restar su número sería muy provechoso por si hubiesen de faltar los bastimentos. Mas siendo que S.A. signó escrituras para que todo se hiciere bajo mi parecer y experiencia, así lo hago en beneficio de este negocio del que muchos hablan y muy pocos saben. Y aun les digo a los oficiales que de los dichos bastimentos sólo habrían de proveerse los necesarios puesto que no anden sobrados, y que aun estando en falta de ellos no es de preocupar a nadie pues ya se proveerán en el camino. Es bien sabido que de poco sirven los navíos en sobrecarga para la navegación y de ello sobrevienen la más de las veces muchos peligros y quebrantos para las armadas. Mas convenga saberse que de los susodichos quebrantos no han de faltarme y aun me sobran sin aún correr en la mar, y así trataré de referirme a ellos sin dejar detalles para mejor entenderse. Mediado el mes de Julio presente hubieron de llegar juntos a Sevilla el mercader Cristobal de Haro y un caballero de Castilla llamado Juan de Cartagena que según dice mi suegro es sobrino o tal vez más que eso del Obispo de Burgos. Luego también me dijo que este caballero hubo sido nombrado capitán de un navío y Factor mayor de la armada, y que ambos traían órdenes para los oficiales de la Casa que son contrarias a los capítulos que S.A. y yo signamos en la capitulación. Y que aun sabido ello por los dichos oficiales se allegaron con agrado a la opinión de los dos caballeros susodichos, en tanto con ello mostraron lo poco que me tragan.

Hube de añadir a este trance que poco o ningún caso hizo la gente que suele andar en las gradas junto a la Catedral de Nuestra Señora a los pregones para la recluta de la armada, y aun por veinte días fueron dichos los pregones por las riberas del Guadalquivir y allí donde se juntan los que buscan pasar a las Indias, y todo ello se hacía con no pocas ventajas y promesas de S.A. para los enrolados. Mas si lo dicho fuese escaso, convenga saberse que para tal ocasión los oficiales de la Casa andaban en el apresto de otras dos armadas en Sevilla, la una con tres naves para ir al paraje del Darién, de la que va por capitán un tal Gil González de Avila, con el piloto Andrés Niño, la cual goza del mucho favor del contador López Recalde, y aun otra más había, de menor porte, en la ciudad de Málaga para ir al Levante. Mas con todo, hube de mandar a la dicha ciudad de Málaga a Gonzalo Gómez de Espinosa, que es el alguacil mayor de la armada del Maluco, a fin de reclutar marinería, y a ello fue con una carta de los oficiales de la Casa de Contratación conteniendo la dicha carta los sueldos y franquezas señalados para el enganche. Y aun hube de enviar a otro con la misma encomienda, sin que a la postre entrambos hicieren más recluta que un solo hombre a cuenta de Espinosa, y otros seis a cuenta de Baltasar Palca, que es genovés y maestre de la *Santiago*, siendo que el propio corregidor de la dicha ciudad no quiso consentir que diesen el pregón de la recluta para la dicha armada del Maluco. Y aun despaché a un piloto por dos veces a Cádiz y a otros puertos de mar con la misma carta de los oficiales haciendo en ello cuanto pude y mucho más. Convenga saberse que todos y de cualquier parte decían que era muy poco el sueldo que se daba y eran muchos los peligros de un viaje tan incierto en la busca de un paso, que sólo en la cabeza de algunos estaba y en parte ninguna se hallaba, siendo que el dicho paso no era conocido por los hombres de mar y sólo imaginado por cartógrafos que nunca lo navegaron. Pero en verdad, era la mayor razón de tanta renuncia que yo fuese portugués y capitán de la armada, y no fuese un castellano, según me dijo mi suegro Diego Barbosa. De tal suerte, convine en autorizar a los maestres que enrolasen a gente de otras naciones, y que ello fuese visto con el mejor agrado por no poder hacerlo con los de aquí. Y convenga saberse que luego de hacerse, los dichos maestres quedaron muy contentos con la gente que tienen en sus naos, porque son hábiles y suficientes para los oficios y trabajos que de ellos se esperan. Mas por todo lo dicho hubo muy mala opinión contra mi persona entre los oficiales de la Casa, habiendo enojo de que se contasen muchos portugueses entre los extranjeros, y que de ellos fuesen mayor número los grumetes y despenseros, sin más oficio que estar cerca de mí y de Faleyro. Y así lo hicieron saber a S.A. don Carlos no hace de ello quince días del mes presente, conviniendo con ellos S.A. que no era de su agrado el llevar más de cuatro o cinco portugueses en las naos, ordenando sin más demora que los grumetes portugueses fuesen borrados de la recluta y puestos en su lugar castellanos. Así me lo informaron no ha mucho los oficiales de la Casa, mas convenga saberse que lejos de aceptar el envite hice de súbito un requerimiento a S.A. por estar en desacuerdo con la dicha orden, puesto era de suyo que los grumetes y los otros empleos susodichos eran portugueses por la falta de voluntad de los naturales de Castilla para enrolarse, y aun que lo hecho contaba con mucho agrado de los maestres. Luego también decía en el dicho requerimiento que quienes atendían mi guarda en la nao capitana eran de mi propia confianza por ser hidalgos y parientes cercanos, siendo entre ellos un despensero el cual era esposo de mi propia ama de leche y persona de mucho fiar. Y aun vine a decir a S.A. que a mis parientes y criados yo no tendría donde dejarles, sino cuando y donde yo mismo quedase, cargando con tan malas resultas que de ello pudiere seguirse, y así por rematar el oficio quise también informar a S.A. que no hubieron tantos límites en la capitulación de Valladolid como los había ahora, y que bien podrían ser consecuencia del poco agrado y provecho que su tío hermano el rey de Portugal sacaría de este viaje y del perjuicio que para él traía. De todo lo cual los oficiales de la Casa se enojaron y tomaron muy mala opinión, cargando a mi culpa cuánto daño y escándalo viniere de este requerimiento por no cumplir los mandamientos reales. Luego de ese nuevo desatino, quise aconsejarme de Diego Barbosa y de su hijo Duarte, puesto que ambos bien conocían las cosas de la Casa y de los susodichos oficiales, y así me aconsejaron que habría de tirar por medio para no confrontar en más pleitos. Con ello hube en dejar fuera de la nómina algunos portugueses de parentela, tal fue el caso de Juan Gómez, que es hermano del piloto Estevao, y no pocos habré de dejar en tierra entre toda esta gente tan suficiente. Y aun otros muchos habrán de escaparse de esta criba ocultando su origen y su nombre, pasando por castellanos como suele suceder a menudo en las reclutas para las Indias. Convenga saberse que la nómina de la armada la forman doscientos sesenta y dos hombres para los cinco navíos de la armada, en los que van desde el capitán general al último paje, y son además de portugueses, por la razón susodicha de no hallarse castellanos, de otras muchas naciones, tales son franceses, flamencos, alemanes, bretones, griegos, turcos, genoveses, venecianos, malayos, negros del África y un morisco. Y saber conviene que nunca hubo armada como ésta de tan variadas razas y hablas y credos, siendo todos ellos muy de mi agrado y no por lo que son sino por lo que habrán de ser, pues si forzados vinieron y sin suficiencia para saberlo bien hacer, la mar y yo los haremos marineros. Aun sin estimar en calidad a los susodichos por ser tan duros y dificultosos los trabajos de una empresa tan incierta como ésta, benditos sean todos por Dios y por Nuestra Señora la Virgen Santísima.

Episodio 16. Todos contra uno y uno contra todos

En poco hará un año que escribo estos papeles sobre lo mucho pasado, aventurándose en ellos lo que resta por pasar, mas ahora ando presto en guardarlos y aumentarlos a fuerza de contar lo que en adelante ocurra, y aun lo pasado en el reciente mes de julio y lo por pasar en este mes de agosto en que nos haremos a la vela si Dios lo quiere. Pareciendo muy severos los trances sufridos en la India y Portugal por causa de recelos y de envidias, no guardo ya esperanzas en mantener la suerte tan de cara como la hube desde que llegué a esta ciudad de Sevilla a fin de morar con mi familia junto a su ribera. Es bien sabido que no hice jamás perjuicio ni daño a este reino salvo servir y obedecer a S.A. el rey don Carlos en todo cuanto mandó y acordó en los capítulos que él mismo signó, y aun los cambió cuando vino en ello parecerle, o a otros muchos que en la Corte gozan de buena opinión, y también en la Casa donde informan y sirven estos negocios. De tal suerte que mucho de lo armado hasta hace bien poco tiempo vino en desarmarse como carraca en galerna, siendo ello que S.A. quiso trocar las personas, los cargos y los servicios de la armada, y así todo pareciendo que no era por hacerme de menos sino de más, pues tanto pesa en la balanza de S.A lo que me da y lo que me quita. Aún ando en descubrir qué habrá de acontecer con los caballeros castellanos, que, sin quererme, me tienen por su capitán general, pues es de notarse lo que me odian los dichos caballeros que son los capitanes y contadores y gente principal de la armada, y andan diciendo sin disimulo, delante o por detrás, que en nada fían de mí, y aun dicen gozar de la más alta opinión de su S.A. por ser ellos de estos reinos y yo portugués. Según el parecer de mi suegro, don Diego, esto lo hacen porque dicen temer que en adelante yo venga en nombrar a los portugueses como caudillos de las naves y de otros oficios principales quitando de ellos a los naturales de estos reinos, y que ello lo haré cuando zarpe la armada y andemos nuestra derrota en alta mar, y que aun mandaré cambiar las armas y banderas de Castilla y alzar las del rey don Manuel de Portugal. De tal suerte, tan envenenado tienen al rey don Carlos en esta nueva hora, que bien anda aplacando su agrado por este viaje como yo mismo hago con el mío hasta no fiar nadie de nadie. Ha de saberse al efecto de las tantas afrentas y desvaríos contra mi persona, que S.A. envío una carta a finales de julio a los caballeros oficiales de la Casa de Contratación, en la cual daba orden expresa para que el comendador Ruy Faleyro hubiese de quedar en tierra y que esto lo hiciere por mejor servirse a S.A. don Carlos, tomando su relevo como capitán el caballero don Juan de Cartagena, siendo nombrado el dicho caballero persona conjunta de la mía según lo tenía mandado en las provisiones que el dicho Juan de Cartagena tiene dadas de S.A. Lo cual, convenga saberse, viene a ser tan falso como que la tierra es plana, pues el tal Cartagena no tiene más oficio que el de tercer capitán de la armada y aun veedor general de las naos y de las gentes y otras cosas de la dicha armada. Y aun que la razón para quedar el dicho Faleyro era que S.A. le haría capitán de otra armada la cual partiría tras de ésta para mejor afianzar el arribo hasta el Maluco, mas a decir de otros, la razón cierta pudo ser que tenía el seso perdido. Convenga saberse que de ello no hube de tomar mayor sorpresa y ni siquiera agravio, pues ya desde niño anduve cerca de cuervos con plumaje de palomas, y ahora que la ocasión es pronta a la partida ando en ser cauto y prudente, y así me empeño en no repetir errores y culpas del pasado, y sí en obrar y aparejar la armada y arrimarla a la mar cuanto antes para hacernos a la vela. Sin hacer reparos por tanto desafuero vine a decirles a los oficiales de la Casa no tener opinión sobre el quedarse o no quedarse Rodrigo Faleyro en tierra, pues en ello debería hacerse lo que S.A. mandase, y aun lo acataría de agrado siempre que el dicho Faleyro les entregase a ellos y a mí mismo los cálculos de la altura y la longitud de leste-oeste, más con todos los regimientos que se cumplen de ella, tal como Faleyro siempre se ofreció a ello, para que quede en la dicha Casa y yo los lleve en la armada. También les dije que sin darse la dicha altura como prometido tiene Ruy Faleyro desde hace mucho, no consentiría en su quedada salvo que venga en la armada como entre S.A y nosotros ambos se hubo capitulado. Vino Diego Barbosa, tras saber de ello, en maravillarse por yo conceder tanta importancia a las dichas tablas de Faleyro, diciendo que ya tendría bastante con guiarme de mis propios saberes y experiencia y aún de los secretos que guardo y nadie más conoce. Mas debe saberse, para mejor entender la cuestión, que dichos regimientos y tablas convienen en mucho a esta navegación, y que son muchas las armadas idas y no venidas y aún perdidas en la India y allende la mar por no situarse el dónde estar y adónde ir del este al oeste, y aun debe saberse que yo manejé las tablas de Zacuto y no son tan de fiar como algunos dicen que convienen a la navegación. Después de algún pleito y no pocos quebrantos Ruy Faleyro convino en darme los treinta capítulos de su fabuloso regimiento para, de tres maneras, conocer la distancia del andar entre el este y el oeste, pues con ello será muy fácil situarnos en la mar, y aún saber de cierto si los Malucos y las islas de Banda son del descubrimiento y demarcación de Castilla o lo son de Portugal. Y aun esto lo hizo Ruy Faleyro muy atribulado y sin agrado, mas debe saberse que es falso que fingiese estar doliente para no ir a este viaje, mientras procuraba otro con S.A. del que sería capitán general, según andan diciendo las malas lenguas. Siendo la verdad que el dicho Ruy Faleyro anda muy enfermo y aun esto lo sé de cierto por su hermano Francisco que lo puso no ha mucho en una casa para los locos que hay en esta ciudad de Sevilla, que llaman el hospital de San Cosme y también de los inocentes. Y que por la dicha razón de estar enfermo dicen que S.A. quiso dejarle y que no vaya en este primer viaje de tan incierto destino, poniendo en su lugar a un tal Andrés de San Martín que viene en ser astrólogo judiciario de S.A. y que dicen ser persona muy docta y de harta suficiencia en la astronomía. Y como para no engañarme de lo uno ni lo otro, pienso en verdad que los oficiales de la Casa nunca vieron de agrado a dos portugueses al mando de la armada y así los dichos oficiales lograron de S.A. que dejase en tierra al de menor provecho para la navegación. De lo sucedido con Rodrigo Faleyro puede sacarse que no ando contento con ello ni lo contrario tampoco, y al caso convenga recordar que no pocos desacuerdos hubimos entrambos, y no hace aún veinte días que hubimos los dos muy malas palabras sobre quien debería llevar el Estandarte Real y el farol de popa, y me dijo entonces que no le convenía andar en la compañía que yo mandase, pues en todos había y en él también un gran temor de mi opinión y mi persona, ocasión en que le vi torcerse el seso como a nadie nunca jamás. Aún pude hablar con él en su aposento de las atarazanas poco antes que lo llevasen al dicho hospital de los locos y hube de recoger allí unas cartas de marear pintadas en Lisboa, las cuales eran mías, más seis cuadrantes, un astrolabio de madera y algunas agujas de marear que el mismo Faleyro hubo fabricado con la ayuda de los Reynel. Convenga saberse que no hube de oponer resistencia alguna al nombramiento de Cartagena, quien a decir de algunos goza de mucho favor del obispo Fonseca, siendo ello porque dicen que es hijo suyo natural y no sobrino. Mas con todo, le queda por demostrar su oficio y empeño en estas cosas de la mar, que tan duras y agrias son para los nobles, y aun más para los que nunca han navegado allende ultramar, pues tal dicen que él y los otros caballeros y capitanes castellanos nunca lo hicieron.

Episodio 17. Las tentaciones de Magallanes

Siendo tras la puesta que esto escribo en la ciudad de Sevilla a martes nueve días de agosto del año de Nuestro señor Jesucristo Salvador de mil y quinientos diez y nueve años, presta es ya la armada para la partida que lo hará mañana a la hora nona que es de la misericordia, si Dios nuestro creador lo quiere. Y rogando merced a Nuestra Señora la Virgen Santísima de que lleve a salvamento nuestra escuadra y a todos nosotros que partimos con ella, ando ahora en la ocasión de escribir lo que aún queda por saberse de este negocio, lo cual sucedió no hace mucho en esta ciudad de Sevilla. Y aun para mejor conocer acerca de lo muy torcido que se trazaba el horizonte paso a mejor detallar las pláticas que hube de mantener no pocas veces con el caballero Sebastián Álvarez cuya tutela está bajo la salvaguarda de Álvaro da Costa, ambos en servicio del rey don

Manuel de Portugal. Así presto andaba en los treinta dias de Julio pasado en la procura de cuanto es menester para abastecer a la armada en vituallas y otras tantas cosas que tan prolijo sería referirlas, cuando vino a verme el ya nombrado caballero portugués, que a buen seguro recordar pude junto a la rada del Guadalquivir en el pleito de las banderas, no siendo de extrañar que hubiere tomado parte en ello. Este caballero que de suyo me dijo gozar de muy buen crédito y muchas mercedes del rey don Manuel, me halló de tal guisa en la faena en que andaba, y tan mal lo vio que hubo en reprenderme de mi propósito, pues decía que era ese interés ajeno al de mi verdadero reino. Y aun me dijo que esa vez sería la última que me hablase, pues oponiéndose en mucho a mi voluntad de mantenerme fiel a lo acordado con el Rey don Carlos, vino en decirme que era un gran yerro el que cometía y de muchos peligros tal como los había en la rueda de Santa Catalina, pues era bien sabido, como portugués que era, que ni los oficiales de la Casa ni otras gentes principales de Castilla, ni aun los otros capitanes me tragaban, y me dijo que no hiciere cuenta de la miel que el obispo de Burgos ponía en mis labios, pues mucho veneno llevaba, tal me hizo ver de los barcos muy viejos y remendados que hubo en aprestar para la armada, de los que me dio muy buena cuenta por haber entrado en ellos, no una vez sino muchas, diciendo que de muy mal agrado navegaría en ellos siquiera a las Canarias, porque son sus tablazones y ligaduras tan viejos y tan mal trabados que dan mucha pena. Y aun vino en decirme que lo dejara todo y guardase presto lo cobrado para tornar cuanto antes con él a Portugal, pues en buena hora y con muchas mercedes sería recompensado por S.A. don Manuel. A todo lo cual vine a replicarle que, de tal suerte, solo y sin honra volvería, y que antes muerto que sin ella, y aun le dije a este caballero que antes que él hubieron otras muchas promesas de otros caballeros portugueses que lo mismo pretendían, mas fue lo cierto que no nunca tuve respuesta del rey de Portugal, tal como ellos dijeron que la habría. A lo cual me contestó con ánimo de herir mi orgullo más de lo habido, que ninguna honra habría de ganar con este yerro, pues tanto en Castilla como en Portugal era tomado por un servidor ingrato y de mala sangre, ya que andaba en deservicio de mi verdadero señor y de mi reino, resultando por ello un traidor ante los ojos de todos. Nada importó a este caballero cuantas infamias y mentiras y agravios hube soportado en mi patria de mi propio rey, las cuales le conté cómo fueron vertidas y sufridas, y aun las razones de mi desnaturalización del reino de Portugal. Y más le dije, que si acaso un yerro cometía, no sería menor yerro y ultraje deshonrar la palabra y juramentos dados al rey don Carlos, ahora mi señor. Luego después le dije que no se apenase S.M. don Manuel con este pleito porque muy buen servicio habría de hacerle con este viaje, que bien haría un portugués y no un castellano, sin tocar de tal suerte los dominios de S.M. y aun por ello sin daño de los susodichos dominios. Y así pareciéndome necesario saber toda la verdad, convine en preguntarle para acabar con la disputa, si lo que decía lo hacía por él o por mandato de S.M. don Manuel, y aun más, de qué mercedes y privanzas me hablaba. También convine en decirle que esperé respuesta de S.M. la cual nunca llegó, y que si la hubiese mandado y repuesta fuese mi honra con ella, hubiese regresado sin esperar merced, pues siempre tuve a mano la honra y la miseria más que el lujo y las deshonra, lo cual hice señalando con el dedo una sierra mohosa que allí había muy cerca de ambos, junto a siete varas de paño y unas cuentas de poco valor por toda fortuna, tras de lo cual mucho pareció maravillarse el susodicho Sebastián Álvarez por todo lo visto y oído. Luego tras de ello el dicho caballero respondió a la pregunta diciendo que no era yo de tanto peso como para tal encomienda del rey, sino que lo hecho bien salía de él mismo y que bien sería servido de S.M. si de ello hacía cumplimiento, a lo que yo respondí que bien servidas fueron también las promesas de los caballeros Nuño Ribeiro y Joan Méndez, los cuales hube de ver en Barcelona tiempo ha con el mismo empeño y la misma suerte, sin que cumpliesen lo dicho. Y aun me replicó que no debía cobrarme honra con deshonra por ser demérito venir de Portugal por más o menos de cien reis en la falta de mi moradía, y que ello fue hecho de tal modo por no quebrantarse las ordenanzas. Tras lo cual convine rematar la plática admirándome de que tales cosas supiera, no sin antes decir al susodicho caballero que la suerte era echada y no habría cosa en el mundo por la que habría de poner la carga de las naos en tierra, salvo que S.A. don Carlos faltase a lo capitulado, y como tal daría por roto el juramento. Luego más tarde este caballero, en uso de la lealtad a su rey, me pidió carta de respuesta para llevarle a S.M. don Manuel sin más excusa que por amor de él, más nada hube de darle sino mi palabra de esperar respuesta del susodicho rey, a sabiendas que nunca llegará, tal sé que estoy vivo. No sólo el dicho impedimento sino otros muchos se sucedieron en días tan cercanos a la partida, y a tal fin convenga saberse que el caballero Juan de Cartagena fue nombrado capitán de la nao *San Antonio*, como así lo es también el caballero Gaspar de Quesada de la nao *Concepción*, y que el caballero Luis de Mendoza lo es de la *Victoria* con cargo de tesorero en la armada, y aun que el portugués Joan Lopez Carvalho es capitán de la nao *Santiago*, y así lo hice nombrar por ser esta la nave más pequeña y así poder pasarme a ella cuando fuere menester de hacerlo algunas veces, por si de explorar hubiere necesidad habiendo parajes de cabos y bajos. Razón que no fue de agrado ni satisfizo a los oficiales de la Casa de la Contratación, de suerte que sin tiempo para gastar en pleitos ni ánimos para requiebros con S.A. para que oficiare a mi favor, no hube más que aceptar el nombramiento de otro capitán para la dicha nao llamado Juan Rodríguez Serrano, siendo a la sazón el dicho capitán de Castilla como también lo eran todos los otros. Hube en nombrar piloto de la *Trinidad*, la cual es la nao capitana de la armada, a Estevao Gómez por confiar que es buen piloto portugués, al cual traje conmigo de Lisboa. Lugo fueron nombrados los otros pilotos, cual Rodríguez de Mafra, de Palos, que lo será en la *San Antonio*, el cual hubo de enemistarse no ha mucho con S.A. no sin la compaña de otros pilotos, tales como Rodríguez Serrano y Vasco Gallego, y el astrólogo San Martín, por decir de los susodichos que era muy escaso el sueldo que tenían señalado y que lo querían acrecentar en no menos de tres mil maravedíes por mes, sumados a los que ya contaban mientras navegasen, lo cual hubieron a bien comparar de lo que se hacía en Portugal con sus pilotos, y así también lo extrajeron de lo que se daba a Carvalho, y por decir, dijeron que este viaje no era menor en calidad ni en peligros ni en provechos que los que llevan los dichos pilotos portugueses en su camino de la India. Convenga saberse que de este pleito los oficiales de la Casa no ofrecieron promesa alguna y si amenazaron a lo dichos pilotos para que embarcasen o devolviesen todos los dineros tomados en adelanto. Nombrados están también los escribanos, maestres y despenseros, y maestros artilleros, calafates, y cuanta gente necesaria resulta, amén del alguacil mayor, cirujanos y capellanes. Y en todo ello hubo mucho de hacer el Caballero Cristóbal de Haro, que más parece él y no el rey quien despacha la armada, por cuanto hace y manda hacer a unos y a otros, hallándose entre ellos los mismos oficiales de la Casa, que placen con agrado de cuanto el susodicho de Haro dice y hace. Y aun faltando poco o mucho, pues sólo Dios lo sabe, para andar en la mar fui en reunirme ayer mismo con mi buen suegro don Diego Barbosa que a la sazón hubo de contarme cosas de mucho crédito que hubo oído de gente muy honrada y leal acerca de un concierto que los capitanes castellanos hubieron días atrás en el convento de San Pablo, en el cual se hizo un acto de pleito homenaje y juramento entre el caballero Juan de Cartagena y los otros capitanes, y que aun en el dicho acto pusieron su servicio ante Dios y el rey don Carlos muy por delante de lo que al Capitán General tocase y que a ellos cumpliese. Y juraron que lo que a uno de ellos tocase, tocase a todos por igual y que siendo iguales en el bien y en el mal, que entre ellos no hubiese nunca enojo ni enemistad por cosas que entre ellos sucediese, y todo ello lo hicieron estos capitanes sin yo saberlo ni hubiere modo de consentirlo. Gracias a Don Diego que hoy lo sé, más a tal punto no es de extrañar tales andanzas y parlerías ya que hace pocos días tuve un encuentro de palabras con uno de los dichos capitanes llamado Luis de Mendoza, el cual es tesorero de la armada, que vino en oponerse a mi opinión por satisfacer de un justo sueldo a Diego Martín, al que hube puesto por maestre de la nao *Victoria*, con desacuerdo de los oficiales de la armada y del susodicho capitán, quien formó opinión con los dichos oficiales sin otra razón que desmerecer mi autoridad, siendo este Mendoza el de más torcida mirada y que de suyo tengo por más peligroso y traidor. De todo lo cual quise informar a S.A. quien presto reprendió al dicho tesorero y aun le mandó en todo punto obedecerme. Mas por las razones susodichas y aun por otras, que siendo tan prolijas no he de contar, convine hacer de súbito cuanto hubiere necesario de hacerse antes de partir, y hube de hacerlo para salvar este negocio y la honra en ello puesta y aun la propia vida y la hacienda de mi gente. En este mismo día que esto escribo vine en comparecer ante el honrado alcalde de esta ciudad don Hernán Gutiérrez que estaba en la compaña de Hernando Díaz de Toledo, el cual es escribano de S.A. y su notario público, amén de serlo también de oficio y juzgado del dicho alcalde. Ante ambos hice escrito de pedimento para satisfacer y cumplir información sobre la razón de la gente tomada para la armada de la que soy capitán, y aun de todas las diligencias habidas por mí y por los maestres de las naos que van en la dicha armada. Y aun pedí que esto se hiciere de la mejor manera y derecho para que se haga de ellos juramento sobre todo lo dicho y hecho según se mande preguntar a los testigos, y de lo que dijeren y depusieren me lo mandaran dar por testimonios firmados, cerrados y sellados para presentar ante S.A. y ante quien fuere menester para mejor salvaguarda de mi derecho en caso de obrar necesidad. Y así mismo entregué por escrito las preguntas para ser examinados los presentes testigos que a tal razón llevaba. De tal suerte fueron preguntados si me conocen tal como el comendador Hernando de Magallanes, capitán suyo, y así también si conocen a los maestres de las naos de la dicha armada. Luego después fueron preguntados si vieron y oyeron que hice pregonar públicamente por esta ciudad de Sevilla y por las plazas y mercados y por la ribera de su río que todos aquellos marineros así como grumetes y carpinteros y calafates y otros cualesquiera servidores que quisieren ir en la dicha armada viniesen a mí y a los maestres de las dichas naos, y que yo les recibiría y señalaría el sueldo que su alteza les mandaba dar, y que era de mil y doscientos maravedís a los marineros y ochocientos para los grumetes, siendo a los pajes de quinientos maravedís por mes y a los carpinteros y calafates a cinco ducados por mes. Y quise aun que los dichos testigos dijesen si hubieron de venir personas naturales de esta ciudad con la afición de apuntarse a la dicha armada cuando fueron hechos los pregones. Y aun fue menester preguntar y que respondiesen si por no hallar a la dicha gente en esta ciudad, yo mismo envié a Gonzalo Gómez de Espinosa, que es alguacil de la dicha armada, a Málaga con una carta de los oficiales de la Casa de la Contratación, señalando en ella lo sueldos susodichos y las franquezas que S.A. manda dar a los que se apuntasen y fuesen en la dicha armada. Y que lo mismo hice y mandé hacer a Baltasar Genovés que es maestre de la nao *Santiago* para ir a Málaga con dineros que yo le di para que hiciese gente en la dicha ciudad. Y aun que dijesen estos testigos si sabían que lo mismo hice enviando a Juan Bautista que es maestre de la nao capitana yendo a Cádiz por dos veces con dinero y llevando como llevó una carta del doctor Mantecón en que señalaba los sueldos y partidos y libertades y franquezas de la dicha armada, siendo que el contador de la Casa, Juan López Recalde, que estaba en la dicha ciudad de Cádiz, no consintió que se pregonase la dicha carta, sumando su envidia y el odio por ser yo portugués a otras cuitas y venganzas que guardaba con el factor Aranda, con quien abundaba en pleitos y desaires de todos muy sabido. Y que así mismo dijesen los dichos testigos que luego envié al condado y a los otros puertos de mar a Juan Rodríguez de Mafra que es piloto de S.A. y a Diego Martín con dineros para hacer gente para la dicha armada, así como también envíe a Antón Fernandez Colmenero que es marinero de la dicha armada a pregonar por doquier los sueldos y franquezas que por venir tendrían. Y que dijesen bajo juramento si era cierto o no lo era que en haciéndose todas las dichas diligencias y aun otras muchas no pude bien equipar las naos de la armada con los naturales de estos reinos, y que por no hallarlos mandé a los dichos maestres que recibiesen a los extranjeros que les parecieren ser de fiar y suficientes para la dicha armada, siendo que por la dicha razón de no hallarse gente de estos reinos se recibieron a los dichos extranjeros con el acuerdo de los maestres y su consentimiento, estando muy contentos por ser todos ellos personas hábiles y suficientes, y que ha mucho que tratan con la mar océano de S.A. en compañía de los maestres de esta ciudad. Y luego de todo lo dicho y leído en el pedimento, hube en citar a los dichos testigos que fueron Gonzalo Gómez de Espinosa, Antón de Salomón, Juan Bautista, Baltasar Pallán, Juan de Arriaga y a Juan Sebastián del Cano, de todos los cuales y de cada uno de ellos el dicho alcalde recibió juramento por Dios y Santa Maria y por las palabras de los Santos Evangelios, siendo la señal de la Cruz sobre la que pusieron sus manos según es conforme y derecho de decir la verdad. De todo lo cual dijeron saber y conocer tal como se dijo que por mí fue hecho y así lo firmaron en su nombre ante los dichos alcalde y escribano. Y aun todo esto lo hice por indicación y consejo de Diego Barbosa, que es persona muy honrada y leal, en quien he fiado mi suerte y la de Beatriz su hija, y así la de mi hijo Rodrigo que nació gracias a Dios hace seis meses para consuelo de mi vejez, y aun de otro que está por venir pues preñada anda mi esposa a la hora en que esto escribo.

Episodio 18. Comienza la partida

Siendo a la tercia del sábado día de la Virgen Santísima en los veinte y siete días de agosto del año de Nuestro señor Jesucristo Salvador de mil y quinientos diez y nueve me hallo en apresurarlo todo, mas no quiero dejar cosas por contar que interesan saberse. Y de ser muchas y no todas de agrado solo habré de detenerme en lo que importa de cierto, tal es que la armada partió de Sevilla siendo miércoles en los diez días del mes presente sin yo partir con ella pues cosas de mucho interés y provecho hube de hacer en Sevilla para entonces, y en bajando los cinco barcos las aguas del río Guadalquivir tirados de las trinquetas, por ser este río muy traicionero y de muchos bajíos, hubieron luego de recalar en una rada de San Lúcar que es puerto de mar y salida natural de las flotas a la mar océano, y aún allí habrá de esperarse el tiempo que se requiera hasta mejor partir y hacer la vela cuando convenga, y así lo mandé cumplir a Estevao Gómez que es piloto de la *Trinidad* y persona de mi plena confianza. No hallando cercano el día que engolfar pueda las naos entre las olas y el viento para que el mar nos lleve donde quiera Dios en su infinita misericordia, mucho me afané en esta estación del año que andamos por escapar como fuere de esta ciudad que de un tiempo a esta parte sólo penas y quebrantos me provee, pues aunque muy placido estoy por cuanto me dio, y agradecido estoy por ello, presta anda ahora en quitármelo sea por unos sea por otros. Así con ello, entre tanto desconcierto y mudanzas de última hora andaba en la desesperanza a primeros del presente Agosto aguardando en Sevilla el despacho de S.A. para la partida, pues sólo con ello se evitarían más deserciones y otros descalabros. Luego unos días después llegó el despacho de S.A. y fue la señal para salir la flota, lo cual se hizo con los honores y ordenanzas que se decían en el dicho despacho y que trajo un tal Diego Cueto. A la sazón quiso mandar S.A. que el Doctor Sancho Martínez de Leiva, honrado Asistente de la ciudad de Sevilla, dispusiera la ceremonia de juramento y la entrega del estandarte Real. A tal fin así lo hizo el dicho asistente eligiendo la iglesia de Santa María de la Victoria, que es Virgen muy venerada en la collación de Triana y que así lo es también de mi entera devoción por hallarse bajo su protección toda la armada y toda su gente, así como yo mismo y mi familia entera. Convenga saberse que así hube en hacerlo delante del dicho asistente y de otra mucha gente principal de esta ciudad, y aun de algunos de los oficiales y pilotos de la Casa de Contratación, prestando pleno juramento y pleito homenaje de llevar la empresa a buen fin y recaudo, obrando en ello de acuerdo con la fe cristiana y según lo capítulos signados con S.A., con toda fidelidad y lealtad de que soy vasallo del rey de las Españas y de las Indias, tras de lo cual el dicho asistente puso en mis manos el estandarte real, no sin estar en ello la mirada de los míos y la mía en ellos cuando lo hice. Luego de seguido mandé hacer el mismo juramento a todos los capitanes y oficiales de las naves y aun mandé hacer otro juramento de que me obedecieren en todo, en tanto que yo soy el capitán general de la dicha armada del Maluco, así como de no desertar e informarme de todo cuando sucediere en la armada, en siguiendo el rumbo y la derrota que les mande seguir para la ocasión. Convenga saberse que los dichos capitanes hace tiempo que tienen la derrota indicada por mí para este viaje, la cual hace tiempo hube entregado a los oficiales de la Casa según postulé con S.A. y así mismo ellos habrán de entregar los dichos regimientos a los pilotos de las naves cuando en su tiempo corresponda. Y a todos los pilotos corresponde según está acordado y es proceder de su oficio que señalen la derrota y vean de apuntar los descubrimientos de cuanto se hallare, según es costumbre. De igual manera convenga saberse que para mejor guiarnos y satisfacer el empeño que buscamos alcanzar nos acompañan veinte y cuatro cartas de marear, las cuales fueron dibujadas con gran destreza por Nuño García, siguiendo mi indicación y también la de Faleyro, en tanto el demonio no halle mentira en lo que digo. Y aun llevo en auxilio dos globos terrestres de respeto que mandé fabricar a Pedro Reynel para mi uso personal. Y así mismo cuadrantes, astrolabios, agujas de marear y compases y doce ampolletas y algunas ballestillas de respeto. A fin de saberse, no por difamar de lo habido en el apresto de la armada, sino porque valga para el conocimiento y verdad de lo que digo, hay mucha diferencia en calidad y cantidad de obra entre los portugueses y castellanos en lo que a sus armadas se sirven y abastecen, pues muy menguadas de instrumentos y cartas de marear y de otros atributos andan las armadas de S.A. don Carlos, que en servicio y provecho suyo navegan allende los océanos de todo el orbe. Pasado el día de la partida de Sevilla convine en verme a solas con mi suegro Diego Barbosa, quien hubo tenido noticia de la Corte de Portugal, la cual daba por considerar la llegada de un correo de S.M. don Manuel que no tardaría en llegar. En ello me dijo don Diego que para este tiempo que andamos no fiase ya de nadie, ni de la Casa de Indias ni de la Corte, pues hacía tiempo que él mismo no era fiado por quienes antes lo era. Y aun me dijo que los capitanes y oficiales castellanos de la armada hubieron mudado razones y hecho conciertos con gente principal de la ciudad para poner a todos en contra de los

Globo de Martin Behaim, 1492. Hecho justo antes del descubrimiento de América, da una visión muy clara y fascinante de la visión europea del Mundo en el siglo XV

Circulus articus
Oceanus occidentalis
Terra del Rey de portugall
Mare germanico
Has antilhas del Rey de castella
Linha equinocialis
Mare oceanus

Partes de Africa

Planisferio Cantino, Lisboa, 1502. Biblioteca Estense, Modena, Italia

Carta atlántica de Pedro Reinel, *ca.* 1504. Bayerische Staatsbibliothek, Munchen

Piri Re'is, Carta del Mar Océano, Gallipoli, 1513. Museo Topkapi Saray, Estambul. Primera carta naútica del mundo islámico que contiene la información cartográfica procedente del primero y segundo viaje de Colón. En una leyenda se lee: «Estas costas fueron descubiertas en el año 896 del calendario arábigo. Se dice que un infiel, genovés, de nombre Colombo, lo ha descubierto»

Jorge Reinel, Planisferio, 1519. Biblioteca nacionale de France, París

Carta del mundo de Nicolo Caveri. Génova, *ca*. 1504-1505.
Biblioteca nacionale de France, París

Astrolabio árabe. Abraham Zacuto propuso, en la década de 1490, su introducción en la marina castellana y portuguesa

Reloj de sol portatil. Museo Naval, Madrid. La brújula en estos instrumentos permitía orientar la línea central del haz en la dirección del meridiano local

La ballestilla era un instrumento utilizado para medir la altura de los astros y distancias celestes. Su uso en navegación se inició en el siglo XVI

Ampolletas del siglo XVI, que servían para reglamentar la vida de a bordo. Durante las travesías eran muy frecuente los descuidos en su utilización

Cara y dorso de un sexagenario, el último instrumento astronómico árabe (mediados del siglo xv), introducido en Europa a través de España

Nocturlabio. Instrumento utilizado durante la noche para medir la elevación de los astros

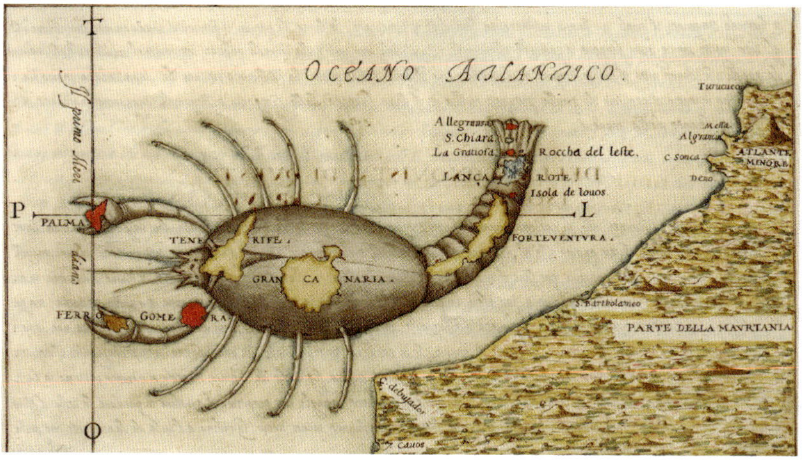

Leonardo Torriani, Mapa de las Islas Canarias asociadas al signo zodiacal de Cáncer, finales del siglo XVI. Biblioteca General de la Universidad de Coimbra

Representación de un calafate en plena faena, siglo XVI. Ilustración del *Trachtenbuch* de Christoph Weiditz

Barbosa, y más hicieron también en la casa de los Braganza donde obraron con muy mala sangre para manchar su honra y gestar mucho disfavor. Luego después aun pudo saber Barbosa por algunos familiares y amigos de los dichos capitanes y oficiales de la armada, que éstos se habían juramentado, como tal es susodicho y sabido, y que de ello hubieron formado una hermandad para obrar en el viaje, extrayéndose que cuando a uno de ellos doliese un pie doliese a todos el cuerpo. Fiando toda mi suerte a la prudencia y al mucho saber de mi suegro don Diego hube a bien preguntarle que convenía hacer en tal hora, y me dijo que bien haría esperando respuesta de don Manuel y ya después veríamos que hacer, entre tanto, aun mejor nos convenía esperar los informes de Aranda y Cristobal de Haro que estaban por llegar, pues a decir de Barbosa estos caballeros no eran del concierto con los capitanes castellanos y aun menos con los oficiales de la Casa, puesto que ambos tenían empeño cierto en la bonanza de esta empresa, siendo mucho lo que tenían fiado el uno y el otro, Aranda el honor y su palabra, y muchos dineros el de Haro, pues no menos de dos millones de maravedís hubo puesto para proveer la armada. A tal fin los susodichos caballeros no fiaban la suerte de tan difícil y costosa empresa en los capitanes castellanos sin ser yo quien mandase y gobernase la flota hasta el Maluco. Y aun vino a decirme don Diego que para tal hora no fiase ya en nadie, ni siquiera en el obispo Fonseca, y que era de suyo necesario aplazar la partida, pues a nadie debería extrañar la dicha tardanza en partir, siendo de suyo frecuente que las flotas aguardasen un tiempo en San Lúcar para hacerse a la vela, ya por falta de aprestos ya por falta de viento. De todo lo cual hube de maravillarme y aun de la fianza que de ello me hizo don Diego Barbosa. A tal punto, hubieron de quebrarse mis esperanzas por todo lo vivido y soñado hasta entonces, pues así viendo que todo era mudanza de palabras y de ánimos y aún con la traición en cierne, muy poco podía esperar ya de este negocio que no fuese su abandono o lanzarme con él a los infiernos. Con tales razones hube de asistirme para acaso mudar el sino de estos papeles que de tanto tiempo escribo, pues si antaño, adobando la ocasión para cuando la empresa llegase a término en buena hora, los dichos papeles deberían honrar la memoria de los grandes y esforzados trabajos puestos en ella, y la muy digna y honrosa memoria de S.A. don Carlos, rey de las Españas y de las Indias, con justa recordación de todos los que en ella anduviésemos, por el contrario, tras todo lo habido y sabido, sólo a Dios le encomiendo su guarda y custodia, y que su divina justicia apreste la pluma en mi mano para que no falte a la verdad mientras de ello quede por escribirse, y aún se cumpla su divina voluntad ganando o perdiendo si acaso muero. Convenga saberse que anduve de acá para allá por muchas veces entre San Lúcar y Sevilla a tiempo de aventajar cuanto pude todas las vituallas que restaban por cargarse en las naos, y aun con la carga de muchas carretas hubimos de llenar las bodegas de la nao *San Antonio* por ser ésta la mayor y la mejor provista de todas. Gastando en ello y con los míos el tiempo que restaba, luego después otorgué testamento en Sevilla a miércoles veinte y cuatro días del presente agosto con la compaña de don Diego Barbosa y de mi esposa Beatriz, siendo ello en la escribanía de esta ciudad de Bernal González de Vallecillo, sita en la calle de las Gradas, el cual ya hubo sido notario de fe en las cartas de pago de la dote y arras de mi casamiento con la dicha Beatriz de Barbosa. Más por no andar sobrado de tiempo me excuso en escribir del dicho testamento y obro con la brevedad que la ocasión requiere, mas valga saberse que hice lo que era menester hacer como padre y esposo, y no menos en calidad de caballero, buen cristiano y hombre de honor.

Episodio 19. Navigare necesse est vivere non necesse

Siendo a la prima que esto escribo, apostado ando en mi cámara de la nao capitana a martes veinte y siete días de septiembre del año presente de Nuestro señor Jesucristo Salvador de mil y quinientos diez y nueve. Hace una semana que levamos las anclas de San Lúcar y su puerto, y justo es decir que a tan buena hora lo hicimos que, oída la misa y confesados nuestros pecados, fuimos a dar en la mar singlando sur suroeste con muy buen viento, siendo los barcos y todos nosotros socorridos por Dios y sólo a su bondad y misericordia fío la suerte de esta difícil empresa. Y para que nada quede por saberse, aún hube de esperar en Sevilla hasta bien entrado el mes presente, con la opinión contraria de los oficiales de la Casa de la Contratación y aun de algunos pilotos que vieron en ello perderse la ocasión de tomar los buenos vientos africanos. Antes de partir hube de verme en Sevilla con Diego Barbosa, no una sino más veces, pues según me aconsejaba debía esperar paciente las noticias de Portugal, y aun de no llegar nunca, que dejase a tal suerte el mando de la armada al caballero Juan de Cartagena, pues él era castellano y nada habría de perder salvo el rumbo en la mar por no saber del oficio, mas de no abandonar la empresa yo perdería mucho más, y aún la vida en ello perdería porque me habrían de hacer traición a poco de zarpar la armada. Luego vino a rogarme muy afligidamente por su hijo Duarte que partía en mi compaña, pues nada bueno habría de sucederle estando yo muerto me decía. Mas sin mayor querencia por renuncias y abandonos puse fin a la espera y ajusté un acuerdo con Barbosa de que, aun siendo en las islas de las Canarias, me haría llegar noticia nueva si la hubiere. Y aun quise prestar un último servicio a S.A. en tierras de Sevilla entregando a mi amado suegro algo de más valor que el oro y las especias, aun se tratase de un cargamento entero de los dichos provechos; de tal suerte convine en darle una relación detallada con las alturas y situación de las islas de la especiería, así con los cálculos de latitud como de longitud en que están las dichas islas, y de cuántas costas y cabos principales se hallan en la demarcación de la corona de Castilla y no lo están en la de Portugal, aunque así lo pretendiese a su expensa el rey don Manuel, pues tal cosa haría si mandase cambiar las derrotas de sus costas acortando los golfos de la mar para que nadie lo entendiese tal como yo si lo entiendo y lo sé. Y aun le dije a Don Diego que era menester guardar de esos regimientos pues eran un apreciado tesoro para los intereses de S.A. y que tiempo ha de venir que sean necesarios para excusar diferencias entre los dos reinos. Y ello lo hice con la conciencia de hacerlo honradamente y no acatando otra cosa que el decir la verdad, en justo pago al agrado con que siempre hube trato con S.A. el rey don Carlos, y aun a falta de lo que haya por venir, sea bueno o malo, quédese con ello avisado para en caso de yo estar fallecido, sea por S.A. sabida la verdad. Luego después, singlando con tan buena mar por seis días y cinco noches hubimos de arribar en la amanecida de ayer en un puerto principal de la isla de Tenerife en la Gran Canaria, la cual está en los veinte y ocho grados del Ecuador, donde habremos de hacer buena aguada y abastecernos de carne y mucha leña, que nunca es sobrante en la mar. Y saberse convenga que presto después de la partida de San Lúcar vine a entregar las derrotas que habremos de tomar a los capitanes de las naos, que lo son Juan de Cartagena de la *San*

Antonio, el caballero Gaspar de Quesada de la *Concepción*, Juan Serrano de la pequeña *Santiago* y Luís de Mendoza de la *Victoria*, el cual ya anduvo en esta isla en poco hará tres meses que le mandé a comprar brea para las naos y aun alistar gente para el oficio del carbón y calafateo. Convine también en dar a los dichos capitanes los rumbos y artes de maniobrar para las derrotas y así también lo hice con los pilotos de las dichas naos. Así todos ellos tienen por obligación y orden seguir a la nao Capitana en la conserva, con el estandarte por el día y el farol en la noche, y aun ajustándose en todo a las señales y órdenes de mi navegación como tal mandan los reglamentos de la Casa de Contratación. De tal suerte, la nao capitana será siempre singlando la primera, y así cuanto haga y no haga en la mar lo hará y no hará la que le siga, y así las otras hasta la que sea última lo harán y no harán. Y todo lo mando hacer de esta guisa con fuegos y cuerdas y banderas para cambiar los rumbos y dar bordos, advertir de bajíos y mejor navegar, de suerte que bien se hizo hasta llegar aquí y así se habrá de hacer en adelante.

Episodio 20. Órdago a la grande

Siendo que esto escribo en la nao *Trinidad* a jueves veinte y tres días de noviembre del año presente de Nuestro señor Jesucristo Salvador de mil y quinientos diez y nueve, singlando andamos en la mar rumbo sur suroeste el cual lo será por mucho tiempo en este océano de poniente. Convenga saberse que entre tanto fuimos anclados en la susodicha isla de las Canarias cuyo puerto llaman de la Santa Cruz hicimos mucha provisión y buen acopio de pez y carbón, que tanto de ello requieren los barcos en alta mar, y hubimos de enrolar gente nueva en no menos de cuatro, quedando el mismo número en tierra para mejor servir la flota de hombres suficientes y capaces. Entre tanto yo hube esperando tres días en la dicha isla las nuevas de don Diego que no llegaron, y así hubimos de levar anclas el último día del pasado Septiembre, aun para echarlas de nuevo a no muchas leguas al suroeste, en otro puerto de la isla de Tenerife que está junto a la montaña roja. Valga saberse que hube de hallar con sorpresa en la dicha isla no pocos portugueses que reconociendo mi lengua y apellido aun preguntaban maravillados cómo un caballero portugués mandaba una armada de Castilla, mas por ello, hube en prohibir de súbito toda suerte de parlerías de los marineros y oficiales con los tales portugueses bajo severos castigos. Hubimos a la espera en dicho puerto por dos días en tanto hicimos carga de algunas pipas de agua y aun otras del buen vino que hay por esa tierra. Más cuando ya andábamos prestos a soltar las anclas arribó allí mismo una carabela venida de San Lúcar con una muy secreta misión del Duque de Medina Sidonia para los jefes y oficiales de la Isla. Luego después de despachar con los de la isla, vinieron los de la carabela a entregarme un correo de mi amado suegro que vino en sorprenderme mucho, no tanto por lo que decía sino por tener muy menguadas las esperanzas de que a tal punto llegase. Refería Don Diego en su correo que las nuevas que esperábamos nunca llegaron de Portugal, y que bien haría en adelante no fiando en la palabra del tal Sebastián Álvarez ni del mismo rey don Manuel, pues muy poco valor tenían las dichas palabras y menos aún sus promesas. Mas, por el contrario, hubo tomado buena información acerca del concierto que los caballeros capitanes de la armada tuvieron en Sevilla, y más aun, del juramento que entre ellos hicieron, de tal suerte que, si yo los maltratase o faltase a su honra y dignidad, todos habrían de levantarse contra mí y aun asesinarme. Y con ello don Diego me advertía que velase mi sueño por la noche con un ojo abierto, y así tenga los dos por el día, y que ello lo hiciere por bien cuidar de mi seguridad y el buen fin de la empresa. Luego también me advierte que algunos pilotos y maestres y contramaestres están en el acuerdo con los capitanes castellanos y que otros no lo están, y aun que S.A. el rey don Carlos no está informado del dicho concierto, y que de estarlo hubiese obrado en impedirlo y aun castigado a los culpables. Que todo ello lo sabía de muy buena manera y así lo debería yo creer, y que por ello, muy bien haría en fiar a Dios toda mi suerte, pues en la armada el demonio andaba en mi compaña. Antes de partir de aquel paraje hube en dar respuesta a mi suegro, al cual dije que era bueno fiar en Dios y en nadie más podría fiar mi suerte, pues no fue mi voluntad la que nombró a los capitanes de las naves sino los Oficiales Reales y S.A. el rey don Carlos. A tal punto nunca serán míos el mérito o la culpa de su conducta, y que aun siendo bueno o malo su proceder habrían de cumplir en servicio de S.A. para lo cual los dichos capitanes han prestado juramento y ofrecido sus vidas. Y no habiendo más que hacer ni esperar hube en mandar que levaran las anclas tras oír la misa, siendo a domingo día dos del mes de octubre pasado. Singlando a la mar corrimos rumbo sur a la cuarta del suroeste y para mucho en adelante lo haríamos aún a sabiendas que no estaba ello en la derrota. Y ha de saberse que a resultas de esta mudanza de rumbo se arrimaron las otras naos a la capitana y luego después vino a comparecer el capitán de la *San Antonio*, Juan de Cartagena, siendo esto al cuarto de la prima del mismo día Domingo y avanzadas unas pocas leguas de que salimos de la montaña rosa, y aun venían con él los capitanes Quesada y Mendoza que le hacían de guarda y compaña. Vino el susodicho Cartagena en preguntarme de muy malos modos por qué hube en cambiar el rumbo que corríamos, pues no estaba en la derrota que ellos y los pilotos cumplían de seguir según lo acordado en San Lúcar, y aun más me dijo el dicho Cartagena, por qué hube de hacerlo sin consultar antes con él y con los otros capitanes, haciendo ver airadamente y con muchas voces que era conjunta persona a la mía en el mando de la armada, y aun de la misma manera dijo que era ocasión aquella de hacer esa consulta, pues si dañado era este negocio de la especiería lo era también el daño de su S.A. el rey don Carlos, al cual servía antes que a mí. De súbito vi en el dicho proceder la prueba de una traición, que antaño tapada ahora flotaba como la hez en las charcas. Mas para no mover el pleito y mejor guardar el orden dije al dicho capitán, muy en alto para que pudiesen oírlo todos, que si hubo cambio de rumbo lo fue para mejor aventajar esta empresa y no perjudicarla, y aun que lo hecho no era de extrañar a los pilotos ni sorprenderse con ello, pues de tal oficio se acostumbra en la mar cuando los vientos son contrarios o no están. Luego después, el susodicho capitán, muy fiado de sí mismo y de los suyos, con poco decoro de su posición, se atrevió en la porfía dudando de cuanto yo decía, aun poniendo palabras de S.A. don Carlos de por medio, pues sólo a él decía guardar recato y obediencia en tanto de ello debía rendir cuentas, y así dijo hacerlo por estar signado en calidad y oficio de capitán y veedor general de la armada. Gastando de mi paciencia, pues era pronto para porfías con tanto océano por delante, preferí calmar el ánimo de los allí presentes y en ello mandé al alguacil mayor leer las mandas de S.A. para el acatamiento de los capitanes y maestres y pilotos y contramaestres y cualesquiera otras personas que estuvieren y residiesen en esta armada, de la que sólo yo soy el capitán general, y de cuantos mandamientos han de cumplirse y cuantas honras y gracias y mercedes y preeminencias y prerrogativas deben guardarse por todos los susodichos bajo las penas que yo dicte en caso de no cumplirse. Todo lo cual leyó el dicho alguacil Gómez de Espinosa según mi orden y consejo de una copia memorial que llevo conmigo de la capitulación signada en Valladolid con S.A. Y aun quise añadir, para mejor aplacar el desacato, que fue a gusto de S.A. concederme poderes a cuenta de que no se moviesen pleitos y diferencias, así en el mar como en tierra, pudiendo librar en ello y hacer cumplimiento de justicia sin tela de juicio y aun sumariamente para determinar los dichos pleitos. Mas con todo ello, lejos de achicarse el dicho capitán Cartagena, y aun viéndose ofendido por tanta lectura de papeles y reglamentos, vino en perder la compostura y con muchos gritos hizo ver que no era de tanta verdad lo dicho como el servicio que él debía prestar a S.A., y que por ello mismo él y los pilotos y los otros capitanes debían disponer en todo momento de todas las alturas y de los puntos por donde navegar, porque con ello se pudiese enmendar lo mal visto y lo mal hecho. Y aún dijo a voz en grito que el silencio es prueba de cobardía cuando se esconde la verdad, y que él andaba en la armada para remediarlo según es costumbre y honra de su linaje. A tal punto yo le dije que nunca vistió el silencio a los cobardes ni el apellido a los valientes, sino que el saber mandar y obedecer viste a los unos y a los otros. Y así hube de acabar mandando a sus naos a los dichos capitanes para que siguiesen en la conserva de la nao capitana tal como era dicho. Y así corrieron los barcos todos juntos con buena mar, y en haciendo lo debido navegamos por días hasta pasar a la diestra las islas de Cabo Verde, las cuales están en los 15 grados de la equinoccial y habitan en ellas unos negros muy pacíficos y algunos portugueses que los venden como esclavos, aun diciendo que es muy buen negocio. Luego de algunos días de bonanza en que llevamos por la popa al austro y subsolano, que otros llaman cierzo y aquilón, hube de mudar el rumbo al sur y cuarta del sudeste, mas los pilotos habrían de saber por qué hacerlo y así seguir hasta alcanzar mejores vientos. Luego, cruzamos la Guinea y sus costas que yo bien conozco de haberlas navegado una y más veces, y aun la montaña de Sierra Leona donde fuimos presos de terribles calmas, las cuales pudren el alma de los marineros y así hubimos también lluvia torrencial por días y semanas hasta que, en tomando la altura, supe que hubimos alcanzado los siete grados del norte, viniendo al fin en alivio de nuestra fatiga los vientos del este-nordeste, a los que prestos soltamos la vela navegando firmes al suroeste a muy poco de pasar la línea equinoccial. Convenga saberse que el dicho Juan de Cartagena me saludó una noche de muy mala manera, saltándose con ello lo que dicta la ordenanza y la prudencia, pues mandó que lo hiciera un marinero de la *San Antonio* y no su persona tal como es lo propio, lo cual vine a tomar por ofensa más que un olvido. Luego de ello mandé al piloto Estevao Gómez para que hiciera plática con el maestre Elorriaga de la dicha nao *San Antonio* y que dijese al capitán que no me saludara de tan mala manera, mas en haciendo lo dicho Estevao Gómez se enteró de ello el capitán Cartagena, que andaba al acecho de lo que allí pasaba, con lo que fue en responderle al dicho piloto que si acaso no me gustó el saludo de esa guisa, en adelante con un paje lo haría. Y aun ello lo cumplió sin tardanza pues no hube de tener más saludos ni salves de la nao *San Antonio* en la vigilia.

Episodio 21. Donde las dan las toman

Siendo a miércoles treinta días del mes noviembre del año de Nuestro señor Jesucristo Salvador de mil y quinientos diez y nueve años, esto escribo en la nao *Trinidad* singlando en la mar rumbo sur suroeste a poco de tomar la altura del sol en los ocho grados del sur pasada la equinoccial, ya perdidos de la polar pues de ella no vemos en la dicha latitud. Y al caso convenga saberse que, pasado hace una semana, hube aviso de un crimen nefando ocurrido en la nao *Victoria*; para tal ocasión quise aprovechar de una calmería en la mar botando el esquife de la capitana y así mandé llamar a los otros capitanes de las naos para mejor saber de ello y hacer justicia. A la sazón, el maestre Antón Salomón de Sicilia, que era hombre casado y con nueve lustros pasados, hubo cometido pecado de sodomía con un grumete, no una vez sino muchas veces, y hasta por ser visto ya no hubo en negarlo. Y saberse deba que en viniendo los capitanes a la nao *Trinidad* hubimos palabras el capitán Cartagena y yo nuevamente, mas no por lo que fue llamado en aquel trance, sino a razón de las derrotas y de la manera en saludar a la nao capitana. Y aun sin tener que dar razones a cuenta de mi cargo y oficio, les di razón a los que allí eran presentes por el cambio del dicho rumbo, diciendo que así lo dispuse por evitar a los portugueses que hacía tiempo estaban tras de la armada por mandato del rey Don Manuel, y que yo bien sabía cómo evitarlos y tomar barlovento cuando hubiere bien de hacerlo sin peligros. A tal punto, Juan de Cartagena muy envalentonado de los suyos vino en cruzarme de nuevo muy malas palabras e hizo reproches de que perdimos mucha vitualla y aun muchos días de singlar nuestra derrota, mas ganados en sufrimientos y penas para la tripulación. Sépase que muy cerca anduvimos de una revuelta cuando hube de acallar al capitán Cartagena tomándolo preso con mi propia mano y mandando ponerle los pies en el cepo, tal hizo de súbito el alguacil Gómez de Espinosa. Y aun el susodicho capitán vino en perder el juicio requiriendo el favor de los otros capitanes y oficiales a cuenta que me prendiesen y me mudasen al cepo por él. Gracias a Dios que no lo hicieron, pues sin acudir en su favor supieron guardar decoro, y aun me rogaron los dichos capitanes que no le tuviese de esa guisa y les permitiera a ellos su guarda. Luego de ello quise entregarlo al capitán Luís de Mendoza para que lo custodiase en la *Victoria*, no sin antes tomarle pleito homenaje al dicho Mendoza de traerle preso cuando yo lo pidiese, puesto que llegado el caso rendirían cuentas el uno por el otro de no hacerlo. Fueron de ello testigos los susodichos capitanes y los oficiales allí presentes, y aun con ellos estaban mi cuñado Duarte Barbosa, Cristóbal Rabelo y un sobresaliente al que llamamos Lombardo, por ser natural de la Lombardía, siendo Pigaffetta su apellido, el cual hace escrito por mi orden de todo cuanto ocurre en la armada. Luego al día siguiente mandé juntar a los oficiales con el alguacil mayor y el escribano de la nao capitana para proveer nuevo oficio al caballero Antonio de Coca, contador de la armada, al cual nombré por capitán de la nao *San Antonio* en lugar de Cartagena. Al piloto Francisco Albo hube de ponerle en la nao capitana para mejor proveer de las alturas y declinaciones con el sueldo que a ello corresponde. Y así luego de ello corrimos la mar singlando sur suroeste con muy buenos vientos desde que hubimos pasado el cabo de San Agustín. Siempre andábamos a vista de la costa apartados tres leguas de esta tierra que está en la demarcación del serenísimo rey de Portugal, la cual llaman tierra del Brasil por crecer en ella un árbol tintóreo de ese mismo nombre.

Episodio 22. Llegada al paraíso

(Fecha inicial borrada) Corriendo el mismo rumbo sur suroeste mudamos una cuarta al sur en demanda de echar cuanto antes las anclas para aliviar el ánimo y mejor proveernos de agua y vituallas frescas. Pasando en derechura de Santo Tomé vinimos en dar a los tres días a sotavento del Cabo Frío que está en los veinte y tres grados en la banda sur de la equinoccial, y así hubimos de seguir navegando sur suroeste a la vista de grandes montañas y arrecifes que hubimos de sortear por la gracia de Dios y por saber yo de ellos que allí estaban. Y hubimos de hallar en aquella costa muchas islas y muchos ríos que bajaban de los montes con agua abundante y muy limpia. Y siendo a martes en los trece días de diciembre del año presente mandé virar todo al poniente y entramos en una gran bahía que está en los 23 grados de la parte sur que hubimos en llamarla de Santa Lucía por ser cuando llegamos el día de la dicha festividad. A menudo vigilábamos los fondos de las naos, a resguardo de los muchos peligros que teníamos por los bajíos y la estrechura de la boca en aquella bahía, y aun estábamos también con el temor de encontrarnos a los portugueses que por allí andaban, pues según yo supe en Lisboa que estos descubrimientos lo hicieron, años ha, los capitanes Álvares Cabral y Gaspar de Lemos en demanda del rey de Portugal, más, con ello, nuestro Señor Jesucristo Salvador quiso que bien entrásemos en la dicha bahía sin ver de éstos ni de aquéllos. Convenga saberse que, estando a buen recaudo los cinco barcos, hicimos provisión en aquel paraje de cuanto requiere una armada para su vitualla, y así tomamos agua abundantísima y fresca, y peces y carnes de mucha variedad, y aun de frutas y verduras cargamos las naos cuantas pudimos tomar, siendo sus naturales gente de muy pacífica condición, y aun no siendo cristianos mostraban su afición por serlo con la promesa de servir a nuestro Dios y a S.A. el Rey don Carlos. Y en ello mandé oficiar una misa en el centro del poblado donde acudieron todos de rodilla, tratando de orar a la manera que nosotros lo hacíamos aun sin saberlo hacer, dando mucha pena verlos. Van todas estas gentes, así hombres y mujeres, jóvenes y viejos, desnudos como los parió su madre, y no toman vergüenza de hacerlo, pues no habiendo sido bautizados aún viven en la inocencia del pecado original. Vine en prohibir a la tripulación de las cinco naves que hicieren desafuero de nuestras costumbres cristianas

y aun mandé castigar con penas de prisión y garrote las faltas cometidas, no consintiendo en hacer esclavos ni llevar mujeres a las naos y aun menos capturarlas bajo pena de los dichos castigos. Desconocen estos pueblos el hierro y los metales en todas sus formas y provechos, usando de la piedra y la madera en su lugar para fabricar arcos y lanzas, así como otras armas que usan con buen oficio en la guerra, en la que suelen litigar entre ellos para prender los unos de los otros mujeres y animales, siendo los hombres muy celosos de sus esposas y las custodian en todo tiempo y lugar, salvo a sus hijas que las ofrecen a cambio de baratijas si es para preñarlas. Convenga saberse que, a poco de arribar a la dicha bahía de Santa Lucía, el astrólogo Andrés de San Martín hubo ocasión de medir la unión de Júpiter con la Luna, según la declinación de Sevilla, para saber en ello la posición de nuestro paraje, mas no respondiendo sus cálculos según el negocio que pretendía, vino en culpar de ello a las tablas de un tal Monterregio, aun diciendo para saltarse la propia culpa que no podía darse más razón de ello sino porque los números estaban errados en toda esta navegación que andábamos. Luego siendo a martes veinte días del mes de diciembre del año presente, cuando bien nos hubimos pertrechado de todo en esta bahía de Santa Lucía, mandé proveer juicio sumarísimo contra el maestre Antón Salomón por su horrible pecado contra natura, siendo sentenciado y después ajusticiado con pena de garrote a la hora nona del susodicho día, a cuenta de que Dios hubiese misericordia de su alma, de lo cual quedaron muy maravillados los naturales allí presentes. Y aún antes de partir de la dicha bahía quise proveer oficio al caballero Álvaro de la Mesquita como capitán de la nao *San Antonio* en lugar del contador Antonio de Coca, el cual sabía por mi suegro que estaba en el negocio con los conjurados, volviendo tras de ello a su oficio de contador. Mas convenga saberse que hube también de proveer oficio para que el capitán Gaspar de Quesada guardase a Cartagena en la nao *Concepción* bajo su custodia hasta mejor saber qué hacer en adelante. Anduvimos en esta bahía de Santa Lucía hasta la víspera de la Natividad de Nuestro Señor Jesucristo, cuando ya presta la armada para zarpar y la gente muy satisfecha de ello vine en mandar al piloto de la *Concepción* Juan Carvalho la guía y el gobierno de las naves hasta llegar a la boca de la bahía y aun salir de ella corriendo el camino de la costa en adelante, y así lo hubo de hacer el susodicho Carvalho porque ha tiempo hubo vivido cuatro años con los naturales de estos parajes, de lo cual le resultó un hijo natural que ahora tomó a su cargo para la armada. Y fue a veinte y siete días del mismo mes de diciembre, en la festividad de San Juan, que nos hicimos a la vela para engolfarnos en la mar rumbo oeste-suroeste, y con ello pudimos escapar de la molicie y de los grandes calores de aquella tierra, pues esto viene a suceder por ser allí verano cuando es nuestro invierno, y al revés también lo es. Singlando a la diestra la costa de Brasil pasamos por la que llaman los portugueses bahía de los Reyes, que tiene mayor boca que la de Santa Lucía y aún mejores islas donde los dichos portugueses hacen negocio con los naturales, la cual corrimos el mismo día que mudamos el año. Y convenga saberse que por dos veces fuimos a poco de ir contra las piedras en la costa por el mal gobierno de Carvalho, al cual mudé la orden y yo mismo mandé rizar las velas y tirar de las trinquetas para virar a la cuarta del sur donde al fin hallamos ochenta brazas y aun más fondo, y donde hubimos también buenos vientos. Luego después navegamos adelante rumbo sur suroeste a la cuarta del sur alejados tres leguas de la costa.

Episodio 23. El desengaño

Siendo a la puesta que esto escribo en los veinte y ocho días del mes de Febrero del año de Nuestro señor Jesucristo Salvador de mil quinientos y veinte años en la nao *Trinidad*, andamos singlando en los 43 grados del antártico rumbo suroeste cuarta del sur con muy malos vientos torcidos que de todas partes nos llegan para estorbar la navegación. En verdad se hace muy penoso el gobierno de las naves en esta mar oscura de aguas muy movidas en todas direcciones, donde la gente sufre del mucho frío y la mucha lluvia. Y para que en nada se falte a la verdad convenga saberse que a los ocho días del mes Enero pasado hubimos navegado hasta los 34 grados y en ello estaban los pilotos y maestres y capitanes con los ojos puestos en la costa y con las manos en los cuadrantes y en las cartas de marear por ver de aparecer una señal, y aun yo mismo tomé día por día las alturas cuando ello se podía, viendo si los vientos mudaban o no lo hacían, y aun si mudaban veíamos también el color de las aguas porque ello dice mucho del paraje donde andamos. Y siendo en los diez días del dicho mes hube a bien mudar la derrota al oeste suroeste donde hicimos vista de la costa, y anduvimos a ojo de la sonda hasta las doce brazas y luego fuimos en derechura al cabo de Santa María que se halla en los treinta y cinco grados del sur, donde mandé correr rumbo al oeste hasta bien hallarnos frente a una tierra muy llana con un cerro muy bajo al cual nombré Montevidi por no hallarse más cosa que ver en el dicho paraje. Y aun quise navegar en ese tajo y explorar las costas singlando a poca vela y en resguardo de los fuertes vientos y aguaceros que de súbito arreciaban por doquier, y así anduvimos dos días mudando el rumbo adonde convenía, y fuimos a correr al norte en demanda de refugio por los malos vientos que cargaban del este, con tanto peligro de garrear las naos que hubimos de echar todas las anclas y andar allí toda la noche sin mudanzas de rumbo, en espera que abonanzara el temporal, el cual acabó por abonanzar queriendo nuestro amado Jesús y la Virgen santísima que salváramos en ello las vidas y los barcos. Luego después fuimos a adentrarnos en la boca de ese gran río, llamado de San Cristóbal por los portugueses, al cual los castellanos llaman el río de Solís, pues fue el dicho navegante su descubridor y allí hubo de morir peleando y comido por los caníbales. Luego corrimos al oeste cuarta al noroeste donde fuimos a dar con unos bajíos de arena, de tal suerte que mandé adelantarse a la nao *Victoria* y a la pequeña *Santiago* para mejor sondar, y ello lo hicieron alejadas de las otras naos. Así anduvo la dicha *Santiago* costeando hasta por quince días, alcanzando muchas leguas adentro y tomando la sonda en cuatro brazas y media, y aun hasta las tres brazas hubieron al noroeste cuarta al oeste de aquel tajo, paraje en el que guiñaban con bordos a una parte y después a otra en demanda de más agua de fondo para navegar, la cual finalmente no hubo, siendo ese agua muy dulce en la parte de más adentro como la del rio de Sevilla, y aun tomamos mucha de ella y abundante leña. Cierto día que andábamos a la espera de las naos exploradoras vimos arrimado a la costa un hombre muy grande, como gigante, gritando y saltando y aun entrándose en el agua. De súbito mandé tres bateles con muchos hombres para hacer trato con su pueblo, pues era de suyo comprobar si era la misma gente que viese aquel Juan de Lisboa que halló el pasaje del Maluco por estos mismos grados. Una noche se acercó uno de los dichos gigantes a la nao capitana queriendo curiosear, siendo su vestido entero de pieles como de cabra y de zorro. Luego de ello mandé obsequiarle con unas prendas de paño colorado, que presto tomó maravillándose mucho. La plática que hubimos de tener fue toda por señas, pues ni Carvalho ni su hijo, que era del Brasil, hubieron de hablar ni entender su lengua, y mandé que le mostrasen una taza de plata en demanda de si conocía ese metal. Entonces por señas nos dijo que si lo había. Luego de la plática pasó la noche en la nao capitana y al día siguiente saltó a la costa y no volvió ni lo vimos más. En ese mismo día miércoles a veinticinco de enero del año presente murió un marinero que era de la *Concepción* cayendo al río y ahogándose sin que nadie pudiese salvarle, espero que Dios lo haga con su alma. Así después de gastar por muchos días navegando con las cartas de Behaim y Caverio, y aun los globos de Shonner y Reynel, corrimos cuanto pudimos navegar y explorar en aquellos parajes del demonio, sin que hubiésemos de hallar el paso al otro mar. Luego después hube de mandar levar las anclas a sabiendas que los capitanes y pilotos y maestres y aun toda la marinería echaron buena cuenta de cuan dura y penosa había sido la dicha navegación y aun las inútiles pesquisas que hicimos en las costas de aquel anchuroso y desgraciado río. Más las cartas yerran porque yerran los que las fabrican, pero el paso estaba y lo hallaríamos, así lo dije a la tripulación y a los capitanes, y mandé gobernar rumbo sur cuarta del oeste en demanda de escapar de aquella boca del río, soltando de un bordo y otro bordo según venían los vientos contrarios, siendo ello a los dos días del presente que lo fue de Nuestra Señora Virgen de la Candelaria, la cual tuvo a bien llevarnos a salvamento. A la mañana siguiente estábamos de nuevo a la vista del Montevidi donde hubimos de echar al agua a un marinero muerto de la nao *San Antonio*, y allí mismo gastamos dos días por tapar una vía de agua en la dicha nao. Y todo esto lo hicimos hallándonos en los 35 grados del sur, viendo en toda hora de no caer por debajo de las cinco brazas de fondo, pues muy sufrido era el gobierno de la *San Antonio* y de la Capitana en los susodichos bajíos, y hubimos mucha fortuna de no varar por la gracia de Dios. A los siete días del presente mandé hacer la vela rumbo sur cuarta del sudeste haciendo bordos según venía el fondo, y aún hubimos de surgir en la noche del mismo día en las nueve brazas en una punta del dicho río, a la cual llamé San Antonio, que se halla en los treinta y seis grados del sur. A la mañana del día siguiente mandé gobernar al sur por muchas leguas de la costa y singlamos en alta mar a la vuelta de un cabo que llamamos de Santa Polonia, y de allí hubimos de seguir adelante sur suroeste por el día y aún por la noche lo hicimos, y corrimos muchas leguas a la vista de la costa en aquellos días, viendo humos en la tierra sin ver a gente ninguna. Convenga saberse que hubimos de singlar con la sonda en las manos pues eran de muy poco fondo aquellas aguas y aun la nao *Victoria* que iba por delante hubo de dar algunas culadas con peligro de vararse por no sondar bien, siendo ello a lunes trece días del presente. Luego después singlamos rumbo sur en alta mar y hubimos de dar con un cielo tan oscuro que el mundo pareció borrarse del horizonte, y no hubimos de tomar la altura en tres días por no haber sol hasta hallarnos en los treinta y nueve grados, que la tomé, siendo ello en los diez y nueve días del presente, con un septentrión tan frío y tan feroz que nunca hubimos antes y aun yo nunca hube en la India ni por algún lugar que anduviese. Mandé virar sur suroeste pues así veía hundirse la costa a sotavento rogando por mi suerte que allí anduviera el ansiado paso el cual habría de hallarse por ese grado del antártico. Cuatro días antes que esto escribo hube en mudar la derrota rumbo oeste noroeste y fuimos a dar en derechura de una bahía hermosa y calmada que era en los cuarenta y dos grados y medio del sur antártico, y quise llamar San Matías a la dicha bahía por ser el día del dicho santo. Luego después mandé a la nao *Santiago* penetrar muy adentro por ver de hallar el paso y a las otras naves que se guardasen en la conserva de la capitana, lo cual hicieron. Mas no estaba el paso en la dicha bahía y hubimos de abrir la derrota en demanda de alta mar con nuevos fríos y tormentas como de acabarse el mundo, y fue por ello que anduvimos hasta tres días sin juntarse la armada, mas con la ayuda de Nuestro Señor Jesucristo Salvador corrimos la costa sin perdernos hasta alcanzar en el día de ayer los cuarenta y cuatro grados a la banda del polo austral, hallando buen cobijo de los vientos y tormentas en una nueva bahía. En ella estuvimos anclados a tres leguas de su boca, donde hay dos peñas con abundancia de pájaros, que son como los ansarones aunque no vuelan, los cuales andan como los patos y entran y salen del agua siendo buenos nadadores. Y aun vimos abundancia de lobos de mar como yo mismo los viere en el África camino de la India. Mandé un batel con seis hombres a la isla más menuda para hacer aguada y cargar leña, mas no habiendo árboles ni ríos cargaron con algunos lobos y muchos de los dichos patos, que siendo mansos tomaron tantos que hubieron de tirarlos por no caberse más en las naos. Y estando los hombres ayer mismo para partir de la dicha peña se levantó una gran tormenta y hubieron de quedarse a pasar la noche, luego hoy a la amanecida mandé presto a treinta hombres para recogerlos, mas no hallándolos aun creyeron que se los habían comido los lobos pues no vieron a los seis hombres y sólo hallaron el esquife. Luego después, dando voces los hallaron escondidos tras unas piedras, temerosos de los lobos, y aun más muertos que vivos por el frío. Tras rescatarlos a todos hube de mandar el batel por tres veces a cargar la abundante caza, mas cuando salimos de aquella bahía nos arreció otra gran tormenta que rompió parte de la jarcia de la nao capitana, quedando muy desarbolada, y aun nos acercamos de tan poco a unas piedras, que de quebrarse una sola amarra hubiésemos muerto todos. Cuando de ello salimos mandé amarrar las trinquetas y soltar muchos cabos al agua y aun andar al pairo hasta que plació a Nuestra Señora de la Victoria perdonar nuestros pecados y por un gran milagro que hizo pudimos salvarnos. Por dos días singlamos al socaire de aquellos vientos huracanados y hubimos de amarrarlo todo a poco de quebrarse los castillos de las naos como si fuesen de papel, y aun los mástiles fueron a poco de romperse con la fuerza de esos vientos. Convenga saberse que yo habría soportado con mayor templanza los dichos temporales si solo mi persona hubiese estado en trance de perecer, pues no pocas veces antes estuve cercano a la muerte, y aun era tanta la costumbre de verla ante mis ojos que muy poco era lo que me restaba por sufrirla. Más en esta ocasión que andábamos muy dolorosa resultaba su compaña, pues, si Dios me había iluminado con la fe y la certeza de tan gloriosa empresa, en la que todos mis enemigos serían vencidos, y aun de la que S.A. el rey don Carlos quedaría servido con mucha fama y grandeza a través de mí, por qué habría Dios ahora de disponer mi muerte. Y aun con ello, dicho designio sería justo si no se llevara también la vida de esta pobre gente que conmigo traje, a los que hice promesa de darles fama y gran prosperidad. De tal suerte, en esas tristes horas en que andaba con dichas cavilaciones, toda la marinería y aún los oficiales maldecían tan infausto viaje y escupían malas palabras de mi persona sin mucho importarles si les veía hacerlo o les oía, lo cual vino en aumentar mi pena, pues recordaba cuan inútil resultaba tanto sacrificio propio, como el de los unos y los otros. Viendo en ello tamaña desventura, con tan denodados esfuerzos y sufrimientos en los marineros, quise entrar en una bahía que era en su boca muy pequeña pero grande en su interior, y fue propio hacerlo para invernar de tal guisa y procurar el descanso y sustento de la tripulación, pues poco habríamos de correr en adelante con el invierno encima de nosotros. Luego de llegar mandé un batel a tierra a fin de explorar y hallar agua fresca, mas no pudieron volver a la nave por no dejarles la corriente y aun hubieron de quedarse en tierra haciendo señales con fuegos para darse a ver y aun comiendo mariscos para no perecer de hambre y de frío. Mas cuando hubimos de recogerlos se levantó otra tormenta ferocísima que aun causó mayores penas en nuestro ánimo que en las mismas naves. Por un día entero hubimos de maniobrar en aquel temporal hasta que al fin pudimos rescatar a los náufragos, mas no sin grandes esfuerzos y trabajos. Justamente la nombramos bahía de los Trabajos por ser tan esforzados los que hubimos de hacer para sobrevivir y aun para seguir nuestro camino. Convenga saberse que eran muchos los golfos y bahías que parecían anunciar el paso en aquel paraje, y de cierto que no a muchas leguas debía andarse puesto por Dios. Y esto lo digo porque, si de tal guisa lo está puesto en el África cuando la tierra se quiebra para dejar paso al mar, lo mismo habrá de ser en esta parte del mundo. Mas no eran del mismo parecer los capitanes y oficiales de la armada, pues fue al punto de reunirse las naves tras una de las muchas tormentas sufridas, cuando ya fueron muy deseosos de volver el camino andado, cesando con ello en el servicio de S.A. y en el empeño de hallar el pasaje del Maluco, cual era de suyo mandado cumplir. Los hombres andaban tan espantados por aquellos mares negros y peligrosos, y aun tan temerosos estaban de las soledades de sus costas, por no hallarse gentes ni animales en ellas, que ni siquiera Dios les consolaba en sus plegarias. Navegamos por muchos días y muchas noches a la vista de la costa, rumbo suroeste cuarta del oeste, giñando muchos bordos por los vientos contrarios, y con ello perdimos de avanzar muchas leguas pues hubimos de singlar al oeste y al este y aun al norte fuimos en demanda de salvar las naos, pues los vientos nos portaban a contra corriente, que nunca antes navegué de esa guisa ni supe que nadie lo hiciere en cualquier parte del mundo. En todos esos días tan sombríos no pudimos tomar la altura por no hallarse el sol ni aun poderse agarrar el cuadrante, tan movidos que éramos por la mala mar, y aun mandé a la pequeña *Santiago* muchas veces a descubrir en cada boca que salía de la costa en demanda de hallarse algún pasaje, ya fuesen grandes o pequeñas las dichas bocas, y fuimos a dar tantas vueltas y revueltas en aquellas costas, que bien hubimos de pintar las cartas de aquel paraje, como las de ningún otro hubimos antes de hacer.

Episodio 24. Crimen y castigo

Siendo a la nona del jueves veinte y seis días del mes de abril del año del nacimiento de Nuestro señor Jesucristo Salvador de mil quinientos y veinte años esto lo escribo en la nao *Trinidad* que anclada anda con las otras naos en poco hará dos meses para dejar fe de ciertos hechos que hubieron en la armada y las muchas pesquisas que de ello se movieron. Para ello convenga saberse que siendo Sábado treinta y un días de Marzo del año presente hubimos de entrar en una gran bahía que está en los cuarenta y nueve grados y dos tercios corridos al polo sur, a la cual puse por nombre San Julián, y allí vi de pasar el invierno para preservar las naos y el ánima de la tripulación. Pasado un día, a primero del presente abril que fue domingo de Pascua, mandé por ello bajar a tierra a los capitanes y pilotos y maestres de las naos a cuenta de agradecer a Dios llevarnos a salvamento de aquellos mares terribles, y aun quise tener la compañía de los dichos oficiales en la nao *Trinidad* para celebrar una comida de gracias a Dios y hacer plática de la derrota, y aun aprestar los varios oficios para la carena de las naves y distribuir los bastimentos. Y saberse convenga que aun asistiendo los dichos oficiales y maestres de las naos a la misa no hubieron de acudir después a la comida. Luego después, empeñado en una plática con el capitán Álvaro de la Mesquita y los oficiales de la nao capitana, a cuenta de saber la razón de aquella afrenta, a la postre hube de saberla por boca del sobresaliente Antonio Lombardo, el cual dijo oír palabrerías durante la misa entre los pilotos y maestres de las naos *Concepción* y *Victoria*, los cuales capitanes y maestres ya se hubieron juramentado en Sevilla, como tal dijo mi suegro y sabido es por lo susodicho escrito en poco hará un año. Mas con lo dicho, el Lombardo vino a prevenirme que estaban todos los dichos capitanes y maestres conjurados para quitarme el mando y prenderme, y que prestos habrían de virar toda la armada singlando al norte para volver a Sevilla, donde mejor habrían de hacer justicia, y aun ello lo harían en su caso dándome muerte de no ceder a sus requerimientos. A sabiendas de que los capitanes y maestres castellanos estarían en mi contra no quise obrar de súbito para vengar dicha afrenta, según me aconsejó mi cuñado Duarte Barbosa, mas, al contrario, habría de obrar calmado por aguardar la traición que no tardó en llegar. Y saberse deba que en la noche del primero de Abril, cuando era la guardia de noche en el cuarto de la modorra, fue apostarse un batel de la nao *Concepción* con treinta hombres armados al costado de la *San Antonio*, con el capitán Gaspar de Quesada y Juan de Cartagena, que ya no era preso del dicho Quesada, siendo los dos al mando de los dichos hombres. Luego de subir a la nao no hubieron resistencia por andar todos dormidos y fueron a la cámara del capitán y apresaron al capitán Mesquita, y aun poniéndole las espadas al pecho por ser mi pariente y estar como capitán en lugar del susodicho Cartagena, le sacaron a la cubierta de la nao y a toda la tripulación sacaron después, diciendo en ello a voces los dichos Quesada y Cartagena que bien harían en ayudarles a prender al capitán general por estar perdidos de Dios en esos parajes desolados, sin hallar el paso y sin bien cumplir los mandamientos de S.A. don Carlos. Y así mandaron apresar a los pocos hombres leales que allí había diciendo que ya mandaban en tres naves y era el turno de ganarse a la capitana, luego de ello consolaron a la tripulación premiándoles con muchas prebendas, y de tal suerte les dijeron que con ello ahorraban mucho sufrimiento, siendo menester prenderme y hacerme ejecutar si tal cosa conviniese. Y como fuese que Mesquita hizo valer su oficio de capitán de la *San Antonio* le pusieron grillos y fueron a encerrarlo en la cámara de Jerónimo Guerra, que es escribano de la dicha nao, aun cerrando la puerta con candado y poniendo a un hombre que la guardase. Luego de ello el honrado maestre Juan de Elorriaga vino en replicar a los sublevados por su mala conducta, el cual les requirió de parte de Dios y del rey por prender al capitán de la nao, y aun les mandó de buena fe soltar al dicho capitán y salir prestos de la nao *San Antonio*, diciendo muy templadamente no ser hora aquella de haber hombres armados por las naos de S.A. y sí de obedecer y guardar sus cumplimientos. Y ello lo ordenó al contramaestre Diego Hernández para que juntase a la gente y tomasen las armas por su capitán, y haciendo la gente caso de Elorriaga no quiso andar en tan grave traición porque iba contra el rey y su capitán general. Mas viendo lo que pasaba Quesada vino en perder el juicio y quiso arremeter contra el dicho maestre Elorriaga asestándole seis puñaladas, y así de ello estuvo seis horas que no tornó en sí y le dejaron por muerto, luego de lo cual tomaron preso al contramaestre llevándolo a la nao *Concepción*. Luego después de lo hecho, el capitán Quesada y el contador Antonio de Coca, que andaba también en la conjura, tomaron presto las armas de la gente y el contador los metió en su cámara. Luego ya tomada la nao *San Antonio* y con la gente desarmada fue el dicho Quesada en compaña de Antonio de Coca y aun con los criados de los susodichos Quesada y Cartagena, Antón Escobar y Luis de Molinos, queriendo poner al piloto Rodríguez de Mafra al cargo de la nao, el cual se negó a ello. Luego más tarde hicieron venir a Juan Sebastián del Cano, que es contramaestre de la nao *Concepción*, y le mandaron que subiese toda la artillería de la dicha nao, sirviéndose para ello de la gente necesaria, haciéndolo de tal guisa el susodicho del Cano con lo que puso la artillería en su lugar y aun mandó que la cargasen toda y la cebasen, siendo al caso que a los lombarderos y a la gente que no le seguían en su empeño los mandaba castigar y prender, y aun los traidores dijeron muchas veces quererlos matar. Luego de ello, tras haber saciado su maldad con tanto daño, echaron los grillos a Gonzalo Rodríguez, Antonio Hernández y Diego Diaz por la sola causa de ser portugueses y leales a mi persona. Luego otro día siguiente, siendo presta la amanecida, anduvieron echando las anclas y aun levantándolas por no saber bien qué hacer, soltando los cabos por la proa y todo ello con nuevos oficiales que puso el tal Quesada a su parecer. Y así después temiendo el arrepentimiento de algunos traidores hubo un grandísimo estrago en los mantenimientos por no poner los dichos oficiales ni peso ni medida en su distribución, sino que a todos daban lo que quisieren tomar. Así también dijeron maliciosamente que el dicho capitán de la Mesquita hacía perder los mantenimientos por voluntad propia, comiéndolos demasiadamente y tirándolos fuera de la nao que capitaneaba, y aun decían con muy mala sangre que mataba a la gente a palos y sin darle comida. Todo ello lo decían los dichos traidores con mucha maledicencia para levantar a la gente contra el capitán Mesquita y contra mí, su Capitán general y contra S.A. el rey don Carlos. Y para mayor abundarse en la verdad cierta de lo que ocurrió, esto fue lo que me dijeron con juramento el capitán Álvaro de la Mesquita, los maestres y los pilotos que allí anduvieron y fueron testigos de lo susodicho. Luego de ello oído y sabido por mí, quiso el capitán

Álvaro de la Mesquita hacer de ello justicia y yo con tal razón no se la pude negar, mandando al escribano de la nao capitana, León de Espeleta, que hiciera llegar presto un mandamiento para Sancho de Heredia que lo es de la *Concepción* y otro para Martin Mendes que lo es de la nao *Victoria* y aún a Gonzalo Gómez de Espinosa que es el alguacil mayor de la armada, y a todos los susodichos juntos quise mandar a la nao *San Antonio* para que hiciesen pesquisas, conforme hacerlo lo más breve y sumariamente que pudiesen, tomando para ello a testigos suficientes de la marinería, siendo todo ello a los diecisiete días del mes presente, luego firmado de mi propio mano y por el escribano León de Espeleta. Luego después jueves diecinueve del presente abril el dicho alguacil mayor Gonzalo Gómez presentó a los testigos Pedro Valderrama, clérigo de misa, y a Jerónimo Guerra, escribano de la nao *San Antonio,* luego otro día siguiente, a viernes veinte del presente, el alguacil vino en llamar a Juan Rodríguez Mafra, que es piloto de la *San Antonio*, y al marinero Francisco Rodríguez, al contramaestre Diego Hernández, al despensero Juan Ortiz de Goperi, y al maestre Juan de Elorriaga, todos ellos de la dicha nao *San Antonio*, y a todos ellos les tomó juramento de cuanto dijeron en fe de verdad y de no mentir ante Dios de lo que supieren y fuesen preguntados. Acabada la diligencia de las dichas pesquisas por los escribanos y por el alguacil mayor me la trajeron y yo la vi y la mandé al capitán Álvaro de la Mesquita firmada por los escribanos y el dicho alguacil, el cual, por no saber escribir, rogó hacerlo por él a Domingo de Baruty, de lo cual quedé pasmado. Luego después yo firmé en mi calidad de capitán general y aun en mi propio nombre, de manera que el original se guarde y con ello la verdad en poder de los dichos escribanos a la tercia del día que esto escribo siendo jueves veinte seis días de abril del año presente de mil quinientos y veinte años, signado en la bahía de San Julián. Mas porque convenga saberse todo lo que hubo de cierto en la dicha traición y de cómo acabó la porfía con los traidores, ahora cuento de mi propia mano lo que sucedió tras lo susodicho. Luego otro día siguiente al Domingo de Ramos, en que arribó la armada a esta bahía de San Julián, el traidor Quesada se apostó en la nao *San Antonio* como mandamás y en ello puso a Cartagena, por ser éste de muy escaso mérito y carácter, al cargo de la nao *Concepción*. Como fuese que Luis de Mendoza mandaba en la nao *Victoria* resultó a la postre que las tres dichas naos, con todos los bateles de la armada, pusieron sus proas frente a la capitana cerrando con esa maniobra la boca de la bahía. Luego después creyendo de ese modo ser mayores en número y calidad quisieron rendirme, y aún mandaron un batel con muchos hombres para hacerme requerimiento de que guardase y cumpliese las provisiones de S.A. y que no les maltratase más, y aún dijeron con muy buenas palabras que en adelante me servirían de buen grado estando a mi mandar, y que en todo cumplirían mi gobierno si yo cumpliese el de S.A. y que en saliendo de ésta ocasión me nombrarían por señoría y besarían mis pies y mis manos. Mas mintiendo en todo lo dicho y queriendo aun satisfacer su traición y prenderme, me dijeron que fuese con ellos a la nao *San Antonio* para platicar de lo dicho y hacer lo que fuese en razón, pues ellos no habrían de venir a la capitana por temor a que les maltratase y aún les matase. Sabiendo de ello mandé que volviese el batel a la nao *San Antonio* y preguntasen a quién rendían cuentas en la dicha nao y así luego lo mismo hicieron en la nao *Victoria* y después en la *Concepción*, y a tal demanda los capitanes conjurados contestaron lo mismo, que estaban por el rey y por el capitán general, y aún luego mandé al batel de las mensajerías que se apostase al costado de la nao capitana, y sacando a los hombres del dicho batel, mandé en su gobierno al Alguacil Gómez de Espinosa a fuerza de remos junto a otros seis hombres armados para que lo pusiesen a un bordo de la nao *Victoria*, y que en ello entregase una carta al traidor Luís de Mendoza de su propia mano, lo cual hizo cumplidamente el dicho alguacil. Luego más tarde cuando el dicho Mendoza estaba leyendo la carta comenzó a dar voces haciendo burla de mi persona, y aun quiso prender y dar puñaladas al alguacil que bien supo defenderse clavando un puñal al traidor por el garguero. En ello eran ya subidos en la dicha nao los seis hombres del batel y uno de ellos pudo rematarle de una cuchillada en la cabeza, de tal suerte que muerto era el tal Mendoza para entonces. Y aun estando Gómez de Espinosa en esta provisión de la carta, hube en mandar otro batel al cargo de mi cuñado Duarte Barbosa con quince hombres armados a la nao *Victoria,* que presto se la señorearon sin mucho pelear, a poco de lo cual subieron la bandera sin nadie resistirse y aún sin nadie decir por qué habéis hecho esto o aquello, dando por ello gracias a Dios y vivas a S.A. el rey don Carlos. Luego corrieron la dicha nao y vinieron a ponerla al bordo de la capitana cuya artillería de babor era ya presta contra el sotavento de la *San Antonio*, y aún luego trajeron la nao *Santiago* al otro bordo de la *Trinidad*, de tal guisa anclados en la boca de la susodicha bahía hubimos de cerrar el paso de las naos al mando de los traidores, las cuales andaban bahía adentro para entonces. Luego otro día siguiente en la amanecida hube de trabar la huida de la nao *San Antonio* que era presta a escaparse de la dicha bahía. Viendo el traidor Quesada oscurecer su suerte vino en librar de los grillos a Álvaro de la Mesquita para mandarle hacer paces en la capitana, mas el dicho Mesquita por ser mi pariente y muy leal capitán se negó, y aun más torcida tuvo la suerte el traidor Quesada cuando a expensas de hallar turno de escapar ordenó levar anclas y fue así que las levaron, mas una de ellas quedó garrando y puso a pique la dicha nao. Luego de ser oídos nuestros ruegos por Nuestra Señora de la Victoria corrieron las dos naos juntas del través sin peligro de embestirse la una contra la otra, y aun hube de ver al dicho traidor Quesada que estaba sobre la tolda de la *San Antonio* con rodela y lanza en mano, más sin favor alguno de la gente, la cual ya andaba movida a la razón cuando hube de mandar tiros gruesos y menudos contra la dicha nao, y tan de la mano corrían una nao junto a la otra que hice pasar gente de la nao capitana a la *San Antonio* a fin de que preguntasen por quién estaban entonces, y en ello respondieron todos que por Dios, por el rey Carlos y por su Capitán general. De tal guisa hube en mandar un último batel con treinta hombres a cuenta de tomar la nao *Concepción* y ver allí por quién estaban ellos entonces, a lo que todos respondieron que estaban con S.A. el rey don Carlos y con su capitán general. De súbito la armada anduvo segura de gentes y de armas con lo que presto hice provisión para prender a todos los traidores, y en ello fueron presos Gaspar de Quesada, Juan de Cartagena y el contador Antonio de Coca, y aun con ellos, sus criados y sobresalientes, todos fueron traídos bajo la cubierta de la nao capitana y puesto los grillos. Luego otro día siguiente que fue Miércoles a cuatro días del presente Abril hube en hacer diligencias y juicio sumarísimo en orden a cumplirse los mandamientos de S.A. y lo dispuesto en los capítulos signados por ambos en Valladolid, ahora pasados dos años. Así luego de reunir en tierra firme a los escribanos, capitanes, maestres, pilotos y contramaestres de la armada mandé al alguacil Gómez de Espinosa bajar a tierra el cuerpo del traidor Mendoza y aun mandé descuartizar el dicho cuerpo y que le cortasen la cabeza, pregonándose con ello la traición como es la costumbre. Luego más tarde, el traidor Quesada hizo defensa de su propia causa no habiendo excusa ni razón de ello, y hube de hacer justicia por su traición mandando a su criado Luis de Molinos que cortase la cabeza de su amo si aún quería salvar la suya propia, y tal fue que se la cortó de un solo tajo con pregón de su traición. Convenga saberse que, aun sabiendo de las maledicencias, chismerías y complacencia de los otros que fueron en la revuelta, vine en perdonarles la vida por haberlos menester para el servicio de la armada y a fin de no resultar muy malquerido tras el mucho castigo. Mas para algunos de ellos dispuse que se les dieran tratos de cuerdas con servidores de lombarda a los pies, según es costumbre en la mar para escarmiento de la tripulación. Y aun hube en perdonar la vida al traidor Juan de Cartagena por no haber sido el cabecilla de la revuelta ni hacer sangre con sus manos, siendo ello más por cobardía que por falta de querer hacer, en lo que habrá de quedar desterrado y abandonado de Dios en este paraje desolado cuando la armada zarpe de este puerto, puesto que no hay peor castigo para los cobardes que el susodicho.

Episodio 25. Deus ex machina

Siendo en la nao capitana a la nona del sábado veinte y cinco días de agosto del año del nacimiento de Nuestro señor Jesucristo Salvador de mil quinientos y veinte corremos la mar singlando sur suroeste a la vista de la costa en nuestra diestra con la armada menguada de una nao pues la *Santiago* a poco hará cuatro meses se perdió en naufragio, y aun esto lo escribo a fin de saberse las cosas que hubieron de ocurrir en el puerto de San Julián, además de las susodichas, y aun las que ocurrieron en adelante de no escaso interés. Y fue a miércoles nueve días del pasado mayo, a poco de los funestos sucesos ocurridos por la traición de los capitanes conjurados cuando hube en reunir a los oficiales de la armada y aun a los pilotos, maestres y contramaestres y a otra gente de la marinería que hubieron guardado lealtad a S.A. y a su Capitán general, no estando a ello el leal y honrado maestre Juan de Elorriaga, que hubo de morir luego de unos días por las cuchilladas que le asestó el traidor Mendoza, siendo ello en los quince días de abril del año presente. De tal suerte mandé levantar testimonio público de cuanto se dijese al escribano León de Espeleta, y en ello puse al capitán Álvaro de la Mesquita en el mando de la nao *San Antonio*, y aun puse como capitán de la nao *Victoria* a Duarte Barbosa por su mostrada lealtad, con gran mérito de su propio oficio. Luego también nombré a Estevao Gómez como piloto en la Nao *Concepción* a la espera de lo que hubiere de hacerse en adelante. Convenga saberse que hube la experiencia suficiente en los viajes a la India y al África para andar con las dichas mudanzas y aun pude comprobar en los dichos viajes que no hacen la nobleza, los apellidos y la riqueza a los buenos capitanes y a los hombres de mérito en la mar, sino que es la misma mar las que los hace y también la que desnuda a los farsantes y viste con honra a los que han merced de ella. De tal suerte, con todos reunidos quise hacer paces y ablandar el ánima de los que aun muy duro lo tenían, así les dije que era propio de este viaje cumplir los mandamientos de S.A. don Carlos, los cuales fueron dados para descubrir el camino de los Malucos y poseer las dichas islas en mejor provecho de Castilla y de su rey, y que en ese empeño hubimos de invernar en el dicho puerto de San Julián, siendo ello la causa de una revuelta traidora cuya conjura fue satisfecha mucho antes en Sevilla, sin más razón que el ser yo portugués y capitán general y muy leal a S.A. el rey don Carlos, el cual me hubo ordenado aquel viaje que habíamos de llevar. Así por ello habríamos de navegar hasta hallar el fin de aquella costa, o un paso que no habría de faltar, como tal los hay de igual manera en otros parajes del mundo. Y aun les dije a todos los susodichos que el invierno nos traería grandes trabajos y algunas calamidades, pero en llegando a una mejor estación nos proveeríamos de tal suerte que navegaríamos rumbo adelante descubriendo con ello las costas de tierra firme, y aun las del polo antártico, dando con ello en parajes nunca vistos en los que un día durará tres meses. Convenga saberse que hube también de decirles sin recato, que tras las muy grandes hazañas de los navegantes castellanos mucho me maravillaba de que ellos mostrasen tan grande flaqueza por la dificultad del frío y la comida, pues, cómo se aventuraban en tales quejas habiendo en aquel puerto de San Julián tan buena carne de aves de caza y tan buen pescado, con agua muy fresquísima y abundante leña, y aun el pan y el vino no hubieron faltado en el viaje y no habrían de faltar. Luego también les dije que era de mucha y justa razón cumplir los mandamientos dados por S.A. a su capitán general, y aun les informé para envalentonarlos que los portugueses navegaban cada año al levante y pasaban el trópico de capricornio, doce grados más al sur, sin quejas ni blanderías, puesto adonde nos hallábamos aún no habríamos pasado ni siquiera dos grados del dicho trópico. Luego después, yo mismo signé ante el escribano y el alguacil mayor que sólo era dispuesto a vivir en la honra o morir en la búsqueda del paso cumpliendo lo mandado, pues así lo haría antes que volver y morir en la vergüenza de no hallarlo. Y aun les dije que eran los allí presentes gente de mar y de valeroso espíritu como tal era el de la nación castellana, y que en mayores y más terribles episodios habían mostrado el dicho espíritu, rogando con ello que hubiesen paciencia, pues en tanto pasara aquel corto invierno, de ello podrían esperar mejor premio del rey, cuanto mayor fuesen los trabajos y los esfuerzos que hubiesen, y que habríamos de ser nosotros los primeros en ver un mundo por nadie antes visto ni conocido, muy rico de oros y de especias, y que por sus muchas riquezas todos ricos seríamos para siempre. Aún quise aprovechar la presencia de los pilotos en tierra firme cuando mandé con ello situar nuestra posición en la longitud del este-oeste, examinado las reglas que Faleiro fabricó a tal propósito, los cuales apuntamientos se mostraron tan inútiles como el dicho Faleyro lo hubiese sido en esta navegación de haber andado en ella. Siendo a dos días del mayo pasado vinieron a calmarse un poco los vientos y el frío y mandé a Juan Rodríguez Serrano aprestar la nao *Santiago* para que avanzara en la costa explorando algunas leguas adelante en ver si hallaba el paso que tanto ansiamos, y que de no hallarlo se volviese. Y así lo hizo este honrado capitán que hubo de correr treinta leguas hasta alcanzar la boca de un río caudaloso que nombraron el de la Santa Cruz, siendo en los seis días de Mayo cuando llegaron en la dicha festividad de la Santa Cruz, y aún allí anduvo Serrano con su marinería por quince días explorando el dicho paraje cazando y haciendo tasajo con la carne de lobos de mar, mas no contentándose de ello este capitán quiso hallar el paso explorando al sur tres leguas adelante donde les cargó el viento de tal fuerza que rompió la jarcia entera, más con el timón roto por la mar les faltó el gobierno de la nao viniendo a dar de proa en la ribera, lo cual evitó que zozobrase de suyo en la mar adentro. Luego del naufragio aun hubieron de escaparse de la muerte treinta siete hombres por la gracia de Dios, viniendo en ahogarse únicamente el esclavo negro del capitán Serrano y aun ello fue por no saber nadar. Salvando las vidas no hubieron de salvar las vituallas ni provisión alguna que llevar a la boca, pues a pesar del empeño sólo lograron rescatar algunos pertrechos y tablazones los cuales hubieron de tomar para fabricar una balsa. Saberse deba que el dicho naufragio ocurrió en el martes veinte y dos días de mayo del presente año. Los dichos náufragos andaban tan flacos y con tan escaso ánimo que poco más hubieron de hacer que comer hierbas y lapas de las rocas, mas por un grandísimo milagro de Nuestra Señora de la Antigua dos de ellos pasaron el río con la balsa y anduvieron la costa por once días como almas en pena hasta ver el puerto de San Julián, y ello lo hicieron comiendo almejas crudas de la costa pues ni hierbas hallaban, y bebiendo de la mucha nieve derretida que allí había. Aun con el mucho dolor sufrido por la pérdida de la *Santiago* anduve muy placido de saber que los hombres fueron salvados. Luego después por no haber buena mar, hube súbito de mandar veinte hombres por tierra, muy cargados de pan y de vino y de otros mantenimientos que fuesen en demanda de los náufragos para aliviarles el frío. Y aun con ello los hombres que fueron al rescate y los dichos náufragos hubieron de padecer grandes fatigas y penurias antes de volver, mas finalmente todos regresaron vivos por la gracia de Dios, que obró en ello su divino salvamento, siendo la fecha susodicha a viernes veinte y siete días de julio del año presente. De no haber sucedido aquel naufragio de la *Santiago,* con tan grande calamidad para todos, hubiésemos partido antes del puerto de San Julián para seguir en nuestro empeño de alcanzar el paso, que muy cerca debe estar, mas sabiendo como andaba el ánimo de los hombres, mayor beneficio daba la espera que la prisa por partir, aún a pesar de la gran pérdida de bastimentos que habíamos tenido en ello, pues muy poco sacábamos de aquella tierra tan desolada de plantas y de animales, y de gente tan escasa, siendo las dichas personas muy míseras y bestiales como nunca vi en paraje alguno. Convenga saberse que a los tres días de junio del año presente, cuando hubimos acabado la misa por ser domingo día del Señor, apareció un hombre muy gigantesco de estatura que era como dos de los nuestros, y aun desnudo portaba una capa de piel como de cabra y cubría su natura con pieles del mismo animal. Así de tal modo, dando saltos como un potro sin domar y moviendo en demasía los brazos y las piernas, se echaba arena sobre su cabeza y nos hacía señales mostrándose maravillado de nuestra presencia como nosotros de la suya. Mandé a uno de los nuestros acercarse al dicho gigante imitando las mismas señales que él hacía y así pudo aproximarlo sin mucha dificultad adonde mismo estábamos nosotros. Luego de ello hubimos de ver su rostro pintado de colores con mirada muy bestial y así su mismo cuerpo lo era, portaba en su mano izquierda un arco no muy largo pero de muy buena fábrica y en la otra mano un cesto con flechas cuyas puntas no son de hierro sino de pedernal, llevaba por calzado un trozo de cuero con correas a modo de abarcas, que lo ataban por alrededor de los pies mostrándolos descomunales. Mandé en ello a un sobresaliente de la nao capitana llamado Antonio el Lombardo que tratase con el gigante y aun le premiase con algunos cascabeles y cuentas de cristal y demás cosas de las que suelen maravillarse estas gentes, lo cual hizo muy de agrado y de buena manera el dicho Lombardo. Luego de ello el gigante vino en espantarse al ver su rostro en un espejo y aun mostró ser muy pacífico pues con su fuerza de toro bien podría con dos o más de los nuestros. Presto mandé ofrecerle comida y bebida para bien calmarle y que con ello nos condujese a su gente, que por allí andaba al acecho. Luego una semana siguiente hubimos de hallar a otro gigante, aun más descomunal que el anterior, y mandé llevarle a bordo de la nao capitana para darle de comer y beber, y aun le dije al dicho Lombardo que le enseñase la señal de la cruz y a rezar el *pater nostri*, a cuenta de bautizarle más tarde, como tal hicimos poniéndole por nombre Juan Gigante. Luego quince días pasados llegaron otros cuatro gigantes cerca de aquella isleta donde hacíamos tierra a vista de la armada, y todos ellos vinieron muy bien pintados y sin armas, pero desnudos como su madre los parió, pues estos pueblos salvajes, tal vi otros de tal guisa en el África y en Malaca, desconocen la vergüenza y las leyes de Dios y de los hombres. Convenga saberse que por bien cumplir el mandamiento de S.A. el rey don Carlos, que obligaba a llevarle en rescate cuando fuese ocasión a las gentes y maravillas que son de su propiedad en toda la tierra, mandé apresar a dos de los dichos gigantes que eran muy mozos y suficientes para llevarlos a Castilla, mas por no ser ello del agrado de los gigantes hubimos de ponerles grillos en los pies, dando con ello tales coces en el suelo y aullando de tal suerte que más parecían dragones que hombres. Luego viéndolos de tal guisa encadenados, hube mucha pena de ellos y mandé al Lombardo para que fuese en su compaña y aun les consolara en la gracia de Dios. Y saber conviene que a cuenta de no dejar a los dos gigantes sin la compaña de sus mujeres, de las que son muy aficionados y celosos guardianes, mandé a Lopez Carvalho en el empeño de apresar a las gigantas en sus moradas, y así anduvo el dicho Carvalho con siete hombres por el día y en la noche tras el rastro dejado por los fuegos hasta bien hallar no menos de diez gigantes en sus chozas, los cuales estaban muy furiosos con los nuestros, y así desnudos y armados de arcos saltaron fieramente de aquí para allá, disparando sus arcos con grande peligro de los nuestros. Y debe saberse para obrar buen juicio de ello, que de haber estos gigantes nuestras espadas y rodelas no habría guerreros en el mundo que les vencieren, tal es su fuerza y suficiencia en el combate. De resultas de aquella lucha uno de los nuestros fue alcanzado por una flecha envenenada muriendo de súbito. Luego después Carvalho hubo de enterrar allí mismo al dicho marinero de la nao *Trinidad* llamado Diego Barrasa, al cual Dios acoja en su divina gloria. Hube a bien dejar los gigantes en la compaña del Lombardo quien hace pláticas día y noche con uno de ellos a fuerza de querer saber su lengua y sus costumbres paganas. Y es para espantarse que placen de comer cada uno de ellos un esportón de galletas y que beben no menos de un balde de agua por día, y aun las ratas las devoran crudas sin recato, así por mis propios ojos pude verlo. Por ser tan descomunales los pies de los dichos gigantes hube en llamarles patagones, por así nombrar en adelante a los que llevamos en la armada. Viendo que era pronta la fecha de partir por la mejor calma de los vientos quise dar gracias a Nuestro Señor Jesucristo por habernos guardado en aquel paraje de San Julián, y así mandé poner una gran cruz de madera en un cerro muy alto y muy chato al que puse por nombre Monte de Cristo, tras de lo cual hicimos la misa y tomé posesión de aquellas tierras olvidadas en nombre de S.A. el rey don Carlos. A poco de ultimarse el apresto de la armada antes de zarpar, mandé soltar en tierra al traidor Juan de Cartagena y a un fraile francés de nombre Calmete, que llaman los castellanos Sánchez de la Reina, el cual hizo por más veces habladurías de traición en San Julián, y así lo mandé hacer pues de tal suerte se escarmientan las conjuras y revueltas en la mar. Luego después, apiadándome por el llanto y desconsuelo de los nuestros al ver a los susodichos en la soledad de aquel paraje inhóspito mandé que le bajaran al dicho Cartagena su espada y un cesto con pan y vino abundante para que pudiesen vivir en tanto que Dios se apiadase de sus almas. Convenga saberse que, a poco hace un día que esto escribo, hube en dar las derrotas a los oficiales de la armada y mandé levar anclas de la susodicha bahía de San Julián. De tal suerte, henchidas andan las velas en tan buena hora por la bonanza de los vientos, y singlando a la vista de la costa corremos rumbo sur suroeste a la cuarta del oeste en camino del polo antártico.

Episodio 26. Viaje al fin del mundo

(Fecha inicial borrada) Y fue a veinte y seis de agosto pasado que hubimos de entrar en el río de la Santa Cruz no sin peligro de perdernos en naufragio pues tuvimos vientos muy deshechos que torcían la mar en todos los rumbos hasta verse las proas de las naos unas frente a otras como en batalla de galeras, hasta que al fin la gracia de Dios vino a protegernos y pudimos salvar una barra que cierra la boca del dicho río. Luego el día siguiente quise despachar unos hombres que acompañasen al carpintero Martín de Gárate de la nao *Victoria*, el cual era hombre muy suficiente para recoger y adobar las tablazones y pertrechos de la nao *Santiago* que allí andaban perdidos, con tan mala fortuna que el dicho Gárate se ahogó en el paso del río. Y saberse deba que para mejor cumplimiento de los servicios a S.A. el rey Don Carlos puse al capitán Juan Serrano al mando de la nao *Concepción*, fiando en ello de su leal servicio y aun por su mucho juicio y valeroso trabajo. Luego después hubimos de esperar el paso del invierno en estas regiones donde no cesan los temporales y los hombres enferman de frío y de miedo, y aun algunos mueren sin otra causa que la tristeza que les embarga el ánima. Anclados en este puerto de la Santa Cruz, donde abunda la pesca y hay muy buena leña, hubimos de pasar dos meses reparando las jarcias y las cuadernas de las naos, ya muy vencidas por el viaje. Convenga saberse que siendo entre la tercia y la sexta del jueves a once días de octubre del año presente hubimos de ver una señal muy prodigiosa en el cielo, en ello vino a ocultarse el color del sol que mudó en bermejo y se oscureció todo el horizonte quedando muy en penumbra todo aquel paraje en que estábamos, lo cual vino a causar honda pena y gran zozobra en el ánima de los hombres que lo vieron como una señal de infortunio. Luego de ello hube plática con el astrólogo San Martín quien dijo ser un eclipse de la luna en esa parte del polo antártico, y aun yo vi cierto y de razón lo dicho por el astrólogo, a cuenta de que ya

los hube visto antes. Luego una semana siguiente del dicho suceso mandé levar anclas de aquel puerto generoso de la Santa Cruz, siguiendo nuestra derrota. Y mal hubimos de correr la costa rumbo sudoeste cuarta del este-oeste pues ello lo hicimos con vientos contrarios y la mar muy torcida como no vimos nunca antes, pues fuimos dos días y dos noches tornando de un bordo al otro bordo sin apenas avanzar una legua adelante. Luego que hubimos alcanzado los 50 grados y dos tercios tuvimos al fin una gran mudanza de vientos y corrimos rumbo limpio al suroeste con gran alegría de los nuestros por verse los cielos claros de la primavera y muy rebajada la costa de poniente como si hubiese de acabarse allí la tierra.

Episodio 27. Prometeo redivivo

Siendo a la nona del miércoles cinco días del mes de diciembre del año del nacimiento de Nuestro señor Jesucristo Salvador de mil quinientos y veinte años presto ando en dar noticia de la más grande y valiosa verdad de cuantas haya de escribir, pues no habrán de faltar maravillas y prodigios que a nuestros ojos se muestren tras lo sucedido de tal suerte a la armada del Maluco. La ayuda de Dios vino en darme gran merced de descubrir tierras y gentes nunca antes vistas ni exploradas siendo en ello firme mi propósito de cumplir el servicio a S.A. y no estimo dejar el dicho empeño hasta que sea muerto y mis pecados haya purgado. Valga saber a todos los que hubieron de creer y no creer en este empeño de alcanzar el Maluco por el poniente, que siendo en el día del señor a domingo veinte y uno de octubre del año presente hallamos un paso entre el mar de poniente y el otro océano del lado de las especierías que llaman la mar del Sur desde que así lo nombró un glorioso navegante castellano llamado Vasco Núñez de Balboa, el cual fue muerto injustamente por los suyos. Y como es mucha la ignorancia y muy escasa la fe que sobre este paso hay, convenga saberse cómo a la tal fecha susodicha lo descubrimos y aún corrimos sus vueltas y revueltas hasta cruzarlo en su entera longitud, no sin la ayuda de la Gracia de Dios y de la Virgen Santísima. Luego así, habiendo singlado todo al sur que pudimos en la siniestra de la costa vimos aparecer al poniente una punta de cabo muy larga y aún con la tierra muy blanquísima tal resultan los acantilados del sureste de Britanía, éramos entonces a cinco leguas de la costa en los 52 grados limpios del sur antártico y a cinco leguas de otro cabo frontero más al sur. Luego de llegar mandé entrar en el dicho paraje, que simulaba ser una bahía mas no lo era, y al cual nombré muy placido de hacerlo el cabo de las Once mil Vírgenes, por celebrarse aquel día la fiesta de la Virgen y aún la de la mártir Santa Úrsula y sus gloriosas compañeras. A tal punto pasamos con las naos aquella punta blanca, mandé en ello a las naos *San Antonio* y *Concepción* que explorasen al oeste en demanda del estrecho por ver si las aguas corrían de un lado al otro lado, entre tanto la nao *Victoria* y la capitana hubimos de quedar en la bocana de aquel paso a resguardo de un puerto muy bonancible que luego lo llamé bahía de las Vírgenes, cuyas aguas nos auguraban la gloria que todos nosotros ansiábamos. Allí provisionamos de lo necesario para aguardar por cinco días hasta regresar las dichas naos de sus pesquisas en el interior del paso, más en la noche de ese mismo día nos sobrevino una virazón de viento tan terrible que hubimos de soltar las anclas para no perecer, y aún hubimos de dejarnos arrastrar al pairo dentro de la bahía a merced del viento y las corrientes. Luego dos días sin noticia de las otras naos hubimos de temer un naufragio a resultas de aquella tormenta, más no quiso Dios más naufragios y así luego pasaron cuatro días de que partieron, arribaron las dos naos henchido el velamen y las banderas en descubierta, dando muestras de gran alborozo y aun lanzando tiros de bombardas al cielo. Luego de ello los de la nao *San Antonio* vinieron a informar que poco hallaron en su camino sino unas pequeñas bocas de mar baja y de muy altas riberas, en tanto mi cuñado Duarte Barbosa vino en decir que ellos si vieron de pasar una primera garganta muy estrecha y aún dentro de ella hubieron en descubrir otra boca más angosta que les hizo ver que era un estrecho, porque habían corrido tres días sin hallar tierra que les parase, y cuanto más navegaban al oeste más paso hallaban adelante siguiendo la mar, siendo que después de mucho echar la sonda no hallaron el fondo y así les pareció que eran mayores las corrientes que las menguantes. Aun me dijo mi cuñado Duarte, maravillándose de ello, que a pesar de nuestros muchos pecados, sería obra del demonio y no de Dios que aquel paso no hubiese una salida adelante en el mar. Luego después dimos gracias a Dios y a nuestra Señora la Virgen de la Victoria, pues debe saberse que nombré aquel estrecho el de la Victoria, y aun fue por un milagro de la Virgen el

Jodocus Hondius el Viejo, *America noviter delineata*. Grabado por H. Picard. París, Jean Boisseau, 1640?

Theodore De Bry, *Fretum Magellanicum, und dessen Eigentliche Beschreibung*. Frankfurt, *ca*. 1601.

IX.

Beschreibung der Insel Ladrones.

DIese Insel ist nidrig / voll Gebäums vnd Felsig / wie alhie zusehen / hat jren Rechten Namen Ladrones. Dann die Eynwohner recht Diebisch vnd räuberisch Volck sind / für welchen die Holländer sich nicht genug haben hüten können. Sie gehen gantz nackent / außgenommen / daß die Weiber ein grünes Blätlein vor jre Scham hängen. Sie seynd bräunlicher Farb / die Männer tragen jhr Haar kurtz / die Weiber aber ziehen jhe lang. Sie leben vnder einander ohn Gesetz / gleich dem Vieh / Derhalben jhrer gar viel von den Frantzosen heßlich zugerichtet vnd verstümpelt werden.

c ij Was

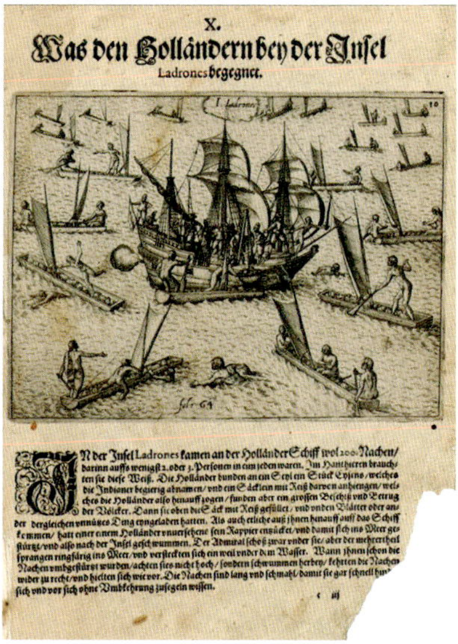

X.

Was den Holländern bey der Insel Ladrones begegnet.

IN der Insel Ladrones kamen an der Holländer Schiff wol 200. Nachen / darinn auffs wenigst 2. oder 3. Personen in eim jeden waren. Im Hanthieren brauchten sie diese Weiß. Die Holländer bunden an ein Seyl ein Stück Eysens / welches die Indianer begierig abnamen / vnd ein Säcklein mit Reiß darvon anhiengen / welches die Holländer also herauff zogen / funden aber ein grossen Beschiß vnd Betrug der Völcker. Dann sie oben die Säck mit Reiß gefüllet / vnd vnden Blätter oder ander dergleichen vnnützes Ding eyngeladen hatten. Als auch etliche auß jhnen herauff auff das Schiff kommen / hatt einer einem Holländer vnuersehens sein Rappier entzückt / vnd damit sich ins Meer gestürtzt / vnd also nach der Insel geschwummen. Der Admiral schoß zwar vnder sie / aber der mehrertheil sprangen ringfärig ins Meer / vnd versteckten sich ein weil vnder dem Wasser. Wann jhnen schon die Nachen vmbgestürtzt wurden / achten sies nicht hoch / sondern schwummen herbey / kehrten die Nachen wider zu recht / vnd hielten sich wie vor. Die Nachen sind lang vnd schmahl / damit sie gar schnell hin[...] sich vnd vor sich ohne Vmbkehrung zusegeln wissen.

c iij

Grabados de Teodoro de Bry en el que se representan las islas de los Ladrones y se observa la forma en que los isleños abordan la embarcación. Fueron bautizadas así por Magallanes en marzo de 1521

Nao española en una de las islas de los Ladrones. En la página siguiente representación de diferentes etnias de Filipinas y mar de Banda. *Boxer Codex*. Indiana University Bloomington, *ca*. 1590

Ladrones.

Naturales.
Tagalos
54

Malucos.
88

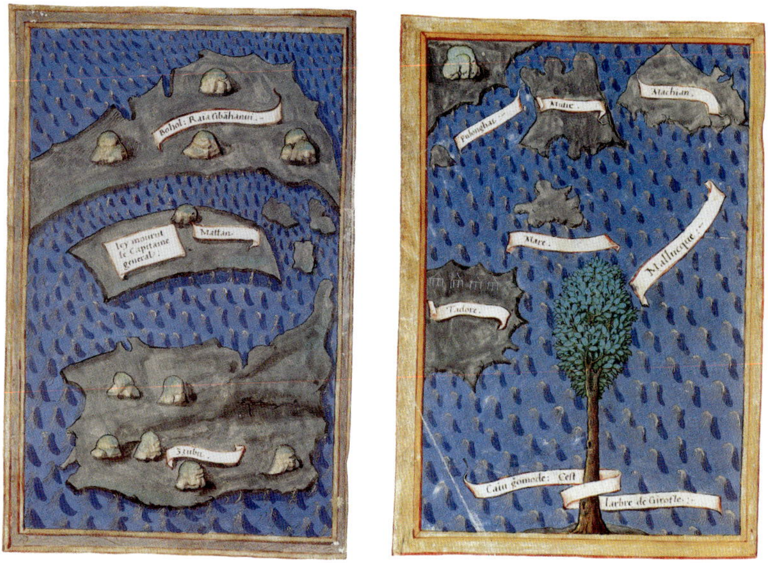

Antonio Pigafetta. Mactan, en las Filipinas, lugar de la muerte de Magallanes. Las Molucas y el árbol de las especias, *ca*. 1525 . Universidad de Yale, New Haven

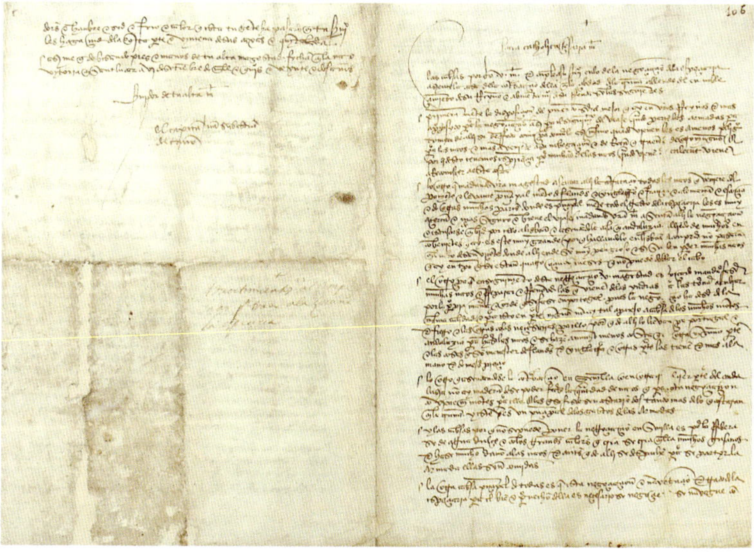

Carta manuscrita de Elcano al Emperador Carlos V tras su llegada a Sanlúcar de Barrameda. Archivo Genaral de Indias, Sevilla

Nuño García de Toreno, Carta del sur de Asia y mar adyacente, 1522. Biblioteca Real, Turín. Construida por Nuño García de Toreno en Valladolid por orden expresa de Carlos I con la información traida a España por Juan Sebastián Elcano. Se puede observar las islas Molucas al oeste del antimeridiano de Tordesillas, dentro de la demarcación española fijada en el tratado

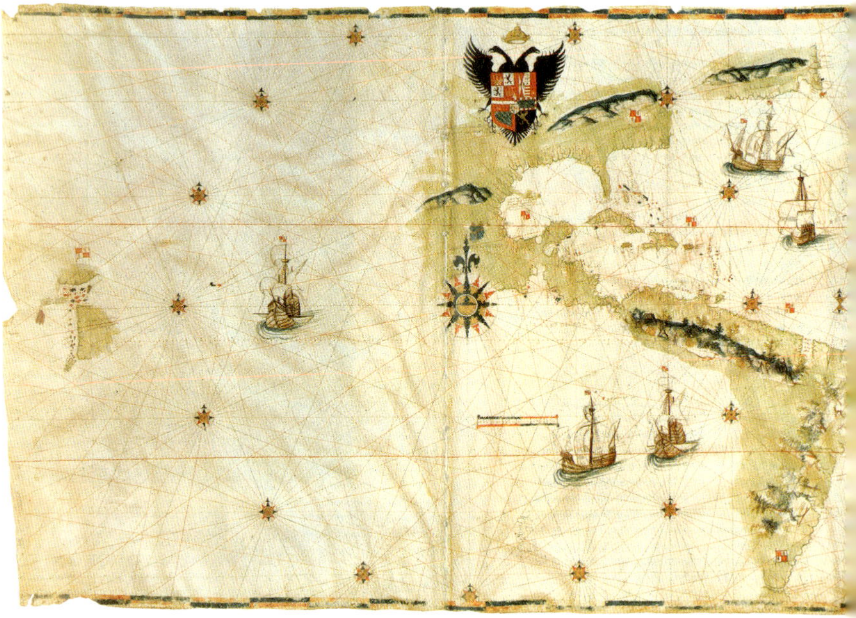

Juan Vespucci, Mapamundi. Sevilla, 1526. The Hispanic Society of America, Nueva York. Juan Vespucci trabajó con su tío Amerigo en la casa de Contratación hasta 1524

Diego Ribero, Mapamundi. Sevilla, 1529. Biblioteca Apostólica Vaticana, Ciudad del Vaticano. En esta carta aparecen perfectamente trazadas la parte oriental de la isla de Sumatra y la península de Malaca

MARE INDICVM

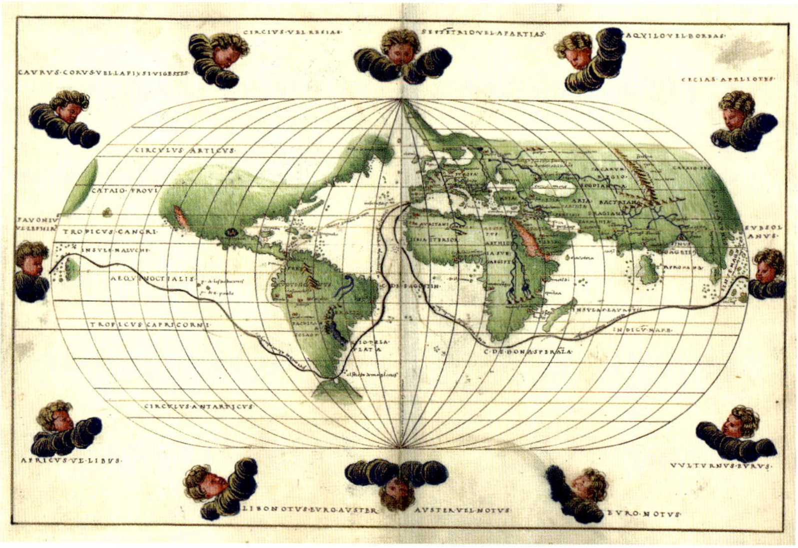

Mapamundi del atlas de Battista Agnese, 1544. En hilo de plata está trazada la trayectoria de circunnavegación

Abraham Ortelius, Maris Pacifici..., Antwerp, 1589. Es el primer mapa publicado que muestra en su integridad el Océano Pacífico

que fuese la nao con el dicho nombre la primera en verlo y anunciarlo. Luego mandé a las cuatro naos levar anclas y avanzar unas leguas adelante de la primera boca, y en aquel punto mandé un batel al gobierno de Carvalho con otros diez hombres para hacer tierra y subir a un cerro hasta descubrir la mejor salida desde la dicha angostura, pues tal nombramos los portugueses a estos pasos tan angostos. Subido el cerro hubieron de ver muchas tumbas pero no hallaron a gente viva por ninguna parte. Luego más tarde hubieron de abandonar la búsqueda por no hallar salida y regresaron a la nao, no sin antes ver algunos huesos de ballenas y aun a una de ellas recién muerta varada en la orilla. Luego, a los veinte y ocho días del pasado octubre mandé levar anclas y singlamos por donde ya fuesen las naos *San Antonio* y *Concepción*, teniendo que embocarnos sin gran dificultad de ello en la primera angostura, siguiendo por la media del canal a cuenta de guardarnos de los bajíos que allí hay en abundancia y aun de las dos isletas de arena antes de la boca que se han de pasar al través de la diestra. Con gran contento de haberla pasado embocamos en otra boca aun más angosta y torcida, corriendo un rumbo del este oeste entre las dichas angosturas, mas conviene saberse que la segunda boca corre nordeste sudoeste, y así fue que dejamos pasadas las dos angosturas. De allí singlamos sur-sureste unas 30 leguas y fuimos a dar en una punta que estaba al través de la siniestra, luego después seguimos adelante sur-sureste no menos de 20 leguas donde fuimos a dar en una bahía muy grande y calmosa. Mandé hacer tierra en una de las islas de la dicha bahía y tomé la altura del sol en los 52 grados y un tercio, y como viere que se abrían dos canales entre unas sierras mandé a la naos *San Antonio* y *Concepción* ir a descubrir hacia adentro por el camino del sudeste, y aun hube en darles tres días para que volviesen a la conserva y juntarnos allí mismo donde éramos toda la armada, siendo en ello jueves a ocho días de noviembre del año presente. Luego otro día siguiente partimos los de la capitana junto con la nao *Victoria* en demanda del otro camino que se abría al suroeste, y al término de dos leguas vimos un cabo tajado en la mar ante el cual hubimos de dar fondo en un río de agua fresca, sin apenas abrigo para las naos, al cual llamamos el río de las sardinas por la gran abundancia que de ellas había. Allí hubimos de hacer buena provisión de pesca y de agua tan dulcísima como la de Sevilla, y aun de leña que era abundante y de muy buen olor cuando arde. Por ver si de allí en adelante se abría el paso al mar del sur hice proveer un batel con siete hombres a cuenta que fuesen a descubrir un camino cierto de abertura en aquel paraje, que más un laberinto parece que un estrecho, pues juro por Dios que nunca vi otro igual en el mundo ni pintado en las cartas los hay. Y así hube en conceder mercedes de S.A. para quien trajese buenas nuevas si con ellas salíamos del dicho estrecho. Y aun por tres días anduvieron descubriendo los del batel por aquellas aguas hasta regresar siendo a jueves trece días del mes de noviembre pasado, en que hubieron de traer grandes albricias por descubrirse que el estrecho tenía fin, y que se alcanzaba, luego de un cabo, a un mar anchuroso al cual no podía verse término. Convenga saberse que ello lo vieron no desde el dicho estrecho sino desde un monte muy altísimo al cual subieron tres hombres los cuales fueron Roldán Argot, lombardero de la *Victoria*, el marinero Bocacio Alonso y el barbero Hernando de Bustamante. Todos los cuales vinieron a contar las nuevas gritando a voces, sin evitar el llanto por tanta alegría, y aún todos en las naos lloramos de agrado por el gran milagro que Dios quiso darnos en prueba de nuestros muchos trabajos y sacrificios. Luego de ello hubimos de regresar unas leguas al paraje en que dividimos la armada y allí andaba la nao *Concepción* según lo acordado más no así la nao *San Antonio*. Luego de preguntar a Juan Serrano dijo que el canal explorado era una bahía cerrada y aun cruzó el canal por dos veces para mejor saber de la dicha nao *San Antonio*, la cual dijo darla por perdida pues no la hubo de ver luego de embocarse en la dicha bahía. Con gran pesadumbre y desconsuelo de los nuestros por la triste noticia hube en mandar a buscarla en todos los rumbos y caminos del estrecho, pues era razón hallar al muy honrado capitán Mesquita y a sus hombres, y aun salvarlos de cualquier infortunio, como también los bastimentos que eran en abundancia en la dicha nao por ser la mayor y mejor provista de la armada. Luego de ello despaché al capitán Duarte Barbosa en la nao *Victoria*, que es la más marinera, a tornar el rumbo este-noreste y regresar todo lo andado hasta la punta de las Vírgenes, lo cual hizo. Y aun de no hallarse la nao perdida mandé al dicho capitán que plantase banderas en tres cerros, a vista de la costa, con cartas de nuestro rumbo metidas en una olla bajo de tierra, porque de tal guisa esos desdichados supiesen seguirnos en nuestro camino, y tal lo hice como fue capitulado con S.A. el rey don Carlos antes de nuestra partida. Mientras aguardábamos su regreso, anclados a una legua del río de las sardinas, mandé clavar una cruz en una isleta al pie de unos montes muy cubiertos de nieve, luego más tarde, pasando el tiempo en que retornase la nao *Victoria,* zarpamos las otras dos naos en busca de hallar la *San Antonio* en su misma derrota, sin más acierto en ello que descubrir lo ya sabido, y aun la nao *Victoria* tampoco la halló, gastándose en ello seis días de no navegar en nuestra derrota de poniente. Convenga saberse que aparte de perder la nao *San Antonio* mucho tiempo hubimos de perder vanamente en el empeño de recuperarla, pues según el parecer del astrólogo San Martín, hubo probado por sus cálculos que no habría de gastarse tiempo en ello porque había leído en las estrellas que la *San Antonio* tomó el camino de vuelta para Castilla con toda su gente y aun con el capitán Mesquita preso. Tal me dijo sin mayor requiebro que era la verdad más cierta, aunque sabe Dios que esto lo dijo por saber de alguna intriga en la dicha nao, más que por el decir de las estrellas, pues a fe que nunca vi que las dichas estrellas dijesen ni supiesen lo que Dios dispone. Siendo a un mes que descubrimos este estrecho patagónico vinimos a echar fondo en un canal que nombré de Todos los Santos, y luego de regresar la nao *Victoria* sin contento de sus pesquisas quise oficiar un consejo con todos los capitanes y maestres y pilotos y contramaestres y otras gentes de muy buen juicio que bien sabrían proveerme de sus opiniones. Y en ello hube de preguntarles, sin que hubiese acatamiento ni censura en sus respuestas, cuál era su parecer sobre el seguir o no seguir el viaje por el estrecho descubierto y que de no hacerlo, si era entonces lo propio volver a Sevilla por el camino ya andado. Ello lo hice por estar resuelto a seguir adelante y cumplir el mandamiento de S.A. de descubrir los Malucos por el camino de poniente y por la gracia de Dios, pues bien lo agradeceríamos si así lo hacíamos, en tanto Dios nos proveería de muchas otras mercedes en esta aventura, así como nuestro rey nos premiaría por los grandes trabajos y esfuerzos realizados. Y aun les dije a los allí presentes que no era yo hombre de menospreciar el parecer y consejo de nadie, y siendo mi suerte la de todos era prudente informar y ser informado de los pensamientos antes de mudarlos en veneno para el corazón, pues ello es la ocurrencia que suele suceder comúnmente en la mar. Luego también les dije que ni por recelo ni temor dejasen de decir y aconsejar cuanto placiere en servicio de S.A. y a buen seguro de la dicha armada, y que de no hacerlo sería contravenir el juramento y pleito homenaje que me tienen dado, por lo cual les mandé en la fecha susodicha que cuanto supieran que conviniese a aquella jornada lo dijesen, y que me diesen noticia cierta de cuantos bastimentos restaban en las naos, y si bastan o no bastan para alcanzar el Maluco, y que así dijesen también su opinión veraz de si seguir adelante o tornar. Y que todos los dichos pareceres me lo diesen por escrito y signado, cada cual de por sí y aun declarando las causas y razones que nos moviesen a seguir adelante o virar a la vuelta, y aun ello sin recato ni miedo a cosa alguna por la que dejaran de decir la verdad. Sin faltar a ella, convenga saberse que luego de recibir las dichas razones y pareceres yo vine en resolver darles los míos y, tras de ello, mi justo mandato de lo que se debía hacer. Y así les di razón de hacerse tal fue acordado y aun hice juramento del dicho mandamiento ante León de Espeleta, escribano de S.A. en la nao Capitana, luego signado por mí, Hernando de Magallanes, Comendador de la Orden de Santiago y Capitán General de la armada de S.A. don Carlos rey de Castilla y de todas las Españas en el canal de Todos los Santos frente al río de la Isleta en los cincuenta y tres grados y dos tercios, siendo ello a veinte y uno de noviembre de mil quinientos y veinte años. Luego otro día siguiente, vinieron a darme sus pareceres los allí presentes y dijeron que habiendo víveres para tres meses no era digno de ellos tornar a Castilla sin el logro de la empresa que S.A. les hubo encomendado, siendo ella ocasión sobre la que rendirán cuentas a Dios en el juicio final por ser leales a su capitán general en servicio de tan grande y admirable jornada. Convenga saberse que todos fueron libres y sin miedos en dar la dicha opinión, y aun el muy instruido astrólogo de la armada Andrés de San Martín hubo en decir su parecer bien contrario, y ello lo hizo sin recato ni espanto alguno por hacerlo. Luego el dicho Andrés de San Martín me lo dio por escrito dado el mandamiento que referí al escribano de S.A. en la nao *Victoria* Martín Mendes, y a tal punto, prosigo con el susodicho parecer, pues abrigando muchas dudas de que por aquel estrecho en que andábamos, y aún por cualesquiera de sus canales dentro de él hubiese camino abierto para navegar al Maluco, el dicho astrólogo no vino en andarse con parlerías acerca de ello, siendo su parecer que nos empeñásemos en saber todo lo que en el dicho estrecho se pudiese alcanzar, y aun con la ayuda de la estación, en tanto éramos en la flor del verano, fuese luego muy provechoso seguir y descubrir lo que hubiese allende al noroeste hasta mediado del mes de enero, y así llegando al fin y luego descubriendo una salida al otro mar veríamos qué hacer y no hacer. Así de tal suerte, recibidos los dichos pareceres y usando de mi fuero como capitán general fue mi propósito seguir en adelante con nuestra loable empresa, y así lo juré por el hábito de Santiago que llevaba en el pecho, pues así me parecía bien hacerlo por lo que cumplía al servicio de la armada. Luego les pedí que todos me siguiesen, y que más debían hacerlo por su voluntad que por la mía propia, y porque en ello se confiaba de la misericordia de Dios, en tanto él nos trajo a tan ignotos parajes por su divina gracia y nos dio en descubrir un estrecho tan deseado que será la maravilla del mundo. Y aun les dije que, en el caso de seguirme, bien podrían dar por cierto que los llevaría al término de sus fuerzas pero jamás al de su esperanza. Convenga saberse que hice esta resolución delante de los susodichos escribanos y capitanes y maestres y pilotos y contramaestres de la armada en el viernes veinte y tres días de noviembre del año presente, luego el mismo día hice disparar toda la artillería y con grande albricia de la tripulación mandé levar anclas para seguir nuestra derrota. Y hubimos en virar al noroeste por quince leguas hasta alcanzar los 53 grados limpios corriendo por ese canal cuyas riberas mudaron como si fuese otro paraje. Convenga saberse que el estrecho patagónico resulta desde el Cabo de las Vírgenes en su primera parte noreste-sureste muy pobre y triste a la vista de la costa, la cual es muy extendida y arenosa, siendo muy batida del viento y de la nieve, nada provista de vegetación y con rocas tan áridas y peladas que no placen a los ojos el verlas. Luego de virar tomamos rumbo noroeste cuarta del oeste y vimos al norte unas sierras muy altas y muy nevadas en sus picos, y tan cubiertas de árboles y de mucha hierba que son maravilla de verse, y resulta de ello el canal más ancho en esta parte con abundancia de isletas que no perjudican la navegación, estando además provisto de muchas ensenadas. Mirando al sur, las riberas son de otra guisa y bien pudiera tratarse de una gran isla o muchas de ellas cruzadas por canales, pues por muchas veces podíamos sentir el ruido de la mar de la otra parte del sur antártico. Desde que embocamos el estrecho no pudimos ver algún alma viva o muerta ni señales de gentes, mas por las noches veíamos grandes fogatas dispuestas en las riberas del austro, de donde salían unos humos blancuzcos y descomunales sobre un cielo muy negro, los cuales producían gran espanto en los hombres de poco espíritu, y así vimos por muchas leguas aquellas almenaras de fuego, siempre a la siniestra y nunca al norte. Convenga saberse que algunos hubieron de llamar aquel paraje la Tierra de los Humos y otros quisieron nombrarlo como la Tierra de los Fuegos. Sentía gran pena de ver a la marinería muy pesarosa de no saber dónde estábamos pues en las dichas latitudes nunca anduvo viajero alguno ni osó nadie navegar aquellas aguas, y ni siquiera podíamos averiguar adonde alcanzaríamos por aquel canal, y si acaso podríamos desembocar del dicho estrecho patagónico. Entre tanto, singlábamos lentamente a la vista de unas montañas tan grandes y negras que nunca antes vimos nada igual, las cuales se cruzaban de parte a parte simulando cerrar el paso por doquier. Luego de ello, a sabiendas de que el miedo con el espanto se cura, hice ver a los hombres que estaba dispuesto a seguir hasta donde conviniese para descubrir la salida al otro mar, y de no hallarse tomaríamos la vuelta hasta alcanzar los 75 grados del sur, aunque para ello se desaparejaran las naos y muriésemos todos en el empeño, y aun les dije que de no hallarse de esa guisa singlaríamos al este por el camino de los portugueses, pasando en ello el cabo de la Buena Esperanza. Luego después, despabilado el ánima de la gente mandé correr rumbo noroeste y aun al norte limpio, y luego de unas leguas torcimos nornordeste dando muchas vueltas y revueltas, tal es la forma laberíntica del dicho estrecho, el cual hizo Dios para su propia gloria y no para capricho y querencia de los hombres. Luego de virar volvimos a singlar al norte según veíamos la costa, quedando la mar abierta por la diestra y la siniestra, y un cabo junto a tres islas que hubieron de nombrar el Cabo Hermoso, mas yo le mudé súbitamente el nombre a Cabo Deseado por lo mucho que placimos verlo. Y aun tomé la altura en el dicho cabo en los 52 grados y un tercio, que es a muy poco de la altura del cabo de las Vírgenes, el cual fue el primero que embocamos del dicho estrecho. Y así gracias a Dios fuimos singlando plenamente en la mar del Sur camino de los Malucos, con gran contento de la gente y del mío propio porque hubimos hecho lo que nadie nunca hizo antes, dando gracias y alabanzas a nuestro Señor Jesucristo y a la Virgen Santísima que nos trajo a salvamento hasta estos confines. Convenga saberse para mayor gloria de esta armada y de su valerosa gente, que hicimos el dicho descubrimiento sin la ayuda de las cartas y los regimientos que traje desde Sevilla y Lisboa, pues fueron todos fallidos, y aún ningún cartógrafo de entre los más sabios supo ponerlo donde ciertamente era. Y por ello, todo se lo debo a Dios y a su infinita misericordia, pues si él no hubiese querido crear el dicho estrecho no sería yo ahora su descubridor, ni fuese éste en posesión de S.A. el rey de Castilla, el cual podrá placerse mucho de poseerlo y verse muy cumplido de nuestro gran empeño y leal servicio. Luego que desembocamos del estrecho patagónico hallamos que la tierra se volvía al norte, lo cual me pareció buena señal aun siendo la mar muy oscura y brava lo cual aventuraba un gran océano por navegarse. Luego después, singlamos de seguido rumbo noroeste y aun norte y nornordeste, y así avanzamos por dos días subiendo en grados por muchas leguas al resguardo de los vientos de poniente y tomando la derrota que convenía entre los muchos cerros y canales que ello favorecen. Luego de hallarnos en los 46 grados de la banda del antártico, siendo a una semana que esto escribo, en el miércoles veinte y ocho días de noviembre del año ya pasado de mil quinientos y veinte, viendo la mar muy calmosa y los vientos de levante muy firmes y templados mandé presto correr rumbo noroeste hacia el mar abierto en demanda de nuestra derrota para alcanzar la especiería. Por muchos días la gente fue muy felicísima de ver el sol en todo tiempo y no haberse en ello, ni de marear ni de tocar las velas, ni el timonel el timón, y aun porque andábamos navegando aquel grandísimo piélago como si fuese un río vine en nombrarle mar Pacífico. Convenga saberse que hubo gran asombro cuando, viniendo en la mar a poco de correr el estrecho patagónico, el gigante patagón que andaba en nuestra compaña de la nao capitana murió de súbito, y aun ello fue sin causa alguna, más que por sentir la falta de su gente y de su tierra. Y es de maravillarse que antes de morir hubo de hacer gran hermandad con el Lombardo, y aun el dicho patagón buscaba de su compaña pues mucho le placía oír al dicho Lombardo platicar en latín y decir palabras de su propia lengua, las cuales el Lombardo escribía con mucha afición y acierto. Sirva saber para los que busquen de seguir este paso del sur antártico, que hubimos de correr 110 leguas del uno al otro mar y anduvimos treinta y ocho días con treinta y nueve noches en el dicho estrecho, del cual Dios no creó otro igual en el mundo, y será por siempre el más hermoso y preciado tesoro de las cartas de marear y aun de los libros de derrotear. Y para mayor asombro convenga saberse que partiendo del Cabo Deseado sin mudar la altura ni el rumbo de poniente se dará la vuelta al mundo sin volver a tocar tierra alguna hasta el cabo de las Once mil Vírgenes, y tal es así porque en la dicha altura no hay más que agua, puesto así lo quiso Dios en su infinito poder y sabiduría.

Episodio 28. El infierno azul

Siendo que esto escribo en la nao *Trinidad* a la hora nona del domingo de Pascua último día de marzo del año del nacimiento de Nuestro señor Jesucristo Salvador de mil quinientos y veinte y un años, singlando andamos el mar Pacífico al cual Dios en su infinita sabiduría parece que olvidó ponerle tierras, islas y gentes para mejor provecho de las criaturas que habitan este mundo. A los siete días de diciembre del año ya pasado, hubimos de virar derechamente al norte cuarta del noroeste, y a veces norte puro en demanda de la equinoccial, para aliviarnos de los fríos y ganar grados en nuestra derrota en busca del Maluco. Así en esa jornada anduvimos por muchos días hasta alcanzar los 25 grados de la parte del polo antártico, siendo ello en la fecha que mudábamos al año que ahora andamos. Y así hubimos de navegar por muchos días corriendo rumbo oeste cuarta del noroeste con bordos al noroeste cuarta del norte, y aun vi las agujas noroestear casi por dos cuartos que era de maravillarse por lo mucho que mudábamos nuestra derrota. Convenga saberse que hube de preguntar a los pilotos que rumbo marcaban sus cartas, y presto respondieron que lo hacían según la derrota que yo les hube mandado, siendo ello tal como yo suponía, por lo que convine decirles que hubieren a bien hacer las mudanzas en la conserva de la nao capitana, pues yo habría de corregir las dichas agujas que falseaban el rumbo por la mucha fuerza del polo sur magnético. Corriendo la mar durante las noches en esta navegación, hubimos de ver cielos y estrellas muy desconocidos, y aun para mí lo eran a pesar de que bien los conocía de otros muchos parajes. Una noche convoqué al astrólogo San Martín para platicar sobre dos nubes de estrellas que veíamos en la bóveda celeste, ni muy separadas ni muy juntas, ni tan luminosas como el resto, y aún hubimos de ver dos estrellas muy quietas y de poco brillo en medio de las dichas nubes. Luego también hubimos de ver una forma de cruz con cinco estrellas, cuatro de las cuales son muy brillantes y están dispuestas al poniente, y cuánto más derecha se muestra la del pie con la de la cabeza es cuando el norte-sur está orientado con la dicha cruz, la cual dista del polo antártico treinta grados. Convenga saberse que por faltarnos la estrella Polar, esta cruz del sur antártico bien nos sirvió de guía al norte cuando singlábamos aquellas aguas. Luego ahora, sin cartas de marear de las cuales fiarnos, ni derrotas de navegantes que las hubiesen dibujado en la exploración de los Malucos, singlamos a ciegas por este vasto mar, tan perdidos como si corriésemos por primera vez las aguas que Dios creó en el paraíso terrenal para gloria y deleite de los hombres, antes de cometer su pecado original. Mas por la causa del dicho pecado Dios debió quitar las tierras y sus mieses en este descomunal piélago para peor castigar a los hombres, y aun nosotros ahora bien lo padecíamos. Luego en el primer día de Enero del año presente estábamos singlando con mar gruesa y cielos limpios de tormentas placiendo de muy buenos vientos del sur y del este, mas hallándonos para ese tiempo en la altura de las islas del Maluco no veíamos ni tierra ni islas como para frotarse los ojos, y aun menos contentar el ánima que muy vencida estaba por las muchas calamidades sufridas. Luego a jueves veinte y cuatro días de enero del mismo año hube en tomar la altura en los16 grados y un cuarto, donde hallamos una isla pequeña con algún boscaje pero sin gente, mas por no haber fondo para echar las anclas seguimos la derrota sin pararnos. Nombramos a esa isla San Pablo por hallarla en el día de la conversión del dicho santo. Luego de correr por once días en nuestra derrota nos hallamos frente a otra isla en la cual no hubimos de ver ni siquiera árboles ni agua y aun menos a gente. Mas sí que había muchos tiburones en derredor de aquellas aguas, de los cuales pudimos pescar algunos de ellos para no morir de hambre. Luego de irnos nombramos a tan infausto paraje Isla de los Tiburones, mas yo quise llamarle Isla Infortunada, la cual está en los 10 grados y dos tercios de la banda sur del antártico, a 200 leguas de la isleta de San Pablo. Convenga saberse, en mérito de los hombres de esta armada, que nunca hubo gente en el mundo que soportara y padeciere tanto sufrimiento en servicio leal de su capitán general y en cumplimiento de su oficio, pues fueron tan escasas las vituallas que mandé racionar por onzas la comida y aun bebíamos agua hedionda, de sabor muy amargo y pestilente. Cocíamos el arroz con agua de mar, y aun perdiendo el juicio por beber de este agua tan salada, de ella bebían algunos desdichados a los que se les hinchaba el vientre y reventaban por ello. En esta singladura fueron muchos los que murieron de hambre y otros de enfermedad, sin distingo entre la marinería, los pilotos y los oficiales, pues todos sufrimos de igual manera aquel suplicio. Dios los tenga a todos en su santa gloria pues nunca habrá capitán que tenga en suerte bregar con gente tan brava y esforzada. Y que Dios me perdone si blasfemo, mas por este sufrimiento y los muertos que de ello se cobra, no habrá infierno suficientemente cruel donde purguen sus pecados los de la nao *San Antonio,* si acaso hubiesen vuelto a Castilla por un acto de traición, más si fuese el caso que hubieren naufragado y perecido, que Dios se compadezca de ellos y los premie con la gloria eterna. Y así he de contarlo a fin de mejor saberse la verdad, puesto la dicha nao portaba abundantes bastimentos que habrían aliviado nuestra desdicha en este mar inacabable. Siendo en la madrugada del miércoles en los trece días de febrero del año presente, estábamos singlando nuestra derrota del noroeste cuando hubimos de cruzar la línea equinoccial en demanda del noroeste en la banda del norte. Atento día y noche a cuanto aparecía en el horizonte no hice estima cierta en dónde éramos, adónde íbamos y cuándo acabaría nuestra jornada en demanda del Maluco, pues todos los cálculos y cartas eran errados, y aun las islas y tierras de oriente no estaban donde debieran estar, lo cual me consumía el ánima, pues ahora las ansiábamos más que nunca, y no porque hubiésemos de ser ricos en alcanzar las especias, sino a cuenta de dar las gracias a Dios por comer pan y beber agua como buenos cristianos. Luego después anduvimos por muchos días rumbo oeste cuarta del noroeste en demanda de la polar, hasta que a los veinte y dos días del pasado febrero alcanzamos los 10 grados del norte y aun subimos hasta los 13 grados, siendo a ello a los seis días del presente marzo en que hubimos de hallar unas islas donde al fin hubo gente. Virando al sudoeste hicimos fondo junto a la mayor de ellas, dejando otras a sotavento del noroeste a no menos de ocho leguas. Estos naturales habitan en chozas como las de Brasil y aún iban y venían velocísimos en unos praos provistos con velas de palma que simulan ser latinas. Más resultó ser la dicha gente de poca verdad y muy ladrona. Convenga saberse que mandé hacer fondo al resguardo de la más grande por mor de hallar agua y alimentos que aliviasen la mucha miseria de mis hombres, mas a poco de aflojar las jarcias eran ya estos salvajes cortando el amarre y robando el batel de la *Trinidad*, más todo cuanto podían atrapar de las cubiertas en las otras naos. Son gente muy ágil y resuelta para este oficio de robar pues no sienten pudor de ello ni pecado. Viendo su estrechez de miras y abandono de Dios obré en recuperar lo nuestro y aun abastecernos de agua y fruta fresca a cambio de algunas prendas y baratijas, sin mayor castigo que salir cuanto pudiésemos de aquel paraje. Luego hice armar dos bateles y yo mismo desembarqué al pie de una sierra con cuarenta y cinco ballesteros y dos arcabuceros, tras lo cual mandé incendiar algunas chozas, pues de ello suelen espantarse mucho los naturales de estos pueblos. Mas siendo tan guardianes de lo suyo como ladrones de lo ajeno, y aun muy fieros guerreros en la pelea, hubimos de matar no menos de seis a pesar de mi voluntad de no hacer daño sin menester de ello. Y en efecto, a tenor de la pobreza y bestialidad de estos pueblos, una honda tristeza y mucha compasión embargó nuestros corazones al verles luchar de tal suerte con piedras y huesos frente al hierro de nuestras lanzas y el fuego de nuestras armas. Luego más tarde, los nativos fueron a informarnos de otra isla donde habríamos de hallar mucha provisión, señalando con la mano allá donde estaba, y con ello levamos anclas de aquella isla siendo a sábado en los nueve días del presente. En su ingenuidad aún hubieron de seguirnos algunas millas muchos de esos salvajes para mejor abastecernos con las vituallas que llevaban en sus praos, de las que son muy hábiles marineros, haciendo de la proa su popa y de la popa su proa cuando placen, y siendo de maravillarse la rapidez y soltura como lo hacen sin peligro de zozobra. Nombré a las dichas islas las de las Velas Latinas más los marineros dieron por llamarlas entre ellos las Islas de los Ladrones. Singlamos de allí rumbo oeste cuarta del sudoeste más hubimos de virar presto al suroeste por hallarnos con vientos muy contrarios en la susodicha altura de los 13 grados. Luego otra semana siguiente, a diez y seis del mes presente, ya hubimos corrido más de 300 leguas hasta alcanzar los 10 grados limpios del norte, allí avistamos una isla con muchos bajíos la cual dejamos a sotavento virando al sur hasta dar con otra en los 9 grados y dos tercios cuyo nombre es Suluán, en la cual hallamos gentes que iban y venían en praos huyendo de nuestra presencia. Viendo de aliviar a nuestros enfermos, que eran muchos, convine hacer fondo en una isla vecina al resguardo de Suluán, en la cual no hallamos gente que morase. Luego de llegar a esta isla llamada Malhou mandé aparejar unas lonas en tierra, a fin de mejor curar a los enfermos. Allí mismo celebramos la santa misa por ser el día del Señor y aun matamos una porquezuela que apresamos en las Islas de las Velas Latinas. Convenga saberse que siendo a Lunes diez y ocho días de Marzo hubimos la visita de un prao mucho mayor que los otros con algunos naturales de la isla de Suluán, los cuales de manera muy pacífica y con ademanes harto gentiles nos hicieron la merced de bienvenida. Luego al ver el estado de nuestros enfermos hubieron de ofrecernos lo poco que portaban entonces, sin que faltase en ello el pescado, vino de palmas, cocos, higos y hasta un gallo, lo cual quise trocar en señal de cortesía por algunos bonetes, cascabeles, espejos, peines y otras baratijas que mucho les placieron y tomaron con agrado. Luego más tarde estos isleños hubieron de invitarme a su isla de Suluán lo cual acepté de agrado yendo en la compaña del Alguacil Gómez de Espinosa, Antonio Lombardo, mi criado Enrique y dos arcabuceros, de tal suerte que pude ver en la dicha isla los silos de las mercaderías muy llenos de clavos de olor, canela, macis, pimienta y nuez moscada, y aun nos decían que todo ello provenía del paraje que estábamos buscando, pues allí los había en abundancia. Viendo que era gente pacífica y de mucha razón hube en invitarles a la nao Capitana, lo cual les maravilló sobre manera, tal hicieron cuando vieron los extraños aparejos que se esparcían en la cubierta, así también cuando vieron mi cámara del castillo de popa, y aun las muestras de especias que portábamos en las bodegas, de lo cual supieron estimar cuál era nuestra verdadera empresa y aun tuvieron a bien de informarnos dónde crecían las dichas especias. Tras las primeras cortesías que hubimos con ellos mandé hacer fuego de bombardas, no por asustarles sino por hacer honores a su gentil visita, mas del espanto a poco fueron de saltar todos por la borda. Luego más tarde de la puesta partieron con la promesa de regresar, y ello lo hicieron pasados cuatro días en la compaña de su rey, que resultó ser muy viejo y tan pintado que apenas se le veía el rostro, el cual vino a decirnos, ayudado de muchos ademanes amén de lo que Enrique extrajo de su plática, que ya antes hubieron gente como nosotros en aquella isla. Traía con él abundancia de vituallas muy frescas y toda clase de maravillas. Entre tanto yo bajaba a tierra día por día para visitar a nuestros enfermos que ya estaban casi sanados a los nueve días en que llegamos al dicho paraje. Convenga saberse que son abundantísimas las islas de este archipiélago al que los hombres llamaron de las Buenas Señales por ver algunas piezas de oro y otros prodigios que bien aventuraban nuestro viaje, mas yo vine en nombrarlas las islas de San Lázaro por ser el quinto Domingo de cuaresma cuando llegamos a ellas, y aun el nombre no fue en vano pues todos hubieron de sanar súbitamente por un milagro como aquel santo de Betania al que Nuestro Señor Jesús resucitó de entre los muertos. Luego en la atardecida del Lunes Santo, en los veinte y cinco días del presente marzo, mandé levar anclas de las tres naos con derrota al camino del oeste cuarta del sudoeste, y pasamos a la diestra y siniestra de cuatro islas llamadas Hiunangan, Ibusson, Albarien y Ceylano, cuyos nombres nos dijeron los de Suluán. Tras de costear la más grande derrotamos al oeste sudoeste dando en la amanecida del jueves, pasados tres días, frente a otra isla más pequeña que estaba en los 9 grados y medio de esta banda, donde mandé hacer fondo por hallarla poblada. A poco de llegar a esta isla, cuyos naturales llaman Masagua, se nos acercó un prao con ocho hombres los cuales fueron de súbito a entenderse con mi criado Enrique en su misma lengua, causando con ello no poca sorpresa y mucho alborozo en los unos y en los otros. Convenga saberse que yo hube también un gran contento en mi ánima pues bien pude saber y comprobar que el mundo ya hube rodeado por hallarnos pasada la línea de los Malucos, aun siendo ahora muy al norte de ellos. Luego más tarde, mandé amarrar algunos abalorios en una tabla la cual arrojamos cerca de los de la chalupa pues andaban apartados y muy desconfiados de nosotros, lo cual vieron con mucho agrado y quedaron muy placidos de ello. Al poco se marcharon para regresar más tarde junto a su propio rey que no se atrevió a subir a la nao, y aún trajo con él algunos presentes de oro y diversas especias que no hube de aceptar por no mostrar codicia. Luego otro día siguiente que fue el pasado Viernes Santo mandé mudar el fondo de las naos, frente a la morada del rey, y envié a tierra a mi criado Enrique por ver de traer provisiones, las cuales trajo en una gran chalupa, que ellos llaman barangay, con la compaña del rey y algunos de sus criados, puesto era ya muy confiado de nuestra presencia, y aun con maneras muy gentiles nos ofreció de sus propias manos abundante arroz y pescado dispuesto en hermosos platos de porcelana. De lo cual vine en darme por bien cumplido y hube en obsequiarle un vistoso traje de paño rojo y amarillo con un bonete también rojo que hizo las delicias de los allí presentes por la gran hermandad que hicimos. Luego también quise mostrar al rey cómo pudimos llegar hasta aquel paraje después que corrimos medio mundo y aun le mostré la nao *Trinidad* con todo lo que en ella hay, maravillándose sobre manera con las agujas y el cuadrante, las ballestillas y las cartas de marear, y aun le mostré las armas de fuego, las rodelas y las armaduras de hierro, con las cuales le dije que éramos invencibles a las espadas y las flechas, lo cual probaron con uno de los nuestros quedando muy placidos de hacerlo el dicho rey y su compaña, y aun sucedió lo mismo con los disparos de artillería que atronaron las cabezas de nuestros huéspedes, espantándolos de tal suerte. Enrique de Sumatra les dijo a mi orden que tales disparos eran dados en razón de paz y no de guerra puesto que yo quería ser su hermano, de lo cual el rey mostró contentarse mucho. Luego me rogó que mandase algún emisario a su isla para devolvernos las mercedes y complacer nuestra curiosidad, y acerté con ello enviar a un marinero con muchos presentes y al Lombardo, por ser persona muy hábil y gustosa de aprender y enseñar cuantas cosas y maneras nuestro Dios todopoderoso ha creado en el mundo. Entre tanto yo quedé en la nao capitana y previne a los otros capitanes y maestres de las otras naos que cuidasen de alertar cualquier movimiento de chalupas y barangays cerca de la armada, puesto es muy sabido que estos pueblos suelen ser amistosos y pacíficos frente a frente pero fierísimos enemigos y aun muy traicioneros por la espalda. Luego otro día siguiente que fue ayer Sábado Santo vimos de vuelta en la amanecida a los dos emisarios, y ambos eran muy contentos y placidos de todo cuanto habían visto y oído y aun bebido y comido, pues fueron tratados como príncipes en el palacete del rey. Venían en su compaña un hermano del rey de Masagua, que era rey de otra isla, y algunos de sus sirvientes, a todos los cuales mandé agasajar con muchos obsequios y después hubimos de comer juntos, siendo ellos muy placidos de hacerlo dentro de la nao. Convenga saberse que estos pueblos están muy cerca de los Malucos pues no más de 10 grados los separan al norte en la misma longitud, siendo numerosas las islas y enormes los piélagos que son menester cruzar hasta alcanzar los dichos parajes, de ahí que resulte tan necesario y provechoso hacer hermandad y alianzas con los reyes de estas islas, los cuales tienen parentela entre ellos, y aun es sabido que los hermanos casan con sus hermanas para unir y proveerse de mayores reinos. De tal suerte, es harto peligroso hacer migas con los de menos provecho y no hacerlas con los más abastecidos en armas y gentes. Luego a la amanecida del día de hoy en que esto escribo, Domingo de Pascua del presente, mandé bajar a tierra a cincuenta hombres, muy aderezados de prendas y armas, los cuales plantaron una gran cruz en un cerro adornada con clavos y una corona de espinas en señal de los padecimientos de Nuestro Señor Jesucristo y aún de los nuestros que hubimos pasados para llegar hasta aquí. Hubimos de oficiar la misa en el dicho cerro y aún rezamos a nuestra Señora María Santísima de la Victoria por todos los dones y mercedes concedidos. Pues de tal manera hube de agradecer que éramos vivos y salvos en esta región reversa del mundo cuando a tal hora muchos creyesen en Castilla y Portugal que ya andaríamos muertos y tal vez en el infierno. Antes de oficiar la ceremonia rogué el permiso de los dos reyes allí presentes para proveer el oficio y se mostraron de tal razón que fueron muy placidos de quedar a mi lado toda la misa, y aun de persignarse la cruz en sus caras, pues imitaban todo cuanto hacíamos sin saber ni entender lo que hacían. Luego de ello y para más agradar a los reyes mandé a seis ballesteros para que danzaran con las espadas desnudas, que es cosa de maravillarse como lo hacen en Sevilla, quedando muy asombrados y placidos todos los presentes. Convenga saberse que hoy hace un año de que hubimos llegado a la Bahía de San Julián de tan infausto recuerdo, y Dios en su infinita misericordia ha venido en bendecirnos con infinitas mercedes por nuestros muchos afanes y trabajos, los cuales no habremos más que agradecer esforzándonos en alcanzar el Maluco para mayor gloria de S.A. nuestro rey don Carlos, y aun para la nuestra, pues obraremos gran provisión de ello. Luego de la misa mandé a Enrique que informara a los reyes acerca de los muchos y grandes poderes de la cruz allí plantada, la cual sería una señal para la guarda y custodia de sus pueblos, puesto que desde ese momento serían tomados en hermandad y no en guerra por cuantos barcos cristianos llegasen tras de nuestra armada. Luego después, siendo los dichos reyes muy agradecidos por nuestra cortesía y afabilidad vinieron a informarnos que no muy lejos de Masagua se hallan tres islas grandes con muchas y ricas mercaderías, las cuales podríamos comerciar para nuestro soberano, estas islas son Ceylon, Zubú y Calagan, siendo el rey de Zubú el más rico y con mayor número de deudos y provechos en las dichas islas. A tal fin, andamos ahora levando anclas para correr nuestra derrota en demanda de Zubú, Dios lo quiera y quede en nuestra compaña, así como la Santísima Virgen de la Victoria nos guíe y guarde en buen viaje a salvamento.

Episodio 29. Otro Moisés sin tierra prometida

Siendo en la nao *Trinidad* a la nona del viernes veinte y seis días del mes de abril del año del nacimiento de Nuestro Señor Jesucristo Salvador de mil quinientos veinte y un años convenga saberse que bien hubimos partido de la isla de Masagua a jueves cuatro días del presente abril cuando el rey de la dicha isla quiso ofrecerse como piloto y guiarnos para mejor correr el camino hasta alcanzar la isla de Zubú, lo cual vino hacer con la compaña de los suyos en el barangay real. Luego que singlamos al norte dimos en la costa de Ceylon y aún fuimos costeando la dicha isla al noroeste hasta alcanzar los 10 grados de esta banda, y aun corrimos por 10 leguas más al oeste pasando en la mitad de un estrecho que separa la dicha isla de Ceylon de otra muy grande cuyo nombre es Bohol, allí paramos de noche al resguardo de dos islotes y hubimos de quedar al pairo en la espera del rey de Masagua que había perdido la conserva de las naos por ser más lento su barangay. Luego de ello, le invité a subir a la nao capitana por mejor seguir nuestra derrota sin perdernos los unos de los otros, de lo cual quedaron placidos el rey y sus asistentes, y así navegamos el resto de la jornada quedando todos ellos muy maravillados con la maniobra de los rumbos y las artes de marear que usábamos en la capitana. Luego a la amanecida siguiente viramos rumbo al sudoeste cuarta del sur por otras 12 leguas hasta los 10 grados y un tercio donde embocamos un canal por el cual se entra en Zubú que está a la diestra, frente de otra isla llamada Matán a la siniestra, y en verdad fue providencial la ayuda del rey de Masagua por ser estas islas de muchos bajíos y muy peligrosos para las naos, no siéndolo para los barangays y las chalupas que ellos navegan pues no calan fondo. Convenga saberse que las islas de Masagua y Zubú están en la aguja este-oeste cuarta del noroeste y distan 30 leguas la una de la otra, y aun que las dichas islas distan del Maluco no más de 200 leguas, tal se lo pregunté al rey de Masagua, el cual se lo dijo a Enrique de Sumatra para que me lo informara, siendo muy placido de hacerlo. Al fin, estando cerca de nuestro destino era tiempo que yo viese a la tripulación muy jubilosa de nuestra suerte, sin penar por el hambre ni las enfermedades, y aun resulta muy grato que los oficiales y maestres y grumetes y toda la gente de la armada se esfuerzan por bien cumplir en su oficio de cada día, y en verdad convenga saber que es gente muy agradecida y esforzada como nunca vi otra. Así andamos a muy poco de acabar esta venturosa jornada y alcanzar las islas de las especierías, en las que tanto empeño gastaron los reyes de Portugal y Castilla para que estuviesen en su partición y no en la del otro, mandando en ello a muchos navegantes y exploradores para que las tomasen en su provecho, y esto lo hicieron aún antes de que esta armada partiese de Sevilla, ahora son para dos años, en la empresa de hallarlas y mostrar de cierto de qué parte están en la línea para ellos poseerlas. En esta hora de la misericordia en que esto escribo ruego a Dios en su divina bondad que nos guíe a las tres naos de la armada rumbo sur hasta alcanzar la isla de Ternate donde habré de encontrarme con Francisco Serrao, mi hermano en armas, tal se lo prometí y en cumplirse va para dos lustros. Después de tan largo y trabajoso viaje me placerá grandemente ver su contento y yo mismo lo soy en la espera de satisfacer nuestros logros y los de S.A. don Carlos, y aun regresar a Sevilla en salvamento de todos y ver nuevamente a mi mujer y a mis hijos, pues, si Dios lo quiso, ya hubo de parir hace un año el segundo. Luego de llegar a Zubú mandé echar las anclas en el dicho puerto y desplegar todos los pabellones y aun disparar toda la artillería dando las paces según es costumbre en la mar. Convenga saberse que hay en el dicho puerto muchas casas plantadas sobre troncos de árboles como son propias de ver en los parajes de la India, Malaca y las islas de Banda. Luego de llegar envié a Cristóbal Rabelo en la compaña de Enrique de Sumatra a fin de que hicieren paces y buena plática con el rey de la isla y aun de que le informasen que éramos aquí por su bien ganada fama como gran señor de Zubú a decir del rey de Masagua, y que éramos mensajeros del más grande y poderoso rey del mundo cuyo empeño no era hacerles la guerra sino afianzar una alianza de hermandad puesto éramos de paso para alcanzar los Malucos, y que por ello seríamos muy placidos de comerciar nuestras mercaderías a cambio de sus muy abastecidos mantenimientos. Luego más tarde hubieron de informarme cumplidamente los emisarios acerca de la visita y de las pláticas que en ello hubieron, así el rey de Zubú quiso cobrar tributo por andar anclados en su puerto tal es el uso y costumbre con todos los navíos que recalan en el dicho puerto, y así hubo ocurrido poco antes de nosotros llegar con un junco de Ciam, cuyo mercader estuvo presente en la audiencia y les fue a confundir con portugueses. De tal suerte, Enrique, muy bien aconsejado por Rabelo, hizo ver que no era de razón andar cobrando tributos al señor más poderoso de la tierra, pues queriendo la paz así la habríamos, y aun con mucho provecho para todos, mas de querer guerra, sólo penurias y calamidades habrían para ellos. Luego más tarde, cuando el rey de Masagua supo de este pleito quiso de súbito bajar a tierra para informar al rey de Zubú, llamado Hamabar, que no eran malas nuestras intenciones, y que bien haría dándonos buen trato, pues él mismo fiaba de los emisarios del muy poderoso señor al que referían. Luego otro día siguiente, lunes a la mañana, en los ocho días del presente mandé bajar a tierra a Enrique de Sumatra en compañía del escribano de S.A. en la nao capitana, León de Ezpeleta, a cuenta de su oficio para hacer paces con el rey de Zubú, los cuales fueron agasajados por el rey quien fue presto en preguntar por nuestro propósito en su isla, en tanto que él era muy gustoso en hacerse vasallo de nuestro rey don Carlos, tras lo cual fue informado que no era de suyo preciso hacerlo entonces, pues era nuestro empeño trocar sus ricos mantenimientos por nuestras mercaderías, y solo podríamos hacerlo con paces y alianzas entre pueblos en hermandad. Luego de quedar el rey muy placido de ello dijo a los emisarios querer mezclar su sangre con la mía según es costumbre en estos pueblos en señal de amistad entre los jefes, sacándola del brazo diestro. Así después trajeron de su sangre en una pequeña marmita los dichos emisarios, en la cual yo vertí de la mía para que la llevasen al rey. Luego más tarde del mediodía quiso el rey de Zubú enviar una comitiva a la nao capitana, y en ello se juntaron el rey de Masagua y el mercader de Ciam, en compañía de diez prebostes de la isla y aun el príncipe heredero para concertar las paces y conocer de mi persona. De tal guisa quise agasajarlos con discreción y mucha dignidad según el grado, pues convenga saberse que estos reinos, en cuanto a ceremonial y boato, en nada se comparan a los nuestros. Hube platica con el príncipe y los dichos prebostes a razón de fiar los unos de los otros, pues no había razón de hacerse la guerra entre hermanos, y aun les dije cómo era nuestra fe en la creencia de un único Dios supremo y todopoderoso, el cual gobierna sobre todas las personas y animales y cosas del universo, y aun nada ni nadie escapa a su infinito poder. Convenga saberse que no siendo mi ánimo convertir a este pueblo al cristianismo bien vino en mostrarse la dicha gente muy pacífica y conversa. Tan placidos quedaron los invitados de cuanto dije que me rogaron les siguiese hablando de tal guisa, y aun con los menos llorando, los más se maravillaron con las historias de la sagrada Biblia que hube de contarles para tal ocasión. Luego de hacer los honores con gran efusión de presentes de una y otra parte, y aun de prometer una paz perpetua entre los reyes de Zubú y Castilla, hubimos de comer juntos en la nao la *Trinidad*, tras de lo cual la comitiva bajó a tierra para informar a su rey con la promesa de que nuestro sacerdote les daría bautismo a cuantos quisieren. Mas a sabiendas de su credos paganos les advertí que nadie debería convertirse al cristianismo por temor a nuestras armas o engañados en la esperanza de obtener mercedes temporales, pues lo que Dios hubiere en darles lo haría en la otra vida que es eterna después de la muerte. Así lo dije en verdad y así lo oyeron los isleños y los nuestros. Luego otro día siguiente Martes nueve días del presente mandé al Lombardo en la compaña de Enrique y Cristóbal Rabelo para que hiciesen honores y entregasen presentes al rey Hamabar, los cuales por prolijo omito detallar ahora, y aun le dijesen que ello lo hacía de muy buen grado, no por corresponder a los que hube recibido de él, sino por la afición que le profesaba, de lo cual quedose el rey muy agradecido y ganado para nuestra empresa. Luego otro día siguiente, a miércoles diez días del presente, hube de enviar nuevamente al Lombardo en la compaña de Enrique para tomar licencia del rey Hamabar y enterrar a uno de los nuestros, que hubo fallecido la noche antes. Convenga saberse que es costumbre en la mar tirar el cadáver por la borda tras rendir rezo y homenaje al difunto, mas para este caso el muerto era Juan de Aroche, alguacil que fue de la perdida nao *Santiago*, muy de la confianza del alguacil mayor Gómez de Espinosa, el cual lo es mucho de la mía propia por ser persona muy honrada y leal soldado. A tal fin vino en consagrarse la plaza central del poblado como lugar del entierro y allí hubimos de poner una cruz como señal del campo santo. Luego de ello el rey Hamabar nos otorgó licencia para disponer un almacén en el poblado y mercadear productos con los de Zubú, lo cual fue a viernes doce días del presente, y aun dispuse que no hubiese abuso ni mal trato en el tráfico de mercaderías, lo cual se hizo con la custodia de cuatro hombres a los cuales ordené el dicho empeño. Convenga saberse que estos pueblos desconocen el verdadero valor del oro y de otras prendas que suponen mucho para nosotros y muy poco para ellos, maravillándose a cambio con otras de escaso valor. Y aun les place trocar el hierro por el oro casi por las mismas libras en la pesada, lo cual prohibí que se hiciere bajo pena de muerte de no cumplirse este mandamiento, pues ni es justo el hacerlo ni de ello se sacaría provechos en el negocio que habremos de hacer en los viajes venideros. Siendo domingo catorce días del presente abril, luego de una gran tronada de artillería, hubimos de bajar al poblado pues era el rey Hamabar muy empeñado de que fuesen bautizados él y sus súbditos según el rito cristiano, para lo que se proveyó un gran tablazón en la plaza principal que ya era de suyo consagrada como campo santo, la cual se adornó con hojas de palmera y tapices a la manera que hacen estos naturales en sus fiestas, y aún todo ello lo hicieron con mucho agrado y fervor. Mandé desembarcar para la ocasión a cuarenta hombres muy engalanados y aun dos de ellos bien armados los cuales portaban el estandarte real. Luego de hallarme frente al rey hube en abrazarme con él a la usanza de esta gente, que de suyo lo hacen con mucha afección, tras lo cual fuimos a sentarnos en dos solios muy engalanados y aun ello lo hicimos rodeados de todos sus siervos y con cientos de guerreros por doquier. Plantamos una gran cruz de madera en el centro de la plaza que causó mucho asombro y luego de ello vine a decir al rey Hamabar lo placido que era de aquel oficio, pues no hay más en el mundo que agrade a Dios que el aumento de los fieles en la fe cristiana. Y aun le dije que el bautismo sería de mucho provecho para su pueblo pues los haría invencibles contra sus enemigos y, aun de todos, él sería más poderoso que cualquier otro rey de aquellas naciones por ser el primero en abrazar nuestra fe, pues de suyo sería que, más adelante, otras armadas alcanzarían estos parajes y aun lo harían con más navíos y guerreros. Luego de ello tomé la mano del rey y le conduje al centro de la entarimada donde le pusieron una túnica blanca que tapó enteramente su cuerpo casi desnudo, y así dejando su viejo nombre de Rajá Hamabar fue bautizado con el nombre de Carlos por el preste Valderrama, a sabiendas de que tal era el nombre de S.A. nuestro soberano y señor. Luego de ello hubieron de tomar las aguas del bautismo el rey de Masagua y otros principales de estas islas, a los cuales pusimos el nombre de nuestro príncipe Fernando, después a otros les pusimos Cristóbal y aun a muchos otros con diferentes nombres de santos; no menos de quinientos fueron bautizados aquel día. Convenga saberse que bien les advertí a estos conversos que era propio de muchos pueblos convertirse con engaño por miedo al castigo, aun conservando las antiguas supersticiones paganas, mas yo les quise informar que no era eso lo propio para ser buen cristiano, y que no habría de temerse otro castigo que el de Dios todopoderoso, el cual les premiaría o castigaría en la otra vida, que es eterna, y aun siendo cristianos de fe habrían de quemar sus ídolos de madera que guardan en las chozas, a los que llaman anitos, y que dicen guardar a sus familiares muertos, mas yo les dije que, por ser tan falsos y paganos, resultan demonios a los ojos de Dios. Luego se hizo la misa y regresamos a las naos quedando el rey Hamabar en tierra con sus principales para hacer un consejo de lo sucedido. Al atardecer de ese mismo día bajamos a tierra nuevamente para bautizar a la esposa del rey Hamabar, la cual era muy curiosa y grata de hacerlo, y lo hizo en la compaña de cuarenta damas de su corte. Una vez fueron terminados todos los oficios por el preste de la armada hube en mostrar a la reina una imagen de nuestra Señora la Virgen, un crucifijo y una talla del Niño Jesús, la cual yo tenía muy venerada en mi cámara de la capitana. De todo lo cual la reina quedó tan prendada que no pudo contener el llanto, maravillándose con ello las damas acompañantes que también lloraron al verla, así la bautizamos con el nombre de Juana como a la reina madre de Castilla, y aun otras muchas de sus damas quisieron el mismo nombre. Luego otros días siguientes hubimos de seguir bautizando a muchos naturales de esta y otras islas vecinas, de lo cual se extrae que ni todos son ciertos como otros si lo son. Convine más tarde en regalar el Santo Niño a la reina pues vino a ser muy aficionada de él y en todo momento quería verlo. Muy devotamente vino a situarlo en lugar de sus ídolos paganos a los cuales rechazó. Otros no lo hicieron y cayeron en castigo de Dios pues enfermaron de muerte, así les hice ver que serían sanados si quemaban a sus anitos, y aun milagrosamente algunos se libraron de la muerte siguiendo el dicho consejo. Convenga saberse para mejor entender este negocio en que andamos empeñados, que de hacerse cristianas las islas de San Lázaro, que tan cercanas están de los Malucos y en tan buena alianza de paces con Castilla, de mejor guarda y provecho serán los muchos viajes que habrán de hacerse en adelante por las armadas de S.A. en demanda de las especierías. Mas habiendo ahora probanza cierta del estrecho patagónico muchos vendrán a reclamar la pertenencia de la dichas islas, y, como no hay atajo sin trabajo, bien me empeñaré en probar de cual reino son y de cuál no lo son, pues todo lo que está al oriente y al poniente lo he andado y sólo Dios proveerá los regimientos que habrán de guiarme en fijar la línea de la dicha partición. Así ando por adobar estas islas y pueblos en el buen provecho de las navegaciones que se sucederán por alcanzar estas aguas, sin mayor quebranto de naos ni de bastimentos ni aun de vidas que perder en ello. Luego en la amanecida de este mismo día que hoy andamos a viernes veinte y seis del presente abril hubimos la visita en la nao capitana del hijo de un jefe vasallo de Hamabar llamado Zula, cuyo gobierno en la isla de Matán, paraje cercano adonde hacemos fondo frente a Zubú, rivaliza con otro jefe de la dicha isla llamado Cilapulapu, el cual hace tiempo se niega muy salvajemente a pagar tributo a Hamabar y aun dice despreciarle por no honrar a sus ídolos y rendirse cobardemente a nuestras divinidades. El susodicho hijo de Zula nos dejó gentilmente unos presentes muy sencillos rogándome el perdón por no satisfacer nuestra demanda, y aun dijo que su padre bien vendría con los suyos en nuestra compaña si éramos en la intención de castigar al rebelde. Convenga saberse que antes de comer, a no mucho tiempo que esto escribo hube en reunir a los oficiales y pilotos y maestres y contramaestres de la armada para disponer un escarmiento al dicho Cilapulapu, y aun valorar de suyo qué hacer y no hacer en tal negocio, pues muy pronta tenemos la partida de Zubú y no es tiempo de torcer la jornada en peleas entre isleños que tan solícitos siempre están de ellas. Luego de andar todos reunidos les dije mi voluntad de cobrarnos esta insolencia sin ánimo de excedernos en el castigo, pues con medio centenar de hombres bien armados y el cobro del tributo sería suficiente para reparar el agravio y devolver las ovejas al redil. Es bien sabido que al vencedor generoso le queda el reconocimiento de Dios y el temor y reverencia de los vencidos, siendo la dicha ocasión muy propicia para demostrar la superioridad de nuestras armas, pues de no hacerlo bien nos podrían tomar por cobardes y con ello quedar muy menospreciados del rey Hamabar y de los otros jefes. A tal punto resuelto en el empeño, requerí la opinión de los dichos oficiales acerca de la gente que era dispuesta para la porfía, pues yo mismo sería el primero en la partida. Convenga saberse que el muy honrado capitán Juan Serrano fue de opinión muy contraria y aun me requirió de no fiar en la dicha jornada, pues amén de no sacarse provecho de ella las naves quedarían mal provistas de gentes y los isleños podrían tomarlas con muy poco esfuerzo, mas si quería hacer escarmiento sería lo propio que no fuese yo en persona y así fuese otro en mi lugar, tal se hace en la guerra para custodia del capitán general, que es el alma de la armada. Oída esta y otras voces de parecida opinión, las cuales de tomarse en consideración en nada cambiarían la suerte de los hombres y de las naciones, resolví no hacer demora de tan espinoso asunto y dispuse velar las armas frente a Matán hasta poco antes de la amanecida de mañana Sábado, que serán los veinte y siete días del presente, si Dios todopoderoso lo quiere y en ello nos guíe con su infinita bondad y sabiduría. Y aun porque la ocasión será en el día de la Santísima Virgen María, a su protección encomiendo nuestras vidas, pues sólo gracias a Dios, a nuestro señor Jesucristo y a su madre la Virgen Santísima debemos el andar vivos en este paraje y aún triunfantes de todos los peligros e infortunios pasados. Mandé a la sazón armar pertrechos en tres bateles y aún pregunté quiénes serían en mi compaña entre los pilotos, maestres y contramaestres de la armada. Y como el silencio dice más que las palabras mandé presto que se eligiesen cincuenta hombres de entre los más sanos y con mejor oficio para las ballestas y arcabuces, y aun el resto de la hueste que lo fuese a voluntad de quienes quisieran andar en mi compaña durante la contienda. Convenga saberse que, a muy poco tiempo en que la libraremos, hube en probar nuevamente que no son los títulos ni apellidos los que visten la honra y la nobleza del alma, sino la honradez y la valentía de los audaces. De tal suerte, cuando mañana suenen las chirimías para el combate, los cobardes andarán a su recaudo, rezagados en las naos, y yo tendré conmigo a los valientes. Y aun el muy leal y esforzado Gonzalo Gómez vino a implorarme de suyo cubrir mis espaldas como siempre lo hizo, mas es mi voluntad que obre en el gobierno de la *Trinidad* para mejor custodia de la armada, hasta que regresemos victoriosos, Dios lo quiera y nos guarde y nos proteja del mal. Mas si Dios quiere que yo muera en esta tierra pagana en la que ando por servir a mi señor, que él perdone mis pecados y se guarde de mi alma, y que mis exequias se hagan como las de un simple marinero, dando mi ropa y mis armas al preste Valderrama para que se digan tres misas de réquiem.

Fin del diario

Muerte de Magallanes. Grabado alemán, siglo XVI

DESTINO DE LA ARMADA DESPUÉS DE MACTÁN

Muerte de Magallanes

Magallanes no pudo ser testigo de su propia muerte de ahí que tengamos que contarla por él. Para ello es necesario valernos de las fuentes más fiables de las que tenemos registro, tales son la crónica de Antonio Pigafetta, que lo vivió en primera persona, y otra, no menos autorizada, debida al mismísimo Juan Sebastián Elcano. Magallanes ya nos dejó claro en su diario los prolegómenos del conflicto de Mactán, el cual se presentaba como una simple contienda doméstica entre jefes tribales por el control de una pequeña isla de las Filipinas. La decisión de intervenir en aquel pleito en contra de la lógica, que dictaba la no intromisión en un asunto de tan bajo calibre, ha sido materia de constante discusión entre cronistas e historiadores de todas las épocas. Mas lo cierto es que Magallanes optó por la intervención pasando también por alto la opinión de sus propios compañeros e incluso la de su aliado estratégico, Humabón, el reyezuelo de Cebú, quién le aconsejó que no luchase y, en caso de hacerlo, se procurase la ayuda de sus guerreros, que se contaban por más de mil. Por el contrario, Magallanes, tal vez imbuido de aquel espíritu caballeresco, desprendido y heroico, que tanto daría que escribir a Cervantes en el *Quijote*, quiso demostrarse a sí mismo y también a los demás la invulnerabilidad de sus armas, y sobre todo la de su Dios. Todo lo cual nos hace recordar necesariamente el mesianismo imperante en las acciones de Colón y de otros conquistadores en su afán por mostrar la superioridad de la cultura y el credo occidental sobre la de los indígenas.

Así las cosas, en la madrugada del 27 de abril de 1521 Magallanes se presenta con apenas cincuenta soldados frente a la pedregosa costa de Mactán. Muy pronto se dan cuenta que deben saltar al agua pues no pueden avanzar con los esquifes a causa de las numerosas piedras que apenas sobresalen del agua, a muy poca distancia unas de otras. Cuestión ésta que resultó de gran importancia para el desenlace de aquella batalla y que pude constatar personalmente cuando navegué por la misma bahía. Incluso tuve ocasión de sobrevolarla, valorando desde el aire la realidad de una topografía costera verdaderamente inhábil para cualquier tipo de embarcación de cierto calado que pretendiese arrimarse hasta la orilla durante la bajamar, tal como ocurrió aquella madrugada.

Avanzando lentamente de manera muy torpe a causa de las incómodas prendas que vestían y calzaban, además de las pesadas armas que debían portear, de repente se vieron rodeados por cientos de guerreros mataneses que no cesaban de lanzarles todo tipo de artefactos con los que les causaban un gran daño, entre ellos lanzas y flechas fabricadas con cañas endurecidas al fuego, sin que faltasen también las piedras que llegaban desde todas las direcciones. Magallanes aturdido por tal recibimiento, apenas tuvo tiempo de recomponer a los soldados de su pequeña hueste, que bastante tenían con evitar las certeras pedradas en la cabeza y algún que otro flechazo en las partes más vulnerables. Tras ese primer descalabro Magallanes intentó establecer un acuerdo con el jefe Cilapulapu al que le propuso hacer las paces a cambio de que cumpliese la debida obediencia a Humabón rindiéndole tributo. Sin embargo, ese gesto, tan inútil como provocador, hizo que el orgulloso cacique optase por seguir en la lucha arengando aún más a sus guerreros. Magallanes decidió entonces enviar a un grupo de soldados para que incendiasen las chozas de un poblado muy cercano a la orilla, pues tal solía ser una táctica que los portugueses y castellanos empleaban, tanto en la India como en América, con muy buenos resultados, pero lo cierto es que en este caso falló estrepitosamente, exacerbando aún más el ánimo de los combatientes locales, que, no en balde, luchaban por defender lo suyo en contra del enemigo invasor. Quizá ese hubiese sido el momento adecuado para recapacitar y ordenar la retirada, debido sobre todo a la ineficacia del fuego de las lombardas, las cuales estaban siendo disparadas desde los esquifes, muy lejanas por tanto del lugar de la refriega, pero Magallanes no se rindió, probablemente por las causas ya indicadas, y ordenó justo lo contrario, atacar a discreción con las ballestas y arcabuces en un terreno que no era el apropiado, de forma que ni los dardos ni las balas lograban llegar a sus objetivos, mientras que las lanzas y flechas de los guerreros de Lapulapu eran cada vez más eficaces, siendo recuperadas y lanzadas de nuevo hasta por dos y tres veces, según nos cuenta la crónica de Pigafetta. Pero sigamos ahora para mejor entender lo sucedido, y tal vez para iluminar algunos puntos oscuros de este relato, la crónica que nos deja el misionero agustino Rodrigo Aganduru Moriz, que toma del testimonio manuscrito de Juan Sebastián Elcano, quien a su vez lo tomó de un contendiente anónimo:

> Los nuestros, con las ballestas y arcabuces hicieron gran riza en los de Matán, que apiñados peleaban con lanza y pavés unos, otros con arcos y flechas, otros con alfanje y rodela, y algunos con cerbatanas, por donde tiran unas saetillas enherboladas, que en picando en cualquiera parte del cuerpo, matan. Con gran coraje peleaban los mataneses y castellanos cuando atravesó una flecha a un hijo bastardo de Magallanes, llamado Rabello, mancebo brioso, y que hacía muy bien su deber, y luego cayó muerto porque las flechas llevan fortísima ponzoña. Violo el padre y sintiólo tanto que, adelantándose del pequeño escuadrón, se metió entre los indios como un loco, donde hizo con una espada y rodela maravillas, y aunque por socorrerle se adelantaron los nuestros, los enemigos habían cerrado con él, y, en fin, acabó la vida allí miserablemente. Los demás, viendo que dos grandes tropas les iban a tomar las espaldas, se fueron retirando, peleando con los victoriosos mataneses. En la retirada murieron dos soldados, y viendo los demás que les faltaba la munición se embarcaron. Magallanes murió atravesado de una lanza y luego le quitaron la cabeza, según estilo observado en estas islas, y poniéndola sobre una lanza la llevaba el ejército vencedor. Grande sentimiento hizo ello en la armada viendo la desgraciada muerte de su General, cuando pudiera vivir gloriosamente, sin reñir en pendencias ajenas. Y así le sucedió al revés de lo que dice el Sabio, que las guerras se acometan con consejo y madurez, porque en haberlos consiste la salud y la victoria. Aquí, pues, como faltó en esta guerra y como faltó también causa justa, forzosamente había de ser el fin avieso.

Sabias y precisas palabras que muestran dos hechos sorprendentes, el primero, ya comentado, la falta de rigor y juicio que llevó a Magallanes a meterse en pleito ajeno sin que nadie le llamase a ello. Y el segundo, igual de interesante aunque más revelador, tal es el reconocimiento de la paternidad de Magallanes acerca de Cristóbal Ravelo, su hijo natural, al cual no duda en socorrer cuando está herido, aun a costa de poner en riesgo su propia vida, tal como ocurrió, con las desastrosas consecuencias que de ello se derivarían para el futuro de la expedición. De tal forma, aun aceptando que quizá no se debiese prestar una validez absoluta a este testimonio, sí que es cierto que resulta altamente significativo, sobre todo cuando lo sumamos a otros hechos de no menor importancia y que muestran a las claras la enorme predilección de la que siempre gozó este supuesto criado, que siempre acompañó a Magallanes allá donde estuviese, siendo gratificado por éste en todo cuanto pudo. Así se constata de la propia donación testamentaria que le hace Magallanes en agosto de 1519 en Sevilla, o de la incomprensible concesión de la capitanía de la nao *Victoria*, tras el cese de su cuñado Duarte Barbosa, pasando para ello por encima de gente mucho más experimentada y de mayor cualificación en la Armada.

Finalizamos este capítulo con las palabras que nos dejó Pigafetta acerca de su amado líder, las cuales reflejan mejor que cualquier otro testimonio el grado de admiración, no exento de idolatría, que la mayor parte de la tripulación tenía por la figura de Hernando de Magallanes:

> Como conocían a nuestro comandante, dirigían principalmente los tiros hacia él de suerte que por dos veces le hicieron saltar el casco de la cabeza, sin embargo no cedió, combatiendo nosotros a su lado en reducido número. Esta lucha tan desigual duró cerca de una hora. Un isleño logró dar con el extremo de su lanza en la frente del capitán, quien furioso le atravesó con la suya, dejándosela en el cuerpo. Quiso entonces sacar su espada pero le fue imposible a causa de que tenía el brazo derecho gravemente herido. Los indígenas que lo notaron se dirigieron a él habiéndole uno de ellos acertado tan gran sablazo en la pierna izquierda que cayó de bruces. En el mismo instante los isleños se abalanzaron sobre él. Así fue como pereció nuestro guía, nuestra lumbrera y nuestro sostén. Cuando cayó y se vio rendido por los enemigos aún se volvió varias veces hacia nosotros para ver si habíamos podido salvarnos. Como no había ninguno de nosotros que no estuviese herido y nos hallábamos en la imposibilidad de socorrerle o vengarle nos dirigimos en el acto a las chalupas que estaban a punto de partir. Fue así como debimos la salvación a nuestro comandante porque en el instante en que pereció todos los isleños se dirigieron al sitio que había caído. Pero la gloria de Magallanes sobrevivirá a su muerte.

> Estaba adornado de todas las virtudes, mostrando siempre una constancia inquebrantable en medio de las más terribles adversidades. A bordo se condenaba a privaciones más grandes que cualquiera de la tripulación. Versado como ningún en el conocimiento de las cartas náuticas, poseía a la perfección el arte de la navegación, como lo probó dando la vuelta al mundo que nadie antes que él había osado tentar. Esta desgraciada batalla se libró el 27 de abril de 1521, en un sábado, día que el comandante había elegido porque le tenía particular devoción.

Por encima del heroísmo y de los múltiples merecimientos que el fiel Pigafetta atribuye a Magallanes, todos ellos indiscutibles, los rasgos que mejor distinguían la personalidad del insigne navegante eran su voluntad granítica y una fe inquebrantable, con los cuales afrontó todas sus empresas a lo largo de su vida, y muy especialmente su gran obra de circunnavegar el mundo convirtiéndose en un héroe inmortal. Así parecieron apreciarlo el cacique Cilapulapu y sus guerreros, que se negaron rotundamente a entregar el cadáver a los castellanos cuando éstos lo reclamaron para darle cristiana sepultura, muy a pesar del generoso rescate que ofrecían. Los matanenses entendieron que no sólo habían logrado la victoria sobre los invasores extranjeros sino que habían dado muerte a un enemigo muy valioso, un verdadero héroe que merecía ser tomado como botín de guerra para mayor gloria de los suyos. Todavía hoy, después de cinco siglos, los habitantes de Mactán se consideran orgullosos herederos del guerrero Lapulapu, vencedor de Magallanes, siendo éste como un Héctor que engrandeció aún más la fama de su particular Aquiles filipino. Después de 500 años de la batalla de Mactán ambos héroes son recordados y honrados en sus respectivos monumentos de la localidad, los cuales son visitados anualmente por millares de visitantes de todas las Filipinas, así como de otros lugares del entorno cuya toponimia refiere a Magallanes y Lapulapu.

De tal forma, Magallanes murió y quedó en Mactán para siempre, aunque su figura resurgiría más tarde gloriosa e inmortal para la historia universal.

Deserción de la nao *San Antonio*

Tal como ocurre con su propia muerte y otros sucesos de gran importancia para comprender la historia de la primera vuelta al mundo, Magallanes tampoco pudo ser testigo de la deserción de la nao *San Antonio*, e incluso murió con la duda sobre si verdaderamente naufragó en el estrecho recién descubierto o fue un acto de traición en todo regla, como así lo fue, convirtiéndose de hecho en uno de los mayores atentados y sabotajes criminales de la historia náutica universal. El relato que conocemos proviene de dos versiones bien diferenciadas, una de ellas la que promovieron los propios saboteadores de la expedición tras su regreso a España, en mayo de 1521, y de otro lado, la que nos ofrece Antonio Pigafetta, quien aparte de su propia conclusión, debida a las vivencias y conocimiento del ambiente reinante entre Magallanes y el resto de pilotos y oficiales, también tuvo la oportunidad, tras su regreso en la nao *Victoria*, de conversar con algunos de los marineros de la *San Antonio*, así como con el suegro de Magallanes, Diego Barbosa, el cual había denunciado ante la Corona, aunque sin mucho éxito, a los desertores amotinados en defensa de los derechos de su yerno.

En cuanto a la versión claramente sesgada de los amotinados, encabezados por el piloto Estevao Gómez, en ella se alude a que la *San Antonio* se apartó del resto de la Armada por motivos meramente accidentales e involuntarios, tratando con ello de ocultar su deserción premeditada, mostrándose una vez más que cuando la razón carece de causas ciertas los traidores las saben amañar. Así cuando los amotinados pasan su informe ante el tribunal de la Casa de Contratación de Sevilla concluyen que, después de salir para la exploración de un canal en el Estrecho, tal era su cometido por orden del Capitán General, estuvieron en dicha acción por tres días sin que les siguiera la nao *Concepción*. Después de ello regresaron al lugar de la partida donde habrían de reunirse todas las naos, no hallando a ninguna de ellas, con lo que siguieron buscando durante cinco días hasta que finalmente decidieron regresar a España. Para rematar su infamia los amotinados advierten en el citado informe que el capitán de la nao, Álvaro de la Mesquita, por ser pariente y protegido de Magallanes, se negó a regresar propinando una estocada en la pierna a Estevao Gómez, principal instigador del motín, tras lo cual se enzarzaron en una lucha que acabó con puñaladas de una y otra parte, y con el capitán Mesquita preso y encerrado en las bodegas de la *San Antonio* hasta llegar a Sevilla. Sin embargo la información que nos refiere Pigaffeta dista mucho de la anterior y, dicho sea con objetividad, es la que parece mostrar una secuencia más coherente y veraz de todo lo ocurrido. Lo cierto es que Estevao Gómez, piloto de la nao *San Antonio* aunque primero lo fuera de la nao *Trinidad* y por tanto persona de la mayor confianza del Capitán General, hacía tiempo que odiaba sin tapujos a Magallanes. Siendo Estevao uno de los pilotos emigrados que acompañaron al genial navegante en su llegada a Sevilla, se mostró siempre muy receloso y envidioso de su capitán. Las razones fueron diversas, desde las que apuntan a motivos puramente profesionales, derivadas del rápido ascenso de Magallanes en la Corte y después en la Casa de Indias, a otras que dejan ver el agravio de Estevao Gómez por no ver recompensado sus servicios en la Armada durante el viaje. Sin ir mas lejos, tras los sucesos de San Julián, el nombramiento de Álvaro de la Mesquita, un simple sobresaliente sin apenas méritos, como capitán de la nao *San Antonio*, hubo de causarle un profundo malestar, lo cual le llevó a contradecir en adelante cualquier decisión que tomase Magallanes, incluida la de seguir navegando hasta descubrir el estrecho. Desde ese momento el piloto portugués se encargó de minar los ánimos de la tripulación haciéndoles creer que el viaje estaba destinado al fracaso y todos ellos a una muerte tan terrible como cierta. Una vez fraguado el motín y con Mesquita fuera de circulación, Gómez no tuvo gran dificultad para maniobrar a sus anchas y recomponer los designios de la nao *San Antonio*. Para guardar las apariencias nombró como capitán de la nao al hasta entonces escribano y tesorero de la Armada, Jerónimo Guerra. Curioso e inteligente nombramiento, pues precisamente ese cargo de escribano conllevaba el elevar a documento público cuanto fuera de relevancia durante la travesía, lo cual era de suma importancia debido a los informes que habrían de redactar de común acuerdo todos los amotinados para presentarlos a su llegada a Sevilla, a los que habrían de sumarse los propios documentos originales que ya portaba Jerónimo Guerra, emanados de las disposiciones establecidas en los Consejos que llevó a cabo Magallanes. Este sinuoso argumento resulta especialmente detectable en algunos de los testimonios presentados por los amotinados durante el juicio que tuvo lugar tras la denuncia de Diego Barbosa por alta traición, en la que solicitaba la libertad para Álvaro de la Mesquita y el castigo para los saboteadores. En tales documentos se seguía la vieja máxima de que la historia, aunque sea de forma tramposa, la escriben los vencedores, creyendo aquellos por entonces que Magallanes y el resto de los expedicionarios habrían de perecer en su intento de llegar a las Molucas. Pero siguiendo con el rumbo de los acontecimientos, sepamos que una vez apresado el capitán Mesquita, en la noche del 8 de noviembre de 1520, Estevao ordenó inmediatamente cambiar el rumbo y regresar por el mismo camino que les había llevado hasta allí. Para ello salieron del estrecho una semana más tarde y se adentraron nuevamente en el océano Atlántico, donde tomaron rumbo al norte hasta llegar, después de una larga navegación, al puerto de las Muelas en Sevilla el 6 de mayo de 1521. Al tratarse de la nao más abastecida no llegaron a pasar muchas calamidades durante la travesía, lo cual no impidió que muriesen algunos tripulantes incluyendo al gigante patagón que viajaba en la nao *San Antonio*, y seguramente por las mismas causas que el anterior, el cambio brusco de temperaturas sumado quizá a una infección tropical. Finalmente, a tenor de los citados acontecimientos, según refiere el asistente López de Recalde en su carta dirigida al emperador Carlos V, llegaron un total de 55 tripulantes, contando desde el capitán al último paje. Cantidad que se ve confirmada a su vez por el doctor Sancho de Matienzo, que también entendió en el proceso que se llevó a cabo en Sevilla, informando de todo ello al obispo Fonseca, el cual quedó profundamente consternado al enterarse de todo lo sucedido a los capitanes castellanos y en especial a Juan de Cartagena, probablemente su hijo natural. En el citado proceso los desertores se empeñaron conjuntamente en camuflar muy bien los acontecimientos, pues de ello se derivó que la verdadera víctima de aquella tropelía, el capitán Mesquita, acabase con el cepo puesto y entre barrotes en la cárcel del Almirante, con la desgracia añadida de que para esa misma fecha fallecía en Cebú su hijo Francisco de la Mesquita. De nada sirvieron las protestas que una persona tan influyente como Diego Barbosa elevase ante la corona y el mismísimo obispo Fonseca, pues para ese momento la ponzoña del complot estaba perfectamente inoculada en quienes deberían obrar contra Magallanes y todos sus leales. Aunque es de reconocer que no les resultó nada difícil, pues tuvieron cinco meses de navegación para urdir el plan. Como en Fuenteovejuna todos fueron a una y dijeron

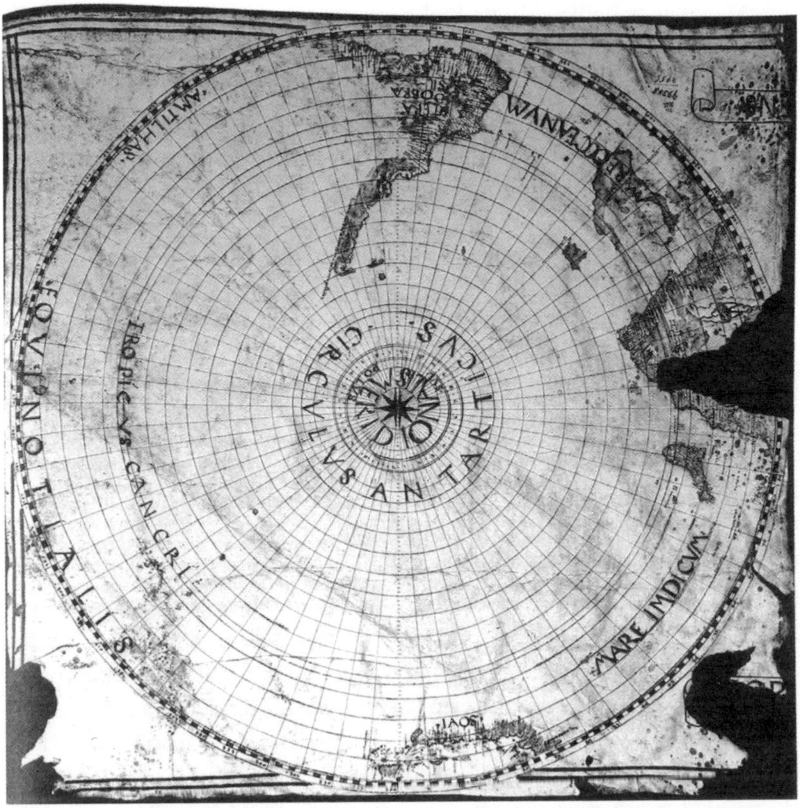

Pedro Reinel (atribuida), Carta de proyección polar, *ca*. 1522. Top Kapu Sarayu, Estambul. No está representado el estrecho de Magallanes, pero está dibujado el perfil completo de América del Sur y las islas Malvinas. Esta información geográfica pudo ser recogida por los pilotos de la nao *San Antonio*, que regresó a Sevilla sin entrar al estrecho que Magallanes había sido un mal capitán, sin méritos ni conocimientos náuticos, que se prodigó en el maltrato a la tripulación infringiéndoles todo tipo de castigos y sufrimientos, haciéndoles navegar por mares remotos que no llevaban a parte alguna. Cuestión a todas luces falsa y malintencionada si nos atenemos a la propia historia personal de Magallanes y a la opinión general que sobre él obraba en toda la tripulación. Y como sea que el destino se empeña muchas veces en castigar a los justos y premiar a los malvados, veamos a continuación las consecuencias que se derivaron de todo este episodio. Una vez que los oficiales de la Casa de Contratación levantaron sumario y tomaron declaraciones de los cincuenta y cinco tripulantes de la nao, a continuación sometieron a prisión provisional al capitán Jerónimo Guerra, al piloto Estevao Gómez, a los sobresalientes Juan de Chinchilla y Francisco de Angulo, y a dos marinos más en representación del resto de participantes en la sublevación, siendo liberados los demás para evitar gastos inútiles. Tras lo cual, el contador de la Casa, Juan López de Recalde, informó de todo al cardenal Regente del Reino en ausencia del emperador Carlos V, que no era otro que Rodríguez Fonseca. El obispo, muy arrastrado por el odio que le produjeron los calumniosos informes de los traidores, decidió tomar represalias contra todo aquello que tuviese relación con el Capitán General. Mantuvo encarcelado al capitán Mesquita y en el colmo de la ruindad mandó someter a prisión doméstica a la esposa de Magallanes, Beatriz Barbosa, y a su hijo Rodrigo, de forma que hasta resolverse el litigio no pudiesen escapar a Portugal. En esa decisión tomó mucho peso la infamia difundida por Estevao Gómez acerca de que Magallanes tenía pensado traicionar a la corona española y pasarse después al reino de Portugal. Fonseca también ordenó a los oficiales de la Casa de Contratación que enviasen un barco con la mayor urgencia para rescatar a Cartagena en la bahía de San Julián, e incluso no dudó en gastar para tal misión un resto de cinco mil pesos de oro recién llegados de América. Por su parte, Estevao Gómez, creyendo realmente que nadie sobreviviría para contar la verdad, decidió autoproclamarse ante el monarca como el verdadero descubridor del estrecho, cosa a la que algunos dieron pábulo por lo que le otorgaron algunas mercedes y se le mantuvo hasta su muerte en la nómina de pilotos de la Casa de Contratación. Así consta que recién llegada la nao *Victoria* a Sevilla, y tras ser liberado, Estevao Gómez se enroló con tal oficio en una escuadra para proteger a los barcos españoles de los corsarios franceses que atacaban las costas andaluzas y del Algarve. Posteriormente, tras participar en las Juntas de Elvas y Badajoz para determinar la posición de las Molucas, Estevao Gómez aún pudo convencer al Emperador para que le confiase un buque, la *Anunciada*, con el que intentó descubrir un paso a las Especierías a través de las costas de Norteamérica, cosa que no consiguió, aunque es de reconocer que su viaje aportó por entonces la mejor marcación cartográfica desde la península de Florida hasta la del Labrador. Finalmente, este gran marino, de tantas luces y sombras, moriría en 1538 a manos de los indígenas en el río Paraguay, tras enrolarse en la expedición de Pedro de Mendoza al Río de la Plata.

Llegada a las Molucas

Tras la muerte de Magallanes quedó severamente trastocado el gobierno de la Armada, lo cual hizo necesario elegir nuevos cargos de manera urgente y asamblearia, tal era lo habitual en la mar cuando se producía este tipo de acefalías harto traumáticas. Así después de la recomposición, Juan Rodríguez Serrano continuaría al mando de la nao *Concepción*, Duarte Barbosa recuperaba una capitanía haciéndose cargo de la nao *Trinidad*, mientras el portugués Luís Alfonso de Goes gobernaría la nao *Victoria.* Pasado unos días del fatal desenlace en Mactán, el rey Humabón invitó el 1 de mayo a los capitanes de la Armada con el propósito de rendirles tributo en un banquete y entregarles los presentes que hubo preparado días antes para homenajear a Magallanes. Tal invitación resultaba ser muy sospechosa para el capitán Serrano que era hombre muy experimentado y que acababa de asumir la jefatura de la Armada, con la responsabilidad que ello comportaba. Sin embargo aceptó el envite por temor a que su rechazo fuese tomado por sus hombres más por una cobardía que por una decisión prudente. De tal forma, insistiendo en el error de Magallanes, pues la confianza mata al hombre, el capitán Serrano fue el primero en saltar a tierra acompañado por la flor y nata que restaba de la flota, Duarte Barbosa, López Carvalho, Alfonso de Goes, los escribanos Ezpeleta y Heredia, Andrés de San Martín, Gonzalo Gómez de Espinosa, el clérigo Pedro de Valderrama, Enrique de Sumatra y algunos otros marineros y sobresalientes hasta un total de 26. Es de notar en este episodio tan funesto la ausencia de Pigafetta, que por su reconocido valor y curiosidad natural no se perdía ni una sola ocasión de estar presente, pero lo cierto es que estaba enfermo en la *Trinidad* a causa de una flecha ponzoñosa que le hirió la cara durante la reyerta de Mactán. Una vez reunidos en el palmeral donde habría de celebrarse el convite, el alguacil Gómez de Espinosa observó como uno de los parientes del rey Humabón condujo al cura Valderrama fuera del recinto, lo que le hizo tomar en consideración apartarse junto a López Carvalho y tomar la embarcación de regreso a la nao capitana para quedar allí en estado de alerta. Pero no hicieron más que llegar a la nao cuando sintieron el griterío que se formó en tierra y que vino a confirmar la sospecha de una emboscada. Juan Lopéz Carvalho, quien a falta de los otros capitanes tenía en ese momento el mando absoluto de la Armada, decidió levar anclas y aproximar las naves para lanzar fuego de bombardas. De manera harto dramática Pigafetta nos cuenta de primera mano lo que vieron desde las naos:

> Vimos entonces que Juan Serrano, herido y atado, era conducido hacia la playa, desde donde nos suplicaba que no disparásemos más, porque, sin eso, según decía, lo matarían. Preguntámosle qué había sido de sus compañeros y del intérprete, contestándonos que todos habían sido degollados, con excepción de este último, que se había unido a los isleños.

Pero Carvalho, que no era Magallanes, hizo oídos sordos a los ruegos de Serrano y, según nos cuenta otro testigo ocular, abandonó a su capitán y a sus compañeros dejándoles en la peor de las suertes:

> El capitán Serrano continuó implorando la piedad de su compadre Carvalho, diciendo que sería asesinado en el momento en que nos diésemos a la vela, y viendo que sus quejas eran inútiles, comenzó a hacer imprecaciones, y rogaba a Dios que el día del juicio final pidiese cuenta de su alma a Juan de Carvalho, su compadre. Pero no se le escuchó y partimos sin que después hayamos tenido noticia alguna de su vida o de su muerte.

De tal modo murieron asesinados los invitados al convite de Humabón, contándose entre ellos además de los nombrados, Hernando de Aguilar,

Francisco Ante, Díez de Madrid, Antón de Goa, Rodrigo Macías, Francisco de la Mesquita, hijo del capitán de la *San Antonio*, Francisco Martín, Jean Petit, Francisco Piora, Simón de la Rochelle, Antón Rodríguez, Cristóbal Rodríguez, Francisco Rodríguez Durango, Juanes de Segura, Juan de Silva, y Guillermo Taneguy. Mucho se ha escrito y especulado acerca de la motivación que pudo tener Humabón para urdir este complot contra los castellanos, así algunos han arrimado el ascua de la causa al deseo de venganza que anidaba en el esclavo Enrique, que tras la muerte de su señor había sido objeto de humillación y maltrato por parte de Duarte Barbosa, el cual se había apropiado de él en tanto legítimo heredero de Magallanes. Otros, sin embargo, lo atribuyen más a la imperiosa necesidad que tenía el rajá de Cebú por ajustar cuentas con los castellanos y recomponer la situación en su isla, tanto en lo político como en lo religioso, puesto que cuando se marchasen los forasteros él debería rendir las propias con sus vecinos de las islas cercanas, entre ellos el héroe Cilapulapu. Lo cierto es que el prestigio de imbatibilidad de aquellos lejanos extranjeros había desaparecido por completo, haciéndoles muy vulnerables a los ojos de Humabón, quien tampoco albergaba razones para estar contento con el comportamiento de sus visitantes, pues a tenor de los sucesos que ocurrieron a espaldas de Magallanes, fueron muchos los abusos cometidos en las transacciones comerciales, así como con las nativas, cosas de las que participaron algunos capitanes como Barbosa y Carvalho.

Luego de tan lamentable y fatídico suceso la flotilla continuó su rumbo hacia la isla de Bohol bajo el mando de López Carvalho. Frente a las costas de esa isla acordaron incendiar a la nao *Concepción* por encontrarse ya muy desvencijada, al tiempo que se hallaban muy faltos de gente para gobernar las tres naves. Tras de lo cual, siguiendo con el sistema de elección colectiva, quedó Carvalho al mando de la *Trinidad* y Gómez de Espinosa a cargo de la *Victoria,* los cuales decidieron poner aguas de por medio recorriendo la parte sur del archipiélago filipino, tan sólo deteniéndose para aprovisionarse en el noroeste de Mindanao. Finalmente, en la noche del 9 de julio llegaron a las inmediaciones de la isla de Borneo, de cuyas infinitas riquezas habían oído hablar por boca de Magallanes. Allí fueron recibidos muy afablemente por sus habitantes e hicieron múltiples acuerdos con amistosos intercambios de presentes, tal los refiere Antonio Pigafetta de forma hartamente prolija en su crónica. Pero tras lo sucedido en Cebú los supervivientes de la Armada siempre mantenían un halo de sospecha allá donde se detenían, lo cual les hacía permanecer en los puertos no más que el tiempo necesario para proveerse y recibir información sobre la ruta a seguir. No obstante, a pesar de las precauciones, en la mañana del 29 de julio se vieron envueltos allá en Borneo en un nuevo altercado. De repente se vieron rodeados por decenas de juncos repletos de guerreros indígenas, de los cuales sólo pudieron zafarse a tiro limpio de arcabuces y bombardas, incluso durante la reyerta lograron capturar al hijo del reyezuelo de Luzón, la isla más grande e importante de Filipinas, el cual era muy apreciado del sultán de Borneo por ser su más conspicuo comandante. El precio de aquella escaramuza fue nuevamente el abandono de algunos tripulantes de la flota, a los cuales no pudieron recoger por que andaban mercadeando en tierra, entre ellos se encontraba el hijo natural brasileño del propio Carvalho. Paradójicamente, la ambición de este depravado capitán le jugó esta vez una mala pasada, pues el haber canjeado previamente al príncipe de Luzón por una buena cantidad de oro le hizo perder la opción del rescate que le habría devuelto a su propio hijo. Luego de aquello, sufrieron una fuerte tempestad en la misma costa de Borneo lo cual les obligó a refugiarse por un tiempo en una lugar aislado para reparar los daños. Allí aprovecharían para hacer una nueva distribución en los mandos de la Armada, por la que desposeyeron a Carvalho de la capitanía a causa de su mal juicio y carácter degenerado, eligiendo como nuevos capitanes a Juan Sebastián Elcano, a cargo de la *Victoria*, y a Gonzalo Gómez de Espinosa como capitán de la *Trinidad* y comandante de toda la Armada. A este respecto, nos consta que para entonces el verdadero cerebro de la expedición venía siendo el italiano Juan Bautista de Punzorol, el cual asesoraba desde la sombra a Gómez de Espinosa, quien provisto de las mayores virtudes guerreras mostraba en cambio carencias muy notables en el arte de la navegación. Tras de estos sucesos, las naves zarparon nuevamente el 27 de septiembre en dirección sureste en busca de las islas Molucas, en realidad estaban desandando el camino recorrido, pues sólo tendrían que haber tomado rumbo al sur para llegar desde Cebú directamente a su destino.

Siguiendo con su errática derrota tuvieron que sortear numerosas islas de aquel inmenso archipiélago que cuenta con miles de ellas. Con frecuencia se encontraban con juncos y chalupas con los que negociaban

Juan Sebastián Elcano

o tenían que pelear en acciones de mutua piratería. En aquellas embarcaciones no solo se apropiaban de los enseres y comestibles que llevaban, sino también de algunos pilotos o prácticos que les pudiesen guiar en medio de aquel laberinto. Navegando entre la costa sur de Mindanao y la isla de Basilán hallaron un gran barangay al que se enfrentaron en un duro combate del que finalmente resultaron victoriosos apresando a su capataz, éste les dio la noticia de haber estado recientemente en Ternate, e incluso haber sido hospedado en la casa de Francisco Serrao, el amigo camarada de Magallanes. De tal forma, olvidando sus viejos rencores y sacando fuerzas de su gran flaqueza, estos Argonautas del Maluco decidieron navegar las últimas leguas para llegar a su ansiado paraíso. Una vez allí todas las penas sufridas habrían de allanarse con la gloria y las riquezas que les aguardaban.

El miércoles 6 de noviembre de 1521, tras pasar entre las pequeñas islas de Mean y Zoar, divisaron los picos montañosos de Ternate y Tidore, islas cuya morfología tiene que ver con dos volcanes completamente cubiertos por el verdor de los árboles y las plantas que producen el clavo, la pimienta, la canela, la nuez moscada y otras tantas especias que sólo en estos lugares del mundo se producen. Pigafetta nos refiere la alegría de este momento:

> El piloto que nos guiaba, nos dijo que eran las islas Molucas. Dimos gracias a Dios y en señal de nuestro regocijo hicimos una descarga de toda la artillería. Nadie se sorprenderá de la alegría que experimentamos a la vista de estas islas cuando se considere que hacia veintisiete meses menos dos días que recorríamos los mares, y que habíamos visitado una infinidad de islas buscando siempre las Molucas.

Finalmente el día 8 de noviembre, poco ante de ponerse el sol, la flotilla fondeó en el puerto de Tidore, al día siguiente, según nos cuenta Pigafetta, el rey de la isla se presentó ante ellos a bordo de un gran barangay:

> Habiendo salido a su encuentro con nuestras chalupas para manifestarle nuestro reconocimiento, nos hizo entrar en su piragua, en la cual nos colocamos a su lado. Estaba sentado bajo un quitasol de seda, que lo

> cubría enteramente; delante de él se hallaba uno de sus hijos, que tenía el real cetro; dos hombres, cada uno con un vaso lleno de agua para que se lavase las manos, y otros dos con dos pequeños cofres dorados llenos de betel. Nos felicitó por nuestra llegada, diciéndonos que desde hacía largo tiempo había soñado que algunas naves debían llegar al Maluco desde países lejanos, y que para asegurarse si este sueño era verdadero, había observado la luna, donde había notado que estas naves venían efectivamente en camino, y que, así nos aguardaba.

Interesantes palabras que reflejan una constante cultural en la visión que los pueblos de cualquier parte del mundo han tenido a lo largo de la historia sobre los visitantes llegados de lejos, sirva como ejemplo lo ocurrido con Hernán Cortés y Moctezuma en México, también en ese caso se trataba de unos sueños proféticos que anunciaban la llegada por el mar de oriente de unos dioses blancos y barbados. El rey de Tidore se manifestó desde el primer momento dispuesto a hacer negocios con los castellanos. A cambio de sedas y paños de terciopelo, y sobre todo de los indígenas capturados en las correrías por Borneo, les ofreció todo el clavo de olor, ya secado al sol, que guardaba en su isla, junto al que mandaría traer desde una isla vecina llamada Mutir, con lo que podrían llenar las naves sobradamente. Propósito inesperado por el que los expedicionarios quedaron tan satisfechos que no daban crédito ante semejante estado de felicidad. Al fin eran ricos y no podían más que reconocer que todos los esfuerzos y sacrificios sufridos habían merecido la pena. Probablemente, aunque no tenemos registros de tales pensamientos, más de uno se acordaría en esos momentos de Hernando Magallanes, de cuánta razón tenían sus pronósticos y qué injustos habían sido tantas veces con aquel portugués cojo y gruñón. Para el día 12 de noviembre el rey de Tidore, llamado Almanzor, hizo construir un almacén, a modo de silo, para que sus huéspedes guardasen las mercaderías con las que iban a comerciar el clavo y el resto de las especias que por allí abundaban, sin olvidar los víveres que necesitarían provisionar para el viaje de vuelta. A requerimiento del rey los castellanos le entregaron como deferencia a tres mujeres que portaban en las naos, quedándoles muy agradecido por ello. En los días siguientes los tripulantes estuvieron intercambiando todo tipo de artículos y productos con los nativos de Tidore. De nuevo

Nicollas Sanson d'Abbeville, Mapa de la Molucas, *ca.* 1704

DE MOLUKKISCHE
EILANDEN,
CELEBES, GILOLO, enz:
Door N. Sanson d'Abberville,
Geogr. du Roy.
175
180
185
I. de S. Ioan
E
Patane
I. Geres ou Graos
ou
C. de Goede hope
Willem Schouten Eylanden
Ligne Equinoctiale
Arimoa
Insou en Moe
TERRE DES
PAPOUS
I. de los Crispos
Cerlaon
Ceram
Subiana
Guligier
Corer
Awai
Tenimber
Taor
Kee Quey
Aru I.
Gouw ongapy
Snee Bergh
Duy'stens Eyland
C. de Bueno Deseo
Puerto Primero
Del Aguada
S. Iago
NOUVELLE
GUINEE
Molder Eylandt
Keer Weer
Tynri
Volsche Cap
Vleermuysen Eylandt
Orient
D
E
EILANDEN VAN MOLUKKEN.
Timor als Motir ol. Moutil
Ternate ol. Cape
N. Sra del Rosario
Malaro
Taluco
Baye de Gilolo
Cavo
Machian ol. Mara.
Pottebackers ou Piero Canello
Tidoré ol. Deco
Castello Vieio
Sabugo
Pilolo
Aquilimio
ISLE
GILOLO.
A. d'Winter sculp.

podían comprobar la eficiente previsión de su Capitán General a la hora de portar en las naves esos miles de objetos y prendas aparentemente inútiles pero que ahora ellos podían canjear por unas especias que después venderían en occidente a precio de oro. Paños y telas de todas las texturas y colores, espejos, abalorios y bisuterías de muy escaso valor hacían las delicias de los nativos, a cambio de los cuales éstos les entregaban, no sólo especias sino también gallinas y cabras, plátanos, cocos y los más variados frutos de la isla. Cuando fueron a preguntar por Francisco Serrao, el amigo de Magallanes y principal motivador para que éste acometiera el proyecto, el rey les respondió que había muerto envenenado allí en Tidore, pocos meses atrás. Al parecer, desde muy antiguo los reyes de Ternate y Tidore eran enemigos declarados. De tal suerte, tras su llegada a la isla de Ternate, Francisco Serrao llegó a convertirse en el primer lugarteniente del Rey, y por tanto en el responsable de las sucesivas victorias que obtuvieron ante los de Tidore, obligando en una de tales reyertas que el rey Almanzor desposase a una de sus hijas con el rey de Ternate en señal de sumisión y tributo. Curiosamente, los dos camaradas, Serrao y Magallanes, que tan unido estuvieron en la juventud y después muy separados durante un largo tiempo de su vida, la muerte se encargó de unirlos nuevamente a muy poca distancia el uno del otro y casi en la misma fecha. Entre tanto, los tripulantes de la Armada tuvieron la oportunidad de conocer a la viuda de Serrao y a sus dos hijos, los cuales fueron a visitarlos a la nao capitana junto al rey de Ternate, tras el consentimiento expreso del rey Almanzor, con lo que pudieron saber de primera mano todas las vicisitudes y maravillas por las que tuvo que pasar el «Marco Polo» portugués en su paraíso oriental.

Aparte del clavo y de otras especias de gran valor, los expedicionarios obtuvieron en aquella isla otro bien muy preciado que jugaría su efecto en el destino de la flota, tal era una información exacta acerca de los planes pergeñados por el Rey de Portugal para acabar con ellos. Efectivamente, poco antes de morir, el rey don Manuel había movilizado a Diego López de Sequeira, su comandante en jefe de las Indias, para que hiciere cuanto estuviese en su mano de cara a neutralizar a la flota de Magallanes. Así, con el depredador y la presa situados en el tablero de juego, Gómez de Espinosa, en nombre del Rey de las Españas, seguía estableciendo paces con los caudillos de todas aquellas islas, incluyendo a las enemistadas Tidore y Ternate. Y puesto que estaban las naves llenas de todo lo que pudieron cargar, aun desprendiéndose de enseres y vituallas que después echarían en falta, el miércoles día 11 de diciembre por la mañana lo tenían todo listo para la partida. La nao *Victoria* fue la primera en zarpar y desplegar todas sus velas mar adentro para después quedarse a la espera de la *Trinidad* fuera del puerto. Pero cuando la nao capitana levó sus anclas, fuese por el sobrepeso de la carga o por el mucho castigo que llevaban sus cuadernas después de tan durísima navegación, comenzó a hacer agua por la sentina, lo cual hizo regresar a la nao *Victoria* y que se replanteasen la estrategia a seguir. Tras el intento inútil de localizar las vías de aguas de la *Trinidad,* valiéndose de la pericia de los muy experimentados buzos malayos, los cuales soltaban sus cabellos para que fuesen succionados hacia el interior del casco a través de la fuga, procedieron entonces a descargar la nao y vararla en seco para reparar las roturas que habían propiciado la vía de agua. Más como fuese que ello ocasionaría trabajos muy laboriosos y mucho tiempo para realizarlos, decidieron repartir suertes y también con ello el destino de las naves. En su papel de jefe supremo de la Armada, Gómez de Espinosa, que siempre se había comportado como un bravo soldado, siendo el más leal y eficaz servidor de Magallanes, aunque poco ducho en las cosas de la mar, decidió quedarse en Tidore junto a otros 54 tripulantes con la intención de reflotar la nao *Trinidad.* Después, aprovechando los vientos del oeste, retornarían por la ruta del este, pero esta vez subiendo hasta las costas del Darién, intuyendo de esa forma lo que medio siglo más tarde sería el camino regular del *Galeón de Manila* por la ruta del tornaviaje. En cambio, la nao *Victoria*, al mando de Juan Sebastián Elcano, partiría con urgencia por la ruta prevista, cruzando el océano Índico y siguiendo el camino que solían llevar los portugueses en su regreso de la India. El rey Almanzor se mostró muy satisfecho de hospedar a los expedicionarios de la *Trinidad*, quienes a pesar de sus recelos por lo sucedido en el banquete de Cebú, pudieron aprovechar la magnánima acogida de aquel rey, que además de alojamiento les ofreció víveres y cuantos hombres necesitaron para el carenado y reparación de la nave.

Itinerario seguido por la nao *Victoria* en su regreso al puerto de Sevilla. Mapa de Filipinas y Molucas (Islas). Mapas generales, 1800-1801. Extraído de *Premier Voyage autrour du monde Par le Chevr. Pigafetta, sur l'escadre de Magellan, pendant les années 1519, 20, 21 et 22*. Paris, 1800-1801

Regreso de la nao *Victoria*

Nos dice Virgilio en la Eneida que la suerte favorece a los audaces, y es cierto, pero Elcano nunca fue audaz, al menos hasta que alcanzó la capitanía de la nao *Victoria.* A diferencia de otros importantes protagonistas de esta historia nunca antes había mostrado iniciativa propia, buena o mala, en cualquier actuación individual, como jamás estuvo en primera línea de las muchas acciones heroicas ocurridas a lo largo de la travesía. Por el contrario, Elcano siempre se mostró pasivo y oscuro en sus intenciones dejándose arrastar al socaire de los acontecimientos, como cualquier otro segundón que recibe órdenes sin más expectativas. Probablemente, esa actitud desganada, de cierto «pasotismo», fue a la postre lo que le salvó la vida tras su papel en el motín de San Julián, donde Magallanes tuvo motivos sobrados para haberlo ajusticiado como uno de los principales sediciosos bajo las órdenes de Quesada. En cualquier caso, parece obvio que la vida de Juan Sebastián Elcano no estaba destinada, según el ideario mitológico grecolatino, para ocupar un lugar destacado en el altar de los héroes, y ni siquiera unas pocas líneas en los libros de historia. Pero, he aquí que la fortuna resulta a veces injusta por caprichosa, pues cuando lo justo hubiese sido que Magallanes culminase su propia obra regresando a Sevilla con las bodegas llenas de especias, demostrando con ello que sus sueños eran ciertos, sin embargo, fue Elcano quien se cobró la gloria de regresar a España y ser honrado, aún de forma espuria, como el primer hombre quc había logrado circunnavegar la Tierra. Pero veamos a continuación cómo se sucedieron los hechos desde que la nao *Victoria* zarpa de Tidore.

Después de rebajar su carga en no menos de sesenta quintales de clavo, la *Victoria* partió de Tidore el 21 de diciembre de 1521 con una dotación de 47 tripulantes de la Armada y trece indígenas, entre ellos los dos pilotos que Almanzor hizo subir a bordo para que les guiase por aquellas aguas de las Molucas. La nao tuvo que zarpar a mediodía porque sus tripulantes no acababan de despedirse de sus compañeros que se quedaban en Tidore, lo cual les producía una gran pena, pues pensaban que quizá sería la última vez que se viesen los unos a los otros. Finalmente, después de recoger las cartas y algunos recuerdos de los que se quedaban en la *Trinidad* a fin de llevarlos a España, y de hacerse los correspondientes disparos de artillería, tomaron rumbo a la isla de Mare donde se proveyeron de leña. De allí tomaron rumbo sudoeste pasando entre las numerosas islas del archipiélago que conforma la actual Indonesia. En su avance fondeaban cuando podían para aprovisionarse de víveres y de agua, llegando para el día del año nuevo de 1522 a la gran isla de Ambón, y posteriormente, una semana más tarde, a las islas de Timor y Sumatra. Allí les arremetió un temporal tan violento que tuvieron que retornar el rumbo y desandar parte de lo navegado hasta llegar a una isla llamada Mallúa, donde tuvieron que parar y reponer fuerzas durante quince días. En esa isla pudieron abastecerse de abundante pescado, e incluso los marineros más avispados obtuvieron algunas onzas de pimienta a cambio de chatarra sin valor. Después de levar anclas el 25 de enero, se sirvieron de un piloto muy viejo de aquella isla que les condujo nuevamente a Timor.

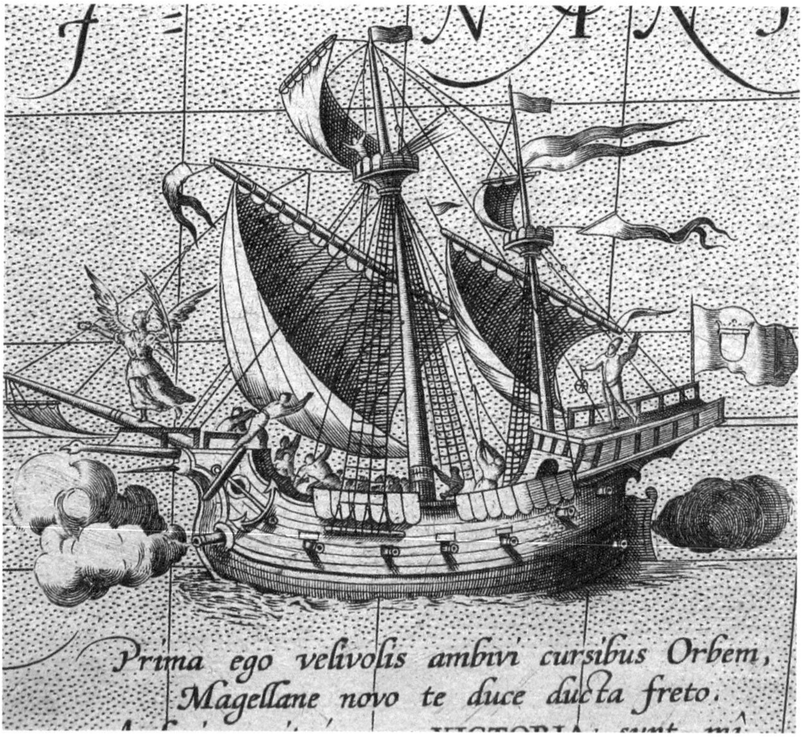

Detalle del mapa del océano Pacífico de Ortelius
que muestra la nao *Victoria*, 1590

Tras bajar a tierra Pigafetta, como ya era costumbre, intentó mercadear con los locales algunos víveres en el puerto de Mombay, lo que resultó inútil debido al elevado precio que les pedían. Unicamente pudieron obtener sándalo blanco, según lo refiere el cronista López de Gómara. Poco antes de partir de ese mismo puerto de Mombay se produjo un motín a resultas del cual murieron algunos tripulantes y otros huyeron, como fue el caso del grumete Martín de Ayamonte y el sobresaliente Bartolomé Saldaña, que aprovecharon el turno de noche para escapar a nado. No resulta difícil comprender el hartazgo que para entonces cundía en la marinería, la cual se veía deambular de un lado para otro en aquellos mares sin un verdadero líder que les supiera conducir y ni siquiera convencer de lo que tenían que hacer.

El martes día 11 de febrero por la noche, la nao *Victoria* dejaba, definitivamente, cualquier rastro de islas y tierras continentales de Asia para adentrarse en la mar océano, la cual no abandonaría en adelante por muchos días y muchas leguas, comenzando una de las más extraordinarias hazañas náuticas de todos los tiempos, el cruce del océano Índico y la remontada africana del Atlántico sin escalas. El diario de Francisco Albo, el que antaño fuese piloto de la nao *Trinidad* para después convertirse en el piloto de la única nao superviviente, registra pormenorizadamente el rumbo que llevaron a través del océano Índico hasta pasar el cabo de Buena Esperanza, situados siempre en latitudes por debajo de los 30 grados, de forma que no fuesen interceptados por las naves portuguesas que estaban en su busca y captura. Circunstancia ésta que les hizo sufrir las consecuencias de no poder aliviar el hambre y la sed en las colonias que utilizaban los portugueses para su aprovisionamiento en Mombaza, Madagascar y Mozambique, como tal lo refiere Pigafetta:

> Algunos de los nuestros, y sobre todo los enfermos habrían querido desembarcar en Mozambique, donde hay un establecimiento portugués, a causa de las vías de agua que tenía la nave, y del frío penetrante que sentíamos; pero, especialmente, porque teníamos por único alimento y bebida arroz y agua, pues toda la carne, que por falta de sal no pudimos preparar, estaba podrida. Sin embargo, hallándonos la mayor parte de la tripulación inclinada más por la avaricia del honor que de la propia vida,

> determinamos hacer cuantos esfuerzos nos fuera posible para regresar a España, por más que tuviéramos que correr aún algunos peligros.

Resulta curioso observar como Pigafetta no hace alusión alguna a la capitanía o liderazgo de Juan Sebastián Elcano, como tampoco lo hará durante el resto de la travesía. Siempre usará los verbos en primera persona del plural dando a entender que las decisiones eran tomadas de forma conjunta por toda la tripulación. Es cierto, que el rencor entre Pigafetta y Elcano era manifiesto desde mucho tiempo atrás, ya que uno había sido fiel admirador y aliado de Magallanes y el otro, justo lo contrario. Este rencor quedaría después constatado en la actitud de ambos a su llegada a Sevilla. De un lado, Elcano se empeñó en ningunear, valga la expresión, cuanto pudo a Pigafetta durante la audiencia que el emperador Carlos V les concedió en Valladolid, de lo cual más tarde Pigafetta se tomó cumplida venganza borrándole de su crónica. Retomándola, veamos a continuación las vicisitudes que tuvieron que pasar para doblar la zona austral de África:

> Para doblar el Cabo de Buena Esperanza nos fue preciso permanecer nueve semanas frente a este cabo, con las velas plegadas, a causa de los vientos del Oeste y del Noroeste que experimentamos constantemente y que concluyeron en una tempestad terrible. Por fin con la ayuda de Dios el 6 de mayo doblamos aquel cabo manteniéndonos a cinco leguas de él, pues o nos acercábamos de esa manera o no lo habríamos pasado nunca.

Como se puede comprobar, para Pigafetta no existe capitán ni mando alguno que de las órdenes. Curiosa venganza intelectual que ha dado lugar a opiniones muy enfrentadas y controvertidas, incluyendo las de aquellos que advierten que, probablemente, el mérito de tan exitosa travesía a través del Índico y la costa occidental africana fuese mayormente debido a la pericia y experiencia de los navegantes portugueses que iban a bordo de la *Victoria*. En todo este tiempo fueron muchos los cadáveres que tuvieron que ser arrojados al agua, diezmándose la tripulación hasta provocar un grado inconcebible de agotamiento y agonía para los que sobrevivieron. Con muy pocas palabras Pigafetta nos ilustra dicha desesperación: «Era tal nuestra miseria que si el cielo no nos hubiese concedido un tiempo tan favorable todos habríamos muerto de hambre».

A primeros de julio la *Victoria* y sus cadáveres vivientes se hallaban entre el continente africano y las islas de Cabo Verde, por lo que celebraron un consejo para determinar si acaso se acercaban a tierra para buscar provisiones, o si por el contrario continuaban en su singladura hasta llegar a España. Pero ante el lamentable estado de la nao y de los escasos tripulantes que restaban, la mitad enfermos y la otra mitad desfallecidos por el hambre, optaron por arrimarse al puerto de la isla de Santiago. Allí dijeron, para no infundir sospechas, que eran gente de una nao a la deriva, la cual había perdido la conserva de una flota castellana en su regreso de las Indias occidentales. Para su sorpresa, los portugueses les creyeron y acomodaron bien a los que llegaron en el esquife, les dieron de comer y beber en abundancia, así como gran cantidad de agua y productos frescos para llevar a la nao. A cambio, los recién llegados pagaron con la única moneda que portaban, el clavo traído de las Molucas; hasta tres quintales llegaron a

Última escala de la nao *Victoria* en su viaje de circunnavegación.
Petrus Bertius, Insulae Capitis Viridis. Amsterdam, 1590

sacar de la *Victoria* según Elcano, para hacer el trueque que le salvó la vida, y tan sólo dos, a tenor de lo que confesó el barbero Bustamante en Sevilla. Enseguida que desembarcaron en Cabo Verde sucedió algo insólito que ha pasado a la historia como una de las anécdotas científicas más relevantes de la primera vuelta al mundo, tal fue la comprobación de la pérdida de un día completo tras circunnavegar el globo terrestre. Pero dejemos que nos cuente Pigafetta la forma en que sucedió:

> Reiteramos a los de la falúa que preguntasen, una vez en tierra, en qué día éramos, y dijéronles los portugueses que era jueves para ellos, de lo que se maravillaron mucho, pues para nuestras cuentas era miércoles sólo y no podían hacerse a la idea de que hubiésemos errado. Yo mismo había escrito cada día sin interrupción por no haberme faltado la salud. Pero como después fue advertido no hubo error, sino que habiendo navegado siempre rumbo occidente y regresando al lugar de la partida, como hace exactamente el sol, nos llevaba éste 24 horas de adelanto como claramente se ve.

De igual forma lo constata el piloto Francisco Albo, quien lo apreció inicialmente como un error en sus anotaciones. Todo esto sucedió durante el domingo 13 de julio hasta la noche, e intentaron repetirlo el lunes por la mañana, enviando de nuevo el esquife pero esta vez con doce hombres, los cuales regresaron a la nao a medio día, retornando por la tarde al puerto para hacer una última carga. Después de esperar toda la noche e incluso en la mañana del martes, la *Victoria* se aproximó lo suficiente como para observar movimientos en las carabelas que se hallaban fondeadas en el puerto. A continuación se les acercó una barcaza llena de soldados portugueses que les requerían a gritos para que les dejasen subir a la nao, lo que fue harto suficiente para que sin pensarlo levaran anclas y soltaran las velas en dirección a la península, con tan sólo 22 tripulantes a bordo. De tal suerte, quedaron presos en Cabo Verde los doce que fueron enviados a tierra: Martín Méndez, contador de la nao, Pedro de Tolosa, despensero, Richard de Normandía, carpintero, Roldán de Argote, lombardero, Juan Martínez, Simón de Burgos, y Felipe de Rodas, sobresalientes, Gómez Hernández y Bocacio Alonso, marineros, Pedro de Chindurza, grumete, Vasco Gómez Gallego, paje, y Maestre Pedro. A decir de Pigaffeta y de otros cronistas, la razón de aquella repentina redada de los portugueses estuvo ocasionada por la delación del portugués Simón de Burgos, que a cambio de algún favor habría traicionado a sus compañeros. Sin embargo, otras voces no menos autorizadas, entre las que se encuentra la del secretario del emperador Carlos V, Maximiliano Transilvano, advierten que aquellos fueron descubiertos tras intentar comprar esclavos que no pudieron pagar, diciendo en cambio que lo harían con las especias que llevaban en la nao, afirmación por la que fueron prendidos de inmediato, pues había una prohibición expresa de comerciar con especias para cualquier flota, fuese de donde fuese, que no tuviese licencia del Rey de Portugal. Con la *Victoria* muy desvencijada y tan solo 22 tripulantes a bordo, la mayoría enfermos y muy fatigados, Elcano puso rumbo al norte, según se desprende de lo que él mismo anotó en la carta enviada al Emperador a su llegada a Sanlúcar de Barrameda: «Andábamos a flote como podíamos, con grandísimo trabajo de la bomba, que de día y de noche no hacíamos otra cosa que echar fuera el agua, estando tan extenuados como hombre alguno lo ha estado».

Para el 4 de agosto alcanzaron ya la vista de las Azores, pero vientos muy contrarios les impidieron avanzar en su derrota hacia el este, tal era la ruta que seguían los portugueses en su vuelta africana para evitar los Alisios en latitudes más bajas. Por fin, a primeros de septiembre pudieron avistar el Cabo de San Vicente, que venía a ser el faro que guiaba a las flotas para afrontar más tarde la barra de Sanlúcar de Barrameda. Esto lo hicieron el sábado 6 de septiembre, ayudados por el piloto sanluqueño Pedro Sordo, el cual puso toda su destreza para sortear el peligroso accidente que se haya en la desembocadura del Guadalquivir y que tantos naufragios ha ocasionado durante siglos. Una vez fondeada la *Victoria*, los 21 supervivientes de la nao fueron atendidos como la ocasión requería, recibiendo toda clase de alivios en forma de comidas y bálsamos para curar las enfermedades tanto tiempo arrastradas. Mártir de Anglería, consejero del emperador Carlos V, se refería a ellos de esta forma: «En aquella nave, con más agujeros que una criba llena de ellos, pude ver a los dieciocho que trajo, más macilentos que matalón rocín».

Por su parte, Elcano no perdió tiempo en enviar una carta al Emperador, dándole cumplida información de cuanto había pasado en la expedición, lógicamente según su versión, muy acordada de antemano con el resto de tripulantes, salvo uno, Antonio Pigafetta, que tenía la

G. Aledo, Juan Sebstián Elcano, con la nao *Victoria* (acuarela).
Museo Naval, Madrid

G. ALEDO.

Lagada de la nao *Victoria* a Sevilla. Xilografía, siglo XVI

suya propia y que la contaría en su célebre *Relazione: Il primo viaggio intorno al mondo*. Posteriormente, para llevar la nave a Sevilla los oficiales de la Casa de Contratación tuvieron que comprar un nuevo esquife, a modo de remolque, para que reemplazara el que se habían incautado los portugueses en Cabo Verde, así como también tuvieron que despachar a quince hombres para que gobernasen la nao, pues los que iban a bordo ya tenían agotadas sus fuerzas y no podían sostenerse. El día 8 de septiembre aparecía la nao *Victoria* en el puerto de las Mulas, como si de un buque fantasma se tratase, sin apenas atención de las autoridades de la ciudad y ni siquiera de esa multitud que acostumbraba a congregarse cuando partían y regresaban las flotas que iban y venían de las Indias. Estos héroes desdichados regresaban al cabo de tres años y un mes de haber partido, habiendo recorrido 14.700 leguas y tras haber dado la vuelta al mundo en toda su extensión y redondez. Luego de fondear fueron puestos algunos soldados en la cubierta de la nao por cuenta de los oficiales de la Casa para que custodiasen la valiosa carga que traía en sus bodegas. También procedieron a poner gente para achicar el agua que aún restaba en las sentinas y encostalar el clavo que venía a bordo, el cual ascendió a 306 costales grandes y 108 pequeños, que fueron almacenados de inmediato en los arsenales de las Atarazanas junto al resto de enseres y equipajes de los tripulantes. También fueron inventariadas las piezas de artillería, balas, pólvora, agujas de marear, ampolletas, astrolabios, y todo lo que pudiese ser objeto de valor aunque fuese menudencia, pues sería contablemente cotizado en el balance de pérdidas y ganancias del viaje, el cual se redujo a la entrega de toda la mercancía existente, incluyendo la propia Nao, al mercader Cristóbal de Haro, con lo cual quedó satisfecho de su crédito al Emperador, e incluso obtuvo un suculento superávit. Pero dejemos de momento a la nao *Victoria* a solas en el río, frente a la Torre del Oro, que ya nos ocuparemos de ella más tarde para tratar sobre su destino. En cuanto a los 21 supervivientes, de los cuales sólo 18 quedaron registrados para la posteridad, pues los tres indígenas de Malasia no contaron para las crónicas, todos se dirigieron en procesión a la iglesia catedral para dar gracias a la Virgen de la Antigua, y posteriormente a la Virgen de Santa María de la Victoria, cuyas advocaciones eran muy estimadas por los marinos, habiéndose encomendado a ellas antes de partir, como tal hicieron el mismo Magallanes y, antes que él, Cristóbal Colón, Amerigo Vespucci, Juan Díaz de Solís y otros muchos. El ya por entonces emperador, Carlos V, recién acabado de llegar de Alemania, atendió con premura la carta de Elcano y le urgió que fuese a verlo:

> Porque yo me quiero informar de vos muy particularmente del viaje que habéis hecho i de lo en él sucedido, vos mando que luego que esta veáis, toméis dos personas de las que han venido con vos, las más cuerdas i de mejor razón, i os partáis e vengáis con ellos donde yo estuviere, que con este correo escribo a los oficiales de la casa de Contratación de Indias que os vistan i provean de todo lo necesario a vos i a las dichas dos personas.

Además de ello el Emperador le ordenó llevar cuantas escrituras, relaciones y autos se hubieran hecho durante el viaje. Elcano tomó buena nota de cuanto le dijo el Emperador y se presentó ante él en Valladolid a finales de septiembre, acompañado de un grupo de supervivientes entre los que se encontraban el propio Pigafetta, Miguel de Rodas, Nicolás de Napóles, Richard de Normandia, Juan de Acurio, Diego Gallego, Francisco Rodríguez, Miguel de Rodas, Juan de Arratia, Antonio Hernández Colmenero, Juan

Rodríguez de Huelva y Fernando de Bustamante, más los tres indios antes mencionados, que causaron una grata impresión en el soberano, pues fueron presentados como nuevos súbditos en representación de las nuevas posesiones en las islas de la Especiería. Posteriormente, en 1525, dos de estos indios serían embarcados con destino a las Molucas en la expedición de García Jofre de Loaisa, en la que también se hallaba Elcano como segundo jefe de la Armada y un jovencísimo Andrés de Urdaneta que tanto daría que hablar más adelante. El tercer indígena, al que pusieron Manuel, quiso quedarse en Sevilla ya que, según nos cuenta el cronista Antonio de Herrera, se mostró:

> Tan agudo, que lo primero que hacía era inquirir cuantos reales valía un ducado, y un real cuantos maravedís, y cuanta pimienta se daba por un maravedí, y iba a informarse de tienda en tienda del valor de las especias, y con esto dio causa que no tornase a su tierra, aunque volvieron los otros.

El Emperador se sintió muy satisfecho de cuanto vio y sobre todo oyó por boca de Elcano, al que le concedió un título y escudo nobiliario con una bola del mundo rodeado por una orla cuyo lema reza: *Primus cincumdedisti me. El primero en cincunnavegarme.* A lo que se añadió una renta vitalicia de 500 ducados de oro, la cual, como más tarde se verá, jamás pudo cobrar. Por su parte, Pigafetta viene a decirnos:

> Presenté a la Sacra majestad de don Carlos, no oro ni plata, sino cosas que eran a sus ojos mucho más preciosas. Entre otros objetos, le obsequié un libro escrito de mi mano, en el cual había apuntado día por día todo lo que nos había acontecido durante el viaje.

Después de esta audiencia con el Emperador todos, salvo Pigafetta, quedaron muy satisfechos, pues recibieron grandes premios y reconocimientos, aunque nunca mencionaron el nombre de Hernando de Magallanes para darle los merecimientos que le correspondían, más bien al contrario, todos se habían juramentado durante la travesía para hacerle culpable de todos los males ocurridos a la Armada. Antonio Pigafetta nos deja al final de su libro una clara muestra de su desaprobación por lo ocurrido: «Me parti deli al meglio puoti» (Me fui de allí lo antes que pude). Efectivamente, Pigafetta no pudo soportar el trato injusto que se dio a Magallanes y a su familia, así como tampoco entendió los privilegios del que gozaron Elcano, uno de los principales amotinados en San Julián, y los desertores de la nao *San Antonio*, con Estevao Gómez a la cabeza. Desafortunadamente, el libro que Pigafetta regaló al Emperador era el único original escrito durante el viaje, tal como él asevera, día a día sin interrupción. Posteriormente, Carlos V se lo entregó a su secretario personal, Pedro Mártir de Angleria, quien a su vez dijo haberlo regalado al papa Clemente VII, tras de lo cual desapareció para siempre durante el famoso *Sacco di Roma* (Saqueo de Roma), a cargo de las fuerzas del propio Emperador. Cosa muy difícil de entender y aún menos de creer tratándose de una obra tan delicada y comprometida, por lo que, más bien intentando oscurecer la figura de Magallanes, en beneficio de los capitanes castellanos, hubo de ser en su caso secuestrada o destruida por orden del secretario, cuando no del propio Emperador. Luego ya en Italia, más sosegado y probablemente dejándose aconsejar por influyentes amigos y por su propia familia, Pigafetta ordenó sus recuerdos y redactó una nueva versión, en clave epistolar, esta vez sin demasiadas complicaciones, al estilo inofensivo de Vespucci, y también en italiano. En ese nuevo manuscrito Pigafetta trataba de lucirse destacando sus pintorescas hazañas personales, encomendadas siempre por el Capitán General, así como, también se prodigaba en describir todo tipo de experiencias erótico-amorosas de los indígenas, convirtiendo a veces el relato en un verdadero tratado de sexología, e incluso, por momentos, pornográfico; sin embargo, calló deliberadamente muchas de las cosas «desagradables» del viaje, las cuales no interesaba que se supieran, insistiendo a cambio en plasmar todo tipo de circunstancias exóticas, ya fuesen reales o imaginarias. Es preciso entender que, desde el punto de vista político, era aquel un momento muy complicado y no quiso poner en riesgo su persona y tampoco el éxito de la obra, que lo tuvo y mucho, llegando a convertirse en uno de los primeros «best sellers» en la historia de la literatura de viajes. De esa nueva versión, también desaparecida, surgieron otras cuatro copias; la primera de ellas, en italiano, está conservada en la Biblioteca Ambrosiana de Milán (de cuyo original se ha usado para la investigación y redacción de algunas partes de este libro), las otras tres están escritas en francés, dos de las cuales se hallan en la Biblioteca Nacional de París y otra más, la más hermosa y mejor conservada, en La Biblioteca de la Universidad de Yale, New Haven (EE.UU.). Pigaffeta hoy día es un personaje muy admirado por su contribución a la literatura etnográfica y sobre todo por su crónica sobre la primera vuelta al mundo, sin la cual sería muy difícil su conocimiento y comprensión. Sirva como última curiosidad que su bellísima casa *pallazo* en Vicenza, muy bien conservada por cierto, tiene esculpido en la fachada un antiguo lema de su linaje familiar, muy anterior al viaje, que reza: *Il n´est rose sans espine* (No hay rosa sin espina). Y así debe ser, pues a la postre, tras todo lo mucho vivido y sufrido, ninguno de los principales protagonistas de esta prodigiosa hazaña resultaría, tarde o temprano, indemne. A este respecto, el caso de Juan Sebastián Elcano es paradigmático, pues, tras los honores recibidos, decidió embarcarse rápidamente en busca de nuevas aventuras. Logro que consiguió en la escuadra que armó el emperador Carlos V en 1525, al efecto de alcanzar las Molucas y ponerlas bajo su control definitivo. Sin embargo, es de suponer que el marino vasco debió quedar muy decepcionado cuando no se le encomendó la capitanía general, cargo que obtuvo por linaje y mayor experiencia García Jofre de Loaisa, quedando Elcano como piloto mayor y segundo capitán de la Armada. Una vez cruzado el estrecho de Magallanes Loaisa moriría el 30 de julio de 1526 en mitad del Pacífico a causa del escorbuto, y tan sólo unos días después, el 6 de agosto, lo haría Elcano y por el mismo motivo. Curiosamente, Magallanes y Elcano, tan diferentes en carácter y condición, estuvieron unidos por la mar para realizar la más grande proeza náutica de todos los tiempos y también la muerte se encargó de reunirlos en los mismos mares, y a no mucho tardar el uno del otro. En cuanto a la renta vitalicia de los 500 ducados de oro que fueron concedidos a Elcano mediante cédula real del Emperador, todavía en 1533 su madre, Catalina del Puerto, andaba en pleitos con la corona mendigando que se le abonara los tres primeros años. A tal fin, el bachiller de Gainza, sobrino del marino vasco, presentó en nombre de doña Catalina el siguiente pedimento:

> Que el dicho Juan Sebastián con otros sus hermanos hijos de la dicha Dª Catalina fueron en la armada que fue a Maluco, en la cual armada fue por capitán el comendador Loaisa, a cuya causa la dicha Dª Catalina del Puerto madre del dicho capitán Juna Sebastián por darles y cumplirles para ir en la dicha armada ha vendido muchos de sus bienes muebles y raíces, y ha venido en mucha necesidad y fatiga y hasta agora la ha

> proveido Cristoval de Haro, factor de V.M. y agora no le quiere proveer diciendo que no tiene. Por tanto humildemente suplica a V.M. pues el dicho capitán Sebastián está en su servicio con los dichos hermanos sus hijos, V.B. le haga merced del sueldo de los dichos sus fijos o partes de ello para que ella pueda salir de la extrema necesidad que tiene y en ello V.M. hará servicio a Dios y a ella señalado bien y merced.

A la vista de este pedimento y de los decretos y requerimientos que se levantaron de parte de los oficiales de la Casa de Contratación, como consecuencia del mismo, el apoderado de Elcano, Pedro Sánchez Valtierra, en representación de su madre, Dª Catalina, presentó el albalá de merced de los 500 ducados concedidos por el Emperador. Lo cual presentó en su debida forma, junto a la escritura de poder a 15 de diciembre de 1533, con el siguiente texto:

> Pedro Sánchez Valtierra en virtud del poder que acompaña y se copiará, conferido por el capitán Juan Sebastián del Cano, pide a S.M. le paguen los caídos de sus sueldos y de una merced de 500 ducados anuales que su S.M. le señaló en virtud de un albalá que también acompaña y se copiará, para poder socorrer a su madre necesitada y para satisfacer los empeños que hizo en el primer viaje, y que este pago se verifique en la casa de Contratación de Sevilla como se ha hecho con otros sujetos de menos servicios.

Todavía casi a los diez años de la muerte de Elcano, en febrero de 1536, su madre seguía batallando junto al Bachiller Gainza y el apoderado Sánchez Salvatierra a fin de que le aumentarán la miserable cuantía concedida para finiquitar el pleito, así como acortar los plazos del pago para que pudiese cobrarlos en vida.

Lista de tripulantes supervivientes de la nao *Victoria*: Juan Sebastián Elcano, capitán; Francisco Albo, piloto; Miguel de Rodas, maestre; Juan de Acurio, contramaestre; Martín de Judicibus, alguacil; Hernando de Bustamante, barbero; Antonio Pigafetta, sobresaliente; Juan Martín, sobresaliente; Diego Gallego, marinero; Diego García de Trigueros, marinero. Antonio Hernández Colmenero, marinero. Nicolás de Nápoles, marinero; Francisco Rodríguez, marinero; Juan Rodríguez de Huelva, marinero; Miguel Sánchez de Rodas, marinero; Juan de Arratia, grumete;

Juan de San Andrés, grumete; Juan de Zubileta, paje; más los indígenas Juan, Manuel y otro más sin nombre.

La fatídica suerte de la *Trinidad*

Después de que la nao *Victoria* partiese de la isla de Tidore el 21 de diciembre de 1521, según lo acordaron Espinosa y Elcano tras los problemas surgidos en la nao capitana, los tripulantes de la *Trinidad* quedaron allí emplazados para repararla como mejor pudiesen, y proseguir después su viaje a través del Pacífico hasta la costa del Darién. Entre tanto Gómez de Espinosa había hecho muy buenas ligas, no sólo con el rey Almanzor de Tidore sino con otros reyes de las islas vecinas, tal fue el caso de Gilolo, cuyo rey ofreció voluntariamente hacerse súbdito del soberano de Castilla a cambio de que le facilitasen dos piezas de artillería, un lombardero y algunos auxiliares para poder doblegar una revuelta acontecida en su isla. Espinosa no dudó en darle lo que pedía y gracias a las buenas artes del artillero Pedro de Bruselas el rey de Gilolo logró cumplir su objetivo sin demasiado esfuerzo. Gracias a misiones como esa y a las magníficas relaciones entre Almanzor y el capitán Gómez de Espinosa los castellanos lograron hacerse con tal acopio de clavo y otras especias que éstas no cabían en las limitadas bodegas de la *Trinidad*. Por lo cual Espinosa resolvió construir allí mismo una casa almacén con paredes de argamasa, de forma que el clavo quedase muy bien protegido de las inclemencias del tiempo hasta que pudiesen regresar a recogerlo. Pero no sólo del tiempo quiso protegerlo, pues aparte del refuerzo con vigas internas y externas Espinosa colocó estratégicamente para su defensa algunas piezas de artillería recuperadas del incendio de la nao *Concepción*. En realidad, lo que había proyectado Espinosa era algo más que un simple almacén, se trataba de una primera factoría en toda regla con la que oficialmente la corona de Castilla establecía su dominio en aquellas islas, de forma que cuando partiesen, aquel asentamiento quedaría a buen recaudo a cargo de Juan de Campos, que haría las veces de contador y capataz, auxiliado por Juan de Molinos, el que fuera criado y verdugo del capitán sedicioso Gaspar de Quesada, Alonso de Cota, Diego Arias, y el lombardero Pedro de Bruselas. En los meses que permanecieron en la isla de Tidore los castellanos pudieron disfrutar de los placeres que ofrecía aquella isla paradisíaca, buena comida y bebida e incluso de unos comportamientos sociales en materia sexual que mucho se diferenciaban del rígido corset occidental. Por su parte, el rey Almanzor fue siempre un buen y leal anfitrión que les ayudó, no sólo a conseguir el clavo que más tarde en Europa los haría inmensamente ricos, sino que les puso a su disposición a cuantos hombres necesitaron para reparar la nao y construir el almacén. Con tal ambiente no es de extrañar que todos se sintiesen muy aliviados de los males padecidos con anterioridad y con muy pocas ganas de marcharse de aquel edén, pues la vuelta era incierta y para la marinería de aquel tiempo el mar era siempre sinónimo de hambre, enfermedad y muerte. Muerto y enterrado en aquella isla quedó el 14 de febrero Juan López Carvalho, el piloto portugués que trajese Magallanes desde Lisboa, más tarde nombrado capitán y después rebajado del cargo por su degenerado comportamiento hasta quedar en el anonimato.

Finalmente, tras cinco meses en Tidore, el capitán Gómez de Espinosa mandó levar las anclas y soltar velas para afrontar su última aventura en busca de Castilla y de los honores ganados con creces, para ello navegarían por el mismo océano que les había conducido hasta allí, aunque esta vez en la dirección opuesta. La decisión de separar las naves y los destinos habría que entenderla dentro de una lógica de jugar con dos opciones alternativas aumentando con ello la probabilidad de éxito. Así al menos se deja entrever del testimonio de uno de los tripulantes:

> Porque si acaeciese a la nao *Vitoria* algún revés en el viaje que había llevado, probasen ellos a salvarse por el otro viaje, de manera que la una o la otra nao aportasen a España a dar nueva a Su Majestad de cómo se habían hallado los Malucos e los dejaban en nombre de Su Majestad e debajo de su Real señorío.

De tal forma la *Trinidad* zarpó sin contratiempos con sus 54 tripulantes el 6 de abril de 1522, justo al mismo tiempo en que su gloriosa compañera, la nao *Victoria*, navegaba penosamente por el océano Índico, cercanos ya al cabo de Buena Esperanza. Espinosa supo comportarse en todo momento como un buen capitán, exigente con la tripulación, pues así lo había aprendido de Magallanes, aunque mostrándose siempre como uno de ellos, con una fuerza y resistencia física inquebrantable que le permitía sacrificarse el primero cuando la ocasión lo exigía. Después de tantas leguas y mares recorridos Espinosa había aprendido los más importantes fundamentos sobre el arte de navegar, sin embargo aceptaba sin complejos que la mar no era su fuerte, lo cual le hizo apoyarse en algunos de sus compañeros que si dominaban el oficio con absoluta solvencia, tal era el caso del maestre genovés Juan Bautista de Punzorol, y del piloto León Pancaldo, ambos muy reputados y que ofrecían gran confianza en el resto de la marinería. En cuanto al cargamento, este se componía básicamente de 920 quintales de clavo y otras especias, junto a otras mercaderías propias para el trueque y rescate cuando fuese menester. Navegando por entre aquellas islas sin otro rumbo que el de intentar salir del archipiélago de las Molucas, llegaron alcanzar unas 30 leguas en dirección nordeste hasta llegar al estrecho de Morotay, según el derrotero de León Pancaldo, el cual seguimos de forma recurrente en esta parte de la narración. Posteriormente, fondearon en la isla de Quimor, cerca de la costa nororiental de la isla de Halmahera, la mayor de las Molucas, situada poco más de un grado por encima de la línea ecuatorial. Allí permanecieron más de una semana y se abastecieron de puercos y gallinas, así como de frutas y agua en abundancia, según les había facilitado el rey Almanzor que también era señor de aquella isla. De allí partieron el 20 de abril, y se dirigieron al nordeste, decisión que a la postre sería el principal motivo de su fatídico destino, pues para esa fecha comenzaban a soplar con fuerza los vientos del este, y en cambio, dejaron de hacerlo los vientos del oeste, precisamente, los que en la estación anterior les hubiesen llevado sin apuros a las costas occidentales de América. Cuestión que ahora nos resulta muy fácil de advertir, pero que en el contexto de aquella navegación nadie podía siquiera imaginar, pues como en tantas otras ocasiones del memorable viaje, era la primera vez que se navegaba por aquella ruta. De tal suerte que también una vez más, quedarían así registradas por primera vez tales vicisitudes para conocimiento general de los marinos que habrían de navegar más tarde por aquellos mares. Ante tal contratiempo, la experiencia de Pancaldo y Punzorol les llevó a tomar rumbo al norte esperando encontrar vientos portantes del oeste. Llegaron hasta los 5 grados del norte y pasaron junto a dos islas a las que bautizaron como San Antonio y San Juan (actuales Islas Palaos), habiendo logrado separarse de las Molucas por unas 500 leguas, entonces hallaron un grupo de islas entre los 12 y 20 grados de las que destacaron a sus gentes, completamente desnudas y de un color parecido a los habitantes de la India. En realidad habían vuelto a las islas de los Ladrones, rebautizadas en el siglo XVII por los españoles como islas Marianas en honor a la reina Mariana de Austria, esposa de Felipe IV. En estas islas anduvieron perdidos por un tiempo dando bordos de un lado a otro intentando avanzar penosamente contra aquellos vientos que tan de frente le venían. Así lograron llegar hasta los 43 grados del norte, tal como declarase el mismo Espinosa en sus alegatos de Valladolid, después de lo cual tuvieron que combatir un temporal que les duró doce días, el cual les quebró toda la jarcia e incluso les partió el mástil de la vela mayor por dos partes. También quedaron desguazados los castillos de proa y de popa, y todas las velas hechas jirones. Después de mucho insistir en aquella navegación, tan precaria como inútil, pues era muy poco lo que avanzaban para ser tanto el hambre y el frío que padecían, muchos de la tripulación comenzaron a enfermar y morir, y con ello a valorar si acaso fuese mejor regresar a las Molucas. Hacía cuatro meses que habían zarpado de Tidore y aún les quedaba la mayor parte del camino por recorrer, apenas sin provisiones y con la nave rota por los cuatro costados, de manera que la única opción que estimaron fue la de volver a Tidore aprovechando los vientos del este y detenerse en la primera isla que hallasen, aunque sólo fuese para reponer fuerzas y aparejar la nave como pudiesen. Decisión harto errónea, y a la postre calamitosa, pues muy cerca de donde se hallaban, siguiendo al norte, hubiesen encontrado la corriente de Kuro-Shivo que les habría llevado directamente hasta América. Luego de guiarse por un indio que habían capturado en las islas Ladrones durante la travesía de ida llegaron a fondear en una pequeña isla llamada Pamo. Una vez allí, Espinosa mandó a tierra al indígena local, que pronto regresaría con otros dos más cargados de frutas y cañas de azúcar, las cuales fueron repartidas urgentemente entre los enfermos. A continuación exploraron la isla y descubrieron que era muy pequeña y sin agua, contando tan sólo con una pequeña población de veinte habitantes entre hombres y mujeres, cuestiones ambas que refiere Pancaldo y que debemos poner muy en duda. De hecho el propio Gómez de Espinosa diría en sus alegaciones que él mismo realizó una segunda exploración llegando a encontrar agua entre unas peñas con la que llenaron no menos de quince pipas. Durante su acarreo aprovecharon para desertar cuatro tripulantes a los que se unió el primer indio que capturaron. Más tarde regresaría uno de ellos arrepentido, quedándose allí para siempre el marinero Martín Genovés, el grumete Jerónimo Gallego y el despensero Alonso González, el que fuera deudo de Magallanes y marido de su ama de cría. Luego de ese pequeño respiro en aquella isla, la muerte vino a presentarse nuevamente en la *Trinidad* de forma harto espantosa, así, mientras la nao avanzaba a duras penas por aquellas aguas iba dejando tras de sí un patético reguero de cadáveres. Entre los meses de septiembre y octubre murieron no menos de 25 tripulantes sin distinción de oficio ni de edad, pues igualmente morían grumetes como artilleros y marineros. El mismo médico de la nao, Juan de Morales, falleció en esos días, y también los dos indígenas capturados. Después de siete meses de navegación y con la tripulación diezmada a menos de la mitad de los hombres que zarparon de Tidore, la *Trinidad* siguió luchando contra la adversidad de las calmas ecuatoriales y de las corrientes adversas que le alejaban de su ruta, hasta que por fin avistaron tierra, según nos cuenta el propio Gómez de Espinosa: «En un punto que es entre Credoy e la Patachina, que es cerca de Tidori treinta leguas». También refiere de manera angustiosa la situación terminal en que se hallaban: «E allí no tenía sino un áncora echada, pequeña, e no podía echar más por falta de gente». Apenas estuvieron fondeados cuando se acercó hacia ellos una embarcación con gente de Gilolo, los cuales, según nos cuenta León Pancaldo, les informaron que meses atrás, a poco de que ellos partiesen de Tidore, apareció una nave portuguesa llegada desde Ternate y apresaron a cuatro de los que allí se quedaron para custodiar el almacén, pues el otro pudo huir. A continuación los portugueses destruyeron la factoría y se incautaron de todo el clavo allí almacenado por los castellanos. El capitán Gómez de Espinosa decidió entonces escribir una carta al comandante portugués, llamado Antonio de Brito, el cual había sido nombrado tiempo atrás por el rey don Manuel como máximo responsable para aniquilar a la flota del Maluco. La carta fue enviada a través del escribano Bartolomé Sánchez, detallando en ella el estado en que se encontraba la nao y las lamentables circunstancias que les habían acontecido hasta ese momento, haciéndole ver en su ruego que era de razón y justicia que les auxiliara para llegar hasta Tidore, y que ello lo solicitaba en nombre de S.A. el rey don Carlos de España y en el suyo propio como capitán de la Armada. Aguardando por unos días sin obtener respuesta, Espinosa decidió levar el único ancla que les sujetaba al fondo y se puso camino del puerto de Benaconora, mientras tanto, Antonio de Brito había apresado al escribano de la *Trinidad* al tiempo que envió al gobernador de Ternate, Cachil Daroez y al factor Duarte de Resende en grandes barcazas de remos llamadas caracoras, y luego a los capitanes García Enríquez y Gaspar Gallo en la carabela *San José,* con muchos mantenimientos y algunas anclas a fin de que aliviasen primero a la tripulación y después le exigiesen a Espinosa un rendimiento sin condiciones. Cuando los portugueses arribaron a la *Trinidad* no necesitaron hacer uso de la fuerza para doblegar a los castellanos, pues así se aprecia de lo que nos cuenta el cronista portugués Juan de Barros a la vista de los informes que produjo más tarde el propio de Brito: «Se halló la gente tan doliente y tan flaca, que ninguno le respondió, por lo que Duarte de Resende subió a ella con gente armada, y temiendo los castellanos que quisiesen matarlos, pidieron misericordia».

Pero sigamos a Barros para mejor entender la situación en que se hallaban los de la nao *Trinidad*:

> Y en verdad, si no fuera el factor Duarte de Resende, a quien Antonio de Brito con ciertos portugueses mandó ir con él, sin duda Cachil Daroez hubiera de meter mano a las espadas. Finalmente, entrados en la nao, cuando Duarte de Resende vio la gente, hubo gran lástima, porque los más de ellos andaban derrengados, que no se podían mover sino con ayuda, casi paralíticos, y eran ya muertos treinta y siete hombres, y estaba la nao tan lisiada de la enfermedad, fuera de los trabajos del hambre y otras necesidades, que después que lo vio don García (Enriquez), recelaban los nuestros de entrar dentro como en cosa apestada.

De tal forma los portugueses se hicieron con la nao *Trinidad* y sus tripulantes sin mayor complicación, incautándose inmediatamente de la carga que portaban, así como de todos los derroteros, cartas náuticas e instrumentos de navegación, sin olvidarse de cuantos enseres, objetos personales llevaban, incluyendo los documentos y diarios de viajes. Vuelto a España después de muchas vicisitudes, el piloto Pancaldo refirió el siguiente testimonio: «Y los dichos portugueses me lo tomaron todo, que no me dejaron sino lo que traía vestido». A cuenta de ello Espinosa, tal era su carácter, se enfrentó al capitán portugués y le exigió que rindiese documento y firma de lo que allí se incautaba, aunque mejor será conocerlo con sus propias palabras, tomadas de su carta al Emperador:

> Me tomaron todas las cartas de marear y libros de derrotear y astrolabios y cuadrantes y regimientos, con todos los aparejos de pilotos; y más, señor, me tomaron de mi caja vuestra Bandera Real, la cual tenía muy bien plegada y cogida, la cual Vuestra Sacra Majestad dio para ir a descubrir el dicho viaje, diciendo (*ellos, los portugueses*) a grandes voces, mejor ropa es esta, que ropa de moros, por lo cual, señor, yo le demandé conocimiento de todo lo que me había tomado, donde me respondió el capitán y los oficiales acerca del conocimiento que yo les demandaba, que agradeciese a Dios cómo no me lo daban ahorcándome de una antena.

Para comprender la dimensión y consecuencias de este hurto o botín de guerra, según queramos llamarlo, conviene recordar que la nao *Trinidad* era la nao capitana de la Armada, donde, no sólo se aposentaba el Capitán General, sino que también se compilaba toda la información documental recogida por los pilotos y cartógrafos de la expedición, incluyendo el mismísimo diario de Magallanes, el cual se lo habría confiado antes de la batalla y de su muerte, como no es difícil suponer, a su más leal y ferviente servidor, el alguacil Gonzalo Gómez de Espinosa. De ahí que, tampoco resulte extraviado colegir que, junto al Archivo de Indias de Sevilla, sean los archivos portugueses, públicos y privados, los que cuenten con registros más nutridos y fiables de todo lo ocurrido en el transcurso de la primera circunnavegación a la tierra.

Posteriormente, los portugueses condujeron a la nao *Trinidad* al puerto de Talangami, situado entre las islas de Tidore y Ternate, donde sacaron a la gente sana para llevarlos a Ternate en un batel, lo cual hicieron también al día siguiente con los enfermos que iban a bordo de la *Trinidad*, con tan mala fortuna para la mítica nao que allí habría de acabar sus días embarrancada. Pero veamos en palabras de Barros el patético final de la nao capitana de Magallanes: «Traída la nave y la gente al puerto de Ternate, como venía desbaratada, con un mal tiempo que luego sobrevino, se deshizo toda en un banco de piedras que tiene el dicho puerto».

Tal fue el triste epitafio de la nao capitaneada por el más ilustre y audaz navegante de todos los tiempos, que condujo a la flota del Maluco hasta los confines del mundo para hallar el paso que les llevaría a las especias. En cuanto a los tripulantes, tanto los sanos como los enfermos fueron encarcelados junto a tres de los cuatro que dejaron a cargo del almacén en Tidore: Juan de Campos, Diego Arias y Alonso Genovés, pues Luís de Molinos andaba huido. Todos ellos fueron forzados posteriormente a trabajar en la fortaleza que los portugueses estaban construyendo en Ternate, de allí fueron trasladados a fines de febrero de 1523 a una isla de Banda, más tarde conducidos a Java y por último llevados a Malaca donde gobernaba Jorge de Alburquerque. Todavía permanecieron allí prisioneros por mucho tiempo hasta que después de correr infinitas peripecias en algunas de las prisiones más inmundas de Oriente, sólo cinco de aquellos desdichados pudieron regresar a Europa algunos años más tarde. El primero sería el marinero Juan Rodríguez, el sordo, que llegó a España en 1525. Posteriormente, el 24 de julio de 1526 desembarcaban en Lisboa el incombustible Gómez de Espinosa, junto a los pilotos León Pancaldo y Ginés de Mafra, también llegaría con ellos el artillero noruego Hans Bergen, quien falleció poco tiempo después. Siete meses les duró a estos supervivientes la prisión en la cárcel del Limonejo, según nos refiere el propio Espinosa, hasta que finalmente fueron liberados a instancia del emperador Carlos V, que medió para ello ante el monarca portugués. El viejo soldado de las Indias convertido en cronista, Gonzalo Fernández de Oviedo, nos cuenta de primera mano lo ocurrido a Espinosa:

> Vino a España e hizo relación desto y de otras cosas al emperador y a su real consejo el año de mil quinientos veinte y ocho, y teniéndose su Majestad por muy servido dél, le hizo mercedes y le concedió un privilegio de muy nobles armas, que yo he visto originalmente.

Sirva como remate de esta trágica desventura lo ocurrido al veterano alguacil de Magallanes cuando al solicitar el devengo de sus sueldos ante los oficiales de la Casa de Contratación éstos intentaron desquitarle el tiempo que estuvo en prisión, según él mismo nos cuenta: «Cosa inhumana sería que me prendiesen a mí por oficial de V.M. y que el tiempo de la prisión no hubiese de ganar salario». Véase en ello una curiosa coincidencia con lo ocurrido a Hernando de Magallanes y a Juan Sebastián Elcano. Una vez más, los unos cumplían y los otros nunca lo hacían.

LOS OTROS PROTAGONISTAS

Beatriz de Barbosa

Como ya vimos, la esposa de Magallanes quedó retenida a principios de mayo de 1521, bajo apresamiento domiciliario, por orden del obispo Rodríguez Fonseca ante el temor, completamente infundado, de que pudiera escaparse a Portugal. No se sabe cuánto tiempo estuvo en tal circunstancia, pero sí sabemos que esta situación la sumió en una profunda tristeza que se unió a la que ya arrastraba de tiempo atrás por haber abortado la criatura de la que estaba embarazada cuando Magallanes partió para su viaje. Para colmar el vaso de la desdicha, en septiembre de ese mismo año fallecía Rodrigo, el hijo primogénito que Magallanes había señalado en su testamento para heredarle con todos los títulos, riquezas y posesiones que hubiese de obtener de su empresa. Luís Rodríguez, zapatero de Triana y amigo de los Barbosa, nos deja constancia de este hecho situando la muerte de Rodrigo en septiembre de 1521 y la de Beatriz en marzo de 1522, posiblemente a causa de tantas desgracias y casi un año después de la muerte de su esposo, sin que nunca llegase a tener noticia de la misma.

Álvaro de la Mesquita y los presos de la isla Santiago (Cabo Verde)

Tras la llegada de la nao *Victoria*, el emperador Carlos V ordenó que se pusiera en libertad al antiguo capitán de la nao *San Antonio*, Álvaro de la Mesquita, el cual se hallaba preso en Sevilla desde mayo del año anterior, al que también tuvieron que abonarle todos sus sueldos retenidos. En cuanto a los apresados en la isla de Santiago, pronto fueron llevados a Lisboa en una nave que regresaba de la India. Como consecuencia de ello, el rey don Juan II de Portugal presentó reclamaciones ante el emperador Carlos V el 28 de septiembre de 1522, mediante su embajador en España, Luis de Silveira, por saberse que un navío castellano, la *Victoria*, había llegado con un cargamento de clavo sacado de sus territorios. Por tal hecho solicitaba del Emperador el castigo del capitán de esa nave y la devolución inmediata de su cargamento. Por su parte, los presos de Cabo Verde se las habían apañado para escribir a los Oficiales de la Casa de la Contratación haciéndoles saber de su prisión en Lisboa. Tras de ello, el embajador español en la capital portuguesa, Cristóbal Barroso, se quejó ante el Rey portugués de la situación de aquellos marineros, exigiendo de parte del Emperador su inmediata libertad y la devolución de las especias incautadas. Lo cierto es que el intento de interceptar la Armada de Magallanes había supuesto una clara violación de los pactos firmados por ambas Coronas, y bien fuese por la contundente reclamación de Carlos V, o porque el monarca portugués hiciera en tal ocasión honor a su apodo de el Piadoso, los presos fueron inmediatamente liberados y llevados a Sevilla.

LAS NAOS «SUPERVIVIENTES» DE LA ARMADA

Nao *San Antonio*

Después de su regreso a Sevilla se hizo inventario de todas las velas, jarcias y aparejos que tenía, seguido de lo cual se mandó a los Oficiales de la Casa de la Contratación que se tomasen todas las mercaderías, rescates y otros pertrechos que vinieron en la nao, y que a continuación se vendiesen para comenzar los aprestos de la Armada que se estaba despachando para alcanzar la Especería, según real cédula firmada por los gobernadores del reino, fechada en Burgos a 4 de octubre de 1521. A continuación, el Obispo Rodríguez Fonseca mandó que la nao fuese entregada a don Juan de Velasco para que la aparejase como conviniese y depositara en ella los bastimentos que necesitaba para su Armada, la cual andaba en persecución de las galeras de la Berbería. Tras de lo cual nunca más se supo de ella.

Nao *Victoria*

Vuelta a Sevilla en 1522 después de su viaje triunfal alrededor del mundo, la nao *Victoria* siguió engrosando por un tiempo su curriculum navegador, aunque de manera menos gloriosa, hasta perderse con toda su tripulación en el que sería su último viaje desde la isla de Santo Domingo rumbo a Sevilla. Entremedio, la mítica nao pasó por diversas vicisitudes, las cuales quedaron reflejadas en las crónicas de muy diferente forma según las fuentes consultadas. Siguiendo a Toribio Medina nos dice que varios autores por él consultados aseguran que la nao *Victoria* se custodió en Sevilla para eterna recordación. Siendo éste, sin duda, un ideal soñado desde antiguo más que una realidad constatable, como tal vimos reseñada de forma poética por López de Gómara en el frontispicio de este libro. Prescindiendo de la ligereza de tales afirmaciones, resulta no obstante sorprendente la reseña que encontramos en la obra *El jardín de las flores curiosas,* de Antonio de Torquemada, obra impresa en Medina del Campo en el año de 1599, y que viene a sostener de forma categórica: «la Nao que se llama *Victoria* está en las Atarazanas de Sevilla o a lo menos estuvo como cosa de admiración». Y como tal nos vuelve aparecer, aún de forma más extraordinaria, en las lecciones y comentarios a la obra de Luis de Góngora que escribió José Pellicer de Salas en 1630, aduciendo que el genial poeta en su *Soledad Primera* se refiere a la nao *Victoria* de este modo:

> Esta pues nave agora
> en el húmido templo de Neptuno
> varada pende a la inmortal memoria
> con nombre de *Victoria*

Toribio Medina refiere igualmente que Jose Martínez de la Puente en su *Compendio de las historias de la India Oriental*, impreso en 1681, afirma: «Los fragmentos de esta nao *Victoria* se guardan en Sevilla por memoria de haber sido ella sola quien dio la vuelta entera a todo el orbe de la tierra y agua». No obstante, podemos seguirle mejor pista según nos testimonian los documentos de los archivos notariales de Sevilla, actualmente depositados en el Archivo de Protocolos Hispalense. Primero aparece la venta del armador Cristóbal de Haro, quien la tomó a su llegada del viaje como parte del devengo que le pagó la corona por su empréstito para proveer la Armada:

> Libro del año 1523 Oficio V Libro 1- Escribanía de Francisco de Castellanos. Folio 156, Fecha 16 de febrero – signatura 3254. Asunto: Venta de la Nao *Victoria*, surta en el Guadalquivir, procedente de la Especiería, a Fernando Zuazo, vecino de Sevilla, por Cristóbal de Haro, mercader vecino de Burgos y en su nombre por Diego Díaz, mercader burgalés estante en Sevilla, según el remate celebrado para dicho fin.

A continuación la *Victoria* sería vendida a uno de los más conspicuos capitanes de Hernán Cortés, Diego de Ordaz:

> Libro del año 1523 Oficio IV Libro II – Escribanía de Manuel Segura. Folio 986, Fecha 16 de mayo. Asunto. Cristóbal Rodríguez, vizcaíno,

> carpintero de ribera, vecino de Sevilla en la collación de Santa María, en la Cestería, vende a Diego de Ordaz, estante en Sevilla, vecino de la Nueva España, dos terceras partes del navío la *Victoria* que tiene armado en el astillero de los Álamos de la Puente Vieja. Se obliga además a dotar al navío de diferentes elementos que le faltan.

Este Diego de Ordaz se cobraría muy buena fama por ser el primer europeo que subió al majestuoso y temido volcán mejicano, Popocatepetl, de 5.500 metros de altura, y bajar a su cráter para recoger el azufre con el que se fabricaría la pólvora de los cañones que utilizaron para la conquista de Tenochtitlán en México. Tal heroísmo no exento de excentricidad sería recordado para la posteridad en el escudo nobiliario que le fue concedido al linaje de los Ordaz. Y, ya por último, la veremos consignada en una de tantas partidas que se hacían en la Carrera de Indias para la Nueva España:

> Libro del año 1548 Oficio XV Libro II – Escribanía Alonso de Cazalla. Folio 565, Fecha 8 de septiembre. Asunto: Juan Enriquez, maestre de la nao *Victoria*, de partida para para Nueva España, se obliga con Fernando de Jerez y Juan Núñez, señores de las ¾ partes de la dicha nao, y con Juan Canela, señor de la otra ¼ parte, a cumplir bien y fielmente su oficio de maestre.

Tras de ese último apunte en los archivos y su posterior naufragio en el Atlántico se perderá para siempre el rastro de tan ilustre y mítico navío cuyo casco se enseñoreó de los mares y océanos de todo el orbe.

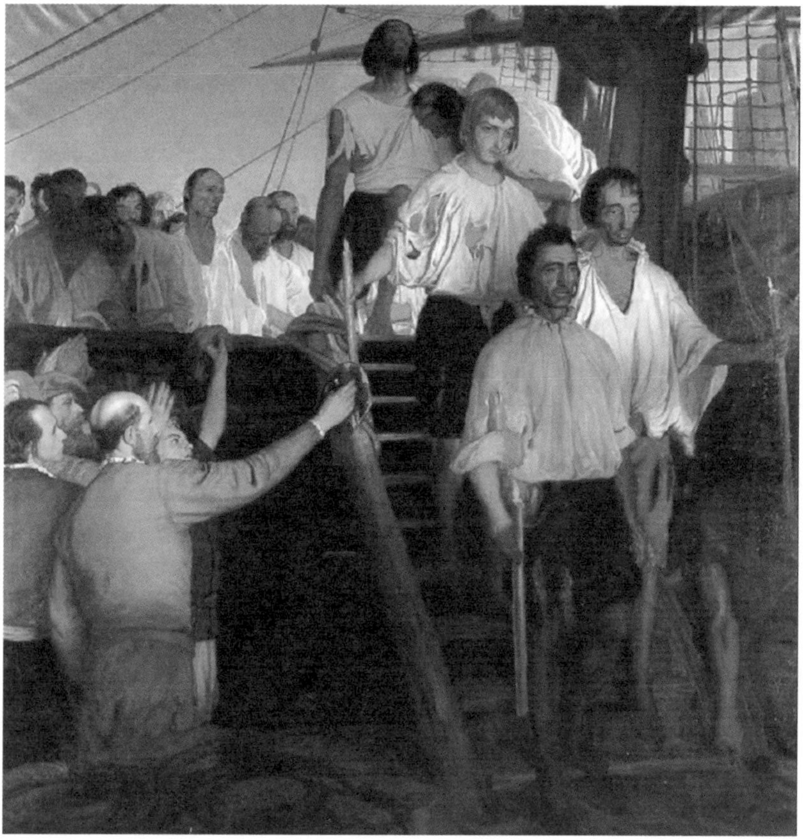

Salaberría Inchaurrandieta, El desembarco de Elcano en Sevilla, 1919. Museo Naval, Madrid

GENTE DE LA ARMADA DEL MALUCO

Nao *Trinidad*, capitán Hernando de Magallanes

Esteban Gómez, piloto de su alteza; León de Espeleta, escribano; Juan Bautista, maestre; Gonzalo Gómez de Espinosa, alguacil; Francisco Albo, contramaestre; Juan de Morales, cirujano; Marcos de Bayas, barbero; Maestre Antonio, carpintero; Cristóbal Rodríguez, despensero; Felipe de Troa, calafate y Francisco Martín, tonelero.

Marineros. Francisco de Espinosa; Ginés de Mafra; León Pancaldo; Juan Genovés; Martín Genovés; Francisco Piora; Antón Hernández Colmenero; Antón Rodríguez; Bartolomé Sánchez; Tomás de Natía; Diego Martín; Domingo de Urrutia; Francisco Martín y Juan Rodríguez.

Lombarderos. Maestre Andrés, condestable de la dicha nao; Juan Bautista y Guillermo Tañegui.

Grumetes. Antonio de Goonloro; Antón de Noya; Francisco de Ayamonte; Juan de Santandrés; Blas de Toledo; Antón, de color negro; Vasco Gómez Gallego; Juan Gallego, natural de Pontevedra; Luis de Beas y Juan de Grijol.

Pajes. Gutiérrez, asturiano; Juan Genovés y Andrés de la Cruz.

Capellán. Pedro de Valderrama.

Criados y sobresalientes. Cristóbal Rabelo, portugués y criado del capitán; Juan Martínez, sobresaliente y vecino de Sevilla; Fernando Portoguez, criado; Antonio Lombardo (Pigafetta); sobresaliente, Peti Joan, francés; Gonzalo Rodríguez, portugués; Diego Sánchez Barrasa de Sevilla; Luis Alonso, de Ayamonte; Duarte Barbosa, portugués; Álvaro de la Mezquita, portugués; Nuño, criado del capitán; Diego de Sanlúcar, criado del capitán; Francisco, paje del capitán; Jorge, morisco y criado del capitán; Alberto Merino; Pero Gómez, criado del alguacil; Pero Sánchez, armero; Enrique de Malaca, lengua y criado del capitán y Lázaro Torres, vecino de Aracena y criado del capitán.

Nao *San Antonio*, capitán y veedor de la Armada Juan de Cartagena

Antonio de Coca, contador; Gerónimo Guerra, escribano; Andrés de San Martín, piloto de S.A.; Juan Rodríguez de Mafra, piloto de S.A.; Juan de Lorriaga, maestre; Diego Hernández, contramaestre; Pedro de Obarrieta, barbero; Juan Ortiz de Gopejar, despensero; Pedro de Bilbao, calafate; Pedro de Saletua, carpintero; Martín de Goyti, calafate y Juan de Oviedo, tonelero.

Marineros. Sebastián de Olarte; Lope de Ugarte; Joanes de Segura; Joan de Francia; Jacome de Mesina; Cristóbal García; Pero Hernández; Hernando de Morales; Antón Rodriguez, calderero; Francisco Rodriguez; Pedro de Laredo y Simón de Axio.

Lombarderos. Maestre Jaques, condestable; Roger Dupiet y Juan Jorge.

Grumetes. Luis; Martín de Aguirre; Columbozo; Lucas de Mesina; Lorenzo Rodríguez; Miguel; Joanes de Yrun Yranzo; Juan Ginovés; Joan de Orbe y Alonso del Puerto.

Pajes. Diego, hijo de Cristóbal García y Diego, hijo de Juan Rodríguez Mafra.

Capellán. Bernardo Calmeta.

Sobresalientes. Juan de Chinchilla, de Murcia; Antón de Escobar y Francisco de Angulo.

Criados y otros oficios. Francisco de Molino; Roque Polea; Rodrigo Nieto Gallego; Alonso del Río; Pedro de Balpuesta; Juan de León; Gutiérrez de Tuñón; Juan de Sagredo, Merino; Juan de Minchaca, ballestero y Antonio Hernández, lengua.

Criados del Contador. Juan Gómez de Espinosa; Pedro de Urrea.

Nao *Concepción*, capitán Gaspar de Quesada

Sancho de Heredia, escribano; Juan López Carvalho, piloto de S.A.; Juan Sebastián del Cano, maestre; Juan de Acurio, contramaestre; Hernando de Bustamante, barbero; Antón de Barazabal, calafate; Domingo de Iraza, carpintero; Juan de Campos, despensero y Pero Pérez, tonelero.

Marineros. Francisco Rodríguez; Francisco Ruiz; Mateo de Gorfo; Juan Rodríguez; Sebastián García; Gómez Hernández; Lorenzo de Iruna; Juan Rodríguez el Sordo; Juan de Aguirre y Juan de Ortega.

Lombarderos. Hans Vargue, condestable; Maestre Pedro y Roldán de Argote.

Grumetes. Juan de Oliver; Guillermo de Lole; Cristóbal de Acosta; Guillén; Gonzalo de Vigo; Pedro de Maguartegui; Martín de Isaurraga; Rodrigo Macías; Juan Navarro y Joanes de Tuy.

Pajes. Juanillo y Pedro de Churdurza.

Criados y sobresalientes. Luis de Molino; Antonio Hernández; Alonso Cota; Francisco Díaz de Madrid; Juan de la Torre y Martín de Magallains, portugués.

Merinos. Martín de Judicibus y Juan de Silva, portugués.

Herrero. Gonzalo Hernández.

Nao *Victoria*, capitán y tesorero de la Armada Luís de Mendoza

Vasco Gallego, piloto de S.A.; Martín Méndez, escribano; Antón salomón, maestre; Miguel de Rodas, contramaestre; Diego de Peralta, alguacil; Alonso González, despensero; Simón de la Rochela, calafate y Martín de Gárate, carpintero.

Marineros. Miguel Veneciano; Diego Gallego; Lope Navarro; Nicolás de Napol, de Romania; Miguel Sánchez; Nicolás de Capua; Benito Genovés; Felipe de Rodas; Esteban Villón y Juan Griego.

Lombarderos. Jorge Alemán, condestable; Filiberto de Torres y Hans Bergen, alemán.

Grumetes. Francisco Vizcaino; Juan de Arratia; Ochote; Martín de Ayamonte; Pedro de Tolosa; Sebastián Ortiz; Antonio; Bernal Mahuri; Rodrigo Gallego y Domingo Portugués.

Pajes. Juan de Zubileta, el hijo de Vasco Gallego.

Criados y sobresalientes. Francisco de Carvajal; Juan Martín; Simón de Burgos; Bartolomé de Saldaña; Juan Villalón; Alonso de Mora, portugués y Diego Díaz.

Tonelero. Juan de Córdoba.

Herreros. Gonzalo Rodríguez y Pedro García.

Nao *Santiago*, capitán y piloto de su alteza Juan Rodríguez Serrano

Antonio de Acosta, escribano; Baltasar Genovés, maestre; Bartolomé Prior, contramaestre; Gaspar Díaz, despensero; Juan García, calafate y Rygart, carpintero.

Marineros. Antonio Flamenco; Luís Martínez; Bartolomé García; Juan García; Agustín; Bocacio Alfonso; Pedro Gascón; Domingo y Diego García de Trigueros,

Lombarderos. Lorenzo Corrat y Juan Macia.

Grumetes. Pedro Díaz; Alonso Hernández; Juan Negro; Juan Bretón; Pedro Bello; Gerónimo García; Pero Arnaot y Pedro García de Trigueros.

Pajes. Juan Flamenco y Francisco Paxe.

Sobresalientes. Martín Barrena y Hernán Lorenzo.

Merino. Juan de Aroche

Sueldo de un mes (maravedíes) para la tripulación de la Armada

Maestre	3.000
Contramaestre	2,000
Carpinteros y herreros	1.875
Calafates	1.875
Toneleros	1.500
Despenseros	1.200
Lombarderos	1.875
Marineros	1.200
Grumetes y Sobresalientes	800
Pajes	500

Extranjeros de la Armada

Alemanes. Jorge Alemán; Juan Alemán; Juan Jorge; Colín Hazo y Hans Bergen.

Flamencos. Maestre Antón; Roldan de Argot; Pedro de Bruselas; Juan Flamenco; Maestre Pedro y Pedro de Urrea.

Franceses. Pedro Arnaut; Juan Bautista; Juan Blaise; Bernardo Calmette; Laurent Corrat; Rogel Dupré; Richard d'Evreux; Pierre Gascón; Filiberto Godin; Martín Jacques; Jean Massiat; Bernardo Maury; Jean Mavire; Bartolomé Prieur; Jean Petit; Simón de la Rochelle y Guillaume Taneguy.

Griegos. Francisco Albo; Simón de Axio; Juan Griego; Felipe de Rodas; Miguel de Rodas y Miguel Sánchez.

Indios. Antón de Goa y Enrique de Malaca.

Británicos. Maestre Andrés; Guillen Ires; Guillermo Ires y Juan Ires.

Italianos. Domingo Bautista; Antonio de Baresa; Agustín Bove; Nicolás de Capua; Alonso Coto; Juan García; Nicolás de Genova; Baltasar Genovés; Bautista Genovés; Benito Genovés; Juan Genovés (2); Martin de Judicibus; Antonio Luciano; Jácome de Mesina; Lucas de Mesina; Nicolás de Nápoles; Tomás de Natin; Francisco Piora; León Pancaldo; Juan Parenti; Antonio Pigafetta; Juan Bautista de Punzorol; Antonio Salabón; Felipe de Trocci y Miguel Veneciano.

Morisco. Jorge.

Africanos. Antón de Gómez de Espinosa; y otro Antón, de Juan López Carvalho.

Portugueses. Cristóbal de Acosta; Luis Alfonso de Gois; Duarte Barbosa; Luis de Beas; Simón de Burgos; Domingo de Coimbra; Domingo de Cubillana; Gaspar Díaz; Alonso de Evora; Antonio Fernández; Antonio Fernández (otro); Nuño Fernández; Gonzalo Hernández; Vasco Gallego; Vasquito Gallego; Esteban Gómez; Alonso González; Juan de Grijol; Juan López Carvalho; Hernando de Magallanes; Martín de Magallanes; Alvaro de la Mezquita; Francisco de la Mezquita; Sebastián Ortiz; Cristóbal Ravelo; Fernando Rodríguez; Gonzalo Rodríguez; Juan de Silva y Juan Portugués.

Brasileño. El hijo natural de Juan López Carvalho, sin nombre conocido.

III
EPÍLOGO

Cercanos al quinto centenario de la primera vuelta al mundo, que habrá de celebrarse entre 2019 y 2022, parece existir un gran acuerdo internacional para que este episodio histórico sea considerado como una de las mayores proezas jamás realizadas por el hombre. Sin duda se reunieron las circunstancias y las personas adecuadas para llevar a cabo empresas tan descomunales, cuyos logros estaban mucho más allá de lo que los conocimientos y las tecnologías del momento podían proporcionar y garantizar. Quizá por ello conviene resaltar, aún más si cabe, la importancia inexcusable de la figura de Hernando de Magallanes en la proyección del citado acontecimiento, pues sin la aportación de su carácter indómito y voluntad inquebrantable jamás hubiese sido posible realizarlo. Magallanes reunía en su compleja personalidad altas dosis de genio, inteligencia y osadía, valores que le distinguían como un marino excepcional al tiempo que un gran emprendedor y estratega. Cualidades con las que logró vencer las terribles dificultades que encontró en su camino, pues por encima de las tempestades, motines, batallas, hambrunas y enfermedades, a las que hubo de enfrentarse durante su fabulosa travesía, fueron sin embargo las conjuras torticeras de sus enemigos, ora emboscados en Portugal y Castilla, ora después en la propia flota, los que le hicieron la vida imposible hasta poner en jaque la más prodigiosa hazaña náutica de todos los tiempos. No en balde, para conseguir realizar sus sueños, Magallanes tuvo que aceptar rodearse de personajes celosos y mediocres, que tenían el alma corroída por una envidia insana hacia todo lo que les resultaba ajeno y brillase por encima de ellos. Sin embargo, Magallanes supo vencerles noblemente tras llevarles a su propio terreno, que no era otro que el esfuerzo sin límites, la honradez y el heroísmo. Esas fueron sin duda las claves de su éxito y de su gloria imperecedera para la historia universal, lo cual podría convertirse en un sugestivo estandarte para todos aquellos visionarios y emprendedores que, al igual que Magallanes, quieran enfrentarse a los retos del siglo XXI que estén más allá de lo imaginable.

IV
APÉNDICE DOCUMENTAL

Por fortuna para los estudiosos, e incluso para los que no lo son, la huella de la historia suele quedar marcada de manera casi incólume en el terreno de las crónicas y de todos aquellos documentos que se resisten a ser borrados de la memoria colectiva, ya sea por accidente, por el paso del tiempo o, a veces también, por otras circunstancias menos atenuantes. En el caso de la primera vuelta al mundo la citada aseveración se convierte en paradigma a la vista del ingente material que poseemos en los archivos, colecciones y bibliotecas de diferentes lugares del mundo, lo cual permite considerar sin ambages que estamos ante un verdadero tesoro documental para entender e interpretar de manera muy veraz aquella insólita epopeya. Precisamente, tal como se advertía en la introducción del libro, este apéndice documental trata de sintetizar un selecto muestrario de ese maravilloso tesoro, que gracias a la propia evolución sociopolítica y cultural de nuestra sociedad y, como no, de la tecnología, hoy está en su mayor parte al alcance de toda la ciudadanía sin distinción alguna. Lo cual es digno de agradecer y de subrayar en tanto logro conquistado por el pueblo no hace muchos años en su libertad de acceder a las fuentes de la memoria que son finalmente las de su propia identidad. Véase como ejemplo de tan admirable cambio de mentalidad la fácil accesibilidad que hoy tenemos para cosultar los legajos que contienen los papeles del Maluco, sea en persona o digitalmente, en el Archivo General de Indias de Sevilla, así como otros documentos y libros en el Arhivo General de Protocolos, o en los fondos de Bibliotecas como la Capitular y Colombina de la misma ciudad, o tambien, yéndonos un poco más lejos, en los archivos generales y bibliotecas de ciudades y universidades portuguesas, italianas, latinoamericanas y estadounidenses. Siendo de facto gracias a la labor secular de archiveros, bibliotecarios, investigadores y restauradores de esos templos de memoria, de la talla de Carlo Amoretti, Juan Bautista Muñoz, Martín Fernández Navarrete, José Toribio Medina o Diego Barros Arana, por citar sólo algunos de los más ilustres, pero no los únicos, que hoy podemos disfrutar de tales joyas documentales, las cuales nos hablan desde el silencio sobre nuestras civilizaciones y sociedades del pasado. A todos ellos quiero rendirle tributo mediante este sincero reconocimiento por una labor tan precisa y paciente como gratificantes y luminosos fueron siempre sus trabajos y resultados.

Es cierto que los documentos que a continuación se presentan pueden resultar un poco áridos, faltos en suma de ese calor que brinda la literatura, tamizada o no por la ficción novelada. Sin embargo, su verdadero valor radica en otros elementos que se pueden paladear con el mismo agrado que lo haríamos con la refinada prosa de un exitoso escritor de novela histórica, siempre y cuando nos guíe para ello la búsqueda de la verdad y nos excite el hallazgo de esos signos arcanos y reveladores que suelen quedar ocultos para la mayoría de los citados escritores. Dicho de otra manera, la lectura de las siguientes piezas documentales en forma de capitulaciones, cartas de relación, cédulas reales, disposiciones testamentarias, cartas secretas, autos judiciales, así como datos registrales sobre personas y cosas materiales referidos a la vida y obra de Magallanes y la primera circunnavegación a la Tierra, pueden acabar convirtiéndose en un sugerente escenario para la arqueología de este portentoso relato, tanto en sus claves socioeconómicas y culturales como también psicológicas e incluso criminales. No en balde, el rigor y valor testimonial de estos documentos nos desvelan que estamos ante algo más que una simple fuente de información, siendo, a tal fin, la verdadera llave maestra que nos permite abrir la puerta de este apasionante epsodio histórico que apenas hemos esbozado. Crucemos entonces el umbral y veamos en su interior, a modo de ejemplo, como quedaron dispuestas las personas y pertenencias de todas las naos, sabremos también pormenorizadamente el origen y condición de los tripulantes, las detalladísimas cuentas del coste integro de la armada, desde los alimentos hasta los orinales que portaban cada uno de los barcos, sin olvidar los sueldos de Magallanes, la marinería y los oficiales. Donde también se pueden apreciar paradojas como la que refiere a los 1.500 maravedís mensuales que tenía asignado Enrique de Malaca en su papel de intérprete, a pesar de su condición de esclavo, es decir, la misma cantidad que ganaban los capellanes, 500 más que Antonio Pigafetta y tan solo 300 menos que el alguacil Gómez de Espinosa. Así mismo, podremos comprobar la exhaustiva previsión de Magallanes acerca de la duración de un viaje de naturaleza tan peligrosa como impresible. O el ingente gasto en el calafateo, la jarcia y el velamen de las naos, que anuncian un estado tan lamentable de los barcos que casi tuvieron que ser reconstruidos íntegramente desde las cuadernas. Como también podremos curiosear sobre las labores de descarga de la nao *Victoria* en la Atarazanas, sobre qué riquezas y enseres traía en sus bodegas y cómo después todo sería entregado al mercader Cristobal de Haro a cuenta de sus empréstitos al Empreador Carlos V. Cómo fueron así mismo registrados los aprestos de la nao capitana, en un alarde de contabilidad tan meticulosa que haría sonrojar al mas eficiente armador de nuestros días. O la pomenorizada carta de Antonio de Brito al Rey de Portugal después de su apresamiento a la nao *Trinidad*, de donde se desprende el grado de tensión existente entre las dos ambiciosas coronas de la Península Ibérica, al tiempo que se levantan algunas sospechas sobre lo dicho por los castellanos apresados en Ternate acerca del maltrato recibido. O también comprender en que circunstancias se perdió la nao *Trinidad* y gran parte del clavo que portaba cuando se abrió en canal tras embarrancar. Y cómo, a pesar de ello, fueron aprovechadas sus maderas y algunos pertrechos para construir la fortaleza de los portugueses. O acreditar el largo y angustioso reclamo de la madre de Elcano acerca de los 500 ducados de oro prometidos a su hijo y nunca cobrados. O detectar el solemne patetismo del testamento de Magallanes, o la esclarecedora carta del embajador Álvaro da Costa a su rey, mostrando como se las gastaban los servicios de inteligencia de las potencias que manejaban el mundo por entonces. O la misteriosa hoja volante alemana sobre las tierras de Brasil, tantas veces mencionada y tan pocas publicada, que fue a la postre el anzuelo mal cebado en el que picaría Magallanes para proyectar su gran sueño. O tantas otras cosas del mayor interés que ahorramos mencionar por ahorrar espacio y tiempo, para que, en su lugar, pasen y lean y contrasten y saquen sus propias conclusiones, pues para entonces ya estarán dentro de la historia.

1. Real cédula por la que el Rey avisa á los Oficiales de la Casa de la Contratación que ha tomado por su capitán con cierto salario a Fernando de Magallains

El Rey. Nuestros Oficiales de la Casa de la Contratación de las Indias que residís en la ciudad de Sevilla. Sabed que mi merced y voluntad es de tomar y recibir por nuestro capitán á Fernando de Magallains, caballero natural del reino de Portogal, é que haya y tenga de Nos de salario en cada un año cincuenta mili maravedís; por ende, yo vos mando que lo pongades y asentedes así en los nuestros libros y nóminas de esa Casa que vosotros tenéis, y le libréis y paguéis los dichos cincuenta mili maravedís este presente año, dende el día de la fecha desta mi cédula hasta el fin del, y dende en adelante en cada un año, á los tiempos y segun y cuando y como libráredes y pagáredes á las otras personas que de Nos tienen salarios en esa Casa; y tomad su carta de pago, ó de quien su poder hobiese, con la cual, y con el traslado de esta mi cédula, signada de escribano público, mando que sean recibidos y pasados en cuenta, á vos el nuestro tesorero, los dichos cincuenta mili maravedís en cada un año, sin otro recabdo alguno, é asenta del traslado de esta mi cédula en los dichos libros, y sobrescrita y librada de vosotros, volved ésta, original, al dicho Fernando de Magallains para que la él tenga, é non fagades ende al. Fecha en Valladolid, á veinte y dos días de Marzo de mil quinientos diez y ocho años. Yo EL REY. Por mandado del Rey. *Francisco de, los Cobos.* Y en las espaldas están dos señales de firmas; y púsose en las espaldas de la dicha cédula lo siguiente: Asentóse esta cédula de Su Alteza en el libro de los oficios y situados que tienen los Oficiales de Su Alteza de la Casa de la Contratación de las Indias que residen en Sevilla, á fojas veinte y nueve, en diez y nueve días del mes de Mayo de mili quinientos diez y ocho años, para que se guarde y cumpla lo en ella contenido, según que Su Alteza lo manda.

Archivo de Indias, 46-4-1/30, lib. I, fol. 42

2. Capitulación y asiento que SS.MM. mandaron tomar con Magallanes y Falero sobre el descubrimiento de las islas de la especiería

En los libros que yo el secretario Francisco de los Cobos tengo de los despachos de la Contratación de las Indias, e del descubridor de la Contratación de la especiería, está asentada una provisión en confirmación de cierto asiento e capitulación que SS.MM. mandaron tomar con Fernando Magallanes e Rui Falero, su tenor de lo cual es este que se sigue.

Por cuanto vos el Bachiller Rui Falero e Fernando de Magallanes, caballeros naturales del Reino de Portugal, nos hicisteis relación que Yo el Rey por una mi Cédula e Capitulación mandé tomar cierto asiento con vosotros sobre el viage que con el ayuda de nuestro Señor quereis hacer para descubrir lo que hasta agora no se ha hallado, que es en los límites de nuestra demarcación que hasta agora no se ha descubierto, e lo poner so nuestro Señorío e sujeción, como mas largo en la dicha mi Cédula e asiento se contiene, su tenor de la cuales este que se sigue. El Rey. Por cuanto vos el Bachiller Ruy Falero e Hernando de Magallanes... queriéndonos hacer señalado servicio os obligáis de descubrir en los dominios que nos pertenecen e son nuestros en el mar Oceano, dentro de los límites de nuestra demarcación, islas y tierras firmes e ricas especierías, con otras cosas de que seremos muy servidos y estos nuestros reinos muy aprovechados, mandamos asentar para ello con vosotros la capitulación siguiente.

Primeramente que vosotros con la buena ventura hayas de ir e vayáis a descubrir a la parte del mar Oceano, dentro de nuestros límites e demarcación e porque no sería razón que yendo vosotros a hacer lo susodicho se vos atravesasen otras personas a hacer lo mesmo, e habiendo consideración a que vosotros tomais el trabajo de esta empresa, es mi merced y voluntad e prometo que por término de diez años primeros siguientes no daremos licencia a persona alguna que vaya a descubrir por el mismo camino e derrota que vosotros fueredes, e que si alguno lo quisiere emprender, e para ello nos pidiere licencia, que antes que se la demos os lo haremos saber para que si vosotros lo quisieredes hacer en el tiempo que ellos se ofrecieren, lo hagáis teniendo tan buena suficiencia e aparejo y tantas naos y tan bien acondicionadas e aparejadas e con tanta gente como las otras personas que quisieren hacer el dicho descubrimiento, pero entiéndase que si Nos quisiéremos mandar descubrir o dar licencia para ello a otras personas por la via del hueste por las partes de las islas e tierra firme e a todas las otras partes que están descubiertas hacia la parte que quisiéremos para buscar el estrecho de aquellos mares, le podamos mandar e hacer e dar licencia para que otras personas lo hagan, si desde la tierra firme por el mar del Sur que está descubierta desde la isla de S. Miguel, quisieren ir a descubrir, lo puedan hacer e asimismo si el Gobernador e la gente que agora por nuestro mandado está o estuviere de aquí adelante en la dicha terra firme o otros nuestros súbditos e vasallos quisieren descubrir por la mar del Sur que está encomenzada a descubrir e enviar navíos por ella para descubrir, mas que el dicho nuestro Gobernador e vasallos e otras cualesquier personas que Nos fueremos servidos, que lo hagan por aquella parte, lo puedan hacer, sin embargo de lo susodicho e de cualquier capítulo e clabsula de esta capitulación, pero también queremos que si vosotros por alguna de estas dichas partes quisieredes descubrir que lo podáis hacer, no siendo en lo que está descubierto e hallado.

E acatando la voluntad con que vos habéis movido a entender en el dicho descubrimiento por nos servir, e el servicio que de ello nos recibimos, e nuestra Corona Real ser acrecentada e por el trabajo e peligro que en ello habéis de pasar, en remuneración de ello, es nuestra voluntad e queremos que en todas las tierras e islas que vosotros descubriéredes vos haremos merced, e por la presente vos la hacemos, que de todo el provecho e intereses que de todas las tales tierras e islas que así descubriéredes, así de renta como de derechos, como otra cualquier cosa que a nos se siguiere en cualquier manera, sacadas primero todas costas que en ello se hiciere, hayais e lleveisla veintena parte con el título de nuestros Adelantados e Gobernadores de las dichas tierras e islas, vosotros e vuestros hijos y herederos de juro para siempre jamás, conque quede para Nos e para los Reyes que después de Nos vinieren la suprema, e seyendo vuestros hijos y herederos naturales de nuestros reinos, casados e n ellos e conque la dicha Gobernación e Título de Adelantados después de vuestros días quede en un hijo e heredero e de ello vos mandamos despachar vuestra carta e privillejos en forma.

Otrosí, por vos hacer mas merced es nuestra voluntad que de las islas que así descubriéredes si pasare de seis habiéndose primero escogido para nos la seis, de las otras que restaren podáis vosotros señalar dos de ellas, de las cuales hayais y llevéis la quinta parte de todo el provecho e interese de renta e derechos que Nos de ellas hobiéremos limpio, sacadas las costas que se hicieren. E porque lo sudicho mejor lo podáis hacer y haya en ello el recaudo que conviene, digo que Yo vos mandaré armar cinco navíos, los dos de ciento y treinta toneladas cada uno, y otros dos de noventa, y otro de sesenta toneles, bastecidos de gente e mantenimientos e artillería, conviene a saber, que vayan en ellos doscientas treinta y cuatro personas para el gobierno de ellos entre maestres e marineros e grumetes, e toda la otra gente necesaria, conforme al memorial que está fecho para ello.

Otrosí porque de todo lo susodicho haya buena cuenta e razón e en nuestra hacienda haya el buen recaudo que conviene, que Nos hayamos de nombrar e nombremos un factor e tesorero e contador y escribanos de las dichas naos que lleven e tengan cuenta e razón de todo, e ante quien pase e se asiente todo lo que de la dicha Armada se hobiere. Lo cual vos prometo e doy mi fe e palabra Real que vos mandaré guardar e cumplir en todo e por todo según de como de suso se contiene, e de ello vos mandé dar la presente firmada de mi nombre, fecha en Valladolid a veinte e dos días del mes de marzo de mill e quinientos e diez e ocho años. Yo el Rey. Por mandado del Rey. Francisco de los Cobos.

(Extracto del original. Archivo de Indias. Reg. de Reales Cédulas)

3. Real cédula por la que se aumenta á Magallanes y á Falero sus sueldos de capitanes en atención á que van con una armada á descubrir á la parte del Mar Océano

El Rey. Nuestros Oficiales de la ciudad de Sevilla, que residís en la Casa de la Contratación de ella. Porque, como veréis, Nos enviamos á Fernando de Magallanes y al

Bachiller Rui Falero con una armada nuestra á descubrir á la parte del Mar Océano, y demás de los cincuenta mili maravedís que les habernos mandado asentar de salario en cada un año á cada uno, por nuestros capitanes, mi merced y voluntad es que hayan y lleven el tiempo que anduvieren en la dicha armada en nuestro servicio ocho mili maravedís de sueldo cada uno cada mes; por ende, yo vos mando que les libréis y paguéis los dichos ocho mili maravedís desde el día que comenzaren á ganar sueldo los otros pilotos que han de ir en la dicha armada, fasta que con la bendición de Nuestro Señor vuelvan con ella, segund y de la manera y á los tiempos que librávedes y pagáredes á la otra gente que fuere en la dicha armada. Fecha en Aranda, á diez y siete de. Abril de mili y quinientos diez y ocho años. Yo EL REY. Por mandado del Rey. *Francisco de los Cobos.* Y en las espaldas están dos señales de firmas.

Archivo de Indias, 46-4-1/30, lib. I, fol. 43

4. Real cédula para que se pagase á Dª Beatriz Barbosa, mujer de Femando de Magallains, el sueldo que á éste correspondía

El Rey. Doctor Sancho de Matienzo, tesorero de la Casa de la Contratación de las Indias, que reside en la ciudad de Sevilla. Ya sabéis como yo, por una mi cédula, mandé asentar al Comendador Fernando de Magallains, por nuestro capitán, cincuenta mili maravedís de salario en cada un año, para que se los pagades vos ó cualquier tesorero que después de vos fuere en la dicha Casa. Agora el dicho Fernando de Magallains me ha suplicado, é porque, como sabéis va á Nos servir en el dicho viaje, mandase que fuesen pagados á doña Beatriz de Barbosa, su mujer, los dichos cincuenta mili maravedís en cada año, entretanto que él anda por aquellas partes, y que si Nuestro Señor fuese servido disponer del en el dicho viaje, hiciese merced de los dichos cincuenta mili maravedís á la dicha su mujer, ó como la mi merced fuese; é yo, acatando que el dicho Fernando Magallains va á Nos servir en el dicho viaje á el fin que de su ida, con la ayuda de Dios, se espera, tóvelo por bien; por ende, yo vos mando que, entretanto que el dicho Fernando de Magallains está ausente en mi servicio en la dicha armada, deis y paguéis á dicha su mujer los dichos cincuenta mili maravedís en cada un año, todo el tiempo que el dicho Fernando de Magallains se ocupare en el dicho viaje, é si por caso Nuestro Señor dispusiese del é moriere en el nuestro servicio, deis é paguéis dende en adelante los dichos cincuenta mili maravedís en cada un año á la dicha doña Beatriz de Barbosa, su mujer, de los cuales yo le hago merced para que le sean pagados, según y cómo se pagaran al dicho capitán, viviendo, tomándose la razón y asentándose esta mi cédula en los libros de esa Casa; é non fagades ende al. Fecha en Barcelona á cinco días del mes de Mayo, año de mili quinientos y diez y nueve años. Yo EL Rey. Por mandado del Rey. Francisco de los Cobos. Y en las espaldas están cuatro señales de firmas. Y en las espaldas de la dicha cédula se asentólo siguiente: Asentóse esta cédula de Su Alteza en los libros de las mercedes de los oficios y situados que tienen los Oficiales de Sus Altezas de la Contratación de las Indias que residen en la ciudad de Sevilla, en cuatro de Agosto de mili y quinientos y diez y nueve años, para que se guarde y cumpla lo que en ella se contiene, según que Su Alteza lo manda.

Archivo de Indias, 46-4-1/30, lib. I, fol. 55

5. Relación del coste que tuvo la Armada de Magallanes

(Archivo de indias, Papeles del Maluco, leg. 1º de 1519 a 1547)

Naos y aparejos	**Maravedís**
Doscientos veintiocho mill setecientos y cincuenta maravedís, que son costo la nao nombrada la *Concepción*, que es de porte de noventa toneles, la cual con sus aparejos y batel costó lo dicho	228.750
Trescientos mill maravedís que son costo la nao *Victoria*, que será de porte de ochenta y cinco toneles, la cual con sus aparejos y batel costó lo dicho	300.000
Trescientos treinta mil maravedís que costó la nao nombrada *Santo Antonio*, que es de porte de ciento y veinte toneles	330.000
Doscientos setenta mil maravedís que costó la nao nombrada la *Trinidad*, que es de porte ciento y diez toneles	270.000
Ciento ochenta y siete mil y quinientos maravedís que costó la nao *Santiago*, que es de porte de setenta y cinco toneles	187.500
Veinte y cuatro mil ciento ochenta y ocho maravedís que se hizo de gasto en traer las naos de Cádiz y San Lúcar a Sevilla	24.188
Trece mil cuatrocientos ochenta y dos maravedís que se han gastado en jornales de hacer la fosa y en varar las naos en tierra	13.482
Ciento cuatro mil doscientos cuarenta y cuatro maravedís que montan en los jornales de la carpintería que se hizo en las cinco naos	104.244
Ciento veinte y nueve mil quinientos treinta y nueve maravedís, que son monta en los jornales de los galafates que galafatearon las dichas naos	129.539
Seis mil setecientos noventa maravedís que monta en los jornales de los aserradores que han serrado tablazón y madera de las dichas naos	6.790
Ciento setenta y cinco mil noventa y ocho maravedís que costó la madera de vigas y tablazón y otra madera menuda que se compró	175.098
Ciento cuarenta y dos mil quinientos treinta y dos maravedís y medio que monta en la clavazón que se ha gastado en el adreszo de las dichas naos	142.532 ½
Treinta y un mil seiscientos setenta maravedís que monta en el estopa que se ha comprado para galafatear las dichas naos	31.670

Naos y aparejos	**Maravedís**
Setenta y dos mil doscientos setenta y siete maravedís y medio que monta en el breo y alquitrán y aceite que se ha gastado en galafatear y brear..	72.267 ½
Cincuenta y tres mil ochocientos cincuenta y dos maravedís que ha costado el sebo que se ha comprado para ensebar las dichas naos..................	53.852
Ciento cuarenta y nueve mil setenta y seis maravedís que costaron ciento setenta y tres piezas de las que se compraron para velas de las naos.....	149.076
Treinta y dos mil ochocientos veinte y cinco maravedís que son costo del hilo para coser las velas de las naos y agujas y aleznas y jornales que se pagaron..........	32.825
Treinta y siete mil cuatrocientos treinta y siete maravedís que costaron los másteles y entenas que se compraron para las dichas naos................	37.437
Tres mil novecientos treinta y siete maravedís y medio que costó un esquife que se compró para llevar de viage la nao *Trinidad*..........................	3.937
Quince mil cuatrocientos setenta y cinco maravedís que costaron las bombas y clavos y tachuelas que se compraron para las dichas naos...............	15.475
Seis mil quinientos sesenta y tres maravedís que costaron dos remos que se compraron para equipación de las naos..	6.563
Nueve mil trescientos sesenta y cuatro maravedís que costaron los zurrones y manguetas y cueros para chapas de las bombas, para respeto del viage....	9.364
Mil doscientos ochenta y cinco y medio maravedís que costaron seis broznos para poleas, y una polea de broznos..	1.285 ½
Tres mil seiscientos ochenta y siete y medio maravedís que son costo tres gurbias que se compraron para respeto del viage de la dicha armada...	3.687 ½
Cuatro mil doscientos cuatro maravedís que costaron ocho cuadernales que se compraron para varar las naos..	4.204
Treinta y cuatro mil seiscientos setenta y dos maravedís y medio que ha costado el poleame que lleva la dicha armada................................	34.672 ½
Quinientos once maravedís que costaron tres cucharas para el breo..........	511
Mill novecientos sesenta y dos maravedís que costaron trece barcadas de laste para lastear las naos..	1.962
Ochocientos siete maravedís que costaron treinta y dos varas de cañamazo que se compraron para hacer sacos para servicio de las naos.............	807
Cuatrocientos treinta y ocho mil trescientos treinta y cinco maravedís y medio quesean pagado de jornales de ribera y mantenimiento y sueldo a la gente de las naos mientras se adreszaron y cargaron para seguir el viage..	438.335 ½
Cuarenta y dos mil cuarenta y dos maravedís que costaron trece anclas que se compraron para las dichas naos...	42.042
Mil y ocho maravedís que costaron ocho sierras grandes y pequeñas........	1.008

Naos y aparejos	Maravedís
Mil setecientos sesenta y dos maravedís que han costado las barrenas grandes y pequeñas que se han comprado para llevar en la dicha armada........	1.762
Seiscientos sesenta y tres maravedís que costaron seis azadones para sacar las naos, digo para hacer la fosa para vararlas..................................	663
Dos mil cuatrocientos noventa y cinco maravedís que costaron setenta y seis cueros de carnero para escopetos para brear y ensebar las naos.....	2.495
Cuatro mil doscientos setenta y siete maravedís que son costo la chumiza que se compró para quemar las naos al tiempo de galafatear y brear...	4.277
Mill cincuenta y cuatro y medio maravedís que se pagó a los pilotos que trujeron las naos de San Lúcar a Sevilla..	1.054 ½
Trescientos veinticuatro mil ciento setenta y medio maravedís de vellon que costaron que costaron doscientos y veinte y un quintales de cables y ayustes y orinques de jarcia labrada, y por el coste de mil arrobas de cáñamo que se compró, de lo cual asimismo se labró toda la jarcia necesaria para las dichas naos y de sobresaliente para el viaje............	324.170 ½
Veinticinco mill veinte y nueve maravedís que costaron ochenta banderas y una bandera real que se hizo de tafetán.......................................	25.029
Cuarenta y nueve mil quinientos ochenta y cuatro maravedís que costó el bergantín que se hizo, según más largamente aparece por el libro de la armada..	49.584
Ochenta y cuatro mil ciento cuarenta y cuatro maravedís, que los treinta y cinco mil seiscientos se han gastado, los siete mil y quinientos que gastó Duarte Barbosa cuando fue de Sevilla a Bilbao a las cosas que se habían de comprar y los tres mil setecientos cincuenta maravedís que asimismo gastó Antón Semeño cuando llevó el dinero a Bilbao, y los veinte y cuatro mil trescientos noventa maravedís que se pagó del flete de las cosas que de Bilbao vinieron, y los cuarenta y ocho mil quinientos cuatro al cumplimiento de los ochenta y cuatro mil ciento cuarenta y cuatro, que se han gastado en diversas partidas...............	84.144

Artilleria y pólvora y cosas necesarias para ella

Ciento sesenta mil ciento treinta y cinco maravedís que costaron cincuenta y ocho versos, siete falcones, tres lombardas gruesas, tres pasamuros, que todo esto vino de Bilbao y va en la dicha armada.....................	160.135
Ciento nueve mil veinte y ocho maravedís, los ciento cuatro mil y doscientos que costaron cincuenta quintales de pólvora, que va en la dicha armada embarrilada, que con cuatro mil ochocientos veinte y ocho maravedís que se pagó de flete en Bilbao, del traer la pólvora de Fuenterrabía a allí...	109.028

Artilleria y pólvora y cosas necesarias para ella

Cinco mil cuatrocientos setenta y siete maravedís que costaron ciento sesenta y cinco libras de pólvora que se compró en Bilbao para ensayar......	5.477
Once mil seiscientos treinta y tres maravedís que han costado los dados y pelotas de hierro y de piedra que van para la artillería de la armada....	11.633
Tres mil ochocientos y cincuenta maravedís que costaron seis moldes que se hicieron para hacer pelotas para los pasamuros y falcones y versos..	3.850
Treinta y nueve mil ochocientos noventa maravedís que costaron doscientas veinte y una arrobas, siete libras de plomo, que las ochenta y cuatro arrobas se gastó y labró en planchas para emplomar las costuras de las naos, y el resto va de respeto en la armada y se gastó en pelotas y espingardas........	39.890
Tres mil doscientos setenta y seis maravedís que sean gastado en adreszo de la artillería, según que más largamente aparece asentado........	3.276
Ocho mil setecientos y noventa maravedís, los cuatro mil doscientos noventa maravedís que montó en el mantenimiento de los días que trabajaron los lombarderos, los cuales se les dio un tanto por día para su gasto........	8.790

Ballestas, espingarda, coseletes y otras armas

Ciento diez mil novecientos diez maravedís que costaron cien coseletes con sus armaduras de brazos y espalderas y capacetes, y cien petos con sus barbotes y casquetes, por la cuenta venida de Bilbao........	110.910
Treinta y tres mil cuatrocientos noventa y cinco maravedís que costaron sesenta ballestas con trescientas docenas de saetas que vinieron de Bilbao........	33.495
Diez mil y quinientos maravedís que costaron cincuenta escopetas que vinieron de Vizcaya, según por la cuenta que de allá vino paresce.......	10.500
Seis mil trescientos setenta y cinco maravedís que costaron un arnés y dos coseletes cumplidos de todas las piezas que trajeron para el capitán....	6.375
Seis mil y ochocientos maravedís que costaron doscientas rodelas que vinieron de Bilbao, según por la cuenta de allá y libro de la casa paresce........	6.800
Seiscientos ochenta maravedís que costaron seis hojas de espadas que vinieron de Bilbao, las cuales tomó el capitán........	680
Cuarenta y cuatro mil ciento ochenta y cinco maravedís que costaron noventa y cinco docenas de dardos, diez docenas de gorguces, mil lanzas, doscientas picas, seis chuzas y seis astas de lanzas que vinieron de Bilbao........	44.185

Ballestas, espingarda, coseletes y otras armas

Dos mil cuatrocientos noventa y nueve maravedís que costaron ciento y veinte ovillos de hilo que llevan de respeto para las ballestas y siete piezas de dantas para las mieses y lo que se gastó en adreszar cincuenta y nueve ballestas 2.499

Tres mil quinientos cincuenta y tres maravedís que se gastaron en adreszar las armas y en cuatro cueros que llevan para guarescer y en seis libras de esmeil para las limpiar, y en tres mil tachuelas y doscientas hebillas de respeto 3.553

Cinco mil seiscientos once maravedís que costaron cincuenta frascos para las espingardas y cincuenta rascadores, y ciento cincuenta varas de mechas... 5.611

Mantenimientos que van en la Armada y gastos hechos en ellos

Trescientos setenta y dos mil quinientos y diez maravedís que costó el vizcocho que va en la dicha armada, en esta manera: los 363.480 maravedís que costaron 2.138 quintales 3 libras de vizcocho que se compró a 170 maravedís quintal, y 6.375 maravedís que costaron 18 piezas de vizcocho que compraron con la nao *Santiago* Bretona, y 2.655 maravedís que se gastó en alquiler de los sacos y acarrear el vizcocho a las naos 372.510

Quinientos noventa mil maravedís que costaron quinientas ocho botas de vino que se compraron en Jerez, los cuales se compraron a diversos precios, y los 78.654 maravedís que se hicieron de costas sobre los dichos vinos, de esta manera: 37.870 de flete, 18.428 maravedís de acarreos, 6.324 maravedís que se dieron a Gonzalo Diez por noventa y tres días que anduvo en la compra de ellos, 3.320 del guindaje de cuatrocientas veinte pipas, 6.115 maravedís que costaron los corchos y escoperoles y correos que se hicieron de Sevilla a Jerez, 4.790 que se gastó Juan Nicolás en el tiempo que anduvo sobre la compra de ellos, 1.806 maravedís de hombres que estovieron en la guarda mientras lo cargaban y descargaban en Jerez y en Sevilla 590.000

Veinte y tres mil treinta y siete maravedís que costaron cincuenta hanegas de habas, noventa hanegas de garbanzos y dos hanegas de lentejas...... 3.037

Cincuenta y ocho mil cuatrocientos veinte y cinco maravedís que costaron cuarenta y siete quintales cinco arrobas de aceite de comer........ 58.425

Sesenta y dos mil ochocientos setenta y nueve maravedís que costaron doscientos barriles de anchova, y ciento sesenta y seis docenas de alvarinos secos y cazones y nueve docenas de dentudos y sesenta y tres docenas de cornudillas, y diez y siete arrobas y tres libras de pescado vastina seca..... 62.879

Mantenimientos que van en la Armada y gastos hechos en ellos

Cuarenta y tres mil novecientos ocho maravedís que costaron cincuenta y siete quintales, doce libras de tocino seco	43.908
Diez y siete mil setecientos treinta y cinco maravedís, los 14.000 que costaron siete vacas que se compraron en Sant Lúcar y 1.180 costaron tres puercos, 2560 maravedís que se gastó de carne con la gente cuando bajaron las naos a Sant Lúcar y en Sant Lúcar	17.735
Veinte y seis mil cuatrocientos treinta y cuatro maravedís que costaron novecientos ochenta y cuatro quesos que pesaron 112 arrobas 16 libras	26.434
Trescientos noventa y tres mil seiscientos veinte y tres maravedís que costaron las botas y pipas y toneles y adrezo della, y arcos de fierro, que es en lo que se embasó el vino y agua para dicho viage	393.623

Cosas de despensa y otras menudencias que van en la Armada

Quince mil cuatrocientos cincuenta y un maravedís que costaron veinte y una arrobas nueve libras de azúcar	15.655
Tres mil seiscientos cincuenta y cinco maravedís que costaron 200 arrobas de vinagre que se trujeron de Moguer, que con las costas hasta puestos en las tarazanas montó lo dicho	3.655
Dos mil ciento noventa y ocho maravedís que costaron 250 ristras de ajos y 400 manojos de cebollas	2.198
Cinco mil novecientos noventa y siete maravedís que costaron diez y ocho quintales de pasas de sol y de lejía	5.997
Mill ciento y treinta maravedís que costaron diez y seis cuarterolas de higo	1.130
Dos mil novecientos veinte y dos maravedís que costaron doce hanegas de almendras con sus cascos, con el traer	2.922
Ocho mil novecientos ochenta maravedís que costaron cincuenta y cuatro arrobas dos libras de miel embasada	8.980
Setecientos cincuenta maravedís que costaron dos quintales de carnelas pasas, según paresce por el libro	750
Mill quinientos cincuenta y cuatro maravedís que costaron tres jarras de alcaparras, como paresce por el libro	1.554
Mill setecientos sesenta y ocho maravedís que costaron ¿? caices de sal	1.768
Mill quinientos setenta y cinco que costaron tres quintales veinte y dos libras de arroz, como paresce en el libro	1.575
Trescientso ochenta maravedís que costó una hanega de mostaza	380
Cinco mil setecientos setenta y nueve maravedís que costó la carnes de membrillo que va en la dicha armada	5.779

Cosas de despensa y otras menudencias que van en la Armada

Trece mil veinte y siete maravedís que costaron las cosas de botica y medecinas y engüentos y aceites y aguas estiladas	13.027
Cinco mil novecientos veinte y siete maravedís que costaron cinco pipas de harina que van en la armada	5.927

Cosas de cobre y otras menudencias para el servicio de las naos

Veinte y un mil quinientos quince maravedís que han costado las cosas de cobre, en esta manera: 6.165 que costaron cinco ollas grandes, 3.700 que costaron cinco calderas, 7.695 que costaron dos hornos, 1.215 que costó una caldera que pesó 27 libras, 2.200 que costó una caldera grande para coser breo, 540 que se dio a Cabrera, calderero, por un suelo que echó a una caldera de cobre	21.515
Ochocientos ochenta y cuatro maravedís que costaron diez cuchillos grandes que se dieron las naos	884
Quinientos diez y seis maravedís que costaron cuarenta y dos cuartillos de palo para las raciones que se han de dar de vino y agua	516
Tres mill cuatrocientos cuarenta maravedís que costaron ocho arrobas de candelas y la ración de cuarenta y dos arrobas de candelas del sebo que se compró para las naos y veinte libras de pávilo que llevan para hacer candelas	3.440
Mill cuatrocientos treinta maravedís que costaron ochenta y nueve lanternas que se dieron a las naos	1.430
Cuatrocientos noventa y cinco maravedís que costaron nueve libras y media de candelas de cera labradas, las cuales se compraron para bendecir las naos	495
Ocho mil ochocientos sesenta maravedís que costaron cuarenta carretadas de leña que se compraron para la armada	8.860
Mill doscientos ochenta maravedís por cuarenta varas de cañamaza que se dio a las naos, para manteles en que coma la gente	1.280
Cuatrocientos setenta y seis maravedís que costaron catorce gamellas	476
Ciento cincuenta y ocho maravedís que costó una cadena para el payol	158
Doscientos cincuenta y seis maravedís que costaron doce fuelles con sus caños de hierro	256
Mill quinientos treinta maravedís que costaron veinte y dos libras y media de cera para encerar el hilo con que se han de coser las velas	1.530
Setecientos sesenta y ocho maravedís que costaron doce calabozos de hierro para las despensas de las naos	768

Cosas de cobre y otras menudencias para el servicio de las naos

Doscientos cuatro maravedís que costaron cinco cucharas grandes de hierro...	204
Cinco mil ochocientos treinta y cuatro maravedís que costaron cien galletas, doscientas escodillas, cien tajadores, sesenta y seis platos de palo, doce morteros, sesenta y dos gamellas, lo cual vino todo de Bilbao.....	5.834
Doscientos cuarenta maravedís que costaron veinte lantias para lámparas....	240
Trescientos treinta maravedís que costaron doce embudos de hoja, los seis grandes y los seis pequeños........	330
Ciento veinte y cinco maravedís que costaron cinco martillos........	125
Novecientos noventa y cinco maravedís que costaron diez y ocho gamellas...	995
Seiscientos cincuenta y tres maravedís que costó un almirez para botica ...	653
Tres mil seiscientos veintidós maravedís que costaron treinta y cinco candados que se entregaron a los despenseros de las naos........	3.622
Dos mil ochocientos noventa y un maravedís que costaron los grillones y esposas y prisiones de hierro........	2.891
Doscientos maravedís que costaron ocho aferravelas de hierro........	200
Doscientos cuarenta maravedís que costaron veinte libras de acero para calzar los picos y otras herramientas necesarias a la armada........	240
Doscientos noventa y siete maravedís por una arroba de pesas de hierro marcadas, que van para justificar cualesquier pesos, o otras cosas que hallaren en cualesquier tierras que descubrieren........	297
Dos mil cuatrocientos que costaron cincuenta azadas y azadones........	2.400
Mill y seiscientos maravedís que costaron veinte barras de hierro y piés de cabra que van para servicio de las naos........	1.600
Dos mil quinientos treinta y un maravedís que costaron cincuenta y seis picos de hierro, y martillos, y dos mazos grandes de fierro........	2.531
Trescientos sesenta maravedís que costaron ocvho pares de tenazas........	360
Mill doscientos veinte y cuatro maravedís que costaron doce barrenas, seis gabietes, cinco ganchos de batel que vinieron de Bilbao........	1.224
Veinte y cuatro mil novecientos treinta y ocho maravedís que costaron cuarenta y nueve quintales ciento veinte libras de hierro en barras grandes y pequeñas........	24.938
Diez mil seiscientos treinta y nueve maravedís que costaron las esteras y espuertas que se compraron para servicio de la dicha armada........	10.639
Treinta mill doscientos cincuenta y cuatro maravedís que costrón los aparejos que llevan para la pesquería, en esta manera: 8.500 dos chinchorros, 125 seis anzuelos de cadena, 425 los corchos para adreszar los chinchorros, 8.663 las linas y cordeles aparejados, 8.715 los harpones y fisgas que vinieron de Vizcaya, 3.826 diez mil quinientos anzuelos....	30.254

Relación de muchas cosas que van en la armada, necesarias a ella, las cuales son de gastos que se hicieron durante el tiempo que se hizo la armada

Nueve mil ciento cuarenta y siete maravedís que son los 3 mill maravedís que costó una fragua y los 6.147 que costaron unos barquines grandes y yunques y tobera que vino de Vizcaya	9.147
Mill doscientos once maravedís que costaron quince libros blancos, guarnecidos, los cinco para tener la cuenta del gasto de la armada, y los diez que se dieron a los oficiales della en que tengan las cuentas	1,211
Dos mil seiscientos treinta y cinco maravedís que se dieron a los arrumadores que arrumaren las naos	2.635
Dos mil ciento veinte y cinco maravedís que costaron dos muelas y un morejón que se dieron a los barberos	2.125
Dos mil ochocientos noventa y cinco maravedís que costaron cinco atambores y veinte panderos	2.895
Diez y seis mill quinientos trece maravedís que costó el ornamento, con todo su adrezo necesario para con que puedan decir misa los clérigos	16.513
Cinco mil setecientos treinta y cinco maravedís, los 3.700 que se dieron a los pilotos que bajaron las naos de la Ribera de Sevilla a Sant Lúcar y los 1.985 que se dieron a los pilotos que sacaron las naos de la barra de Sant Lúcar a fuera	5.735
Once mil doscientos y cincuenta maravedís que se dieron a Rodrigo de Garay por lo que sirvió en el armada desde que se comenzó a armar	11.250
Siete mil quinientos maravedís que se dieron a Juan de la Cueva	7.500
Doce mill catorce maravedís que se pagó de costas del azogue y bermellón que se trajo del Almadén, de las badanas y baldreses y lias y traer	12.014
Cinco mill seiscientos veinte y cinco maravedís que se dieron al hombre que vino de Portogal y se envió a la corte, los cuales se dieron para el camino	5.625
Cuarenta y cinco mill maravedís que se han pagado a correos idos y venidos a la corte, con lo que se dio a Juan de Cartagena, que en lo que se ha pagado a los dichos correos	45.000
Seis mil setecientos y cincuenta maravedís que se dió a la caravela, y de mantenimiento que se compró para la persona que fue con las cartas a Canaria, en que montó lo dicho según mas largamente paresce	6.750
Quince mill maravedís que se dieron a Luís de Mendoza, tesorero de la armada, en cuarenta ducados para cosa que fuese menester comprar en Canaria	15.000

Mercaderías que van en la Armada, y sueldo que se ha pagado a la gente que va en la Armada.

Un cuento, ciento cincuenta y cuatro mill quinientos cuatro maravedís, que se han pagado de sueldo a doscientas treinta y siete personas que van en la dicha Armada, de cuatro meses que se les pagó adelantado...... 1.154.504

Un cuento, seiscientos setenta y nueve mil setecientos sesenta y nueve maravedís que monta en las mercaderías de rescate que van en la dicha Armada, y así las cosas que llevan hechas de ropa de seda y paño, y otras cosas para dar de dádivas, que en todo montó lo dicho............. 1.679.769

Cartas de marear y cuadrantes y estrolabios y agujas y relojes que se dio a la Armada

Sesenta y ocho mill ciento y ocho y dos maravedís, que ponen se ha gastado en las cartas de marear y cuadrantes, en esta manera: 1.125 que se dieron a Nuño García para comprar pergaminos para hacer cartas; 900 por una docena de pieles de pergamino que se dieron al dicho: 864 que costaron otra docena de pieles que se dieron al dicho Nuño García: 13.125 por siete cartas de marear que hizo por la orden de Ruy Falero a cinco ducados: 11.250 que se pagaron a Nuño García de once cartas de marear que hizo por orden de Fernando de Magallanes: 13.500 por otras seis cartas de marear que hizo hacer Ruy Falero, con una que envió a S.A.: 1.121 por seis cuadrantes de madera que hizo Ruy Falero: 750 de un estrolabio de palo que hizo el dicho Ruy Falero: 4.500 que pagó el capitán Magallanes por un plano esférico que hizo hacer para S.M: 4.500 que se pagaron al dicho Magallanes por seis estrolabios de metal con sus pautas: 4.080 que se pagaron al dicho por 15 agujas de marear: 1.875 que pagó al dicho por 15 cuadrantes de madera abrozuados: 476 por unos compases dorados, con su caja, que envió el dicho con la carta a S.M. 340 por una caja de cuero que se hizo hacer para que fuese el plano esférico: 612 por 12 relojes de arena que compró el capitán: 750 por dos agujas de marear que tiene el dicho capitán: 600 por seis pares de compases: 750 que se pagaron a Nuño García por dos agujas de marear: 136 por el corregimiento de una aguja de marear que estaba dañada: 884 por cuatro cajas grandes para cuatro agujas que hizo hacer Ruy Falero: 6.094 por16 agujas de marear y seis relojes que envió Bernaldino del Castillo de Cádiz........ 68.182

Sumario de todo el coste de la armada

Tres cuentos novecientos doce mill doscientos cuarenta y un maravedís que costaron las cinco naos de las naos con sus aparejos y artillería y pólvora y coseletes, y ballestas y espingardas y lanzas, según mas largamente parescerá por el libro de la armada y en partidas de este sumario, que fueron cinco naos, que tuvieron 445 toneladas, cinco mas o menos, que sale tonelada armada a razón de 8.791 ½ maravedís	3.912.241
Cuatrocientos quince mill maravedís que monta en las cosas de despensa y cobre, y aparejos para la pesquería, y gasto de correos, y cartas de marear y cuadrantes y estrolabios, y compases y relojes y agujas de marear, y otras muchas menudencias necesarias a la dicha armada	15.060
Un cuento quinientos ochenta y nueve mill quinientos cincuenta y un maravedís que son costo del viscocho y vino y aceite y pescado y carne y quesos y legumes y los toneles y botas y pipas para el vino y el agua	1.589.551
Un cuento ciento cincuenta y cuatro mill quinientos cuatro maravedís que se pagó desueldo cuatro meses a 237 personas con los capitanes y oficiales que van en la dicha armada	1.154.504
Un cuento seiscientos setenta y nueve mil setecientos sesenta y nueve maravedís, que costaron las mercadurías para el rescate, y las ropas de seda y paño, y otras cosas para dádivas que van en la dicha armada	1.679.769

....

Así paresce que monta en todo el gasto de la dicha armada ocho cuentos setecientos cincuenta y un mill ciento y veinte y cinco maravedís	8.751.125
De los cuales se rebaten cuatrocientos diez y seis mill setecientos noventa maravedís que montaron las cosas que quedaron de la dicha armada, las cuales quedaron en la casa de la contratación de Sevilla, que rebatidas resta ha costado la dicha armada, según parece, ocho cuentos trescientas treinta y cuatro mil trescientos treinta y cinco maravedís	8.334.335
En los cuales ocho cuentos trescientos treinta y cuatro mill trescientos treinta y cinco maravedís resulta que S.M. forneció en la dicha armada por seis cuentos cuatrocientos cincuenta y cuatro mill doscientos nueve maravedís	6.454.209
Un cuento ochocientos ochenta mill ciento veinte y seis maravedís, que forneció en la dicha armada Cristóbal de Haro los cuales ha de haber en ella con las condiciones que S.M concedió	1.880.126
Coste total de la armada	**8.334.335**

6. Relación del sueldo que se pagó á los marineros é grumetes é pajes que van en la nao, que Dios salve, que ha nombre la *Trinidad*, en la cual va Fernando de Magallanes, capitán mayor de la dicha armada, de la cual es maestre Juan Baptista de Pinzorol, el cual dicho sueldo comienzan á ganar desde diez de Agosto de mili é quinientos é diez é nueve años, es en la forma siguiente:

Juan Baptista de Pinzorol, *(Maestre)* natural de Cestre, que es en la ribera de Genova, marido de Blanca: ha de haber de sueldo á razón de tres mili maravedís por mes; pagáronsele por el sueldo de seis meses adelantados, diez é ocho mili maravedís.

Francisco Albo, contramaestre, natural de Axio. marido de Juana, vecino de Rodas: ha de haber de sueldo á dos mili maravedís por mes; pagáronsele por el sueldo de cuatro meses adelantados ocho mili maravedís.

Maestre Antonio, carpintero, natural de Caragine, ques en la ribera de Genova, hijo de Juan Luciano é Batistina, vecinos de Caragine: ha de haber de sueldo á cinco ducados por mes; pagáronsele por el sueldo de cuatro meses adelantados, veinte ducados.

Filipo, calafate, natural de Rezo, ques en la ribera de Genova, hijo de Felipo de Croa: ha de haber de sueldo á cinco ducados por mes; pagáronsele por el sueldo de cuatro meses adelantados, veinte ducados.

Francisco Martín, tonelero, natural de Sevilla, en la collación de Santa María, hijo de Diego Martín, defunto, é de Juana López: ha de haber de sueldo á cuatro ducados por mes; pagáronsele por el sueldo de cuatro meses adelantados, diez é seis ducados.

Cristóbal Rodríguez, despensero, natural de Lepe, hijo de Juan Rodríguez é María Fernández, marido de Catalina de la Forza: ha de haber de sueldo á mil é doscientos maravedís por mes; monta el sueldo de cuatro meses adelantados, cuatro mili é ochocientos maravedís.

LOMBARDEROS

Maestre Andrés, lombardero, condestable de la dicha nao, natural de Bristol, ques en el reino de Inglaterra, marido de Ana de Estrada, vecina de Sevilla: ha de haber de sueldo á cinco ducados por mes; monta el sueldo de cinco meses adelantados, veinte é cinco ducados, los cuales se le pagaron.

Juan Baptista, lombardero, natural de Mompeler, hijo de Juan Baptista é Inés, vecinos de Mompeler: ha de haber de sueldo á cuatro ducados por mes; pagáronsele por el sueldo de cinco meses adelantados, veinte ducados,

Aguilermo Taneguy, lombardero, natural de Lila de Groya, hijo de Ivon Taneguy é Guilemita Ganci, marido de Guilemita Jegav; pagáronsele por el sueldo de cinco meses adelantados, veinte ducados, á razón de cinco ducados por mes.

MARINEROS

Francisco de Espinosa, marinero, natural de Brizuela, hijo de Alvaro Falcón é María González, defunta, vecinos de Brizuela: ha de haber de sueldo á mili é doscientos maravedís por mes; pagáronsele por el sueldo de cuatro meses adelantados, cuatro mili é ochocientos maravedís.

Ginés de Mafra, marinero, natural de Jerez de la Frontera; marido de Catalina Martín, vecino de Palos: ha de haber de sueldo á mili é doscientos maravedís por mes; pagáronsele por el sueldo de cuatro meses adelantados, cuatro mili é ochocientos maravedís.

León Pancaldo, marinero, natural de Saona, marido de Salnaja Pancaldo: ha de haber sueldo á mili y doscientos maravedís por mes; pagáronsele por el sueldo de cuatro meses adelantados, cuatro mili ochocientos maravedís.

Juan Ginovés, marinero, natural de San Remo, marido de Bolantina: ha de haber de sueldo á un mili é doscientos maravedís por mes; pagáronsele por el sueldo de cuatro meses adelantados, cuatro mili é ochocientos maravedís.

Francisco Piora, marinero, natural de Saona, hijo de Miguel Piora é Catalina Piora: ha de haber de sueldo á mili é doscientos maravedís por mes; pagáronsele por el sueldo de cuatro meses adelantados, cuatro mili é ochocientos maravedís.

Martín Ginovés, marinero, natural de Cestre de Poniente, hijo de Domingo Forte é Catalina Narcisa; ha de haber de sueldo á mili é doscientos maravedís por mes; monta el sueldo de cuatro meses adelantados, cuatro mili é ochocientos maravedís.

Antonio Hernández Colmenero, marinero, vecino de Huelya, marido de Catalina Gómez: ha de haber de sueldo á mili é doscientos maravedís por mes; pagáronsele por el sueldo de cuatro meses adelantados, cuatro mili é, ochocientos maravedís.

Antón Rodríguez, marinero, vecino de Huelva, marido de Catalina Fernández: ha de haber de sueldo á mili é doscientos maravedís por mes, pagáronsele por el sueldo de cuatro meses adelantados, cuatro mili é ochocientos maravedís.

Baptista Genovés, marinero, vecino de Genova, marido de Branquineta: ha de haber de sueldo á un mili é doscientos maravedís por mes; pagáronsele por el sueldo de cuatro meses adelantados, cuatro mili é ochocientos maravedís.

Bartolomé Sánchez, marinero, vecino de Huelva, marido de Juana Rodríguez: ha a de haber de sueldo á un mili é doscientos maravedís por mes; pagáronsele por el sueldo de cuatro meses adelantados, cuatro mili ochocientos.

Tomás de Natín, marinero, vecino de Cestre de Poniente, hijo de Juan de Natín, vecino de Cestre de Poniente: ha de haber de sueldo á mili é doscientos maravedís por mes; pagáronsele por el sueldo de cuatro meses adelantados, cuatro mili é ochocientos maravedís.

Domingo de Urrutia, marinero, natural de Lequeitío, hijo de Juan de Barruti é Ochada de Guruchea, vecinos dé Lequeitío: ha de haber de sueldo á mili é doscientos maravedís por mes; pagáronsele por el sueldo de cuatro meses adelantados, cuatro mili é ochocientos maravedís.

Francisco Martín, marinero, vecino de Huelva hijo de Diego Martín e Catalina Diaz, vecinos de Huelva: ha de haber de sueldo á mili é doscientos maravedís por mes; pagáronsele por el sueldo de cuatro meses adelantados, cuatro mili é ochocientos.

Juan Rodríguez, marinero, vecino de Sevilla, marido de Catalina López: ha de haber de sueldo á un mili é doscientos maravedís por mes; pagáronsele por el sueldo de cuatro meses adelantados, cuatro mili é ochocientos maravedís.

Diego Martín, marinero, vecino de Huelva, marido de Catalina Diaz: ha de haber de sueldo á mili y doscientos maravedís por mes; pagáronsele por el sueldo de cuatro meses adelantados, cuatro mili ochocientos maravedís.

GRUMETES

Domingo, gromete, natural de Covilla, ques en Portogal, hijo de Jorje Alvarez é Catalina Alfonso: ha de haber de sueldo á ochocientos maravedís por mes; pagáronsele por el sueldo de cuatro meses adelantados, tres mili é doscientos maravedís.

Antón de Goa, gromete, criado de la Marquesa de Monte Mayor: ha de haber de sueldo á ochocientos maravedís por mes; pagáronsele por el sueldo de cuatro meses adelantados, tres mili é doscientos maravedís.

Antón de Noya, gromete, natural de Noya, ques en Galicia, hijo de Bartolomé de Vamonde é Catalina, su mujer: ha de haber desueldo á ochocientos maravedís por mes; pagáronsele por el sueldo de cuatro meses adelantados, tres mili é doscientos maravedís.

Francisco de Ayamonte, natural de Ayamonte, hijo de Bartolomé Romero é Leonor Diaz, vecinos de Ayamonte: ha de haber de sueldo á ochocientos maravedís por mes; pagáronsele por el sueldo de cuatro meses adelantados, tres mili é doscientos maravedís.

Juan de Grijol, natural de Grijol, ques en Portogal, hijo de Juan Yáñez é Isabel Alfonso, vecinos de Grijol, gromete: ha de haber de sueldo á ochocientos maravedís por mes; pagáronsele por el sueldo de cuatro meses adelantados, tres mili é doscientos.

Luis de Veas, gromete, natural de Veas, ques en Galicia, tierra del conde don Fernando de Andrada, hijo de Bartolomé Pérez é Isabel Pérez: ha de haber de sueldo á ochocientos maravedís por mes; pagáronsele por el sueldo de cuatro meses tres mili é doscientos.

Juan de Sant Andrés, gromete, natural de Cueto, hijo de Gonzalo Debo é Catalina del Río, vecinos de Santander: ha de haber de sueldo á ochocientos maravedís por mes: pagáronsele por el sueldo de cuatro meses adelantados, tres mili é doscientos.

Blas de Toledo, gromete, natural de Almunia, ques en el reino de Aragón, hijo de Diego de Vega é María de Vega, vecinos de Almunia: ha de haber de sueldo á ochocientos por mes; pagáronsele por el sueldo de cuatro meses.

Antón, de color negro, gromete: ha de haber de sueldo á ochocientos maravedís por mes; pagáronsele por el sueldo de cuatro meses adelantados.

Vasco Gómez Gallego, gromete, fijo de Vasco Gómez Gallego é Catalina García, vecinos de Bayona de Galicia: ha de haber de sueldo á ochocientos maravedís por mes; pagáronsele por el sueldo de cuatro meses.

Juan Gallego, natural de Pontevedra, hijo de Alonso Rodal é María Martín, vecinos del Canto de la Barca, ques en Galicia: ha de haber de sueldo á ochocientos maravedís por mes; pagáronsele por el sueldo de cuatro meses.

PAJES

Gutierre, esturiano, paje, natural de Villa Sevil, hijo de Pedro de Bustillo é Elvira González: ha de haber de sueldo á quinientos maravedís por mes; pagáronsele por el sueldo de cuatro meses dos mili maravedís.

Juan Ginovés, paje, natural de Puerto Morís, ques en la ribera de Genova, hijo de Bartolomé Rezo é Jaqueta, vecinos de Puerto Morís: ha de haber de sueldo á quinientos maravedís por mes; pagáronsele adelantados dos ducados.

Andrés de la Cruz, paje, criado de Juan Rodríguez, herrero, vecino de Sevilla, é de Isabel de Porras, su mujer, hijo de Leonor, india, criada de los dichos: ha de haber de sueldo á quinientos maravedís por mes; pagáronsele por el sueldo de cuatro meses adelantados, dos mili.

7. Sueldo que se pagó á los marineros é grometes é pajes que van en la nao *Sant Antonio*, en la cual va por capitán Juan de Cartagena, veedor de la dicha armada.

Juan de Helorriaga, vecino de Sevilla, maestre de la dicha nao, marido de Juana de La Haya: ha de haber de sueldo á tres mili maravedís por mes; pagáronsele por el sueldo de seis meses adelantados, diez é ocho mili maravedís, los cuales le corren desde el dia... (en blanco)... de Agosto del dicho año de mili é quinientos é diez é nueve.

Diego Hernández, contramaestre de la dicha nao, vecino de Sevilla, marido de Leonor Sánchez: ha de haber de sueldo á dos mili maravedís por mes; pagáronsele por el sueldo de cuatro meses adelantados, ocho mili maravedís, los cuales le corren desde el dicho día.

Pedro de Bilbao, calafate, hijo de Mari Sánchez de Arinsa, vecino de Bilbao: ha de haber de sueldo á cinco ducados por mes; pagáronsele por el sueldo de cuatro meses adelantados, veinte ducados.

Pedro de Sartúa, carpintero, vecino de Bermeo, marido de María Pérez: ha de haber de sueldo á cinco ducados por mes; pagáronsele por el sueldo de cuatro meses adelantados.

Martín de Goitisolo, calafate, vecino de Bacuyo, hijo de Martín Juan é María López de Nafarrola: ha de haber de sueldo á cinco ducados por mes; pagáronsele por el sueldo de cuatro meses adelantados, veinte ducados.

Juan Ortiz de Gopeguy, despensero, vecino de Bilbao, hijo de Diego Ortiz de Gopeguy é Elvira Ortiz: ha de haber de sueldo á mili é doscientos maravedís por mes; pagáronsele por el sueldo de cuatro meses adelantados, cuatro mili é ochocientos maravedís.

Francisco Roldan, marinero, vecino de Moguer, marido de Teresa Alonso: ha de haber de sueldo á un mili é doscientos maravedís por mes; recibió por el sueldo de cuatro meses adelantados. (Al margen hay una nota que dice lo siguiente: Este no fué, y los cuatro mili ochocientos maravedís debe el capitán Magallanes, porque él los cobró).

Juan de Oviedo, tonelero, vecino de Sevilla, marido de Inés Pérez, en la collación de Santa María la Mayor, en la Carretería: ha de haber de sueldo á cuatro ducados por mes; pagáronsele por el sueldo de cuatro meses adelantados.

Lombarderos

Maestre Jaques, lombardero, condestable de la dicha nao, natural de Tierra Lorena, hijo de Juan de Mesa é Barbóla, su mujer: ha de haber de sueldo á cinco ducados por mes; pagáronsele por el sueldo de cinco meses adelantados, veinte é cinco ducados.

Rogel Dupret, lombardero, natural de Monaino, hijo de Fili Juan é Margarita: ha de haber de sueldo á cuatro ducados por mes; pagáronsele por el sueldo de cuatro meses adelantados, veinte ducados.

Juan Jorge, lombardero, natural de Silvedrín, marido de Rogela: ha de haber de sueldo á cuatro ducados por mes: recibió por el sueldo de cinco meses adelantados, veinte ducados.

Simón de Axio, marinero é lombardero, natural de Axio, marido de Juanícola: ha de haber de sueldo á mili é quinientos maravedís por mes; pagáronsele por el sueldo de cuatro meses adelantados, seis mili maravedís, los cuales le corren desde el dicho día... (en blanco)...de Agosto, y cumplidos los dichos cuatro meses dende en adelante ha de ganar por marinero á mili é doscientos maravedís por mes.

Marineros

Sabastián de Olarte, marinero, natural de Bilbao, hijo de Diego Hernández de Olarte é María Martínez de Berrís, vecinos de Bilbao: ha de haber de sueldo á un mili é doscientos maravedís por mes; rescibió por el sueldo de cuatro meses adelantados, cuatro mili é ochocientos maravedís.

Juanes de Segura, marinero, hijo de Martín de Gorostica, vecino de Segura, que es en la provincia de Guipózcoa, marido de Catalina García, vecino de Sevilla: ha de haber de sueldo á un mili y doscientos maravedís por mes; recibió por el sueldo de cuatro meses, cuatro mili é ochocientos maravedís.

Juan de Francia, marinero, natural de Rúan, hijo de Joan Mavira é Juana, vecinos de Rúan: ha de haber de sueldo á un mili é doscientos maravedís por mes; pagáronsele por el sueldo de cuatro meses adelantados, cuatro mili é ochocientos maravedís. Y más, se le dio aj dicho otro ducado prestado, que todo monta cinco mili ciento setenta y cinco maravedís.

Jácome de Mesina, marinero, natural de Mesina, hijo de Juan Pinto é Policina de Velaca, vecinos de Mesina: ha de haber de sueldo á un mili é doscientos maravedís por mes; recibió por el sueldo de cuatro meses adelantados, cuatro mili é ochocientos.

Sancho de la Pieza, marinero, natural del puerto de Santoña, hijo de Sancho García de la Pieza é María, vecinos de Santoña: ha de haber de sueldo á un mili doscientos maravedís por mes; recibió por el sueldo de cuatro meses adelantados, cuatro mili é ochocientos. (Hay una nota al margen que dice lo siguiente: Este Sancho de la Pieza se ahogó en el río de Sevilla, y los cuatro mili é ochocientos maravedís que recibió, deben Méndez, escribano de la nao Vitoria, y el tesorero Mendoza, á medias.

Cristóbal García, marinero, vecino de Palos, marido de Juana González: ha de haber de sueldo á un mili é doscientos maravedís por mes; recibió por el sueldo de cuatro meses adelantados, cuatro mili é ochocientos maravedís.

Pero Hernández, marinero, vecino de Rivadesella, hijo de Pero Fernández é Teresa, su mujer: ha de haber de sueldo á un mili é doscientos maravedís por mes; recibió por el sueldo de cuatro meses adelantados, cuatro mili ochocientos.

Hernando de Morales, marinero, vecino de Sevilla, en la collación de San Vicente, marido de Inés de Vera: ha de haber de sueldo á un mili é doscientos maravedís por mes; recibió por el sueldo de cuatro meses adelantados, cuatro mili é ochocientos.

Antón Rodríguez, calderero, vecino de Moguer, marinero, marido de Teresa González Neblina: ha de haber de sueldo á un mili é doscientos maravedís por mes; recibió por el sueldo de cuatro meses adelantados, cuatro mili ochocientos.

Francisco, marinero, vecino de Huelva, marido de Ana Martín: ha de haber de sueldo á un mili é doscientos maravedís por mes; recibió por el sueldo de cuatro meses adelantados, cuatro mili é ochocientos maravedís.

Francisco Rodríguez, marinero, vecino de Huelva, hijo de Antón Rodríguez é Catalina González, vecinos de Huelva: ha de haber de sueldo á un mili é doscientos por mes; recibió por el sueldo de cuatro meses adelantados, cuatro mili é ochocientos maravedís.

Pedro de Laredo, marinero, vecino de Portogalete, hijo de San Juan de Aguirre é Teresa de Balmaseda, vecinos de Laredo, marido de María de Villar: ha de haber de sueldo á mili maravedís por mes; recibió por el sueldo de cuatro meses, cuatro mili é ochocientos.

GROMETES

Juan del Puerto, portogués, hijo de Juan González, de Oporto, é María Ibar: ha de haber de sueldo á ochocientos maravedís por mes; recibió por el sueldo de cuatro meses adelantados, tres mili é doscientos. (Al margen hay una nota que dice lo siguiente: Este no va en el armada por ser portogués, y entró en su lugar Antonio, gromete, vecino de Axio)

Domingo, gromete, natural de Matusinos, hijo de María Alvarez, vecinos de Matusinos: ha de haber de sueldo á ochocientos maravedís por mes; recibió por el sueldo de cuatro meses adelantados, tres mili é doscientos. (Al margen se encuentra una nota que dice lo siguiente: «Este se absentó y entró en su lugar Martín de Aguirre , gromete, hijo de Martín de Aguirre é María Ibar, vecinos de Arrigorriaga, ques en el condado de Vizcaya.)

Colín Baso, hijo de Pierres Baso é Rabieta Baso, vecinos de Colonia: ha de haber de sueldo á ochocientos maravedís por mes; recibió por el sueldo de cuatro meses adelantados, tres mili é doscientos.

Lorenzo, gromete, hijo de Antón Rodríguez, vecino de Moguer: ha de haber de sueldo á ochocientos maravedís por mes; recibió por el sueldo de cuatro meses adelantados, tres mili é doscientos maravedís.

Miguel, gromete, natural de Pravía, ques en las Asturias; ha de haber de sueldo á ochocientos maravedís por mes; recibió por el sueldo de cuatro meses adelantados, tres mili é doscientos.

Ginés, gromete, hijo de Francisco Roldan, vecino de Moguer: ha de haber de sueldo á ochocientos maravedís por mes; recibió por el sueldo de cuatro meses adelantados, tres mili é doscientos maravedís. (Hay una nota al margen que dice lo siguiente: Este no fué, y los tres mili é doscientos cobró Juan de la Cueva).

Juanes de Irún Iranza, gromete, naturai de Irún Iranza, ques en la provincia de Guipózcoa, hijo de Miguel de Irún Iranza é María, su mujer: ha de haber de sueldo á ochocientos maravedís por mes; recibió por el sueldo de cuatro meses adelantados, tres mili é doscientos maravedís.

Juan Gallego, gromete, natural de Noya, hijo de Alonso de Agrá é María Fernández, vecinos de Noya: ha de haber de sueldo á ochocientos maravedís por mes; pagáronsele por el sueldo de cuatro meses adelantados, tres mili é doscientos. (Al margen se encuentra una nota que dice lo siguiente: En lugar deste entró Juan Ginovés, natural de Saona, hijo de Luis Gravallo é Juana Natarca, vecinos de Saona, porque á éste le echaron fuera porque se halló que era portugués).

Juan de Muros, gromete, natural de Muros, hijo de Alonso López é Marina Fernandez, vecinos de Muros: ha de haber de sueldo a ochocientos maravedís por mes; recibió por el sueldo de cuatro meses adelantados, tres mili é doscientos maravedís. (Hay una nota al margen que dice lo siguiente: En lugar deste entró Juan de Orúe, gromete, natural de Munguya, hijo de Juan de Orúe é de Jardana de Hereinozaga, porque á este Juan de Muros le echaron fuera porque se halló que era portogués).

Pedro de Basozábal, gromete, hijo de Martín de Basozábal é Margarita de Landecho, vecinos de Munguya: ha de haber de sueldo á ochocientos maravedís por mes; recibió por el sueldo de cuatro meses adelantados, tres mili é doscientos maravedís. (Al margen se encuentra una nota que dice lo siguiente: Este Basozábal, gromete, no va, que le echaron fuera por estar doliente de bubas, y entró en su lugar Alonso del Puerto, gromete, hijo de Alonso Gómez é Ana Rodríguez, vecinos del Puerto de Santa María).

PAJES

Diego, hijo de Cristóbal García é Juana González, vecinos de Palos: ha de haber de sueldo á quinientos maravedís por mes; pagáronsele por el sueldo de cuatro meses adelantados, dos mili maravedís.

Diego, paje, hijo de Juan Rodríguez de Mafra, piloto de Su Alteza: ha de haber de sueldo á quinientos maravedís por mes; recibió por el sueldo de cuatro meses adelantados, dos mili.

Archivo de Indias, 41-6-2/25

8. Sueldo que se pagó á los marineros é grumetes é pajes de la nao nombrada la *Vitoria*, en la cual va por capitán Luis de Mendoza, tesorero de la dicha armada.

Antonio Salomón, vecino de la cibdad de Trápana, ques en el reino de Sicilia, maestre de la dicha nao, marido de Juana, fija de Antón Ferrer: ha de haber de sueldo á razón de tres mili maravedís por mes; recibió por el sueldo de seis meses adelantados, diez é ocho mili maravedís, los cuales le corren desde...(en blanco)... Agosto del dicho año de quinientos diez é nueve.

Miguel de Rodas, contramaestre, hijo de Papaceli é Diana, defuntos, vecinos de Rodas: ha de haber de sueldo á dos mili maravedís por mes; recibió por el sueldo de cuatro meses adelantados, ocho mili maravedís.

Ximón de la Rochela, calafate, natural de la Rochela, hijo de Guillermo Guimar é Perrina, vecinos de Santa María de Reló: ha de haber de sueldo á cinco ducados por mes; recibió por el sueldo de cuatro meses adelantados, siete mili é quinientos maravedís.

Martín de Gárate, carpintero, vecino de Deva, marido de Catalina de Aisa: ha de haber de sueldo á cinco ducados por mes; recibió por el sueldo de cuatro meses adelantados, veinte ducados.

Alonso González, despensero, natural-de la cibdad de la Goardia, ques en el reino de Portogal, marido de Catalina Yáñez, vecina de Sevilla: ha de haber de sueldo á mili é doscientos maravedís por mes; recibió por el sueldo de cuatro meses adelantados, cuatro mili é ochocientos.

LOMBARDEROS

Jorje Alemán, lombardero, condestable de la dicha nao, natural de Estric, hijo de Justo Alemán é Margarita: ha de haber de sueldo cinco ducados por mes; pagáronsele por el sueldo de cinco meses adelantados, veinte é cinco ducados. Filiberto, lombardero, natural de Torres, en Tocaina, hijo de Juan Godín é Juana, su mujer: hade haber de sueldo á cuatro ducados por mes; recibió por el sueldo de cinco meses adelantados, veinte ducados.

Hanse, lombardero, natural de Agán, hijo de Juan Pahulo é Sofía, vecinos de Agán: ha de haber de sueldo á cuatro ducados por mes; pagáronsele por el sueldo de cinco meses adelantados, veinte ducados.

MARINEROS

Miguel Veneciano, marinero, natural de Bresa, hijo de Francisco de Arguyeto é María, vecinos de Bresa: ha de haber sueldo á un mili é doscientos maravedís; recibió por el sueldo de cuatro meses adelantados, cuatro mili é ochocientos maravedís.

Diego Gallego, marinero, natural de Bayona de Mayor, ques en Galicia, hijo de Francisco de Carmona é María Pérez, vecinos de Bayona, defuntos: ha de haber de sueldo á un mili é doscientos maravedís por mes; recibió por el sueldo de cuatro meses adelantados, cuatro mili é ochocientos maravedís.

Lope Navarro, marinero, vecino de Tudela de Navarra, hijo de Lope de Aguirre, vecino de Tudela: ha de haber de sueldo á mili é doscientos maravedís por mes; recibió por el sueldo de cuatro meses adelantados, cuatro mili é ochocientos maravedís.

Nicolás, marinero, natural de Genova; dijo que no tenía padre ni madre ni hermanos: ha de haber de sueldo á un mili é doscientos maravedís por mes; recibió por el sueldo de cuatro meses adelantados, cuatro mili é ochocientos maravedís.

Nicolao, natural de Napol, de Romanía, hijo de Antonio é María, vecinos de Napol, de Romania: ha de haber desueldo á mili é doscientos maravedís por mes; recibió por el sueldo de cuatro meses adelantados, cuatro mili é ochocientos.

Miguel Sánchez, marinero, natural de Rodas, hijo de Juan Sánchez é Juana, vecinos de Rodas, defuntos: ha de haber de sueldo á un mili é doscientos maravedís por mes; recibió por el sueldo de cuatro meses adelantados, cuatro mili é ochocientos.

Nicolao de Capua, natural de Capua, hijo de Jácome Tragón e Mylia Delicata, vecinos de Capua: ha de haber de sueldo á un mili é doscientos maravedís por mes; recibió por el sueldo de cuatro meses adelantados, cuatro mili é ochocientos. Benito Ginovés, natural de Arvenga, hijo de Rimonet Esquenago é Janquina: ha de haber de sueldo á un mili é doscientos maravedís por mes; pagáronsele por el sueldo de cuatro meses adelantados, cuatro mili é ochocientos maravedís.

Felipe de Rodas, natural de Rodas, hijo de maestre Basil é Juana, vecinos de Rodas: ha de haber de sueldo á un mili.y doscientos maravedís por mes; recibió por el sueldo de cuatro meses adelantados, cuatro mili é ochocientos.

Esteban Villón, marinero, natural de Trosic, ques en Bretaña, hijo de Villón é la Padronela: ha de haber de sueldo á un mili é doscientos maravedís por mes; recibió por el sueldo de cuatro meses adelantados, cuatro mili é ochocientos maravedís. Juan Griego, marinero, vecino de Napol de Romanía, hijo de Miquel Griego é Sena: ha de haber de sueldo á un mili é doscientos maravedís por mes; recibió por el sueldo de cuatro meses adelantados, cuatro mili é ochocientos.

GROMETES

Rodrigo Gallego, natural de la Coruña, gromete, hijo de Duarte Hernández é Beatriz Rodríguez: ha de haber de sueldo á ochocientos maravedís por mes; recibió por el sueldo de cuatro meses adelantados, tres mili é doscientos maravedís.

Antonio, portogués, natural de Aniego, hijo de Juan Alfonso é Isabel González: ha de haber de sueldo á ochocientos maravedís por mes; recibió por el sueldo de cuatro meses adelantados, tres mili é doscientos. (Al margen se encuentra una nota que dice lo que sigue: A este Antonio, portogués, le echaron fuera por ser portogués, y entró en su lugar Antonio, gromete, natural de Baresa, ques en Genova, hijo de Blasde Loso é Jacomina, su mujer).

Domingo, gromete, natural de Coimbra, hijo de Pero Gutiérrez é Catalina Gómez, vecinos de Coimbra: ha de haber de sueldo á ochocientos maravedís por mes; recibió por el sueldo de cuatro meses adelantados, tres mili é doscientos maravedís.

Juanico, vizcaíno, gromete, natural de Somorrostro, hijo de Juan de Sandelices é María de Sandelices: ha de haber de sueldo á ochocientos maravedís por mes; recibió por el sueldo de cuatro meses adelantados, tres mili é doscientos maravedís.

Juan de Arratia, natural de Bilbao, hijo de Juan de Arratia: ha de haber de sueldo á ochocientos maravedís por mes; recibió por el sueldo de cuatro meses adelantados, tres mili é doscientos maravedís.

Ochote, natural de Bilbao, hijode Ochoa de Herandío é Juana, vecinos de Bilbao: ha de haber de sueldo á ochocientos maravedís por mes; recibió por el sueldo de cuatro meses adelantados, tres mili é doscientos maravedís.

Esteban de Jerez, natural de Jerez hijo de Alonso Rodríguez é Leonor Núñez, vecinos de Jerez: ha de haber de sueldo é ochocientos maravedís por mes; recibió por el sueldo de cuatro meses adelantados, tres mili é doscientos maravedís.

(Al margen se encuentra una nota que dice lo sigue: Este Esteban de Jerez se ausentó y entró en su lugar Martín de Ayamonte, hijo de Diego Lorenzo y María Lora, vecinos de Ayamonte).

Pedro Maldonado, gromete, natural de Sevilla, hijo de Pero López é María García, vecinos de Sevilla, en la Cañaverería: ha de haber de sueldo á ochocientos maravedís por mes; recibió por el sueldo de cuatro meses adelantados, tres mili é doscientos maravedís. (Hay una nota al margen que dice lo siguiente: Este Pedro Maldonado. se ausentó, y entró en su lugar Pedro de Tolosa, hijo de Lazcano é María de Alvistur, vecinos de Tolosa, ques en la provincia de Guipózcoa).

Alvaro Hernández, gromete, natural de las Caldas de la Reina, ques en Portogal, hijo de Juan Fernández é María Estévez: ha de haber de sueldo á ochocientos maravedís por mes; recibió por el sueldo de cuatro meses adelantados, tres mili é doscientos. (Hay una nota al margen que dice lo siguiente: Este Alonso (sic) Fernández no va, por ser portugués, y entró en su lugar Cristóbal Mahurí, gromete, vecino de Narbona. hijo de Pedro de Mahurí).

Sebastián Ortiz, gromete, hijo de Juan Ortiz é Ana González, vecinos de Gelves: ha de haber de sueldo á ochocientos maravedís por mes; recibió por el sueldo de cuatro meses adelantados, tres mili é doscientos maravedís.

PAJES

Juan de Cubileta, paje, hijo de Martín Ochoa, é Sancha, su mujer, vecinos de Baracaldo: ha de haber de sueldo á quinientos maravedís por mes; recibió por el sueldo de cuatro meses adelantados, dos mili maravedís.

Archivo de Indias, 41-6-2/25.

9. Sueldo que se pagó á los marineros é grumetes é pajes de la nao *Concepción*, de la cual es capitán Gaspar de Quesada

Juan Sabastián Delcano, vecino de Guetaria, hijo de Domingo Sabastián Delcano é Catalina del Puerto, maestre de la dicha nao: ha de haber de sueldo á tres mili maravedís por mes; recibió por el sueldo de seis meses adelantados, diez é ocho mili maravedís.

Juan de Acurio, contramaestre de la dicha nao, hijo de Juan Pérez de Acurio é doña Marina de Berriz, vecinos de Bermeo: ha de haber de sueldo á dos mili maravedís por mes; pagáronsele por el sueldo de cuatro meses adelantados, ocho mili maravedís.

Antón de Basozábal, calafate, vecino de Bermeo, marido de Madalena de Marcaida: ha de haber de sueldo á cinco ducados por mes; recibió por el sueldo de cuatro meses adelantados, veinte ducados.

Domingo de Yarsa, carpintero, natural de Deva, hijo de Juan de Arrona é María de Hegaina: ha de haber de sueldo á cinco ducados por mes; pagáronsele por el sueldo de cuatro meses adelantados, veinte ducados.

Juan de Campos, despensero, natural de Alcalá de Henares, hijo de (en blanco); ha de haber de sueldo á mili é doscientos maravedís por mes; pagáronsele por el sueldo de cuatro meses adelantados, cuatro mili é ochocientos.

Pedro Pérez, tonelero, vecino de Sevilla, en la collación de Santa María, en calle de Jimios, marido de de Inés Morena: ha de haber de sueldo á cuatro ducados por mes; recibió por el sueldo de cuatro meses adelantados, seis mili maravedís.

LOMBARDEROS

Hanse Vargue, condestable de la dicha nao, natural de Alemania, lugar de Nuvri, hijo de Vargue é Elisabel: ha de haber desueldo á cinco ducados por mes; recibió por el sueldo de cinco meses adelantados, nueve mili é trescientos é setenta é cinco maravedís.

Maestre Pedro, lombardero, natural de Bruselas, hijo de Antón de Conhejo, é Isabela: ha de haber de sueldo á cuatro ducados por mes; pagáronsele por el sueldo de cinco meses adelantados, veinte ducados.

Roldan de Argote, lombarde.ro, natural de Flandes, en Brujas, hijo de Miguel de Argote é Leonor, su mujer: ha de haber de sueldo á cuatro ducados por mes; recibió por el sueldo de cinco meses adelantados, veinte ducados.

MARINEROS

Francisco Rodríguez, vecino de Sevilla, marido de Catalina Diaz, en la Carretería: ha de haber de sueldo á mili é doscientos maravedís por mes; recibió por el sueldo de cuatro meses adelantados, cuatro mili é ochocientos maravedís.

Francisco Ruiz, marinero, vecino de Moguer, marido de Beatriz Martín Camacho: ha de haber de sueldo á un mili é doscientos maravedís; recibió por el sueldo de cuatro meses adelantados, cuatro mili é ochocientos.

Mateo de Gorfo, marinero, natural de Gorfo, hijo de Jorje de Gorfo: ha de haber de sueldo á un mili é doscientos maravedís por mes; recibió por el sueldo de cnatro meses adelantados, cuatro mili é ochocientos maravedís.

Juan Rodríguez, marinero, natural de Huelva, marido de Marina García: ha de haber de sueldo á un mili e doscientos maravedís; recibió por el sueldo de cuatro meses adelantados, cuatro mili é ochocientos maravedís.

Sabastián García, marinero, vecino de Huelva, marido de Juana Ramírez: ha de haber de sueldo á un mili é doscientos maravedís por mes; recibió por el sueldo de cuatro meses adelantados, cuatro mili ochocientos.

Gómez Fernández, marinero, vecino de Huelva, hijo de Rodrigo Alvarez é Mayor González, vecinos de Huelva: ha de haber de sueldo á un mili é doscientos maravedís; recibió por el sueldo de cuatro meses adelantados, cuatro mili é ochocientos.

Lorenzo de Irnúa, marinero, vecino de Soravilla, ques en la provincia de Guipózcoa, hijo de Juan de Irnúa é Gracia de Aguirre Saroe: ha de haber de sueldo á mili é doscientos maravedís por mes; recibió por el sueldo de cuatro meses adelantados, cuatro mili ochocientos maravedís.

Juan Rodríguez, el sordo, marinero, vecino de Sevilla, en la collación de San Vicente, marido de Mari Rodríguez: ha de haber de sueldo á razón de un mili é doscientos maravedís por mes; recibió por el sueldo de cuatro meses adelantados, cuatro mili é ochocientos.

Juan de Aguirre, marinero, vecino de Bermeo. marido de María Ochoa de Acurio: ha de haber de sueldo á un mili é doscientos maravedís por mes; recibió por el sueldo de cuatro meses adelantados, cuatro mili é ochocientos maravedís.

Juan de Ortega, marinero, natural de Cimentes, hijo de Pedro de Ortega é María de Cifuentes, vecinos de Cifuentes: ha de haber de sueldo á un mili é doscientos maravedís por mes; recibió por el sueldo de cuatro meses adelantados, cuatro mili é ochocientos.

Grometes

Antonio de Alcázar, portogués, hijo de Juan Alfonso é Inés Rodríguez, vecinos de Alcázar: ha de haber de sueldo á ochocientos maravedís por mes; pagáronsele por el sueldo de cuatro meses adelantados, tres mili é doscientos maravedís. (Al margen se encuentra una nota que dice lo que sigue: Este no va por ser portogués, y entró en su lugar Juan Oliver, gromete, natural de Valencia, hijo de Rafael Oliver é Clara, su mujer).

Guillermo, gromete, natural de Lole, hijo de Tomé Vaz é Catalina Martín: ha de haber de sueldo á ochocientos maravedís por mes; recibió por el sueldo de cuatro meses adelantados, tres mili é doscientos.

Rodrigo Alfonso, gromete, natural de Lole, hijo de Tomé Yaz é Catalina Martín: ha de haber de sueldo á ochocientos maravedís por mes; pagáronsele por el sueldo de cuatro meses adelantados, tres mili é doscientos maravedís. (Al margen se encuentra una nota que dice lo que sigue: Este Rodrigo Alfonso no va por ser portogués, y entró en su lugar Cristóbal de Dacosta, gromete, hijo de Juan de Acosta é Beatriz Fernández, vecinos de Jerez de la Frontera).

Guillén, natural de Galvey, hijo de Guillén é Sevilla: ha de haber de sueldo á ochocientos maravedís por mes; recibió por el sueldo de cuatro meses adelantados, tres mili é doscientos maravedís.

Gonzalo de Vigo, natural de Vigo, ques en Galicia, hijo de Rodrigo Alvarez é Isabel Núñez: ha de haber de sueldo á ochocientos maravedís por mes; recibió por el sueldo de cuatro meses adelantados, tres mili é ochocientos maravedís.

Pedro de Muguerteguy, gromete, hijo de Martín de Morterusa é María, vecina de Muguerteguy, vecinos de Bermeo: ha de haber de sueldo á ochocientos maravedís por mes; recibió por el sueldo de cnatro meses adelantados, tres mili é doscientos. Martín de Ynsaurraga, gromete, hijo de Martín de Ynsaurraga é Marina de Chindarza, vecinos de Bermeo, marido de María Ochoa de Artaeche: ha de haber de sueldo á ochocientos maravedís por mes; pagáronsele por el sueldo de cuatro meses adelantados, tres mili é doscientos maravedís.

Juanes, natural de Tuy, hijo de Gonzalo Fernández é Isabel Rodríguez: ha de haber de sueldo á ochocientos maravedís por mes; recibió por el sueldo de cuatro meses adelantados, tres mili é doscientos.

Rodrigo Alacias, gromete, hijo de Rodrigo .\lacias é María Fernández, vecinos de Sevilla, en la collación de Santiago: ha de haber de sueldo á ochocientos maravedís por mes; recibió por el sueldo de cuatro meses adelantados, tres mili é doscientos. Juan Navarro, gromete, natural de Pamplona, hijo de Juan de Lárraga, vecino de Pamplona: ha de haber de sueldo á ochocientos maravedís por mes; recibió por el sueldo de cuatro meses adelantados, tres mili é doscientos maravedís.

PAJES

Pedro de Chindarza, paje, natural de Bermeo, hijo de Pedro Chindarza é Maria Sánchez: ha de haber de sueldo á quinientos maravedís por mes; recibió por el sueldo de cuatro meses adelantados, dos mili maravedís.

Juanillo, paje, natural de Galvey, hijo de Juan é Margarita, vecinos de Galvey: ha de haber de sueldo á quinientos maravedís por mes; recibió por el sueldo de cuatro meses adelantados, dos mili.

Archivo de Indias, 41-6-2/25

10. Sueldo que se pagó a los marineros é grometes ó pajes de la nao nombrada *Santiago*, en la cual va por capitán Juan Rodríguez Serrano, el cual dicho salario les corre desde (en blanco) Agosto de MDXIX años

Baltasar Ginovés, maestre, vecino de Puerto Morís, ques en la ribera de Genova marido de Carlota: ha de habede sueldo á tres mili maravedís; recibió por el sueldo de seis meses adelantados, diez é ocho mili maravedís.

Bartolomé Prior, contramaestre, natural de Sámalo, hijo de Rover Prior é Juana Asier: ha de haber de sueldo á dos mili maravedís por mes; recibió por el sueldo de cuatro meses adelantados, ocho mili.

Juan García, calafate, vecino de Genova, hijo de Bartolomé é Dominga, su mujer: ha de haber de sueldo á mili y doscientos maravedís por mes, digo, á cuatro ducados por mes, y recibió por cuatro meses adelantados, veinte ducados.

Ruxar, carpintero, natural de Bruz, ques en Normandía, hijo de Marque de Fodiz é Coleta, su mujer: ha de haber de sueldo á cuatro ducados por mes; recibió por el sueldo de cuatro meses adelantados, siete mili é quinientos maravedís.

Gaspar Diaz, despensero, hijo de Juan Alvarez é Mari Esteban, de la Isla Graciosa, ques en las islas de los Azores; ha de haber de sueldo á mili é doscientos maravedís por mes; recibió por el sueldo de cuatro meses adelantados, cuatro mili é ochocientos.

LOMBARDEROS

Lorenzo Corrüt, lombardero, natural de Falesa, ques en Normandía, hijo de Juan Corrut: ha de haber de sueldo á cinco ducados por mes; recibió por el sueldo de cuatro meses adelantados, nueve mili é trescientos é setenta é cinco maravedís. Juan Maclas, lombardero, natural de Troya, hijo de Esteban Macías: ha de haber de sueldo á cuatro ducados por mes; recibió por el sueldo de cuatro meses adelantados, veinte ducados.

MARINEROS

Antón, flamenco, natural de Emberes, hijo de Juan de Burgos é María, su mujer: ha de haber de sueldo a mili é doscientos maravedís por mes; recibió por el sueldo de cuatro meses adelantados, cuatro mili é ochocientos maravedís.

Luis Martín, marinero, vecino de Huelva, hijo de Diego Martín é Catalina Diaz, vecinos de Huelva: ha de haber de sueldo á mili é doscientos maravedís por mes; recibió por el sueldo de cuatro meses adelantados, cuatro mili é ochocientos maravedís.

Bartolomé García, vecino de Palos, hijo de Cristóbal García é Juana González, vecinos de Palos: ha de haber de sueldo á un mili é doscientos maravedís por mes; recibió por el sueldo de cuatro meses adelantados, cuatro mili é ochocientos maravedís.

Juan García, marinero, natural de Palos, hijo de Gonzalo García é Constanza Alonso: ha de haber de sueldo á un mili é doscientos maravedís por mes: pagáronsele por el sueldo de cuatro meses adelantados, cuatro mili é ochocientos. Agustín, marinero, natural de Saona, hijo de Andrés Bone é Batistina, vecinos de Saona; ha de haber de sueldo á un mili é doscientos maravedís por mes; recibió por el sueldo de cuatro meses adelantados, cuatro mili é ochocientos maravedís. Bocacio Alfonso, vecino de Bollullos, hijo de Diego Alonso de los Lagares, marido de Teresa Hernández: ha de haber de sueldo á un mili é doscientos maravedís por mes; recibió por el sueldo de cuatro meses adelantados, cuatro mili e ochocientos maravedís.

Pedro Gascón, marinero, natural de Burdeos, hijo de Heliot Alart é Guilometa: ha de haber de sueldo á mili é doscientos maravedís por mes; recibió por el sueldo de cuatro meses adelantados, cuatro mili é ochocientos maravedís.

Domingo, marinero, hijo de Juan Baptista, maestre de la nao Trenidad: ha de haber de sueldo á un mili é doscientos maravedís por mes; recibió por el sueldo de cuatro meses adelantados, cuatro mili é ochocientos maravedís.

Diego García de Trigueros, marinero, vecino de Huelva, marido de Inés González de Gibraleón: ha de haber de sueldo á un mili é doscientos maravedís por mes; recibió por el sueldo de cuatro meses adelantados, cuatro mili é ochocientos maravedís.

Grometes

Pedro Diaz, gromete, natural de Huelva, hijo de Martín Hernández é Catalina Hernández, vecinos de Huelva: ha de haber de sueldo á ochocientos maravedís por mes; recibió por el sueldo de cuatro meses adelantados, tres mili é doscientos maravedís.

Alonso Hernández, natural de Palos, marido de Isabel Rodríguez, vecino de Palos: ha de haber de sueldo á ochocientos maravedís por mes; recibió por el sueldo de cuatro meses adelantados, tres mili é doscientos.

Diego de Tavira, natural de Tavira, hijo de Vasco Gómez é Inés Yáñez: ha de haber de sueldo á ochocientos maravedís por mes; recibió por el sueldo de cuatro meses adelantados, tres mili é doscientos maravedís. (Al margen se encuentra una nota que dice lo que sigue: Este no va por ser portogués, y entró en su lugar Juan, negro, esclavo de Juan Serrano).

Juan Bretón, gromete, natural de Cruesic, ques en Bretaña, hijo de Juan de Ivardel é Juana Alga: ha de haber de sueldo á ochocientos maravedís por mes; recibió por el sueldo de cuatro meses adelantados, tres mili é doscientos maravedís.

Pedro Bello, gromete, vecino de Palos, hijo de... (en blanco).. ha de haber de sueldo ochocientos maravedís por mes; recibió por el sueldo de cuatro meses adelantados, tres mili é doscientos maravedís.

Juan Gómez, gromete, hermano de Esteban Gómez, piloto de Su Alteza: hade haber de sueldo á ochocientos maravedís por mes; recibió por el sueldo de cuatro meses adelantados, tres mili é doscientos maravedís. (Hay una nota al margen que dice lo siguiente: Este no va por ser portogués).

Jirónimo García, natural de Sevilla, hijo de Cristóbal García, vizcaíno, é Ana Sánchez, vecinos de Sevilla, en Triana: ha de haber de sueldo á ochocientos maravedís por mes; recibió por el sueldo de cuatro meses adelantados, tres mili é doscientos maravedís.

Pedro Arnaot, natural de Horray, gromete, hijo de Arnaot é Jaqueta, vecinos de Horray, ques en Bretaña; ha de haber de sueldo á ochocientos maravedís por mes; recibió por el sueldo de cuatro meses adelantados, tres mili é doscientos maravedís.

Pedro García de Trigueros, gromete, hijo de Juan Rodríguez Barbero é Isabel García, vecinos de Trigueros: ha de haber de sueldo á ochocientos maravedís por mes; pagáronsele por el sueldo de cuatro meses adelantados, tres mili é doscientos.

Pajes

Juan, flamenco, paje, natural de Emberes, hijo de Pedro é Pedraras: ha de haber de sueldo á quinientos maravedís por mes; recibió por el sueldo de cuatro meses adelantados, dos mili maravedís.

Francisco, paje, hijo de Juana Durango, mujer del dicho Juan Serrano: ha de haber de sueldo á quinientos maravedís por mes; recibió por el sueldo de cuatro meses adelantados, dos mili.

Archivo de Indias, 41-6-2/25

11. Relación del sueldo que se pagó á los sobresalientes e otros oficiales que van en las dichas cinco naos, en la forma siguiente:

Sueldo que se pagó en la nao *Trinidad*

Cristóbal Ravelo, criado del dicho capitán, natural de Puerto, Portogal, hijo de Duarte Ravelo é Catalina Rodríguez do Puerto: ha de haber sueldo á mili é doscientos maravedís por mes; pagáronseíe adelantados, tres mill é doscientos maravedís.

Juan Colín, criado del dicho capitán, natural de Tolosa de Francia, hijo de Miguel Colle é Juana Benita: ha de haber de sueldo á ochocientos maravedís por mes; pagáronseíe por el sueldo de cuatro meses adelantados, tres mili é doscientos maravedís. (Al margen se encuentra una nota que dice lo que sigue: Este Juan Colín se ausentó y debe los tres mill é doscientos maravedís el capitán Magallanes, como su fiador).

Juan Martínez, vecino de Sevilla, en la collación de Santa Lucía, marido de Marina de Zamora: ha de haber de sueldo á mili maravedís por mes; recibió por el sueldo de cuatro meses adelantados, cuatro mili maravedís.

Fernando, criado del dicho capitán, natural de Guimarayns, ques en Portogal. hijo de Pedro Rodríguez é Beatriz Martín; ha de haber de sueldo á ochocientos maravedís por mes; recibió por el sueldo de cuatro meses adelantados, tres mili é doscientos maravedís.

Antonio Lombardo, criado del dicho capitán, natural de Vicencio, que es en Lombardía, hijo de Juan e Anzola, su mujer: ha de haber de sueldo á mili maravedís por mes; recibió por el sueldo de cuatro meses adelantados, cuatro míli maravedís.

Jorje, morisco, esclavo del dicho capitán: ha de haber de sueldo á quinientos maravedís por mes; recibió por el sueldo de cuatro meses adelantados, dos mili maravedís.

Petí Juan, francés, natural de Angeo, hijo de Guilermo Nía, vecino de Angeo: ha de haber de sueldo á ochocientos maravedís pos mes; recibió por el sueldo de cuatro meses adelantados, tres mili é doscientos maravedís.

Gonzalo Rodríguez, vecino de Estremuz, ques en Portogal, marido de Beatriz Alvarez: ha de haber de sueldo á ochocientos maravedís por mes; recibió por el sueldo de cuatro meses adelantados, tres mili é doscientos.

Diego Sánchez Barrasa, natural de Sevilla, hijo de Hernán Sánchez Barrasa é Beatriz Martínez Palomina, vecinos de Sevilla, marido de Ana Rodríguez Moscoso: ha de haber de sueldo á ochocientos maravedís por mes; recibió por el sueldo de cuatro meses adelantados, tres mili é doscientos maravedís.

Luis Alonso de Goes, vecino de Ayamonte, marido de Beatriz Hernández: ha de haber de sueldo á mili maravedís por mes; recibió por el sueldo de cuatro meses adelantados, cuatro mili maravedís.

Duarte Barbosa, sobrino del alcaide Barbosa: ha de haber de sueldo á mili é quinientos maravedís por mes; recibió por el sueldo de cuatro meses adelantados, seis mili maravedís.

Alvaro de Mezquita, portugués, vecino de Estremuz, hijo de Hernando de Mezquita é Inés González: ha de haber de sueldo á mili é quinientos maravedís por mes; recibió por el sueldo de cuatro meses adelantados, seis mili maravedís.

Nuño, criado del dicho capitán, natural de Monte Mayor Nuevo, ques en Portogal, hijo de Tomás Fernández é Beatriz Fernández: ha de haber de sueldo á ochocientos maravedís por mes: recibió por el sueldo de cuatro meses adelantados, tres mili é doscientos maravedís.

Diego, criado del dicho capitán, natural de Sanlúcar de Barrameda, hijo de Bartolomé Ximénez é Elvira Ximénez, vecinos de Sanlúcar: ha de haber de sueldo ochocientos maravedís por mes: recibió por el sueldo de cuatro meses adelantados, tres mili é doscientos maravedís.

Francisco, paje é criado del dicho capitán, natural de Estremuz, hijo de Alvaro Mezquita: ha de haber de sueldo á ochocientos maravedís por mes; recibió por el sueldo de cuatro meses adelantados, tres mili é doscientos maravedís.

Carlos Sánchez, natural de Barbastro, ques en Aragón, hijo de Juan Sánchez é María Pérez, vecinos de Barbastro: ha de haber de sueldo á ochocientos maravedís por mes; recibió por el sueldo de cuatro meses adelantados, tres mili é doscientos. (Hay una nota al margen que dice lo siguiente: Este Carlos Sánchez se ausentó, y debe estos tres mili é doscientos maravedís Antonio de Coca, contador de la armada, como su fiador).

Lázaro de Torres, vecino de Aracena, marido de Leonor, hijo de Pedro Alonso, físico, é Elvira Gómez: ha de haber de sueldo á quinientos maravedís por mes; pagáronsele adelantados tres ducados.

Pedro Sánchez, armero, vecino de Sevilla, en la collación de San Vicente, hijo de Diego Fernández é Beatriz Sánchez, marido de Isabel de Vargas: ha de haber de sueldo á mili maravedís por mes; recibió por el sueldo de cuatro meses adelantados, cuatro mili.

Enrique de Malaca, lengua, criado del dicho capitán: ha de haber de sueldo á mili é quinientos maravedís por mes; recibió por el sueldo de cuatro meses adelantados, seis mili.

Gonzalo Gómez de Espinosa, alguacil mayor de la armada, natural de Espinosa, hijo de Rui Gómez é Marina González, vecinos de Espinosa: ha de haber de sueldo á mili é ochocientos maravedís por mes; recibió por el sueldo de cuatro meses adelantados, siete mili é doscientos maravedís.

Pedro Gómez, criado del dicho alguacil, hijo de Lope Sánchez é María Hernández, vecinos de Hornilla la Prieta: ha de haber de sueldo á ochocientos maravedís por mes;' pagáronsele por el sueldo de cuatro meses adelantados, tres mili é doscientos.

Alberto, merino de la nao *Trinidad*, hijo de Alonso Sánchez é Isabel Hernández, vecinos deCórdoba: ha de haber de sueldo á mili é doscientos maravedís por mes; recibió por el sueldo de cuatro meses adelantados, cuatro mili é ochocientos. Marcos de Vayas, barbero, vecino de Sanlúcar de Alpechín, hijo de Bartolomé Sánchez de Vayas é Inés Velázquez, vecinos de Alpechín: ha de haber de sueldo á mili é doscientos maravedís por mes; recibió por el sueldo de cuatro meses adelantados, cuatro mili é ochocientos.

Pedro de Valderrama, clérigo, capellán de la dicha nao, hijo de Gonzalo Martín de Fernán Gil é de Elvira Hernández, vecinos de Ecija: ha de haber de sueldo á mili é quinientos maravedís por mes: diéronsele adelantados, mili é nuevecientos é setenta maravedís.

Juan de Morales, cirujano, vecino de Sevilla, en la collación de la Madalena, hijo del maestre Bartolomé é Beatriz Ruiz: ha de haber de sueldo á razón de veinte é cinco mili maravedís por año; pagáronsele por el tercio de un año adelantado, ocho mili é trescientos é treinta é tres maravedís.

SUELDO QUE SE PAGÓ EN LA NAO *SANT ANTONIO*

Francisco del Molino, criado del capitán Cartagena, natural de Baeza, hijo de Francisco del Molino é Juana Ruiz, vecinos de Baeza: ha de haber de sueldo á ochocientos maravedís por mes; recibió por el sueldo de cuatro meses adelantados, tres mili é doscientos maravedís.

Roque Pelea, criado del dicho Cartagena, natural de Salamanca, hijo de Enrique Pelea é Blanca Hernández: ha de haber de sueldo á ochocientos maravedís por mes: recibió por el sueldo de cuatro meses adelantados, tres mili é doscientos maravedís.

Rodrigo Nieto, gallego, criado del dicho capitán, vecino de Orense, hijo de Diego Nieto é Constanza Fejo; ha de haber de sueldo á ochocientos maravedís por mes; recibió por el sueldo de cuatro meses adelantados, tres mili é doscientos maravedís.

Alonso del Río, criado del dicho capitán, natural de Burgos, hijo de Juan Alonso: ha de haber de sueldo á ochocientos maravedís por mes; recibió por el sueldo de cuatro meses adelantados, tres mili é doscientos maravedís.

Pedro de Valpuesta, criado del dicho Cartagena, vecino de Burgos, hijo de Pedro de Valpuesta é Juana de Valpuesta: ha de haber de sueldo á ochocientos maravedís por mes; pagáronsele por el sueldo de cuatro meses adelantados, tres mili é doscientos maravedís.

Juan de León, natural de León, hijo de Juan de Castro é María Despinosa: ha de haber de sueldo á ochocientos maravedís por mes: pagáronsele por el sueldo de cuatro meses adelantados, tres mili é doscientos maravedís.

García de Tuñon, natural de Tuñón, ques en las Asturias de Oviedo, hijo de Alonso Méndez de Guado é Inés García: ha de haber de sueldo á ochocientos maravedís por mes; pagáronsele por el sueldo de cuatro meses adelantados, tres mili é doscientos maravedís.

Juan de Chinchilla, natural de Murcia, hijo del alcaide de Oria é María de Quevedo: ha de haber de sueldo á mili é quinientos maravedís por mes; pagáronsele por el sueldo de cuatro meses adelantados, seis mili maravedís.

Antón Descobar, natural de Talavera, hijo de Juan Descobar é Leonor Méndez, vecinos de Talavera: ha de haber de sueldo á mili é quinientos maravedís por mes; pagáronsele por el sueldo de cuatro meses adelantados, seis mili maravedís. Francisco de Ángulo, natural de Morón, hijo de Juan de Ángulo é Inés de Cartes: ha de haber de sueldo á un mili é quinientos maravedís por mes; pagáronsele por el sueldo de cuatro meses adelantados, seis mili maravedís.

CRIADOS DE ANTONIO DE COCA, CONTADOR DE LA DICHA ARMADA

Juan Gómez Despinosa, criado del dicho contador, natural Despinosa, hijo de Pero Gómez é Juana García, vecinos de Spinosa: ha de haber de sueldo á ochocientos maravedís por mes; pagáronsele por el sueldo de cuatro meses adelantados, tres mili é doscientos maravedís.

Pedro de Urrea, natural de Brujas, ques en Flandes, hijo de Jaques de Brujas é Cornelia, su mujer: ha de haber de sueldo á ochocientos maravedís por mes; pagáronsele por el sueldo de cuatro meses adelantados, tres mili é doscientos. Bernaldo Calmeta, capellán de la dicha nao Sant Antonio, natural de la cibdad de Laytora, que es en Francia, hijo de Esteban Calmeta é Catalina Alayuana: ha de haber de sueldo á un mili é quinientos maravedís por mes; recibió por el sueldo de cuatro meses adelantados, seis mili maravedís.

Antonio Hernández, lengoa, vecino de Ayamonte, hijo de Juan Rodríguez é Isabel González, marido de Catalina Vaz: ha de haber de sueldo á un mili é quinientos maravedís por mes; recibió por el sueldo de cuatro meses adelantados, seis mili maravedís.

Juan de Menchaca, ballestero, vecino de Bilbao, hijo de Martín de Urreyzti é María Ibáñez de Menchaca. vecinos de Bilbao, marido de Sancha de Muxica: ha de haber de sueldo á mili é doscientos maravedís por mes; pagáronsele por el sueldo de cuatro meses adelantados, cuatro mili é ochocientos.

Pedro de Olaverrieta, barbero, natural de Galdacano, ques en término de Bilbao, hijo de Pedro de Olaverrieta é María Ibáñez, su mujer: ha de haber de sueldo ámill é doscientos maravedís por mes; pagáronsele por el sueldo de cuatro meses adelantados, cuatro mili é ochocientos maravedís, é más se le dieron tres ducados de gracia para con que comprar una muela é un molejón, que todo monta cinco mili é ochocientos é veinte é cinco maravedís.

Juan de Sagredo, merino de la dicha nao, natural de Rivenga, que es en tierra de Burgos: ha de haber de sueldo á mili maravedís por mes; recibió por el sueldo de cuatro meses adelantados, cuatro mili maravedís.

SUELDO QUE SE PAGÓ Á LOS CRIADOS É SOBRESALIENTES DE LUIS DE MENDOZA

Francisco de Carvajal, criado del dicho capitán, natural de Salamanca, hijo de Antón de Carvajal é Antona Vásquez: ha de haber de sueldo á ochocientos maravedís por mes; recibió por el sueldo de cuatro meses adelantados, tres mili é doscientos maravedís.

Juan Martín, criado del dicho capitán, natural de Aguilar del Campo, hijo de Martín Hernández é María Hernández, vecinos de Aguilar del Campo: ha de haber de sueldo á ochocientos maravedís por mes; recibió por el sueldo de cuatro meses adelantados, tres mili y doscientos maravedís.

Ximón de Burgos, natural de Burgos, criado del dicho capitán, hijo de Pedro Doña é Mencia Destrada: ha de haber de sueldo á ochocientos maravedís por mes; recibió por el sueldo de cuatro meses adelantados, tres mili y doscientos maravedís. Antonio Ximénez, vecino de Granada, hijo de Ana de la Cueva é Francisco Hernández: ha de haber de sueldo á ochocientos maravedís por mes: recibió por el sueldo de cuatro meses adelantados, tres mili é doscientos. (Al margen se encuentra una nota que dice lo siguiente: En lugar deste, entró Bartolomé de Saldaña, natural de Palos, hijo de Juan de Perera é Leonor de Saldaña, vecinos de Palos; y debe los tres mili é doscientos el tesorero Mendoza, como su fiador).

Juan de Córdoba, tonelero, natural de Sanlúcar de Barrameda, hijo de ...: ha de haber de sueldo á quinientos maravedís por mes; recibió por el sueldo de cuatro meses adelantados, mili é quinientos maravedís.

Juan Villalón, natural de Antequera, hijo de Esteban Villalón é Teresa Ruiz: ha de haber de sueldo á ochocientos maravedís por mes; recibió en cuenta de su salario, dos mili é cient maravedís.

Diego Diaz, natural de Sanlúcar de Barrameda, hijo de Diego Diaz Secutar é Catalina Hernández: ha de haber de sueldo á ochocientos maravedís por mes; recibió por el sueldo, digo en cuenta de su salario, cuatro ducados.

Alonso de Mora, natural de Mora, ques en Portogal, hijo de Juan Alonso é Leonor González, vecinos de Mora: ha de haber de sueldo á ochocientos maravedís por mes; recibió en cuenta de su sueldo dos mili é setenta é siete maravedís.

Diego de Peralta, merino de la dicha nao, hijo de Juan de Gonia é Juana Deza, vecinos de Peralta, ques en Navarra: ha de haber de sueldo á mili maravedís por mes; recibió por el sueldo de cuatro meses adelantados, cuatro mili maravedís. Gonzalo Hernández, herrero, vecino de Sevilla, en Triana, marido de Isabel Berna!: ha de haber de sueldo á mili é doscientos maravedís por mes; recibió por el sueldo de cuatro meses adelantados, cuatro mili é ochocientos maravedís.

Pedro García, herrero, natural de Cibdad Real, hijo de Antonio García de Quirós é María García, vecinos de Cibdad Real: ha de haber de sueldo á mili maravedís por mes; recibió por el sueldo de cuatro meses adelantados, cuatro mili maravedís.

SUELDO QUE SE PAGÓ Á LOS SOBRESALIENTES QUE VAN EN LA NAO *CONCEPCIÓN*

Luis del Molino, natural de Baeza, hijo de Francisco del Molino é Juana Ruiz de Belver: ha de haber de sueldo á mili maravedís por mes; recibió por el sueldo de cuatro meses adelantados, cuatro mili maravedís.

Antonio Hernández, vecino de Sevilla, en la collación de la Madalena, marido de Isabel Hernández, vecina de Sevilla; ha de haber de sueldo á ochocientos maravedís por mes: recibió por el sueldo de cuatro meses adelantados, tres mili e doscientos.

Alonso Coto, criado del dicho capitán, natural de la Plebe; ques en Genova, hijo de Cristóbal Coto e Benedita, su mujer: ha de haber de sueldo a ochocientos maravedís por .mes: recibió por sueldo de cuatro meses adelantados, tres mili e doscientos maravedís.

Francisco Díaz de Madrid, natural e vecino de Madrid, marido de Beatriz Díaz; ha de haber de sueldo a ochocientos por mes; recibió adelantados, en cuenta de su sueldo, cinco ducados.

Juan de Silva, natural de la Isla Graciosa, ques en Portogal. hijo de Ñuño de Silva e doña Isabel de Vasconcelos; ha de haber de sueldo a mili e quinientos maravedís por mes; recibió por el sueldo de cuatro meses adelantados, seis mili maravedís. Martín de Magallanes, hijo de Antón Martínez e Catalina de Magallanes, vecinos de Lisboa: ha de haber de sueldo a mili e quinientos maravedís por mes; recibió por el sueldo de cuatro meses adelantados, seis mili maravedís.

Gonzalo Hernández Herrero, natural de Santa María del Puerto, hijo de Diego Rodríguez e Inés Yáñez, hermano de Isabel Fernández: ha de haber de sueldo a ochocientos maravedís por mes; recibió por el sueldo de dos meses adelantados, mili e seiscientos maravedís.

Juan de la Torre, vecino de Almonester, ques en término de Sevilla, marido de Juana Serrano: ha de haber de sueldo a quinientos maravedís por mes; recibió en cuenta de su sueldo, mili e ciento e cincuenta e nueve maravedís.

Martín de Judicibus, merino de la nao *Concepción*, hijo de Pedro de Judicibus e de Blanca Jerel, ginoveses, vecinos de Saona: ha de haber desueldo a mili maravedís por mes; recibió por el sueldo de cuatro meses adelantados, cuatro mili maravedís.

Hernando de Bustamante Carvero, natural de Mérida, hijo de Juan de Bustamante e Leonor de Cáceres, que vive en Alcántara, marido de María Rodriguez, criada del alcaide del puerto de Contreras: ha de haber de sueldo a mili e doscientos maravedís por mes; recibió por el sueldo de cuatro meses adelantados, cuatro mili e ochocientos maravedís.

SOBRESALIENTES QUE VAN EN LA NAO *SANTIAGO*, DE QUE VA POR CAPITÁN JUAN RODRIGUEZ SERRANO

Juan de Aroche, merino de la dicha nao, hijo de Juan Hernández e Beatriz Vázquez, vecinos de Aroche, que es en tierra de Sevilla, marido de Catalina Alvarez; ha de haber de sueldo a mili maravedís por mes: recibió en cuenta de su sueldo, cuatro mili maravedís.

Martín Carreña, natural de Villa Franca, ques en la provincia de Guipúzcoa, hijo de Martín Carreña e María de Garrióla; ha de haber de sueldo a mili maravedís por mes; recibió por el sueldo de dos meses adelantados, dos mili maravedís.

Hernán Lorenzo, natural de Aroche, hijo de Lorenzo Yáñez Alvany e María Díaz, vecinos de Cabera Rubia, marido de Teresa Ramírez; ha de haber de sueldo a ochocientos maravedís por mes; recibió en cuenta de su sueldo, adelantados, cuatro ducados.

12. Real cédula á los Oficiales de la Casa de Contratación, en la que se les noticia que Esteban Gómez, portugués, ha sido recibido por piloto real

El Rey.—Nuestros Oficiales de la Casa de la Contratación de las Indias, que residís en la ciudad de Sevilla. Sabed que mi merced y voluntad es de tomar y recibir por nuestro piloto á Esteban Gómez, portugués, «y que haya y tenga de Nos de salario, en cada un año, con eldicho oficio en esa Casa treinta mili maravedís; por ende, Nos vos mandamos que lo pongades y asentedesen los nuestros libros que vosotros tenéis y le libréis y paguéis los dichos treinta mili maravedís este presente año dende diez días del mes de Febrero deste año fasta en fin del, y dende en adelante en cada un año á los tiempos y segun y cómo y cuando libráredes y pagárédes á los otros nuestros pilotos que de Nos tienen, semejantes maravedís; y con carta de pago de el dicho Esteban Gómez y con el traslado signado desta mi cédula mando quesean recibidos y pasados en cuenta á vos el dicho tesorero los dichos treinta mili maravedís en cada un año. Y asentad el traslado de esta mi cédula en los libros de esa Casa que vosotros tenéis, y sobrescrito y librado de vosotros, volved este original al dicho Esteban Gómez para que lo él tenga é lo en él contenido haya efeto, é non fagades ende al. Fecha en Valladolid á diez días del mes de Febrero deste. Vale.

Yo EL REY. Por mandado del Rey. Francisco de los Cobos. Y en las espaldas de la dicha cédula estaba una señal de firma. Y púsose en las espaldas de la dicha cédula lo siguiente: Asentóse esta cédula de Su Alteza en el libro de los oficios y situados que tienen los oficiales de Sus Altezas que residen en Sevilla, en veinte días del mes de Abril de mili y quinientos y diez y ocho años, para que se guarde y cumpla lo en ella contenido, según que Su Alteza lo manda.

Archivo de Indias, 46-4-1/30, libro I, fol. 35

13. Real cédula por la que se declara que en caso que Magallanes y Falero falleciesen durante el viaje que habían de emprender, sus herederos gozasen de las mercedes contenidas en la capitulación

El Rey.—Por cuanto Nos habernos mandado tomar cierto asiento é concierto con vos, Fernando de Magallanes, caballero, y el Bachiller Rui Falero, naturales del reino de Portogal, para que vayan á descobrir á la parte del Mar Océano, y por la dicha capitulación vos habernos concedido ciertas mercedes en remuneración de lo que en el dicho viaje nos habéis de servir, para vosotros y para vuestros herederos é subcesores para siempre jamás, como más largamente por los dichos capítulos é asientos se contiene, é porque podría ser que después que. con la bendición de Nuestro Señor, vosotros fuésedes fechos á la vela para hacer el dicho viaje alguno de vosotros ó entrambos ó á las personas que así vosotros lleváis en el dicho viaje les hobiésedes dado el regimiento que para lo seguir é acabar fuese menester, é hiciesen é descubriesen lo que vosotros is á descubrir, y os teméis que á cabsa de no ir declarado en las dichas capitulaciones que gocéis de las mercedes en ellas contenidas, aunque entrambos muráis en la dicha empresa antes de ser acabada; é porque mi intención fué y es que si después que con la bendición de Nuestro Señor fuéredes fechos á la vela con la dicha armada, alguno de vosotros ó entrambos fallesciéredes y hobiéredes dado á la gente que en ella fuere instrución é regimiento que para el dicho descubrimiento fuere necesario, y aprovechándose del, descubriesen las partes é islas que vosotros así ir á descubrir: que vuestros herederos é subcesores é de cada uno de vosotros hayan de gozar é gocen de las mercedes é previlegios en las dichas capitulaciones é asientos contenidos, é por la presente así lo declaro, y es mi merced é voluntad que se cumpla como si en las dichas capitulaciones fuera declarado, de lo cual vos mandé dar y di la presente firmada de mi nombre y del mi infraescrito secretario. Fecha en Aranda, á diez y siete días del mes de Abril de mili é quinientos é diez é ocho años.

Yo EL REY. Por mandado del Rey. *Francisco de los Cobos.*

Archivo de Indias, 41-6-2/25.

14. Instrucciones generales dadas por el Rey á Magallanes y Falero para el viaje que habían de hacer

El Rey. Lo que vos, Fernando de Magallanes, caballero natural del reino de Portogal, y el Bachiller Rui Falero, asimismo del dicho reino, en el viaje que con la buena ventura habéis de facer, es lo siguiente: Primeramente, habéis de ir derechamente á la cibdad de Sevilla á presentar vuestras provisiones é capitulaciones á los nuestros Oficiales de la Casa de la Contratación de las Indias, que residen en la dicha cibdad, é solicitaréis que, conforme á ello é á lo que yo cerca dello les mando escrebir, vos armen luego los cinco navios que yo vos mando dar y vos los bastezcan de la gente y cosas nescesarias, é facerme héis saber algunos días antes que esté presto todo para cuando pensáis partir, y asimismo cuando estuvierdes presto é á la vela, porque de todo quiero ser informado. Ansimismo, como sabéis, yo he de nombrar personas que vayan con vos en la dicha armada por nuestros fatores, contadores é escribanos, como Nos quisiéremos, para que tengan cuenta é razón de la gente é mercaderías nuestras que en ella llevardes, é tomen é reciban todo lo que dello resultare. Habéis de tener mucho cuidado que en lo que hobierdes de facer en el dicho viaje, así en el resgate é contratación de las mercaderías é cosas que en nuestro nombre se hobieren de facer, se haga por las dichas personas que así nosotros nombraremos para ello, é no por vosotros ni por otra alguna, é por ante nuestro escribano de la dicha armada, é que todo lo que hobierdes de facer que toque á nuestro servicio, lo hagáis tomando el parecer de las dichas personas, é con su acuerdo é seyendo todos juntos é conformes para ello, é sobre todo vos encomiendo la conformidad dentre vosotros. Otrosí: vos mando que todo lo que de la dicha armada nos perteneciere, así de rescate ó contratación, como en otra cualquier manera, lo hagáis entregar luego libremente por ante el escribano de la dicha armada al nuestro tesorero ó factor que en ella Nos inviaremos, conforme á nuestra instrucción que para ello llevare, para que él lo traiga á los nuestros Oficiales de la Casa de la Contratación de las Indias, de Sevilla. ítem: luego que con la ayuda de Nuestro Señor hobierdes llegado á las dichas tierras é islas que así is á descobrir, me hagáis saber vuestra llegada lo más presto que ser pueda, para que yo sepa cómo sois llegados en salvamiento, como yo espero en su misericordia que se fará. Fecha en Aranda de Duero, á... *(roto)...* de Abril de mil e quinientos diez é ocho años. Yo EL REY. Por mandado del Rey. *Francisco de los Cobos.* Y al pié están dos señales de firmas.

Archivo de Indias, 41-6-2/20.

15. Real cédula por la que se autoriza al Obispo de Burgos para que busque mercaderes que concurran al apresto de la armada de Magallanes

El Rey. Nuestros Oficiales que residís en la ciudad de Sevilla en la Casa de la Contratación de las Indias. Visto lo que en vuestras cartas de veinte de Diciembre del año pasado é diez é seis de Enero de este presente año me escrebís que la armada que mandamos inviar con Fernando de Magallanes é Rui Falero, nuestros capitanes, caballeros de la Orden de Santiago, al descubrimiento de la especería está presta, esperando que yo mande proveer de los cuatro mili ducados de mercaderías que han de ir en la dicha armada para resgates, porque á cabsa de los grandes gastos que agora de presente se han ofrecido no ha habido dispusición para se poder proveer, he mandado al muy reverendo in Cristo padre Arzobispo de Rosano, Obispo de Burgos, del nuestro Consejo, que él busque personas mercaderes que pongan las dichas 'mercaderías fasta en la dicha cuantía de los dichos cuatro mili ducados, el cual me ha dicho que tiene concertado con ciertas personas que pongan los dichos cuatro mili ducados este viaje, con que hayan de heredar é hereden del provecho é interese que de la dicha armada se nos seguiere deste viaje primero, sueldo á libra, propiamente como lo que Nos mandamos fornecer, así en rescate como en todas las otras cosas que sean en beneficio de la armazón, segund lo que cada uno hobiere puesto, así en la armazón é gas tos della como en las dichas mercaderías., sacadas todas costas é la veintena de todo ello para la redención de los cabtivos, conforme á un asiento que con los dichos mercaderes é personas se ha tomado, con tanto que en los tres viajes primeros que se hicieren para las tierras é islas que los dichos Fernando de Magallanes é Rui Falero descubrieren, con las condiciones é de la manera que agora les pusiere, puedan poner é pongan otra tanta cuantidad en cada uno de los dichos tres primeros viajes, lo cual yo he habido por bien; por ende, yo vos mando que. dejéis é consintáis proveeré bastecer é poner los dichos cuatro mili ducados de mercadurías en la dicha armada á las personas quel dicho Arzobispo y Obispo de Burgos vos escribiere, y lo mismo que agora esta vez pusieren los dichos mercaderes, les doy poder é facultad é hago merced que puedan fornecer é po» ner en los dichos tres viajes primeros que .se hicieren á las dichas tierras é islas otra tanta cantidad del mercaderías, como agora en este primero viaje pusieren, segund é de la manera é con las condiciones que agora lo pusieren, como de suso se contiene; por ende, yo vos mando que así lo guardéis é cumpláis, é que lo dejéis así facer é poner en los dichos tres primeros viajes la dicha cuantidad en cada uno dellos. sin ninguna falta, é asentad en los libros desa Casa el treslado desta mi cédula, é sobrescrita é librada de vosotros, volved este original á los dichos mercaderes é personas para que lo en él contenido haya efecto. Fecha en Barcelona á diez días del mes de Marzo de mili é quinientos é diez é nueve años.—Yo EL REY. Por mandado del Rey. Francisco de los Cobos.

16. Título de capitán de la tercera nao de la armada de Magallanes, para Juan de Cartagena, con las instrucciones que se le dieron

Doña Juana é Don Carlos, su hijo, por la gracia de Dios, Reyes de Castilla é de León, de Aragón, de las Dos Sicilias, de Jerusalén, de Navarra, de Granada, de Toledo, de

Valencia, de Galicia, de Mallorca, de Sevilla, de Cerdeña, de Córdoba, de Córcega, de Murcia, de Jaén, de los Algarbes, de Algeciras, de Gibraltar, de las islas de Canaria, de las Indias, islas é Tierra Firme del Mar Océano, Archiduques de Austria, Duques de Borgoña é de Bravante, Condes de Barcelona é de Flandes é de Tirol, señores de Vizcaya é de Molina, Duques de Atenas é de Neopatria, Condes de Ruisellón é de Cerdania, i Marqueses de Oristán é de Gociano, etc. Por cuanto Nos mandamos enviar con Fernando de Magallanes é Rui Falero, caballeros portugueses, cinco navios de armada para ir al descubrimiento que con la ayuda de Nuestro Señor han de facer del especería, de de la cual dicha armada les nombramos nuestros capitanes en ellos; á cabsa de no ser más de dos personas no podrán ir en todos los dichos navios, é hay nescesidad de otra persona que lleve el cargo é sea capitán de la tercera nao que en la dicha armada fuere; por ende, acatando la suficiencia é habilidad de vos, Juan de Cartagena, nuestro criado, é los servicios que en esto y en todo lo demás que por Nos vos fuere encomendado guardaréis nuestro servicio, es nuestra merced é voluntad de vos nombrar y al presente vos nombramos por nuestro capitán de la dicha tercera nao que en la dicha armada fuere, después de los dichos Rui Falero é Fernando de Magallanes, é vos damos poder é facultad para que por el tiempo que por ella anduvierdes fasta que con la bendición de Nuestro Señor volváis á estos nuestros reinos, podáis usar é uséis el dicho oficio de nuestro capitán de la dicha tercera nao, é así por mar como por tierra, en todas las cosas al dicho oficio anevas é pertenescientes que viéredes que convienen al nuestro servicio é á la pacificación de las tierras é islas que con la dicha armada descubrierdes, é según que lo ficieren los otros nuestros capitanes; é por esta nuestra carta mandamos á los dichos Rui Falero y Hernando de Magallanes, nuestros capitanes, é á los otros nuestros oficiales que en la dicha armada fueren, que después de haber escogido los dichos capitanes cada uno de los dichos navios en que vayan, el tercero vos den y entreguen á vos el dicho Juan de Cartagena para que vos lo llevéis é seáis nuestro capitán del; asimismo mandamos á ellos é á los nuestros oficiales que vos hayan é tengan por nuestro capitán de la dicha tercera nao é á los otros capitanes é gente de guerra, é á los maestres é contramaestres é pilotos é marineros, grumetes, calafates é todas las otras personas que en la dicha nao é armada fueren que vos hayan é tengan por nuestro capitán de la dicha tercera nao, é como á tal vos acaten é obedezcan é cumplan vuestros mandamientos, é lo que vos de nuestra parte les mandáredes é toviéredes ser cumplidero á nuestro servicio é buen recabdo de nuestra facienda, que á todo ello se conformen con vos el dicho Juan de Cartagena é vos den todo el favor é ayuda que les pidierdes é hobierdes menester, so las penas que vos de nuestra parte les pusierdes é mandáredes poner, las cuales Nos por la presente las ponemos é habernos por puestas, é vos damos poder é facultad para ejecutar en sus personas é bienes; é es nuestra merced é voluntad é mandamos que hayáis y llevéis de salario con el dicho oficio en cada un año de los que en ello vos ocupáredes, desde el día que en buen hora la dicha armada se ficiese á la vela para el dicho viaje fasta volver á España, cuarenta mili maravedís, los cuales mandamos á los dichos nuestros Oficiales que residen en la cibdad de Sevilla en la Casa de la Contratación de las Indias, que vos libren é paguen en cada un año todo el tiempo que en lo susodicho vos ocupardes fasta que, como dicho es, volváis á España, é que tomen vuestras cartas de pago ó de quien vuestro poder hobiere, con las cuales é con el treslado desta nuestra carta, signado de escribano público, mandamos que sean rescebidos é pasados en cuenta al nuestro tesorero de la nuestra Casa todo lo que así vos dieren é pagaren; é los unos ni los otros no fagades ni fagan ende al, so pena de la nuestra merced é de treinta mili maravedís para la nuestra cámara á cada uno que lo contrario ficiere. Dada en Barcelona, á treinta de Marzo de mili é quinientos é diez é nueve años. Yo EL REY. Yo, Francisco de los Cobos, secretario de la Reina é del Rey, su hijo, nuestros señores, la fice escrebir por su mandado. —Doctor Caravajal. Francisco Fonseca, Archiepiscopus. Licenciatus Don García.—El Licenciado Zapata.

Archivo de Indias, 41-6-2/25

17. Real cédula para que se apremie á ciertos pilotos á fin de que se embarquen en la armada de Magallanes

El Rey. Nuestros Oficiales de la Casa de la Contratación de las Indias que residís en la cibdad de Sevilla. Ya sabéis como yo he mandado en la armada que agora por mi mandado facen Rui Falero é Hernando de Magallanes para ir á descubrir, vayan ciertos de los nuestros pilotos que están en esa dicha cibdad é los que tienen é ganan salario por nuestros pilotos; y agora á mí es fecha relación que vosotros habéis nombrado los pilotos que han de ir en la dicha armada é que algunos se excusan de ir en ella, poniendo á ello algunas cosas é impedimientos; é porque, como sabéis, yo tengo recibidos é salariados los dichos pilotos para que vayan ame servir á cualesquier partes é lugares que fuere necesario, é no haya cabsa ninguna para se poder excusar justamente de ir en la dicha armada; por ende, yo vos mando que á los pilotos que para lo susodicho tenéis nombrados ó nombráredes los costringáis é apremiéis por todo rigor de derecho á que vayan en la dicha armada é sirvan en ella sus oficios, como son obligados, pagándoles el salario que por ello han de haber, sin que en ello pongan excusa ni dilación alguna, so pena de volver todo el salario que hasta aquí han llevado por nuestros pilotos, é de las otras penas que vos les pusiéredes ó enviardes poner, las cuales vos mando que ejecutedes é fagades ejecutar en los que rebeldes é inobedientes fueren, para lo cual, si necesario es, vos damos poder cumplido. Fecha en Barcelona, á quince días del mes de Abril de mili é quinientos é diez é nueve años. Yo EL REY. Por mandado del Rey. Francisco de los Cobos.

Archivo de Indias, 41-6-2/25

18. Real cédula á los tripulantes de la armada de Magallanes, por la que se les ordena seguir la derrota que aquél les indicare

El Rey. Capitanes é pilotóse maestres é contramaestres é marineros de los navios del armada de que van por nuestros capitanes generales Fernando de Magallanes é Rui Falero, caballeros de la Orden de Santiago. Porque los dichos nuestros capitanes están informados é saben de la forma é manera que se ha de seguir el dicho viaje, y ellos, en presencia de nuestros Oficiales de la Casa de la Contratación de las Indias que residen en la cibdad de Sevilla, vos mostrarán la derrota con todos los regimientos de altura que saben para el dicho viaje; por ende, yo vos mando que en el marcar del grado deis é cumpláis la instrución que por los dichos capitanes, juntamente con los dichos nuestros Oficiales de la dicha Casa, vos será dada, é de aquello no excedáis ni fagáis en manera alguna, porque así cumple á nuestro servicio é bien del dicho viaje: lo cual así faced é cumplid, so la pena ó penas que por los dichos nuestros capitanes vos serán puestas, las cuales yo por la presente vos pongo, é mando que sean ejecutadas en vuestras personas é bienes, lo contrario faciendo. Fecha en Barcelona á diez é nueve días del mes de Abrill de mili é quientos é diez é nueve años. Yo EL REY. Por mandado del Rey.—Francisco de los Cobos.

Archivo de Indias, 41-6-2/25.

19. Título de alguacil de la armada de Magallanes para Gonzalo Gómez de Espinosa

El Rey. Por la presente, acatando los servicios que vos, Gonzalo Gómez de Espinosa, me habéis fecho é facéis é espero que me faréis de aquí adelante, é vuestra suficiencia é habilidad, es mi merced é voluntad que seáis mi alguacil del armada de que van por nuestros capitanes Fernando de Magallanes é Rui Falero, caballeros de la Orden de Santiago, é que todo el tiempo que durare la dicha armada traer y traigáis vara de nuestra justicia é ejecutar los mandamientos que por los dichos nuestros capitanes fueren puestos é dados á la nuestra justicia en las personas de la dicha armada; é por esta mi carta mando á los dichos Fernando de Magallanes é Rui Falero é á los otros capitanes é gente de guerra é pilotos é maeses de naos é marineros é otra cualesquier gente de la dicha armada que [vos] tengan por nuestro alguacil della, é que vos dejen usar é ejercer el dicho oficio en todos los casos é cosas á él anexas é concernientes, que vos guarden é vos fagan guardar todas las honras é gracias, franquezas é libertades, exenciones, preeminencias, prerrogativas é inmunidades que por razón del dicho oficio debéis haber é gozar é vos deban ser guardadas, é vos recudan é fagan recudir con todos los derechos é salarios al dicho oficio anexos é pertenecientes todo el tiempo que durare la dicha armada desde que partierdes con ella de la dicha cibdad de Sevilla fasta volver á estos mis reinos é señoríos; é mando que se tome la razón desta mi cédula por los nuestros oficiales que residen en la cibdad de Sevilla en la Casa de la Contratación de las Indias; é los unos ni los otros non fagades ende al, so pena de la nuestra merced é de diez mili maravedís para la nuestra cámara á cada uno que lo contrario ficiere. Fecha en Barcelona, á diez é nueve días del mes de Abrill, año de mili é quinientos é diez é nueve años. Yo EL REY. Por mandado del Rey. Francisco de los Cobos. Y en las espaldas están cuatro señales de firmas.

Archivo de Indias, 41-6-2/25

20. Carta escrita al Rey D. Manuel por su embajador en la Corte de España Alvaro da Costa, desde Zaragoza, acerca de Fernando de Magallanes

(Archivo de Torre do Tombo. Lisboa, fav, 18, mazo 8/38. Traducida del original por D. Diego Barros Arana para su libro Vida y viajes de Fernado de Magallanes)

Señor. Acerca del negocio de Fernam de magalhaes he tenido que hacer y trabajar lo que Dios sabe, como largamente tengo escrito, y ahora, estando enfermo Xebres, hablé sobre eso muy recio al Rey representándole todos los inconvenientes que en este caso había, representándole además de otras cosas, cuán fea cosas era y cuán desacostumbrada que un Rey recibiese a los vasallos de otro Rey, su amigo, contra su voluntad que era cosas que entre caballeros no se acostumbraba y se tenía por muy gran yerro e cosa muy fea, y que yo apenas acababa de ofrecerle en Valladolid vuestra persona e reynos e señoríos, cuando él ya recibía éstos contra vuestro deseo. Que le pedía que mirase que no era ocasión para desagradar a vuestra alteza y mas en cosa que tan poco le importaba y tan cierta, y que muchos vasallos y hombres tenía para hacer sus descubrimientos cuando fuese tiempo, y no a los que de vuestra alteza venían descontentos y dequien vuestra alteza no podía dejar de tener sospechas que habían de empeñarse mas por de serviros que por ninguna otra cosa, e que su alteza tenía además ahora tanto que hacer en descubrir sus reinos e señoríos y en lo asentar, que no debían de recordar tales novedades, de que se podían seguir escándalos y otras cosas que bien podían escusarse. Representándole también cuán mal esto parecía en año y tiempo de tal casamiento e acrescentamiento de lo debido e amor. Y que me parecía que vuestra alteza sentiría mucho saber que tales hombres le piden licencia y no dándola se la tomaban para sí, lo que rean ya dos males recibirlos contra su voluntad y tenerlos contra lo que lyo le pedía, por lo que cumplía a su servicio y de vuestra alteza, que de las dos hiciese una o le diese licencia o sobreyese en este negocio por este año en que no se perdería mucho y se podría tomar tal medio como é fuese servido y vuestra alteza no recibiese desgrado del modo con que en esto se procedía.

Él, señor, quedo tan espantado delo que le dije que yo me espanté, respondéndome las mejores palabras del mundo y que él de ninguna manera quería que se hiciese cosa de que vuestra alteza recibiese desagrado, y muchas otras buenas palabras, y que yo hablase con el cardenal y que le hiciese relación de todo. Yo, señor, lo tenía ya bien platicado con el cardenal, que es la mejor cosa que hai, y no le parece bien este negocio y me prometió de trabajar cuanto pudiese por escusarse. Habló con el Rey y llamaron para esto al Obispo de Burgos, que es el que apoya este negocio. Y así dos del consejo tornaron a hacer creer al Rey que él no estaba ligado a vuestra alteza, porque no mandaba descubrir sino dentro de sus límites y muy lejos de los dominios de vuestra alteza, y que vuestra alteza no podría llevar a mal que se sirviese de dos vasallos suyos, hombres de poca sustancia, sirviéndose vuestra alteza de muchos de los naturales de Castilla. Alegando otras muchas razones, en fin me dice el cardenal que el obispo y aquellos insistían tanto en esto que por ahora el Rey no podía tomar otra determinación. Tan pronto como Xebres se mejoró le torné a tratar de este asunto, como digo y mucho más. El echa la culpa a estos castellanos que ponen al Rey en esto, y con todo, que el hablará al Rey, y en días pasados le requerí mucho sobre esto y nunca tomó una determinación, y así creo que procederá ahora. A mí señor, me parece que vuestra alteza puede detener a Fernando de Magallanes, que será gran bofetada para éstos, que por el bachiller no doy yo mucho, que anda casi fuera de su seso. Yo hice diligencia con don Jorge acerca dela ida allá de su alcayde, y él dice que irá de todas maneras, y con todo, nunca dejaré de trabajar en esto lo que pueda.

Y no cuide vuestra alteza de que dije demasiado al Rey en lo que le dije, porque además de ser todo verdad, lo que dice esta gente, como digo, no siente nada, ni el Rey tiene libertad de hacer nada por sí, y por eso se deben de creer menos sus cosas. Nuestro Señor la vida y estado de vuestra alteza acreciente en su santo servicio. De Zaragoza, martes en la noche de XXVIII días de septiembre de mil quinientos diez y ocho. Beso las manos de vuestra alteza. Álvaro da Costa.

21. Relación de las maravedís que Domingo de Ochandiano, tesorero desta Casa, ha dado y pagado por cosas que se han hecho en la descarga de la especería que vino en la nao nombrada la *Vitoria*

Primeramente se compró en siete de septiembre de mili e quinientos e veinte e dos años un barco grande, que era de la nao de Martín de Goicochea, defunto, que Dios haya, que se perdió en las Morcadas, con su leme e seis remos, por quince ducados en que fué apreciado por Bartolomé Díaz e Juan Vizcaíno, para servicio de la dicha nao Vitoria, porque el batel que tenía se le tomó en Cabo Verde por el fator del Rey de Porlogal, con trece hombres, que en el dicho batel salieron a tierra a lomar refresco. Compráronse más, este día, por mano de Diego de Collantes, portero desta Casa, para inviar de refresco a la gente de la dicha nao Vitoria, para refresco, los mantenimientos seguientes: Doce arrobas de vino, que costó el arroba a cuatro reales. Que pagó por llevar el dicho vino a la Ribera diez y siete maravedís. Que pagó al mozo que midió el dicho vino, seis. Que compró cincuenta hogazas y roscas, a doce maravedís cada una, seiscientos. Que compró otras veinte y cinco roscas, a doce maravedís, trescientos. Que compró un cuarto de vaca, que pesó setenta libras e media, a ocho maravedís la libra, cuatrocientos e ochenta y cuatro. Que pagó por la lleva del dicho pan e carne a la Ribera, diez maravedís. Que compró de melones, cincuenta e un maravedís. Así monta lo susodicho como de suso se contiene, tres mili e cient maravedís. Gastáronse más, por mano de Juan Vizcaíno, mili e seiscientos e quince maravedís con quince hombres que inviamos en !a dicha barca por el río abaxo cuando supimos de la venida de la dicha nao con Juan de Heguívar, escribano de sus .Majestades, que fueron hasta las Morcadas, donde hallaron a la dicha nao Vitoria, para ayudar a traer la dicha nao, porque la gente della venia enferma v poca, hasta el puerto de las Muelas desta cibdad, y para que el dicho Juan de Heguívar estuviese en guarda de lo que venía en ella, juntamente con el capitán Sebastián del Cano y no dexase entrar a persona alguna, en la forma seguiente: A tres marineros de la nao de Camón, que servieron en ayudar a traer la dicha nao, en dos días, a real a cada uno, doscientos cuatro maravedís. Que pagó a otros tres marineros de la carabela de Quintero, por otros dos días, doscientos cuatro maravedís. Que pagó a un mozo que sirvió en el dicho barco dos días v otros tres días en la nao al descargar, que son cinco días, ciento e treinta e seis maravedís. Que pagó a un gromete del dicho Juan Vizcaíno, por dos días que sirvió, dos reales. Que pagó a seis hombres de trabajo que fueron en la dicha barca, para ayudar a traer la dicha nao, en los dichos dos días, a real a cada uno, cuatrocientos e ocho. Que pagó á Diego Hernández, el loro, por otros dos días, sesenta y ocho. Que pagó en Coria por la cena que dio a la dicha gente y por dos cántaros que compró para agoa, doscientos y setenta y dos. Diéronse al dicho Juan Vizcaíno por cinco días que sirvió en la traída de la nao, e en el descargar del clavo, siete reales e medio. Asi, monta lo susodicho segúnd de suso se contiene. Dio por cuenta Diego de Collantes, portero desta Casa, haber gastado en hacer abrirla puerta del arco que está junto con la dicha Casa, para pasar el clavo, cuatrocientos e veinte e nueve maravedís, en. la forma siguiente: Que pagó a ocho hombres que derribaron la tapia derecha de la dicha puerta, a real a cada uno, e a un negro que ayudó, medio real, doscientos e ochenta e nueve maravedís. Que pagó de alquiler de cuatro azadones e seis espuertas, catorce. Que compró seis escobas, a tres blancas cada una, nueve. Que compró cuatro palas, a quince maravedís cada una, sesenta. Que compró dos libras de candelas para la nao, por veinte maravedís. Que compró dos espuertas grandes de palma y dos pequeñas, por cuarenta. Así, monta lo susodicho como de suso se contiene. Dio por cuenta Domingo de Ibarróla, marinero, haber gastado en el mantenimiento de la gente de la dicha nao y de los otros que en ella estaban trabajando, en sacar el clavo de los pañoles y envasar en costales y pesarlo, hasta que se acabó de sacar la xarcia e artillería della en tierra, mili y setecientos y ochenta y siete maravedís, en la forma siguiente: Que compró lunes ocho de septiembre, de pan e vino e carne e fruta, dos reales y medio. Que compró en miércoles diez del dicho mes, un cuarto de vaca, por cuatrocientos cincuenta y nueve maravedís. Que compró una arroba de vino, por ciento y sesenta. Que compró este día, trece roscas, a trece cada una, ciento y sesenta y nueve. De berenjenas, seis maravedís. Que compró cinco libras de candelas para alumbrar en los pañoles donde estaba el clavo, por cincuenta. De fruta este día, cincuenta. Que compró en jueves once del dicho mes, un real de queso e un pemil de tocino, por tres reales. Que compró este día, siete roscas, a trece maravedís cada una. noventa y uno. De fruta este día, diez y siete. Viernes doce del dicho mes. seis roscas, a trece maravedís cada una, setenta y ocho. Dos arrobas de vino, a cuatro reales el arroba, doscientos setenta y dos maravedís. Que compró otras seis roscas, a trece maravedís, setenta y ocho. De pescado para la gente, ciento dos. De fruta, treinta y cuatro. Diéronse más al dicho Domingo por su trabajo, por ocho días que sirvió en la dicha nao, desde siete de septiembre fasta catorce del dicho mes, quinientos y cuarenta y cuatro maravedís. Que pagó en diez del dicho mes de septiembre, a Gaspar García, vecino de San Lúcar, tres mili maravedís, que hobo de haber por lo que trabajó con su barco y la gen» te que traía en traer la dicha nao, desde San Lúcar de Barrameda al puerto de las Muelas destacibdad, segúnd lo averiguó Bartolomé Díaz, cómitre de sus Majestades. Que pagó este día a otro mozo, que ayudó a traer la dicha nao desde San Lúcar, ciento y treinta y seis maravedís. Que pagó este día a Pedro Sordo, vecino de San Lúcar, por meter la nao por la barra hasta Barrameda, quinientos veinte y cinco maravedís. Qué pagó este día a...., lemán, vecino de Sevilla, por traer la dicha nao desde Barrameda al puerto desta cibdad, seiscientos maravedís. Que pagó a ciertos peones, que ayudaron a desembarazar un palacio para meter el clavo, un real treinta y cuatro maravedís. Compráronse más, de Martin de Tobar, maestro lencero/setecientas e sesenta e cuatro varas e dos tercias de anglo, a treinta e cuatro maravedís la vara, para facer costales y envasar el clavo, que montan veinte e seis mili e cuatro maravedís. Que compró en nueve del dicho mes de septiembre, cuatro reales de hilo e agujas e cera para coser los costales. Que compró más, otra media libra de cera para encerar el hilo, por veinte e siete maravedís. En quince de dicho mes de septiembre, se compró otra libra de hilo de velas para coser los costales, por veinte y dos maravedís. Que pagó más, por llevar los costales que se cosieron en la Casa, a la Ribera, e por un ovillo de hilo e por traer tres cargas de duelas a las atarazanas, para debaxo de los costales, cuarenta maravedís. Que pagó por la costura de doscientos e noventa e tres costales que se cosieron en la Casa, a tres blancas por cada uno, que montan cuatrocientos e cuarenta e un maravedís. Que pagó a siete hombres que ayudaron a hinchir los costales, en dos días, catorce reales. Que pagó más, a tres marineros y tres grometes de la carabela de Diego de la Rosa, por dos días e medio que sirvieron en hinchir e sacar los costales de clavo de la nao a la barca, a real a cada uno por día, quinientos y diez maravedís. Que pagó a dos grometes de la carabela de Bartolomé Díaz; por otros dos días e medio que sirvieron en hinchir los costales, cuatro reales. Que pagó a Nicolao Griego, marinero, por tres días e medio que sirvió en lo susodicho, a real e medio cada día, ciento cincuenta v tres maravedís. Que pagó a otro compañero del dicho Nicolao, que sirvió en la dicha nao, dos días en lo susodicho, sesenta y ocho. Que pagó a otros tres hombres que trabajaron en lo susodicho, desde las nueve hasta la noche, dos reales. Que pagó a otros dos hombres que sirvieron en sacar el artillería e velas de la nao, dos reales. Que pagó a dos mozos que sirvieron en lo susodicho, un día, cincuenta v uno. Que pagó a Diego Hernández e Pedro Martínez, por tres días que sirvieron en la dicha nao en sacar el clavo e artillería e velas, seis reales. Que pagó este día a Hernán Rodríguez, marinero, e a un gromete que sirvieron en la dicha nao, real e medio. Que compró dos candados paradas puertas donde se metió la especería, demás de la cerradura que primero tenía, para que cada uno de los Oficiales tuviese su llave, por siete reales, e las armellas para los dichos candados, por un real, e al carpintero que echó las armellas, medio real; son por todo, ocho reales e medio. Que pagó por la traída de. trescientos e seis costales grandes, llenos de clavo, desde la ribera a la Casa, a dos maravedís por cada uno, y por ciento e ocho costales pequeños llenos de clavo, a tres blancas por cada uno, que son setecientos setenta y cuatro maravedís. Que pagó por la traída de once caxas de marineros e ciertos costalejos, desde la ribera a la Casa, seis reales. Que pagó a cinco hombres que trabajaron en sacar dos costales de clavo, desdel barco en tierra y arrimarlos en la Casa en dos días e una mañana, a dos reales por día, son seiscientos ochenta maravedís. Que pagó más, por llevar diez versos e un falcón a las atarazanas, treinta y tres. Que pagó a los chirruneros, por siete carretadas que llevaron del muelle a las atarazanas, e velas e cables e servidores de lombardas, tres reales. Que pagó a ciertos peones por llevar dos cables al atarazana, real e medio. Que pagó por llevar las pelotas e ballestas e bombas de fuego e otras cosas, un real. Que pagó por descargar en tierra los aros viejos e una bota de pólvora e coseletes y lanzas y otras cosas y llevarlos a las atarazanas, ciento e cuatro maravedís. Que pagó a Juan de Heguivar, por cinco días que estuvo en goarda de la nao, desde siete de septiembre hasta once del mismo, veinte reales, a cuatro reales por día. Que pagó a Juan Vizcaíno, vecino de la Carretería, dos mili e quinientos e treinta e cuatro maravedís que hobo de haber, es a saber: los mili e doscientos e ocho maravedís que pagó a los peones que trabajaron en sacar agoa de la bomba en la nao Vitoria, desde catorce de septiembre de mili y quinientos y veinte y dos fasta nueve de otubre, que son veinte e seis días, e los otros mili y trescientos y veinte y seis maravedís que se dieron al dicho Juan Vizcaíno e para su criado, es a saber: al dicho pagó por su trabajo e mantenimiento, á real cada día, que montan ochocientos setenta y cuatro maravedís, y al dicho Juan Vizcaíno, a medio real cada día, por encargo que tuvo de la dicha nao los dichos veinte y seis días. Que pagó en diez de octubre de quinientos veinte y dos a Alvaro López, peón, un ducado de oro por el porte de unas cartas que traxo desde Lisbona, para los Oficiales desta Casa, que eran de los marineros que quedaron en Cabo Verde, faciendo saber cómo estaban presos en Lisbona. Que pagó en tres de noviembre de mili e quinientos e veinte y dos años, a

Cristóbal de Campos, correo mayor desta cibdad, mili y cincuenta e cuatro maravedís, que hobo de haber por dos peones que despachó con cartas de mí el tesorero, el uno para Frexenal con una carta de Su Majestad para Luis Márquez, mandándole que luego fuese adonde Su Majestad estuviese, y el otro para mí, el contador, con las cartas que Su Majestad invió para nosotros, para que luego inviase con mi, el tesorero, el libro de la dicha armada con las otras relaciones e libros a ella tocantes, con toda brevedad, es a saber: al peón que fué a San Lúcar, a mi el contador, veinte e dos reales, y al peón que fué a Frexenal, nueve reales, que son los dichos mili y cincuenta y cuatro maravedís. Que pagó a Martín Despinosa. que tiene cargo de la goarda de la nao Vitoria, mili e setecientos e cuarenta maravedís, que hobo de haber, es a saber: los ochocientos e diez e seis maravedís, por su salario, desde diez de otubre de quinientos veinte e dos años, que tomó a su cargo la dicha nao, fasta dos de noviembre del dicho año. que son veinte e cuatro días, a real cada día, y los otros nuevecientos veinte y cuatro maravedís restantes, que pagó a los peones que trabajaron en esgotar el agoa de la dicha nao por el dicho tiempo, son los dichos mili e setecientos e cuarenta e cuatro maravedís. Que pagó al dicho Juan Despinosa, por costas que hizo en goarda de la dicha nao, desde dos de noviembre del dicho año de mili y quinientos y veinte y dos, hasta veinte y ocho de hebrero de mili y quinientos y veinte y tres, como por su cuenta parece, ocho mili y nuevecientos e veinte v cinco maravedís.

22. Real cédula por la que se manda entregar a Cristóbal de Haro todo el clavo que había llegado en la nao *Victoria*

EL REY. Nuestros Oficiales que residís en la cibdad de Sevilla, en la Casa de la Contratación de las Indias yo vos mando que todo el clavo que traxo la nao Vitoría, que vino cargada de las Islas de .Maluco, lo deis y entreguéis a Cristóbal de Maro, nuestro factor de la Casa de la Contratación de la Especería, o a quien su poder hobiere, para que lo haga venderé hacer dello lo que por nos le ha seído, o fuere mandado, lo cual le haced dar v entregar por peso o por inventario: e tomad su carta de pago o de quien el dicho su poder hobiere de todo, el clavo que así le entregardes para que se le haga cargo dello; e asimismo vos mando que todas las muestras de droguería e especería que venían en la dicha nao e vos entregó el capitán Juan Sebastián del Cano, lo tengáis a muy buen recabdo. sin vender cosa alguna dello hasta que yo vos envíe a mandar lo que dello hagáis: e non fagades ende al. Fecha en Valladolid, a diez días de otubre de quinientos e veinte e dos años. Yo EL REY. Por mandado de Su Majestad. Francisco de los Cobos.

23. Relación de lo que hay en la nao *Trinidad*, que Dios salve y goarde

Primeramente, el mástel mayor, con su entena. La gavia del trinquete, con su mástel y entena. El trinquete, digo, el mástel, con su entena del trinquete. La gavia de proa, con su mástel y entena. El mástel de la mesana, con su entena. El bahuprés, con su entena de la cebadera. El botalón de proa. El botalón de mesana.

VELAS VIEJAS: Tiene el papahigo mayor, con dos bonetas. La vela de la gavia. El papahigo del trinquete, con dos bonetas. La vela de la cebadera. La vela de la mesana, con una boneta.

VELAS NUEVAS: El papahigo mayor, con dos bonetas. El papahigo del trinquete, con una boneta. La vela de la mesana. La vela de la cebadera. La vela de la gavia del trinquete.

XARCIA DEL MÁSTEL MAYOR: Nueve obenques por banda, nuevas. Cinco coronas, tres a una banda y dos a la otra, las tres nuevas v las dos viejas. Cinco amantillos, tres nuevos y dos viejos, tres a una banda y dos a la otra. Cinco betas, cuatro nuevas y una vieja. Dos bolinas nuevas, una por banda. Tres costeras sordas, nuevas, dos de una banda v una de la otra. Cuatro escotines, nuevos, dos por banda. El ustay viejo. Las ustagas nuevas. Dos aferravelas, uno por banda; nuevos. Dos brazas nuevas, uno por banda. Escotas y contras, nuevas, uno por banda. Cuatro trozas nuevas, dos por banda. La triza nueva. Dos amantillos nuevos, uno por banda.

XARCIA DEL TRINQUETE DE GAVIA: Cuatro obenques por banda, nuevos. El ustay nuevo. Dos amantillos nuevos, uno por banda. Dos escotas nuevas, uno por banda. Dos bolinas nuevas, uno por banda. La ustaga nueva, con su beta nueva. Un andarivel nuevo. Dos brazas nuevas, uno por banda.

XARCIA DEL TRINQUETE DE AVANTE: Cuatro obenques por banda, viejos. Cuatro coronas viejas, dos por banda. Cuatro amantillos, dos por banda, tres viejos y uno nuevo. El ustay nuevo. Una ustaga vieja, con una beta nueva. Dos brazas nuevas, uno por banda. Dos bolinas nuevas, uno por banda. Dos amantillos nuevos, uno por banda. Dos aferravelas nuevas, uno por banda. Dos escotas nuevas v contra, nuevas. Dos trozas nuevas, uno por banda.

XARCIA DE LA GAVIA DE PROA: Dos obenques nuevos por banda. Dos brazas nuevas, uno por banda. El ustay nuevo. Dos bolinas nuevas, uno por banda. Dos amantillos nuevos, uno por banda.

LA XARCIA DE LA MESANA: Tres obenques nuevos por banda. Ustaga nueva. La triza nueva. Una troza vieja. La escota vieja.

LA XARCIA DE LA CEBADERA: La driza nueva. Dos amantillos nuevos, uno por banda. Dos brazas nuevas, uno por banda.

POLEAZÓN DEL MÁSTEL MAYOR: Una polea nueva de un ojo, de la triza, brosnecida y ferrada. Cinco motones de las coronas, dos nuevas y tres viejas. Diez poleas de dos ojos de los aparejos, tres nuevas y siete viejas. Seis poleas nuevas de las costeras sordas, tres de dos ojos y tres de un ojo. Ocho poleas de los escotines, nuevos, dos de dos ojos y seis de un ojo. Cuatro poleas de los amantillos, nuevos, dos de dos ojos y dos de un ojo. Cuatro poleas de los af'erravelas, nuevos, dos de dos ojos y dos de un ojo. Dos poleas de las brazas, de un ojo, uno nuevo y otro viejo. Ocho poleas de las trozas, cinco nuevas y tres viejas, dos de dos ojos v seis de un ojo. Una polea de la bolina, vieja, de dos ojos. El racamento de la troza, nuevo y viejo, todo envuelto.

POLEAZÓN DE LA GAVIA DEL TRINQUETE: Dos poleas de un ojo de la triza, viejas. Cuatro poleas pequeñas de los amantillos, de un ojo, nuevos. Dos poleas pequeñas de los brazos, nuevos. Una polea vieja del andarivel, de un ojo. Una polea de un ojo de la triza, nueva.

POLEAZÓN DEL TRINQUETE DAVANTE: Dos poleas de la triza, viejas, de dos ojos. Cuatro motones viejos de las coronas. Ocho poleas viejas de dos ojos, de los aparejos. Cuatro poleas de aferravelas, dos de dos ojos y dos de un ojo, los dos nuevos, de dos ojos, y dos, viejos. Cuatro poleas de un ojo, viejas, de los amantillos. Dos poleas de un ojo, viejas, de las brazas. Dos poleas de un ojo, de las escotas, una nueva y otra vieja. Cuatro poleas de las trozas, dos de dos ojos y dos de un ojo, v las de dos ojos son nuevas, v las otras dos de un ojo, son viejas. Una polea de dos ojos de la bolina, vieja. El racamento viejo.

POLEAZÓN DE LA GAVIA DE PROA: Tres poleas de la triza pequeñas, nuevas, de un ojo. Dos poleas de un ojo, de las brazas, nuevas. Cuatro poleas pequeñas de los amantillos, de un ojo.

POLEAZÓN DE LA MESANA: Una polea de la ustaga, de un ojo, nuevo. Una polea de dos ojos, de la triza, vieja. Dos poleas de un ojo, de la triza, nuevas. Una polea de la escota, de un ojo, de las de Bilbao.

POLEAZÓN DE LA CEBADERA: Dos poleas de la triza, la una nueva de dos ojos, y la otra vieja, de un ojo. Cuatro poleas de los amantillos, de un ojo, dos nuevos y dos viejos. Dos poleas de un ojo, viejos, de los brazos. Tiene la dicha nao cuatro áncoras, dos grandes y dos medianas. Tiene más, un gancho viejo de alitar áncoras. Hay más en la dicha nao, dos bombas guarnecidas con sus aparejos, uno nuevo y otro viejo. Hay más en la dicha nao, un batel con su esquipación v un gancho nuevo y dos rehones. Ilav más en la dicha nao, un esquilé nuevo con su esquipación. Hay más, tres mili tachuelas. Hay más, un cuero para chapetas para las bombas, y seis varas para las bombas.

CABLES QUE TENÍA LA NAO: Un cable nuevo, que vino con la nao, y otro viejo. Más, un calabrete de los que vararon las naos. Más hay, dos estrenques desparto. Más hay, un gaviete para las áncoras. Más hay, una pieza desparto para orinques.

XARCIA DE RESPETO: Tiene dos cables de los que .vinieron de Vizcaya. Tiene más, tres cables nuevos que hicieron en Sevilla, los dos de cada diez quintales y el uno de seis quintales. Una beta de cuarenta brazas y óchenta y cuatro hillos, para driza del mástel mayor. Una beta de ochenta brazas y treinta y seis hillos, para los aparejos mayores. Una beta de sesenta brazas y cuarenta y cinco hillos, para bolinas mayores.

Una beta de cuarenta brazas e de cuarenta y cinco hillos, para escotas de gavia. Una beta de sesenta brazas y de treinta hillos, para amantillos mayores. Una beta de ochenta brazas y de treinta hillos, para trozas y ayanques mayores. Una beta de ochenta brazas y de sesenta y dos hillos, para cargadera y ayuda. Una beta de treinta brazas y de diez y ocho hillos, para burdas. Una beta de cuarenta brazas y de diez y ocho hillos, para brazas mayores. Dos betas de cada ochenta brazas cada una, y sesenta hillos cada una, para obenques mayores. Una beta de sesenta brazas y de setenta y cinco hillos para orinques.

XARCIA DE RESPETO DEL TRINQUETE DE AVANTE Y CEBADERA: Una beta de treinta brazas e veinte v cinco hillos, para triza del trinquete. Una beta de cuarenta brazas e de diez y ocho hillos, para bolinas del trinquete. Una beta de cuarenta brazas e de treinta y seis hillos, para driza de la cebadera y vidao. Una beta de cincuenta brazas e de cuarenta y cinco hillos, para escotas del trinquete. Una beta de sesenta brazas e de veinte y cuatro hillos, para ayanques del trinquete. Una beta de sesenta brazas e de sesenta hillos, para contraescotas del trinquete. Una beta de cuarenta brazas e de diez y ocho hillos, para amantillos del trinquete. Una beta de ochenta brazas e de treinta y cuatro hillos, para sirga. Medio quintal de trallas de doce hillos. Medio quintal de trallas de nueve hillos. Medio quintal de trallas de seis hillos.

POLEAZÓN DE RESPETO: Dos patesgas grandes, nuevas. Siete motones, los cuatro nuevos y los tres de los que vinieron de Vizcaya. Nueve poleas de dos ojos, nuevos. Cinco poleas de un ojo, nuevos. Tres poleas de amantillos de dos ojos, nuevos. Una polea nueva de aferravelas. Quince cojoncillos, nuevos. Dos poleas de amantillos del trinquete, nuevos. Una polea de las bolinas, de dos ojos, nuevo. Cuatro molón es viejos, uno con su roldana de bronce. Cinco molones pequeños, viejos. Tres poleas de dos ojos, dos broncidas, de las que vinieron de Vizcaya, y uno viejo. Cinco poleas de un ojo, la una de las que vinieron de Vizcaya, y las cuatro, viejas. Una polea grande, de un ojo. Una polea de aferravelas, de las que vinieron de Vizcaya Veinte y un bertelles grandes para el mástel mayor, nuevos. Seis bertelles del trinquete, pequeños, nuevos.

ANCORAS Y GANCHOS DE RESPETO: Dos áncoras nuevas, de las que vinieron de Vizcaya, Dos ganchos de alitar ancoras. Dos ganchos de los vidaos. Cuatro hierros de bombas. Una entena de respeto que se lomó en San Lúcar. Otra entena de respeto. Otra entena pequeña, de las que vinieron de San Lúcar.

COSAS DE DESPENSA: Dicen que están en la dicha, fuera de las que se sacaron a la postre, noventa y cuatro pipas de vino, conviene a saber: siete con cada seis arcos de hierro, y sesenta y cuatro con cada cuatro arcos de hierro, v más ocho toneles y siete pipas sin arcos, que son las sobredichas noventa y cuatro pipas. Más dicen, que tiene debajo de cubierta, diez y siete pipas de agua, conviene a saber: cuatro toneles con cada seis arcos de hierro y nueve pipas por ferrar. Hay más sobre cubierta, catorce pipas para agua. Hay más, recibidos en la dicha nao, setecientos y cuarenta costales de bizcocho, que pesaron netos, cuatrocientos noventa y nueve quintales, dos arrobas y catorce libras. Hay más, cient arrobas de aceite en botijas, segúnd dicen. Hay más, cuarenta arrobas de vinagre. A diez y ocho de junio, recibió Cristóbal Rodríguez, despensero de la dicha nao, veinte y seis arrobas y veinte y cuatro libras de quesos, en doscientos y veinte y dos quesos. Hay en la dicha nao, que recibió el despensero en veinte de junio, sesenta arrobas de tocinos. Cincuenta y cinco ristras de ajos. Hay más, un serón de almendras. Hay más, una pipa de harina. Veinte y cinco barriles de anchova. Hay más en la dicha nao, que recibió el despensero, dos botas de garbanzos. Hay más, que recibió el despensero en veinte y uno de junio, una bota de habas. En diez y nueve de junio recibió el dicho despensero, treinta docenas de cazones. En este día, recibió Cristóbal Rodríguez, despensero, dos docenas de tudos. Hay más en la dicha, que recibió el sobredicho, seis docenas y media de cornudillas. Iten, en este día recibió el sobredicho, cuatro docenas dé bastina. Hay más en la dicha nao, que recibió el sobredicho, tres barriles y un cuarto de pasas de Almuñécar, en veinte de julio. Hay más en la dicha nao, que recibió el sobredicho en este día, catorce panes de azúcar, que pesaron cuatro arrobas y veinte y una libras. Hay más en la dicha nao, que recibió el sobredicho en este día, nueve botijas de miel. Hay más en la dicha nao, que recibió el sobredicho, cuatro seretas de higos. Hay más en la dicha nao, que recibió el sobredicho, doce galletas. Hay más en la dicha, cuarenta escudillas. Hay más en la dicha nao, veinte gamellas. Hay más en la dicha nao, tres morteros con sus manos. Hay más en la dicha nao, quince tajadores. Hay más en la dicha nao, quince platos. Hay más, cuatro mangas para envasar vino y agua. Hay más, trece arponeras. Hay más, treinta y una cuerdas de pescar. Hay más, veinte y cuatro lanternas, con seis, que se tomaron en Sant Lúcar, conviene a saber: catorce grandes y diez pequeñas. Hay más en la dicha, que se recibieron dos barriles de candelas, que pesaron ocho arrobas y diez libras netas, y más veinte manojos por sí, que pesaron una arroba quince libras, de manera que pesa todo, diez arrobas justas. Hay más, cincuenta pernos llanos. Hay más, nueve fisgas. Hay más, nueve arpones. Hay más, dos azuelas. Hay más, dos martillos. Hay más, unas tenazas. Hay más, cuatro docenas de anzuelos grandes. Hay más, seis docenas de anzuelos medianos. Hay más, diez docenas de anzuelos pequeños. Hay más, diez docenas de anzuelos besugueros. Hay más, seis anzuelos de cadena. Hay más, cahiz y medio de sal. Hay más, un chinchorro con todo su aparejo. Hay más en la dicha nao, tres barrenas, y digo seis barrenas. Hay más, tres hachas grandes. Hay más, una caldera grande de campaña. Hay más, una olla de cobre. Hay más, una cuchara de fierro. Hay más, doce zurrones para las bombas. Hay más, cuatro pies de cabra. Hay más, una jareta de sardinas. Hay más, cincuenta y tres libras de hillo de coser velas. Hay más, cuarenta libras de hillo de empalomar. Hay más, cuatro Linternas de hoja, con seis mechas cada una. Hay más, cinco embudos de hoja. Hay más, trescientas agujas de coser velas. Hay más, cient y cincuenta agujas de empalomar. Hay más, cinco olonas nuevas. Hay más, una olona dañada. Hay más, dos calderillas viejas. Hay más, ocho medidas de palo. Hay más, cuatro borachas para melecinas. Hay más, un serejón de mano. Hay más, una sierra de mano. Hay más, una sierra grande con sus hierros y llave. Hay más, una lima para la dicha sierra. Hay más, un farol. Hay más, seis medidas de latón. Hay más, dos baldes ferradas. Hay más, dos galletas ferradas. Hay más, dos tinas de medir vino. Hay más, once barriles para agoa, con arcos de fierro. Hay más, un barril de sebo. Hay más, seis quintales de estopa. Hay más, mili clavos de carote. Hay más, mili y quinientos de tillado. Hay más, quinientos clavos de medio tillado. Hay más, cuatro mili estoperoles. Hay más, cuatro mangueras para las bombas. Hay más, cuatro docenas de sogas de esparto. Hay más, una docena de pasas. Hay más, seis espuertas grandes para dar ración de bizcocho. Hay más, una docena de espuertas pequeñas. Hay más, diez v siete corchos para las boyas. Hay más, dos cochillos grandes, que sirven en la despensa. Hay más, nueve planchas de plomo. Hay más, doscientos y cincuenta clavos de costado. Hay más, un arpeo de aferrar con su cadena.

ARMAS QUE HAY EN LA DICHA NAO: Hay en la dicha nao, veinte y cuatro petos, con sus espalderas. Hay más, veinte y cuatro petos. Hay más, celadas veinte y cuatro. Hay más, veinte y dos barbotes. Hay más, cuarenta y ocho brazales. Hay más, veinte y dos casquetes. Hay más, catorce ballestas, con sus gafas. Hay más, diez docenas de lanzas. Hay más, otras cuarenta lanzas, viejas. Hay más, tres docenas y media de gurguces. Hay más, quince docenas de dardos. Hay más. cincuenta dardos, viejos. Hay más, cincuenta picas. Hay más, cincuenta rodelas. Hay más, doce escopetas, con sus rascadores. Hay más, doce cuernos para la pólvora, con doce cebadores. Hay más, ochenta y cuatro docenas de saetas. Hay más, quince docenas de saetas, viejas. Hay más, que se recibieron, doce quintales y dos arrobas y siete libras de pólvora. Hay más, un barril, pequeño, de pólvora de escopetas. Hay más, doscientas pelotas de plomo y dados para los versos. Hay más, cincuenta pelotas para los falcones. Hay más, sesenta y un ovillos de ballestas. Hay más, siete pelotas de los pasamuros. Hay más, seis picos para hacer pelotas de hierro. Hay más, diez y seis cuñas, sobresalientes, afuera de las que tienen los versos. Hay más, catorce banderas. Hay más, un horno de cobre. Treinta remos nuevos e cuatro viejos. Hay más en la dicha nao, dos lombardas gruesas, con cada dos servidores. Hay más, un pasamuro, con dos servidores. Hay más, un falcón, con dos servidores, y más su banco. Hay más, catorce versos, con cada tres servidores cada uno. Hay más, catorce molinetes en que están puestos los versos. Hay más, setenta dados para los pasamuros, que se han de repartir. Hay más, en la dicha nao, una caxa en que está la botica. Hay más, en la dicha nao, arroba y media de ciruelas pasas. Hay más, media hanega de lantejas. Hay más, cuatro orinales, con sus vaseras.

24. Real cédula al Cabildo de Sevilla y otras autoridades de esa ciudad recomendándoles que favoreciesen a los Oficiales de la Casa de la Contratación, después de sabido lo que había ocurrido a Magallanes con el Teniente de Almirante

EL REY.—Cabildo, Asistente, Alcaldes, Alguaciles mayores, Veinte e Cuatros, Caballeros, Jurados, Escuderos, Oficiales e homes buenos de la muy noble e muy leal cibdad de Sevilla.—Yo soy informado que estando Fernando de Magallanes, nuestro capitán, entendiendo en varar una nao para cierta armada que mandamos hacer para ir a cierto descubrimiento, porque puso el pendón de sus armas sobre el cubrestante de la dicha nao, diz que el Teniente de Almirante y su alcalde alborotaron el pueblo y fueron a prender al dicho capitán y lo pusieron por obra, y sobre ello hobo otros ruidos y escándalos, de que he seido y soy maravillado de vosotros dar causa que pasase lo susodicho y no se favoresciese en ello a los nuestros Unciales de la Casa de la Contratación y al dicho nuestro capitán, que, como sabéis, éstos suelen y han de ser favorescidos cuando van a semejantes viajes; y porque, como veis, esto ha sido en deservicio nuestro, yo vos encargo y mando que de aquí adelante non deis lugar a que se hagan semejantes cosas, y cuando algo desla calidad acaesciere, favorezcáis e ayudéis a los nuestros oficiales v capitanes de la dicha Casa: que en ello seré servido y de lo contrario recibiría deservicio. De Zaragoza, a once de noviembre de quinientos diez y ocho años. Yo EL REY. Refrendada de Cobos, señalada del Chanciller e del Obispo de Burgos.

Archivo de Indias, legajo cilado, tomo VII, folio 140

25. Real cédula a los Oficiales de la Casa de la Contratación de las Indias para que acudiesen a Francisco Falero con el sueldo que estaba asignado a Ruy Falero, mientras éste estuviera enfermo

EL REY. Nuestros Oficiales que residís en la cibdad de Sevilla en la Casa de la Contratación de las Indias. Francisco Falero, hermano del bachiller Ruy Falero, me hizo relación que los cincuenta mili maravedís que el dicho Ruy Falero tiene asentados en esa Casa por nuestro capitán, no los queréis pagar sin que él firme las cartas de pago de lo que recibiere, e que a cabsa de su enfermedad no lo puede hacer, suplicándome mandase que, firmándolas el dicho Francisco Falero en su defecto, se le acudiese con el dicho salario, con el cual él le pudiese proveer de lo necesario, o como la mi merced fuese: por ende, vo vos mando que durante el tiempo que el dicho Ruy Falero estoviese enfermo que no pueda firmar, paguéis al dicho Francisco Falero lo que él tiene asentado, firmando los conocimientos el dicho Francisco Falero; e no fagades ende al.—Fecha en Valladolid, a trece días del mes de hebrero de quinientos e veinte e tres.—Yo EL REY.—Refrendada de Cobos.—Señalada de los sobredichos.

Archivo de Indias, legajo citado, tomo IX, folio 73

26. Real cédula mandando pagar a Gonzalo Gómez de Espinosa, que había ido como alguacil en la armada de Magallanes, una pensión vitalicia de treinta mil maravedís

LA REINA. Nuestros Oficiales que residís en la cibdad de Sevilla en la Casa de la Contratación de las Indias. Sabed, que acatando lo que el capitán Gonzalo Gómez de Espinosa, que fué proveído por nuestro alguacil de la armada de la Especería, de que fué por capitán general Hernando de Magallains, fué después nombrado por capitán de la dicha armada, y cómo en remuneración de ello y por le facer merced, le habíamos consignado trecientos ducados de por vida en cada un año, situados particularmente en la Casa de la Especería de la Contratación, que por nuestro mandado había de haber en la ciudad de la Coruña, la cual, pasada en la presente Casa por nuestro mandado, es nuestra merced y voluntad que todo el tiempo que el trato de la especería esté suspendido, de le facer merced, como por la presente le hago al dicho capitán Gonzalo Gómez de Espinosa, de treinta mili maravedís en cada un año durante su vida, por la suspensión del dicho trato de la especería, en remuneración de lo que en el dicho viaje y en aquellas partes nos ha servido. Por ende, yo vos mando que deis y paguéis en cada un año, desde el día de la fecha desta mi cédula en adelante, durante la dicha suspensión, en todos los días de su vida al dicho Gonzalo Gómez de Espinosa, o a quien su poder hobiere, los dichos treinta mili maravedís, y dádselos y pagádselos en dineros contados, según y como y a los tiempos que se pagaren los otros maravedís de que tenemos hecha merced en esa Casa: y tomad su carta de pago, o de quien el dicho su poder hobiere. con la cual v el traslado signado desta mi cédula, mando que vos sean recibidos y pasados en cuenta los dichos treinta mili maravedís en cada un año; y asentad el traslado desta mi cédula en los libros nuestros de esa Casa, y sobrescrita de vosotros, este original volved al dicho Gonzalo Gómez de Espinosa para que lo él tenga y lo en ella contenido haya efecto. Fecha en Madrid a diez días del mes de noviembre de mili quinientos y veinte v nueve años. Yo LA REINA. Por mandado de S.M. Juan de Samano.Y en las espaldas déla dicha cédula se asentó lo siguiente: Asentóse esta cédula de S.M. en el libro de las mercedes y situados que tienen los Oficiales de la Contratación de las Indias, en ocho de diciembre de mili quinientos y veinte y nueve años, para que se guarde y cumpla lo en ella contenido, segúnd que S.M. lo manda.

Archivo de Indias, 148-1-1H, libro I, folio 18

27. Real cédula para que se pagase a Gonzalo Gómez de Espinosa su sueldo, no embargante que había estado ausente de Sevilla

LA REINA. Nuestros Oficiales que residís en la cibdad de Sevilla en la Casa de la Contratación de las Indias, Gonzalo Gómez Despinosa, nuestro visitador de las naos que van a las Indias, me hizo relación que él fué en nuestro servicio en el armada de la Especiería hasta Barcelona con el Obispo de Cibdad Rodrigo, y que se teme que, sin embargo desto, a cabsa de estaros mandado que no paguéis sus salarios a las personas que no sirvieren personalmente sus oficios, no le pagaréis su salario del tiempo que ha estado absente desa cibdad, y nos suplicó y pidió por merced ge lo mandásemos pagar, pues había tenido justa cabsa ven nuestro servicio, o como la mi merced fuese; por ende, yo os mando que, sin embargo de lo que vos está mandado, paguéis al dicho Gonzalo Gómez Despinosa lo que hobiere de haber de su salario con el dicho oficio, hasta en fin deste presente mes de noviembre, no embargante que haya estado absente desa cibdad, por cuanto nuestra voluntad es que le sea pagado como si en persona hobiese residido en el dicho oficio, habido respeto a que la dicha absencia ha sido en nuestro servicio. Fecha en Madrid, a diez e nueve días del mes de noviembre de mili e quinientos e veinte e nueve años. Yo LA REINA. — Refrendada de Samano. Señalada del Conde y Dotor Beltrán y Licenciado de La Corte y Xuárez.

Archivo de Indias, 148 I-13, libro I, folio 22

28. Carta de Juan Sebastián del Cano al Emperador dándole breve relación de su viaje en la armada de Magallanes y de su regreso en la nao *Vitoria*

Muy alta e ilustrísima Majestad: Sabrá vuestra alta Majestad cómo hemos llegado diez y ocho hombres so lamente con una de las cinco naves que V.M. envió a descubrir la Especería con el capitán Fernando de Magallanes, que haya gloria; y porque V.M. tenga noticia de las principales cosas que hemos pasado, con brevedad escribo ésta y digo: primeramente llegamos a los 54 grados al sur de la línea equinoccial, donde hallamos un estrecho que pasaba por la tierra firme de V.M. al mar de la India, el cual estrecho es de cien leguas, del cual desembocamos, y en tiempo de tres meses y 20 días, logrando vientos bien favorables, no topamos tierra alguna, sino sólo dos islas inhabitadas y pequeñas: y después llegamos a un archipiélago de muchas islas bastante abundantes de oro. Faltónos por su muerte el dicho capitán Fernando de Magallanes, con muchos otros, y por no poder navegar por la falta de gente, habiendo quedado muy pocos, deshicimos una de las naves, y con las dos restantes navegamos de isla en isla, viendo modo de arribar, con la gracia de Dios, a las islas de Maluco, lo que ocurrió al cabo de ocho meses de haber sucedido la muerte del dicho capitán, y allí cargamos las dos naves de especería. Ha de saber V.M. cómo navegando hacia las dichas islas de Maluco, descubrimos el alcanfor, canela y perlas. Deseando partir de las dichas islas de Maluco la vuelta de España, se descubrió una grandísima vía de agua en una de las naves, de tal modo que no se podía remediar sin descargarla; y pasando la época en que las naves navegan para Zabba y Melara, resolvimos o morir, o con toda honra servir a V.M., para hacerle sabidor del dicho descubrimiento, partir con una sola nave, estando en tal estado, por causa de la broma, que sólo Dios lo sabe; en cuyo camino descubrimos muchas islas riquísimas, entre las cuales descubrimos a Bandam, donde se dan el gengibre y la nuez moscada, y Zabba, donde se cría la pimienta, y Timor, donde crece el sándalo, y en todas las sobredichas islas hay infinito gengibre. La muestra de todas estas producciones, recogidas en las islas mismas en que se dan, traemos para mostrar a V.M. La paz y amistad de todos los reyes y señores de las dichas islas, firmadas por sus propias manos, traemos para V.M., pues desean servirle y obedecerle como a su rey y señor natural. Habiendo partido de la última de aquellas islas, en cinco meses, sin comer más que trigo y arroz y bebiendo sólo agua, no tocamos en tierra alguna, por temor al Rey de Portugal, que tiene ordenado en todos sus dominios de tomar esta armada, a fin de que V.M. no tenga noticia de ella, y así, se nos murieron de hambre veinte y dos hombres; por lo cual y la falta de vituallas, arribamos a la isla de Cabo Verde, donde el Gobernador de ella me apresó el batel con trece hombres, y quería llevarme junto con todos mis hombres en una nave que volvía de Calicut a Portugal cargada de especiería, diciendo que sólo el Rev de Portugal podía descubrir la Especiería; y a ese intento armó cuatro naves para apresarme; pero resolvimos, de común acuerdo, morir antes que caer en manos de los portugueses, y así, con grandísimo trabajo de la bomba, que de día y de noche no hacíamos otra cosa que echar fuera el agua, estando tan estenuados como hombre alguno lo ha estado, con la ayuda de Dios y de Nuestra Señora, después de pasados tres años, dimos fondo en... Por tanto, suplico a vuestra alta Majestad que provea con el Rey de Portugal la libertad de aquellos trece hombres, que tanto tiempo le han servido, y más sabrá V.M. que aquello que más debemos estimar y temer (sic) es que hemos descubierto y dado la vuelta a toda la redondez del mundo, que yendo para el occidente hayamos regresado por el oriente. Suplico a V.M., por los muchos trabajos, sudores, hambre y sed, frío y calor que esta gente ha padecido en servicio de V.M. les haga merced de la cuarta y de la veintena de sus efectos y de lo que consigo traen. Y con esto ceso, besando los pies y manos de vuestra alta Majestad. Escrita a bordo de la nave *Victoria*, en Sanlúcar, a seis días de septiembre de 1522. *El capitán Juan Sebastián del Cano*

29. Merced del Emperador de quinientos ducados anuales a favor de Juan Sebastián del Cano

Valladolid 23 de Enero de 1523. Nos el rey Emperador Semper augusto, rey de Romanos, la Reina su madre y el mismo rey su hijo. Hacemos saber a vos los nuestros oficiales de la nuestra Casa de la Contratación de la especiería, que acatando o que Juna Sebastián del Cano, capitán de la nao *Victoria*, una de las cinco naos de la Armada que envíamos al descubrimiento de la especiería, de que fue por Capitán General, Fernando de Magallanes ya difunto, nos ha servido en el dicho descubrimiento de la dicha especiería, y a los muchos y grandes trabajos que en él ha pasado, y en traer la dicha nao *Victoria* con su buena industria y trabajo, cargada de especiería, y con ser el primero que descubrió el trato de la dicha especiería, destos nuestros reynos, y enmienda uy gratificación dello, nuestra merced y voluntad es que haya y tenga de nos por merced, asentados en esta casa para en toda su vida quinientos ducados de oro en cada un año. Por ende, nos vos mandamos que lo pongades y asentades así en los nuestros libros y nóminas de las mercedes y asientos desa casa que vosotros teneis e libreis e paguéis al dicho capitán Juan Sebastián del Cano este presente año desde el dia de la fecha deste nuestro alvalá hasta el fln dél, e dende en adelante en cada un año para que en toda su vida los dichos quinientos ducados de oro a los tiempos et segund, et de la manera que se librare e pagare a las otras personas que de nos tuvieren semejantes rnercedes e asientos en esa casa, e asentad el traslado de este nuestro alvalá en los dichos libros, e sobrescrito e librado de vosotros, este original, volved al dicho Juan Sehstian del Cano para que lo él tenga y lo en él contenido haya efeto. Y no fagades ende al. Fecha en Valladolid a 23 dias del mes de Enero del nacimiento de nuestro Salvador Jesucristo de 1523 años. Yo EL REY. Yo Francisco de los Cobos secretario de sus cesáreas y católicas Magestades lo fice escribir por su mando.

30. Real cédula a los Oficiales de la Casa de la Contratación para que pagasen a Doña Catalina del Puerto cierta suma de maravedís, como heredera de Juan Sebastián del Cano

LA REINA. — Nuestros Oficiales que residís en la cibdad de Sevilla en la (Jasa de la Contratación de las Indias.—Sabed que en el nuestro Consejo de las Indias se ha tratado cierto pleito entre el capitán Juan Sebastián del Cano y doña Catalina del Puerto, como su madre y heredera, de la una parte, v de la otra el Licenciado Juan de Villalobos, nuestro fiscal, sobre el sueldo que el dicho capitán Juan Sebastián del Cano hobo de haber del tiempo que nos sirvió en el armada que mandamos hacer para las Islas de los Malucos, de que fué por capitán general el comendador Frey García de Loaysa, y sobre la paga de los quinientos ducados que le mandamos dar en cada un año por todos los días de su vida, acatando lo que nos sirvió en el descubrimiento de la dicha Especiería, y sobre las otras causas y razones en el proceso del dicho pleito contenidas; en el cual por los del nuestro Consejo fueron pronunciados dos autos en vista y grado de revista, su tenor de los cuales es este que se sigue: «Entre el capitán Juan Sebastián del Cano y doña Catalina del Puerto, como su madre y heredera, de la una parte, y de la otra el Licenciado Villalobos, fiscal de Su Majestad, en la villa de Madrid, a diez y seis días del mes de hebrero de mili e quinientos y treinta y cinco años, visto este proceso por los señores del Consejo de las Indias de S.M., dixeron: que, atento que por este proceso parece que el dicho capitán Juan Sebastián del Cano fué por mandado de S.M. con el comendador Loaysa en el viaje que fallesció, en emienda y satisfación de cualquier cantidad que por ello se le debiese y de otra cualquier debda que S.M. le deba, así por razón del sueldo del dicho viaje, como de los quinientos ducados de que tenía merced, en cierta forma, en la Casa de la Contratación de la Especería de la cibdad de la Coruña. mandaba y mandaron que se dé v pague a la dicha doña Catalina del Puerto, como madre y heredera del dicho capitán Juan Sebastián, doscientos mili maravedís, los cuales sean pagados por los Oficiales de S.M. que residen en la cibdad de Sevilla en la Casa de la Contratación de las Indias, y la tercia parte de las dichas decientas mili maravedís en fin deste año de quinientos y treinta y seis, y la otra tercia parte a cumplimiento de las dichas docienlas mili maravedís en fin del año de quinientos e treinta y siete. En la villa de Madrid, a diez dias del mes de marzo de mil! e quinientos e treinta y cinco años, visto este proceso por los señores del Consejo de las Indias de S.M., dixeron: que debían de confirmar y confirmaron en grado de revista el auto por ellos en esta cabsa fecho y pronunciado, sin em bargo de las suplicaciones por ambas las partes interpuestas, con este aditamento y declaración: que las docientas mili maravedís en el dicho auto contenidas sean ciento v setenta mili maravedís, y que dellos se le paguen dentro de veinte días veinte mili maravedís, y los ciento y cincuenta mili maravedís, a los plazos y conforme al dicho primero auto. E agora, Alvarez de Gaínza, en nombre de la dicha doña Catalina del Puerto, me suplicó que porque la dicha su parte está enferma y con mucha necesidad, mandásemos que los dichos veinte mili maravedís que así le están mandados pagar por el dicho auto dentro de veinte días, se los pagase Diego de la Maya, cambio en nuestra corte; e yo, acatando lo susodicho, y por le hacer merced, tóvelo por bien; por ende, yo vos mando que de cualesquier maravedís e oro del cargo de vos el nuestro tesorero, deis y paguéis a la dicha doña Catalina del Puerto, o a quien su poder hobiese. los dichos ciento e cincuenta mili maravedís, a los plazos y segúnd de la forma y manera que en los dichos autos y en cada uno dellos se contiene; y tomad su carta de pago, o de quien el dicho su poder hobiere, con la cual y con ésta mando que vos sean recibidos e pasados en cuenta los dichos ciento e cincuenta mili maravedís. Fecha en Madrid, a veinte e tres días del mes de marzo de mili e quinientos y treinta y cinco años. Lo que habéis de pagar es ciento e cincuenta mili maravedís, porque los otros veinte mili maravedís, por otra nuestra cédula se los libramos en Diego de la Mava, cambio de nuestra corte. Yo LA REINA. Por mandado de S.M. Juan Vázquez. Al pie de la dicha cédula están dos señales de firmas. Por virtud de la cual cédula de S.M., en once días del mes de enero de quinientos e treinta e seis años, pasamos en data de Francisco Tello, tesorero desta Casa, cincuenta mili maravedís, que ha de dar y pagar a doña Catalina del Puerto, o a quien su poder hobiere, del año pasado de quinientos e treinta y cinco y este presente año de quinientos e treinta e seis y en el año venidero de quinientos y treinta y siete, en cada un año cincuenta mili maravedís, conforme a la cédula de S.M. suso escripia, la cual con carta de pago ha de tomar el dicho tesorero en su poder para su descargo.

Archivo de Indias, 39-3-3/1, libro III

31. Carta de Antonio Brito al rey de Portugal sobre algunos sucesos en la India y los del viaje de Magallanes

(Extracto realizado por Juan Bautista Muñoz del original de Torre da Tombo, Lisboa, publicado por D. Martín Fernández Navarrete en su Colección de los *Viages y Descubrimientos que hicieron por mar los Españoles,* Tomo IV, pags. 305-311)

Ya escribí desde Banda las nuevas que allí hallé de los castellanos y envié las cartas de un Pedro de Lorossa que se fue con ellos. Partí de Banda a 2 de Mayo de 1522, a ver si podía tomarles la nao que partió postrera, que la otra ya era partida hacía tres meses. Llegué a Tidor el 13 de Mayo de 1522, allí estuvieron los castellanos y cargaron dos de las cinco naos que salieron de Castilla y supe que la primera era ida cuatro meses antes, la segunda mes y medio. NO fue con la otra por un agua que abría, estando ya a punto de partir: se descargó y compuesta fuese. Hallé cinco castellanos, el uno factor, con mercadería, otro lombardero. Mandé con el factor Ruy Gaguo recado al Rey que me entregara los castellanos, artillería y hacienda, y a decir que como siendo aquello tanto tiempo antes descubierto por portugueses, admitía castellanos. Respuesta. Que los admitió por mercaderes y mas por temor que por voluntad. A otro día me mando tres castellanos y un poco hacienda: otro ya le tenía conmigo desde que salí de Banda, a do había ido a tomar conocimiento de la tierra y trato. El último estaba ausente en la isla Moro, 60 leguas del Maluco. El día siguiente vino a verme el Rey; diose por buen vasallo de V.A. y se escusó del hecho, todo en prueba de los mismos castellanos. Se lo hize dar todo por escrito para en todo tiempo obligarle, porque le certificó que se entregaron estos castellanos a su poder, como si fueran cristianos y naturales suyos. Hallé toda la tierra llena de cruces de estaño, algunas de plata, con un crucifijo de una parte y nuestra Señora de la otra. Vendían lombardas, espingardas, ballestas, espadas, dardos y pólvora. Estas cruces que arriba digo a V.A. las compré yo todas, y ellos las vendían con conocimiento de lo que eran. Estando allí dos días vino un hijo bastardo del Rey de Ternate para llevarme a su isla: él es quien la gobierna a nombre del heredero, niño de ocho a nueve años y su padre murió siete u ocho meses antes de mi llegada. Esta isla es la mayor y principal del Maluco, do Fracisco Serrano estuvo siempre y D. Tristán cuando acá vino. Luego vino su madre, que es la que mas manda; diéronse por vasallos de V.A., no hablé de fortaleza por ver primero todas las islas; vistas pareció deberse hacer en ella por mas grande y no haber puerto en Tidor. Estando en tierra adolesció la gente, y a dos meses de 200 hombres que traje quedé con 50 sanos: murieron como 50, con tan pocos se puso mano a la fortaleza.

A 20 de Octubre 22 tuve nuevas que andaba una nao detrás destas islas: pensé sería de castellanos, pues trujeron ese camino. Mandé tres navíos a que me la trajeran, como lo hicieron, y con ella 24 castellanos. Dijeron que no queriendo volver por do vinieron, por ser tan largo viaje, resolvieron navegar al Darien: hallaron vientos escasos porque no supieron tomar el monzón y fueron a los 40 grados N. Por su cuenta habían hecho 900 leguas cuando arribaron. Al salir tenían 54 hombres, a los 40 grados murieron 30. Púsose por escrito la hacienda del Rey de Castilla, y se tomaron las cartas y astrolabios; se empezó a descargar la nao que era vieja y hacía mucha agua; a los ocho días se abrió y perdieron 40 bahares de clavo. La madera sirvió para la fortaleza y sus aparejos para los otros navíos. Pasados diez o doce días tomé las declaraciones a capitán y maestre: dijeron que los armadores de esta flota fueron el obispo de Burgos y Cristóbal de Haro.

Este es el viaje que hicieron de Castilla hasta el Maluco. Después que partieron de Sevilla recalaron en Canarias, y estuvieron surtos en Tenerife: allí tomaron agua y bastimentos, y haciéndose a la vela, la primera tierra que tomaron fue el cabo de los bajos de Ambas y vinieron a lo largo de la costa hasta el río que se llama Janeiro, donde estuvieron 15 o 16 días. De allí partieron costeando, y vinieron hasta el río que se llama de Solís donde Fernando Magallanes creyó hallar pasage: allí se detuvo cuarenta días, y mandó que el navío *Santiago* se adelantará como 50 leguas para ver si había paso; y no hallándolo, atravesó el río, que será de 25 leguas, y halló la costa que corre NE.SO. Hasta este río tienen descubierto los navíos de V.A. y fueron costeando hasta un río que se llama S. Juan, donde invernaron cuatro meses. Aquí comenzaron a decirle los capitanes que ¿dónde los llevaba? Principalmente un Juan de Cartagena que decía llevar cédula del Rey para ser conjunta persona con él, como lo fuera Ruy Falero si se hallara allí. Quisieron pues levantarse contra Magallanes y matarlo, y tonarse para Castilla o irse a Rodas. Desde aquel punto llegaron al río de Santa Cruz, donde quisieron poner por obra su intención. Y Magallanes cuando vio el pleito mal parado, porque decían los capitanes que lo matasen o lo llevasen preso, él mandó armar su nao y prender a Juan de Cartagena. Los otros capitanes, luego que vieron preso al principal, no trataron mas de proseguir su intento, pero él los perdió a todos, porque la chusma en su mayor parte estaba en su favor. A Luís de Mendoza mandó que lo matara a puñaladas el Merino o alguacil, porque no quiso darse preso, y a otro que se llamaba Gaspar de Quesada lo mandó degollar. A Juan de Cartagena, al tiempo de hacerse a la vela, lo dejó en tierra y con él a un clérigo, en tierra donde no había habitante ninguno. Después de esto invernaron tres meses más, y Magallanes mandó de nuevo el navío *Santiago* que fuera adelante a descubrir. El navío se perdió, pero se salvó toda la gente. De allí partieron a 20 de Octubre de 1520 y fueron a dar en un estrecho que no sabían lo que era. La entrada del estrecho tendrá 15 leguas, y después que comenzaron a entrar les pareció que era todo cerrado; por lo cual surgieron allí. Magallanes mandó un piloto portugués, que se llamaba Juan Carvallo, que saliese a tierra y subiese a un monte para ver sin había salida. Carvallo volvió deciendo que le parecía estar cerrado. Entonces mandó que las naves *S. Antonio* y *Concepción* se adelantaran a reconocer el estrecho; y habiendo andado obra de 30 leguas volvieron a decir a Magallanes que el río pasaba adelante, pero que no sabían hasta donde podría llegar. Visto esto zarpó con todas tres naos, y caminó por el estrecho hasta donde las otras habían descubierto, y mandó que la S. Antonio de que era capitán Álvaro de Mezquita, primo suyo, y piloto Estéban Gómez, portugués, pasase a descubrir por una abertura que hacía el estrecho al sur. Esta nao no volvió a las otras, ni se sabe si tornó a Castilla o si se perdió. Magallanes pasó adelante con las naos que le quedaban hasta hallar salida.

Este estrecho está en los 52 grados largos y tiene 10 leguas de ancho cumplidas, y corre NS, la mayor parte de él. A lo largo hay lugares a cinco leguas, a una legua, a media legua y a un cuarto de legua. Luego que se vieron fuera en ancha mar gobernaron derechamente a la línea a causa de los grandísimos fríos que experimentaban, y cuando estuvieron a 32 grados tomaron la vía del oestenoroeste, por cuyo rumbo anduvieron 1600 leguas. Aquí hallaron dos islas despobladas, 200 leguas una de la otra; y por el mismo rumbo atravesaron la línea y fueron 12 grados de la banda del norte. De allí gobernaron al oeste 500 leguas y dieron en unas islas en que hallaron mucha gente salvage, de la cual entraron tantos en las naos, que cuando quisieron volver sobre sí ya no los podían echar fuera de ellas sino alanceándolos. Mataron muchos salvages, y ellos se reían creyendo que era cosa de holganza. Siguieron su ruta siempre al oeste, sino cuando querían altura, que entonces gobernaban una cuarta fuera de dicho camino para saber donde estaban, hasta que llegaron a una isla que llamaron primera. Está 12 grados de la banda del N. En seguida por entre muchas islas, vinieron a dar en una que se llamaba Mazaba, que está en 9 grados. El Rey de Mazaba los llevó a otra isla llamada Zubú, que era grande, donde estuvo cerca de un mes, y a la mayor parte de la gente y al Rey los hizo cristianos. Mandaba el Rey de Zubú que viniesen a él los Reyes de las otras islas, y no habiendo querido venir dos de ellos, luego que Magallanes lo supo, se determinó a ir a pelear con ellos, y se dirigió a una isla llamada Mathá. Puso fuego a una aldea, y no contento con esto, se encaminó a una población grande, donde peleando con los salvages le mataron a él, a un criado suyo y cinco castellanos: los demás viendo muerto al capitán se recogieron a las embarcaciones.

Luego que la gente llegó a las naos, que estarían dos leguas del sitio donde mataron a Magallanes, determinaron todos nombrar dos capitanes, a saber, Duarte Barbosa, portugués, cuñado de Magallanes, por la mujer con quien casó en Castilla, y Juan Serrano, castellano. Este Juan Serrano fue capitán de la nave que se perdió, y después que Magallanes cortó la cabeza a Gaspar de Quesada, lo hizo capitán de la nao *Concepción*. A poco tiempo de haberlos armado capitanes, les dijo el Rey que holgaría mucho de que saliesen en tierra a comer con él, según su costumbre, y ellos aceptaron el convite. Cinco días después de la muerte de Magallanes, saltaron en tierra con la mayor parte de la gente, en la cual había algunos que salieron heridos en al refriega con Magallanes. Los salvages tenían determinado matar a todos y apoderarse de las naos: y en efecto, estando ya en el festín, dio sobre ellos una muchedumbre de bárbaros y mataron a Duarte Barbosa y a Luís Alfonso, que era capitán de una de las naves, y con ellos a 35 o 36 hombres. Luego que los que estaban en las naves vieron aquella matanza, levaron anclas y trataron de hacerse a la vela y volver a Burneo; a cuya sazón los salvages trajeron a Juan Serrano, uno de ellos que querían rescatar, y pedían por él dos bombardas y dos vahares de cobre, y algunas bretañas o telas de lienzo de las que llevaban en las naves como mercaderías de trato y rescate. Serrano decía que lo llevasen a la nave y les daría lo que pedían; y ellos, por el contrario, insistían en que saliesen a tierra; pero recelándose de otra traición como la pasada, se hicieron a la vela dejando allí aquel hombre sin saber más de él.

A las 10 o 12 leguas de la última isla quemaron la nave *Concepción* por no poder ya navegar con ella, e hicieron capitán a Juan Carvallo, piloto portugués, y la capitanía de la otra nave la dieron a Gonzalo Gomez, alguacil de la armada. De allí vinieron a una isla llamada Mindanao, que está en 8 grados escasos de la banda del N. Hablaron con el Rey de la isla, que les informó donde estaba Burneo, con cuyas noticias gobernaron de nuevo y llegaron a otra isla llamada Puluán, 30 leguas de la de Borneo. Está en 9 grados, y allí se estuvieron un mes: es tierra abundante: aquí supieron nuevas señas de Burneo y tomaron dos hombres que los llevaron allá. Con efecto partieron de allí y llegaron al puerto de Burneo, que está en 5 grados: la otra punta de la banda del nordeste está en 7 grados. Córrese la costa nordeste sudueste de los 7 grados hasta los 5, que está el puerto. Apenas surgieron divisaron muchos paraos, y los habitantes creyendo que eran embarcaciones portuguesas salieron con grandes presentes de vituallas y refrescos: los de la armada mandaron a tierra los dos hombres que habían tomado en Puluán, y un castellano con ellos; y cuando los naturales oyeron que no eran portugueses sino castellanos, no lo querían creer. A los siete u ocho días el Gonzalo Gomez de Espinosa, capitán de la nao, llevó un presente al Rey de la isla en que entraba una silla guarnecida de terciopelo, y una ropa también de terciopelo carmesí. Al presentarle el regalo al Rey les preguntó que gente eran, y con que propósito iban allí, recelándose que fueran como la armada de Malaca a reconocer el puerto y levantar en él alguna fortaleza. Contestáronle que eran castellanos y venían en busca del Maluco, rogándole se sirviese darles pilotos que los llevaran allá. El Rey les dijo que se los daría hasta Mindanao, de la otra banda por donde ellos no habían venido, para que los llevasen allá. Es Mindano isla muy grande y feraz.

Estando en aquel puerto había ya un mes y prontos a partir, se les escaparon dos griegos para hacerse moros. Otro día por la mañana enviaron a tierra tres hombres, uno de ellos un hijo de Juan Carvallo; y en esto vieron venir muchos paraos; y como andaban recelosos de otra traición creyeron que venían con designio de cogerlos, instigados por los griegos. En consecuencia se hicieron luego a la vela sin esperar por los otros tres; y a dos o tres juncos que estaban en el puerto los robaron e incendiaron dentro dél. Llegaron a Mindanao donde cogieron hombres que los llevaron al maluco y allí pasó todo lo que arriba tengo referido a V.A.

La hacienda que restaba en Tidor a los castellanos era 1125 quintales y 32 libras de cobre y 2000 libras de azogue, y dos quintales de hierro y tres bombardas de cepo de hierro, uno espasamuro y dos roqueiras, e 14 versos de hierro, sin ninguna cámara, y tres anclas de hierro, en que entra un fugareo y otra grande y una quebrada, 9 ballestas, 12 espingardas, 32 petos, 11 servilheiras, 3 cascos, 4 anclas, 53 barras de hierro, 2 bombardas gruesas de hierro con cuatro cámaras y 1275 quintales de clavo.

La gente de Malaca para acá usan de un peso llamado *dalchin* y pesan con él hasta un bahar y tiene con los pesos que vienen de Portugal 4 quintales y medio (pero se da por cuatro quintales) según los asientos que he hecho con estas gentes viene a salir el quintal de clavo a 250 reis, porque serán hasta mil reis el bar. Esto se entiende que sale así en las permutaciones de varios géneros de ropas conforme al trato. Por otro trato en Ternate sale a 200 reis, y aún permutación habrá en que salga a 100. La pimienta está asentada en Cochim a 1015 reis el quintal. Si no fuera por estos castellanos que pagaron a cinco y a seis cruzados el quintal de clavo, aún hubiera yo ajustado aquí el clavo a menos de 200.

Con D. García envié diez y siete castellanos para que paguen lo que deben a Jorge de Alburquerque, para que de allí los envíe al capitán mayor de la India, según V.A. me mandó en la instrucción: son Gonzalo Gomez de Espinosa, capitán; Juan de Campos, factor que quedó con la hacieda en Tidore; Alfonso de Costa, que iba a ver el trato de Banda; Luis de Molino, Diego Díaz, Diego Martín, León Pancaldo, piloto de la nao; Juan Roiz, Ginés de Mafra, Juan Novoro, S. Remo, Amalo, Francisco de Ayamonte, Luis de Veas, Segredo, Maestre Otans, Anton Moreno. Cuatro dejé aquí: 1º El maestro de la nao llamado Juan Bautista, ques el mas hábil de todos, y navegó en naos de V.A.: él es quien gobernó y a quien después de la muerte de Magallanes se debe haber llegado su armada a Maluco; 2º El escribano, buen marinero y piloto; 3º El contramaestre; e 4º Un carpintero y necesario para componer este navío en que agora les envío por Burneo, y no me queda ninguno de los que traje. Intento que en este viaje se descubra este camino de Maluco a Malaca por Burneo, de do a Malaca hay 100 leguas, y siempre van muchos juncos. Por Banda es menester esperar monzones, y para llevar y traer un recado se necestia año y medio. Por estotro camino podrán venir de Malaca acá en un mes. Fuera desto, Burneo es una de las mas ricas islas que hay en estas partes, donde hay mucho oro, canfar y muy grande trato para muchas partes… Va por capitán Simón de Abras. En lo que toca al maestre, al escribano y piloto yo escribo al capitán mayor, que será más servicio de V.A. mandarles cortar las cabezas que enviarlos allá. Detúvelos en Maluco, porque es tierra enferma, con intención de que murieran allí, no atreviéndome a mandárselas cortar porque ignoraba si daría a V.A. gusto en ello. Escribo a Jorge de Alburquerque que los detenga en Malaca, que tampoco es tierra muy saludable. En este navío mando a Gracía Chainho 250 quintales de clavo. En estas islas de Maluco podré juntar un año con otros 4000 bares de clavo. Del cobre que tomé a los castellanos hice moneda para pagar gente. Espero de acabar bien pronto esta fortaleza. Tengo hecha toda la cortina de la banda de la mar que es de 27 brazas de largo y 12 pies de ancho, y la torre de homenaje en dos sobrados. Escribo a Chainho que me mande estaño para hacer moneda porque creo la tomará esta gente mejor que la de cobre, y con ella podrá comprarse todo el clavo.

32. Carta de Juan Bautista de Punzorol a un personaje que no se nombra. Tidore, 21 de diciembre de 1521

Noble señor. Después de besarle la mano, quedo al servicio de Vuestra Gracia, y ha de saber cómo el Capitán General fué muerto. en una batalla que tuvo lugar en un sitio que se llama Marta (sic). Y después de su muerte hicimos capitán al piloto Juan López Caravalo, portugués, y viendo que no hacía cosa que fuese en servicio del Rey, resolvimos yo y Juan Sebastián [del Cano] y toda la gente de quitarle el mando, e hicimos capitán a Alonso (sic) Gómez de Espinosa de la nave capitana y a Juan Sebastián de la nave *Victoria* y a mí hicieron general de la armada. Y llegando a Maluco nos hallamos en gran fatiga y surgimos en una isla que se llama Tindore (sic) que es una de las cinco islas que posee cierto rey, que es el mejor, virtuoso y más leal de todos, y parece tener en mucho afecto al Rey de Castilla, porque en proponiéndole cualquiera cosa que ataña al servicio del Rey, la ejecuta en persona. En las islas de Maluco me parece que todos se hallan al servicio del Rey nuestro señor, y le hemos dado cartas a intento de que ningún portugués le haga daño. Y él también nos ha dado carta para el Rey, nuestro señor. Cuyas islas son riquísimas de clavo, que se cosecha cada año, teniendo de cosecha al año diez quintales de clavo. Y hay otra isla cercana, que se llama Bandam, en la que anualmente se cosechan mil quinientos quintales de nuez moscada y de macis. Señor, todo lo que por gracia pedimos a Nuestro Señor se ha descubierto. Habremos también de contar muchas islas que todos los años producen mucho trigo, y éstas son sin número. Y descubrimos otra isla que tiene mucho oro y mucha

canela, y por un peso de hierro nos dan veinte libras de canela o de oro. Nosotros habíamos cargado el clavo para partirnos, y cuando quisimos hacerlo, se descubrió una vía de agua, que era de cuatro palmos y no podíamos remediarla por dentro ni por fuera, y así nos fué preciso quedarnos. Y resolvimos mandar adelante a la nave *Victoria*, para que no perdiese tiempo y llevase las nuevas al Rey mi señor, y nosotros quedamos aquí, donde, espero en Dios, haber alistado la nave dentro de cincuenta días y venir por el Darién, donde Andrés Niño hizo las naves, y de allí por tierra firme para dar las nuevas al Rey mi señor. No digo más por la presente, rogándoos que hayáis por encomendado al hijo mío que va en esta nave. Yo os envío un papagayo, y por si se muriere, yo llevo otro. No hay más que decir a Vuestra Señoría, y el Señor os guarde. De Maluco, de la isla de Tandore (sic) a XXI de diciembre 1521. Capitán de Pofis, piloto y capitán de la nave capitana.

(Sacada de la traducción del original italiano trascrito en el opúsculo Zwei briefe uber die Maghellanische Weltumsegluing. Mitgetheilt von Eugen Gelcih Wien, 1889, 8.0, pp. 7-8)

33. Newen Zeitung auss Pressil Land

DE LAS NUEVAS NOTICIAS DEL BRASIL

(Traducción del original alemán por Amelia Rosemberg Gallo)

También sabed que el I2 del mes de octubre llegó a esta ciudad una nave del país de Brasil, falta de víveres, que Ñuño y Cristóbal de Haro han armado y equipado. Fueron dos las naves enviadas con permiso del Rey de Portugal para descubrir y conocer el país del Brasil. Y han descubierto del país de seiscientas a setecientas leguas más de lo que hasta ahora se conocía. Y cuando llegaron al cabo de Buena Esperanza, esto es, una punta o paraje que se interna en el mar, igual a la latitud del Brasil, y aún a un grado más de altura, o más distante, y cuando llegaron a esa región, esto es, a 40 grados de latitud, encontraron el Brasil con un cabo, es decir, una punta o un lugar que penetra en el mar, y doblaron o dieron la vuelta por ese cabo, y encontraron que esos sitios corren de igual modo que se encuentra Europa con el Sur Poniente-levante, es decir, situados entre el Oriente o Este y Poniente o el Oeste. Entonces vieron también tierra al lado opuesto, después de haber recorrido como sesenta millas del Cabo, de la misma manera que cuando uno navega hacia el P'ste y pasa el Estrecho de Gibraltar y divisa las tierras de Berbería.

Cuando circuyeron el Cabo, como se ha dicho, y navegaron o avanzaron hacia nosotros en dirección del Nor-Oeste, se levantó tan fuerte tempestad y tales vientos, que no pudieron proseguir su viaje más allá. Entonces hubieron de volver, empujados por la tramontana o norte, deshaciendo camino hasta llegar a la costa del Brasil. El piloto, o sea el piloto o patrón que gobernaba esta nave, es grande amigo mío y asimismo el más afamado con que cuenta el Rey de Portugal, y que ha hecho también varios viajes a las Indias. El me dijo que creía que desde este Cabo del Brasil, que es donde comienza este país, no hay más de 600 millas hasta Malaqua. Piensa, igualmente, que en poco tiempo podrá ir y volver por este camino o viaje desde Lisboa a Malaqua, cosa que resultará de gran provecho al reino de Portugal por el comercio de las especias. Suponen también que las tierras del Brasil se extienden hasta Malaqua. Y cuando regresaron a la costa o lado del Brasil, encontraron muchos buenos ríos y puertos, y todo muy bien poblado y lleno de gente; y aseguran que tanto más hospitalaria y amistosa cuanto más cercana al Cabo. No se comen unos a los otros, a no ser que se hallen en guerra, pero se matan sin hacer prisioneros. Cuentan que la gente es de buena y libre condición, es decir, de buenos modales. La gente en esta costa carece de leyes, ni obedece a reyes, si bien honra a sus mayores y les obedecen, tal como acontece en el Brasil Inferior. Son también como un solo pueblo, salvo que tienen otra lengua. También conservan en la misma costa o país memoria de Santo Tomás y aun quisieron mostrar a los portugueses las huellas de sus pasos en el interior del país, y cuando hablan de Santo Tomás, entonces dicen que es el pequeño Dios, pero que había un Dios que es mayor. Bien puede creerse que se acuerden de Santo Tomás, pues es sabido que Santo Tomás está realmente sepultado más allá de Malaqua, en la costa Siramatl del golfo de Ceylán. En el país también les dan a sus hijos con preferencia el nombre de Tomás. En el interior del país hay grandes cordilleras y dicen que en algunos puntos la nieve nunca se derrite en ellas, según les contaron las gentes de esas tierras. Dicen haber estado también en algunos puertos, donde encontraron muchas y diversas pieles de animales salvajes, que la gente se las pone sin curtir, cercenadas las patas, pues no saben adobarlas, a saber: pieles de leones y leopardos, de que abunda el país; linces y genetas, como los hay en España; también pieles pequeñas, que son de aspecto como las de pequeñas genetas y listadas como las del lince, con el pelo muy tupido y la piel tan delgada como la de la marta. Las pieles grandes de leopardos y linces las cortan y fabrican de ellas cinturones de un palmo de ancho. Hay muchas nutrias y castores, lo que manifiesta la existencia de grandes ríos en el país. Tienen también cinturones de pieles que me son desconocidas. De las indicadas pieles, sólo he adquirido de las mejor preparadas, pero no en abundancia, porque no habían traído de ellas en gran cantidad. Decían que no las cazaban porque ignoraban su valor. Cuentan que la otra nave, que todavía está en ultramar, trae muchas de estas pieles y varias otras cosas, porque ha estado cargando mayor tiempo, y es, además, la mayor de las dos. Entre otras cosas compré también tres piezas de varias pieles cosidas unas con otras, y tan grandes, que dan para eJ forro de un gabán. Los portugueses no les atribuían gran valor. En aquel país se tapan con ellas, pues están cosidas del mismo modo que entre nosotros las coberturas hechas de pieles de lobos. Son realmente un forro muy precioso. Las pieles son del tamaño de un tejón y del color del ciervo. Las pieles tienen una lana muy áspera, con pelos largos y puntiagudos, algo gruesos, en forma semejante a la piel cebellina o zibelina. La piel interiormente es clara, Como la de la marta, y es de aspecto extraordinariamente bello. El país tiene también portentosa variedad de frutas de gran calidad, pero diferentes de las que existen en nuestro país. Hallaron asimismo allí cañafístola, tan gruesa como un brazo. Tienen también miel, cera, ciertas clases de gomas, muchas y diferentes aves, con pelos en las patas. Sus armas son arcos de mano, como los que usan en el Brasil Inferior. Carecen de minas de hierro, y dan por un hacha o cuchillo o azuela todo lo que poseen, como se acostumbra también en las regiones del Brasil Inferior. Hay en el país una clase de especias que hace arder la lengua mas que la pimienta. Crece en una pequeña vainilla, y el grano es tan grande como una arveja. Sabed también que trajeron bastante información que del Cabo, como se dijo, más o menos 200 millas hacia nosotros, estuvieron en un puerto o río en el que encontraron indicios de mucho oro y plata, y también cobre, que hay en el interior del país. Ellos dicen que el capitán de la otra nave lleva para el Rey de Portugal un hacha o azuela de plata, de la misma forma que sus hachas de piedra. Le lleva también un metal, que dicen que tiene la apariencia del bronce, y que no se daña del orín; no saben si es oro impuro y de baja ley, o lo que es. También ellos recibieron en este misino sitio a orillas del mar, de boca de este pueblo, noticias de que en el interior del país hay un pueblo montañés, que tiene mucho oro, y que lo llevan en planchas delgadas, en la misma forma que una armadura en la frente y en el pecho. El capitán trae también un hombre de ese mismo país, que deseaba ver al Rey de Portugal. Este dice que podría mostrarle al Rey de Portugal tanto oro y plata que hay en el país, que sus naves no podrían navegar si lo cargaran. La gente de aquel mismo paraje dice que a veces van allá otras naves cuyas tripulaciones usan vestidos como los nuestros. Los portugueses dicen son franceses, por la descripción que de ellos les han hecho. Y tienen también caballos, casi todos colorados. Y los buenos portugueses pretenden que son gezyner (bohemios) que navegan a Malaqua, de lo que se aseguran que es cierto, porque en Malaqua se puede comprar en mejores condiciones el oro y la plata que en nuestro país. Y aquí tenéis las nuevas noticias. La nave está cargada bajo de cubierta con madera del Brasil, y sobre cubierta, llena de muchachos y muchachas comprados, que costaron poco a los portugueses, pues la mayor parte de ellos les fué dada, pues el pueblo de allá cree que los envían a la tierra prometida. Aseguran también que la gente en aquel lugar llega a los 140 años de edad.

34. Testamento de Magallanes

(Texto íntegro tomado del original por el autor del libro. Archivo de Indias, Patronato-036R002– Incorporado en el legajo de un auto fiscal de Jaime Barbosa y sus hermanos como herederos de Magallanes, según el cumplimiento de la capitulación hecha con Carlos I antes de salir a la expedición del Maluco)

En el nombre del muy alto e muy poderoso Dios Nuestro Señor, que vive sin comienzo e reina sin fin, e de la bien aventurada Virgen Gloriosa, Nuestra Señora, Santa maría, su bendita madre, a la cual todos los cristianos tenemos por señora e por abogada en todos nuestros fechos, e a honra e servicio suyo e de todos los santos e santas de la Corte Celestial, amen. Sepan cuantos esta carta de testamento vieren, como yo, el comendador Hernando de Magallanes, capitán general de Sus Altezas del armada del especiería, marido que soy de doña Beatriz Barbosa, vecino que soy desta muy noble y leal ciudad de Sevilla, en la collación de Santa María, estando sano e con salud e en mi seso e acuerdo e juicio natural, tal cual Dios Nuestro Señor quiso e tuvo por bien e fue su merced e voluntad de me lo querer dar, e creyendo firme e verdaderamente en la Santísima Trinidad, Padre e Hijo e Espíritu Santo, tres personas, un solo Dios verdadero, bien así como todo fiel cristiano tiene e cree e debe tener e creer, e yo así lo tengo e creo, e temiéndome de la muerte, que es cosa natural, de la cual persona alguna no puede escapar, e codiciando e habiendo voluntad de poner la mi ánima en la mas llana e libre carrera que yo pueda hallar por la salvar e la librar e llegar a la merced e misericordia de Dios Nuestro señor, por quél que la hizo e la crió haya misericordia e piedad de ella, e la quiera redimir e salvar e llevar a sui santa gloria e reino celestial: por ende yo agora queriendo ir en servicio de Sus Altezas en la dicha armada, por esta presente carta otorgo e conozco que hago e ordeno este dicho mi testamento e estas mis mandas de mis bienes en que hago y ordeno, así en hecho de mi cuerpo como de mi ánima, por mi ánima salvar e mis herederos apacificar. Primeramente, las deudas que yo debo e a mi me deben, son aquellas que hallarán escritas en mi libro de cuentas, el cual yo retifico e apruebo e he por bueno. Estas son las mandas que yo mando. Primeramente mando mi ánima a Dios Nuestro Señor, que la hizo e la crió e redimió por su preciosa sangre, e ruego e pido por merced a la gloriosa siempre Virgen María, Nuestra Señora, su bendita Madre, que con todos los santos e santas de la corte del Cielo, sea intercesora y rogadora a su hijo precioso por mi ánima, la quiera perdonar sus culpas e pecados e la poner en su santa gloria e reino celestial, e cuando finamiento demi acaesciere desta presente vida para la vida perdurable mando que si falleciere en esta ciudad de Sevilla, que mi cuerpo sea enterrado en el monasterio de Santa María de la Vitoria, que es en Triana, guarda e collación desta ciudad de Sevilla, en la sepultura que me fuere dada, e si falleciere en el dicho viage mando que enterren mi cuerpo en una iglesia de la advocación de Nuestra Señora, del mas cercano lugar donde yo falleciere e me tomare la muerte, e mando a la obra de la capilla del Sagrario de la santa iglesia de Sevilla por reverencia de los Santos Sacramentos que de la dicha iglesia he recibido e tengo de recibir, si la voluntad fuera de Dios Nuestro Señor, mil maravedíz. E mando a la Santa Cruzada un real de plata. E mando a las órdenes de la Santa Trinidad e de Santa maría de la Merced, desta ciudad de Sevilla, para ayuda de la redención de los fieles cristianos que están cautivos en tierras de moros enemigos de nuestra santa fe católica, a cada una orden un real de plata. E mando a la casa e enfermos de señor San Lázaro ques fuera de cerca desta ciudad de Sevilla en pitanza e porque rueguen a Dios Nuestro Señor por mi ánima, otro rela de plata. E mando al hospital de las bubas desta ciudad de Sevilla por ganar los perdones que en él son, otro real de plata. E mando a la casa de San Sebastián ques en el campo de Tablada por ganar los perdones que en ella son otro real de plata. E mando a la obra de la santa iglesia de la Fe de Sevilla otro real de plata, por ganar los perdones que en ella son. E mando quel dicho dia de mi enterramiento, mi cuerpo presente me digan treinta misas, dos cantadas y veinte y ocho rezadas, e que me ofrendan la ofrenda de pan y vino e cera, que mis albaceas [Entiéndase: Diego Barbosa y el doctor Sancho de Matienzo] quisieren, e mando que me digan en el dicho monasterio de Santa María de la Vitoria un treintenario de misas cerrado por mi ánima e que den por la decir la pitanza acostumbrada, e mando quel mismo dia de mi enterramiento se vistan tres pobres que son aquellos que con mis albaceas yo tengo hablado, e que a cada uno de ellos le den un sayo de paño pardillo e una carapura e una camisa e unos zapatos, porque rueguen a Dios por mi ánima, e asimismo mando quel dicho día de mi enterramiento den de comer a los dichos tres pobres e mas a otros doce pobres porque rueguen a Dios por mi ánima, e mando quel dicho día de mi enterramiento den limosna por las ánimas del purgatorio, un ducado de oro. E confieso, por decir vedad a dios y al mundo, e guardar salud de mi ánima que he recibido e recibí e dote e en casamiento con la dicha doña Beatriz Barbosa, mi mujer, seis cientos mil maravediz de que le tengo otorgado conocimiento dellos, por ante Bernal Gionzalez de Vallecillo, escribano público de Sevilla, mando que ante todas las cosas la dicha Beatriz Barbosa, mi mujer, sea pagada e entregada de los dichos seiscientos mil maravediz del dicho su dote, e asimismo de las arras que yo le mandé.

E por cuanto yo voy en servicio de Sus altezas en la dicha armada y de todo el interés y provecho que della con ayuda de dios nuestro señor se hobiere, sacadas las primeras costas que sus altezas han hecho en la dicjha armada, yo tengo de haber el quinto de todo ello, e mas todo lo que yo hubiere de mi hacienda que llevo yo en la dicha armada, e de esto quiero disponer el diezmo de todo lo que hobiere de la dicha armada, por ende yo por esta carta deste dicho mi testamento, quiero e mando e es mi voluntad quel dicho diezmo se gaste e distribuya en la manera siguiente: Primeramente el tercio del dicho diezmo quiero e mando y es mi voluntad que lo haya el dicho monasterio de nuestra señora Santa María de la Vitoria de la dicha Triana, para hacer la capilla del dicho monasterio, e porque los frailes del dicho monasterio siempre jamás tengan cargo de rogar a Dios por mi ánima.

Otrosí mando y es mi voluntad que de los otros dos tercios del dicho diezmo se hagan tres tercios, y quel uno dellos lo haya el monasterio de nuestra señora Santa maría de Monserrat, que es en la ciudad de Barcelona, y el otro tercio lo haya el monasterio de San Francisco de la villa de Aranda de Duero, para ayuda del dicho monasterio, y el otro tercio lo haya el monasterio de Santo Domingo de las Dueñas de la ciudad del Puerto de Portugal, para las cosas que mas necesarias fueren al dicho monasterio, lo que dicho es, yo les mando porque rueguen a Dios por mi ánima. Otrosi, mando e quiero y es mi voluntad que de la mitad de toda la otra hacienda que a mi me pertenece de la dicha armada e de toda la otra hacienda que yo tengo en esta dicha ciudad de Sevilla, se saque la quinta parte de todo ello para cumplir las cosas de mi ánima, e que mis albaceas, del dicho quinto cumplan las cosas deste dicho mi testamento e lo que mas a ellos les pareciere que se conviene hacer para descargo de mi ánima y conciencia.

E mando que se paguen de mis bienes a Cristobal Rabelo mi paje treinta mil maravediz los cuales yo le mando por los servicios que me ha hecho, e porque ruegue a Dios por mi ánima. E por esta presente carta deste dicho mi testamento aforo e doy libre e por libre de toda carga de cautiverio e sujeción e servidumbre a Enrique, mi esclavo cautivo de color loro, natural de la ciudad de Malaca, de edad de veinte y seis años, poco mas o menos, para que desde el dia de mi fallecimiento en adelante para siempre jamás el dicho enrique sea foro e libre, e quito e esento e no obligado a ningún cargo de cautiverio ni sujeción alguna, e faga de si todo lo que quisiere e por bien tuviere, e mando que le den de mis bienes al dicho enrique diez mil maravediz en dineros para con que viva, e el cual dicho aforramiento yo le hago porque es cristiano, e porque ruegue a Dios por mi ánima.

E por cuanto sus altezas me tienen hecha merced para mis hijos y descendientes por via de mayorazgo de la gobernación de las islas e tierras que yo descubriere con la dicha armada en el término contenido en la capitulación que con sus altezas tengo hecha, e asimismo el título de adelantado de las dichas islas e tierras que descubriere, e mas la veintena parte de todo aquello que rentaren las dichas islas que descubriere, e de otras cosas contenidas en la dicha capitulación, por esta presente carta deste dicho mi testamento quiero y nombro por via de mayorazgo para que haya todo lo susodicho, después de los días de mi vida, Rodrigo de Magallanes, mi hijo legítimo, e hijo legítimo de la dicha Doña Beatriz de Barbosa, mi mujer, e después del hijo legítimo que dios le diere, e si no hubiere hijos legítimos e de legítimo matrimonio para que haya e herede del lo susodicho por via de mayorazgo, quiero e mando que lo haya el otro hijo o hija legítima que dios a mi me diere, e así se haga sucesivamente de padre a hijo, e si por caso hubiere hija, el dicho mayorazgo en tal caso quiero quel hijo que Dios le diere e hubiere el dicho mayorazgo, se llame de Magallaes, e traiga mis armas sin las mezclar con otras algunas, e si no se llamare de Magallaes e no tragera mis armas según dicho es, en tal caso quiero y mando y es mi voluntad que haya el dicho mayorazgo un hijo o nieto o pariente mas propinco de mi linaje que viva en castilla y traiga mi apellido y armas, según dicho es, e si lo que dios no quiera, el dicho Rodrigo de Magallaes mi hjio, falleciere sin dejar hijos ni hijas de legítimo matrimonio, e no hobiere yo otros hijos ni hijas para haber el dicho mayorazgo, Diego de Sosa, mi hermano, que agora vive con el serenísimo Señor Rey de Portugal, viniéndose a vivir a estos reinos de Castilla, e casándose en ellos, e con tanto que se llame de Magallaes e tenga las armas de Magallanes, según e de la manera que las yo traigo, que son de Magallaes e Sosa, e si el dicho Diego de Sosa, mi hermano no tuviere hijos ni hijas de legítimo matrimonio para haber el dicho mayorazgo, quiero y mando y es mi voluntad que lo haya el dicho mayorazgo Isabel de Magallaes, mi hermana, con tanto que se llama de Magallaes e traiga mis armas, según dicho es, e se venga a vivir e casar en estos reinos de Castilla.

E otrosí, quiero e mando y es mi voluntad que si el dicho Diego de Sosa, mi hermano, o la dicha Isabel de magallaes, mi hermana, hubieren el dicho mayorazgo, sean obligados de acudir a la dicha doña Beatriz Barbosa, mi mujer, con la cuarta parte de todo lo que rentare el dicho mayorazgo, limpiamente e sin le poner en ello embarazo ni impedimento alguno, e mando quel comendador diego de Barbosa, mi señor suegro, tenga cargo de la gobernación de la persona e bienes e mayorazgo del dicho Rodrigo de Magallaes, mi hijo, e de la criatura, o criaturas de que la dicha Doña Beatriz mi mujer hoy día está preñada, hasta tanto quesean de edad de diez y ocho años, e que durante estos tiempos el dicho comendador Diego Barbosa reciba e cobre todos los frutos e rentas que rentaren los dichos bienes e mayorazgos, e la cuarta parte de todo lo que rindieren lo de y entregue a la dicha doña Beatriz Barbosa mi mujer, su hija, hasta que los dichos mis hijos sean de la dicha edad, viviendo la dicha Doña Beatriz Barbosa, mi mujer, viuda e castamente, e si se casare, mando que le den e paguen dos mil doblas castellanas de mas e allende de su dote e arras de lo que ha de haber de su mitad de multiplicado, e mas quiero e mando quel dicho comendador Diego Barbosa tome e reciba dello para sí, como cosa suya propia, la cuarta parte, y lo otro lo gaste para sustentación y gobierno de mis hijos, e asimismo quiero y mando y es mi voluntad, que si el dicho Diego Sosa, mi hermano, o la dicha Isabel de Magallanes, mi hermana, hubieren el dicho mayorazgo, que de mas e allende de lo que yo tengo mandado queden en cada un año a la dicha Beatriz Barbosa, mi mujer, sean obligados a dar en cada un año al dicho comendador Diego Barbosa, durante los días de su vida, doscientos ducados de oro de lo que rentare el dicho mayorazgo.

Otrosí mando que si el dicho comendador Diego Barbosa cobrare la dicha mi hacienda, que de della a la dicha Isabel de Magallaes, mi hermana, aquello que el dicho comendador Diego Barbosa pareciere para su casamiento.

Otrosí, mando que de los cincuenta mil maravedís que yo tengo de porvida mía, e de la dicha doña Beatriz Barbosa, mi mujer, en la casa de Contratación de las Indias, desta ciudad de Sevilla, la dicha doña Beatriz, mi mujer, de a la dicha Isabel de Magallaes, mi hermana, cinco mil maravedís en cada un año, hasta tanto que venga hacienda mía deste viage que agora yo hago, para el dicho comendador Diego Barbosa le de aquello que yo le tengo dado e mandado en este dicho mi testamento que le dé para su casamiento. E pagado e cumplido ese dicho mi testamento, e las mandas e claúsulas en él contenidas de los dichos mis bienes de raíces, e muebles e semovientes, según que aquí está escrito e ordenado, todo lo al que dellos fincare e remanesciere de los dichos mis bienes, mando que los haya e los herede todos el dicho Rodrigo de Magallaes, mi hijo legítimo e hijo legítimo de la dicha doña Beatriz, mi mujer, e la criatura o criaturas de que la dicha dicha mi mujer está preñada, yo dejo e establezco por mis legítimos e universales herederos en todo el remanente de los dichos mis bienes, igualmente tanto al uno como al otro, e sí, lo que dios no quiera, el dicho mi hijo o los que la dicha mi mujer pariere, según dicho es, fallecieren sin ser de edad para poder hacer testamento, mando que haya e herede los dichos mis bienes, fuera del dicho mi mayorazgo, la dicha doña Beatriz Barbosa, mi mujer, a la cual yo dejo e establezco por mi universal heredera, e para cumplir e pagar este dicho mi testamento e las mandas e cláusulas en él contenidas, de los dichos mis bienes, según que aquí está escrito e ordenado, hago ende mis albaceas para que lo paguen e cumplan de los dichos mis bienes, e sin daño alguno dellos e de los suyos algunos, al señor dotor Sancho de Matienzo, canónigo de la santa iglesia de Sevilla, e al dicho comendador Diego Barbosa, mi señor suegro, e mando al dicho dotor Sancho de Matienzo por el cargo que ha de tener e cumplir este dicho mi testamento treinta ducados de oro e dos pesos, e quel, los dichos mis albaceas e cualquier dellos hicieren por mi ánima, a tal depare dios Nuestro Señor quien haga por las suyas cuando mas menester les fuere e desta vida partiere, e por esta presente carta deste dicho mi testamento do e otorgo libre e llenero e cumplido poder a estos dichos mis albaceas e a cualquier dellos, por si, insolidum o a quien su poder dellos o de cualquiera dellos hubiere, para que por su propia autoridad, sin licencia y sin mandado e sin autoridad de alcalde ni de juez ni de otra persona alguna, e sin fuero, e sin juicio, e sin pena, e sin calunia alguna e hubiere que toda sea e corra contra mis bienes e no contra ellos, ni contra los suyos puedan entrar e tomar e vender e rematar e entren e vendan e tomen e rematen a tantos de los dichos mis bienes cuantos cumplan e basten para pagar e cumplir este dicho mi testamento, e las mandas e cláusulas en él contenidas; e por esta presente carta dese dicho mi testamento, revoco e anulo e doy por ningunos votos e casos e de ningún valor efecto todos cuantos testamentos e codicilos que yo he hecho e otorgado e ordenado, así por escrito como por palabra, como en otra cualquier manera, desde todos los tiempos que son pasados hasta hoy día de la fecha desta carta deste dicho mi testamento, los cuales todos si parecieren quiero e mando e tengo por bien y es mi voluntad que no valgan ni fagan fe ni prueba, ellos ni alguno dellos ni las notas ni registros dellos, en juicio ni fuera dél, en tiempo alguno ni por alguna manera, salvo que deste dicho mi testamento que yo agora hago e otorgo, en el cual es cumplida y acabada mi final e postrimera voluntad, el cual quiero e mando e tengo por bien, y es mi voluntad que valga e sea firme, e haga fe e prueba en juicio e fuera dél en todo tiempo e lugar que pareciere, en firmeza de lo cual otorgué esta carta deste dicho mi testamento ante Bernal Gonzalez de Vallecillo, escribano público de Sevilla, e escribanos de Sevilla, de yuso escritos, que lo signó e firmaron de sus nombres en testimonio de verdad.

Fecha la carta de testamento en Sevilla, estando en los alcázares reales desta dicha ciudad de Sevilla, miércoles veinte e cuatro días del mes de agosto, año del nacimiento de Nuestro Salvador Jesucristo de mil e quinientos e diez e nueve años. E el dicho comendador Hernando de Magallaes lo firmó de su nombre en el registro, testigos que fueron presentes a lo que dicho es, diego Martínez de Medina, Juan Rodríguez de Medina e Alfonso Fernández, escribanos de Sevilla.

* * * * *

Impresionante pieza testamental, intensa y metódica, tal era el propio Magallanes, que nos permite contrastar sus grandilocuentes expectativas con los yermos resultados que finalmente se produjeron. Stefan Zweig nos lo reseña de la siguiente manera:

> Ninguna de las disposiciones de Magallanes llegó a realizarse; su última voluntad quedó reducida a unas hojas baldías, sin la menor eficacia. Los que nombró como herederos no heredaron, los pobres de los que se acordó no tuvieron los consuelos previstos; su cuerpo no recibió sepultura en ninguno de los sitios que él dispuso, y sus blasones fueron perdidos para siempre.

Únicamente la acción a que él mismo puso fin sobrevivirá al Viajero del Mundo y será la Humanidad su única heredera.

V
CONSIDERACIONES DE INTERÉS

1. Cuestión de Calendarios

Sabido que la medición del tiempo y su plasmación calendárica es una de las muchas convenciones que la sociedad humana ha establecido desde sus orígenes para que no nos volvamos locos, conviene precisar algunos detalles a causa de los muchos errores que se advierten en las fechas y dataciones establecidas por los cronistas clásicos en la historia de las Indias, e incluso de los que se han hecho eco los modernos historiadores, llevados por su excesiva fe de cuanto escuchan y leen. Lo primero a tener en cuenta es que todo el periodo que refiere a la vida y proyecto de Magallanes está sujeto al calendario Juliano, es decir el que instauró Julio César en el año 46 A.C. Este calendario disponía los 365 días del año divididos en doce meses con años bisiestos de 366 días cada cuatro años. Posteriormente, en el año 1582 sería sustituido por el Calendario Gregoriano, llamado así en honor a su promotor, el Papa Gregorio XIII, quien intentaba corregir de ese modo los desfases de tiempo que el Juliano producía en la celebración de las fiestas religiosas, especialmente la Pascua. Este desfase tenía su origen en que el calendario Juliano ajustaba los años bisiestos por periodos de cuatro años, mientras que el Gregoriano establecía la distinción entre años seculares y los no seculares, siendo los primeros múltiplos de 4 años y los segundos de 400, quedando eliminados como bisiestos 3 de cada 4 años seculares. De esa forma, el ciclo Juliano daba lugar a 100 años bisiestos de cada 400 y el Gregoriano disminuía esa cifra a 97 años bisiestos y otros 303 comunes. Así fue como al día jueves Juliano, 4 de octubre de 1582, le sucedió el viernes Gregoriano, 15 de octubre de 1582, es decir, habían desaparecido de un plumazo los diez días acumulados erróneamente durante toda la etapa del Calendario Juliano (casi 16 siglos). Diez días que han sido, no pocas veces, fuente de continuos errores en las dataciones anteriores al citado año de 1582, sobre todo cuando tales fechas no habían sido claramente especificadas por los artífices de las reseñas y crónicas históricas.

2. El escorbuto, terror de los mares

Aunque esta enfermedad había existido siempre, pues está asociada a un hecho tan común en la antigüedad como el déficit extremo de vitamina C, no fue realmente hasta la eclosión de los grandes viajes oceánicos de portugueses y castellanos, durante los siglos XV y XVI, cuando se llegó a convertir en un verdadero azote de los mares. Un ejemplo de tal aseveración lo tenemos en la mayor epopeya de todas las navegaciones, tal es la primera vuelta al mundo de Magallanes. Y nadie mejor que Antonio Pigafetta para dejarnos una cruda y detallada descripción de los síntomas y resultados de tal enfermedad, cuando narra en su diario la singladura del océano Pacífico:

> Nuestra mayor desgracia era vernos atacado de una enfermedad que hacía hincharse las encías hasta el extremo de sobrepasar los dientes de ambas mandíbulas, haciendo que los enfermos no pudiesen tomar ningún alimento. De éstos murieron diez y nueve, y entre ellos el gigante patagón y un indio brasileño que llevábamos con nosotros. Los que quedaron enfermos sufrían fuertes dolores en los brazos, en las piernas y en otras partes del cuerpo.

Lo que entonces ignoraba Pigafetta, al igual que Magallanes y el resto de los tripulantes de aquella y otras muchas expediciones hasta comienzos del siglo XVIII, momento en que se descubrió su causa y curación, era que la simple ingestión de frutas y verduras frescas evitaba y, en su caso, curaba dicha enfermedad. Tal milagro consistía en 1/50.000 grs. de una sustancia ($C_6H_8O_6$), el ácido ascórbico, que vulgarmente llamamos vitamina C. Curiosamente, hoy sabemos que los vikingos siempre procuraban llevar en sus correrías por los mares de Groenlandia y Norteamérica verduras y frutas en abundancia para evitar aquella maldición de los mares. De ahí que la tripulación de Magallanes sanara milagrosamente justo al llegar a Filipinas, tras comer las frutas y verduras que le ofrecieron los nativos.

3. Equivalencias

MONEDAS, PESOS Y MEDIDAS

Castellano: 1/50 de marco de oro
Dineral: 24 quilates de oro y 12 dineros para la plata
Dinero: 19 gramos de oro
Doblón: pieza de dos escudos de oro (6,8g), también podía ser de 4 y 8
Ducado de plata: 11 reales y 1 maravedí
Ducado: 11 reales. 27,76 g de plata
Escudo: 3,40 g de oro, equivalente a 10 reales
Marco: ½ libra, 230,046 g
Onza: 1/8 de marco de plata. 28,75 g
Pelucona: doblón de 8 escudos
Peso ensayado: 450 maravedíes de cobre
Peso: pieza de plata equivalente a 8 reales. 27,46 g
Quilate: 9,5 g de oro
Maravedí: moneda de cobre de valor unitario mínimo (sólo España)

Real de plata: 34 maravedíes
Real: 3,43 g de plata
Tostón. Moneda de cuenta usada equivalente a 2,5 reales. 8,7 g
Señas: disco de plomo u hojalata que se usaba en el vuelco de medio real de plata. Se hacía por falta de maravedíes en el Río de la Plata.

SÓLIDOS
Adarme: 1/16 de onza. 1,79 g.
Arroba: 25 libras. 11,5 kg.
Cahiz: 12 fanegas. 56,4 kilos. Media para áridos (sal, harina, granos)
Cajón; 200-240 arrobas (minerales)
Carga de carreta: 150-160 arrobas
Carga de mula: 12-14 arrobas
Cuarterón: ¼ de libra
Fanega de trigo: 9 arrobas. 103,5 kg
Libra: 460,093 g
Ochava o Dracma: 1/8 de onza (en medicina se dividía en 3 escrúpulos)
Onza: 1/16 de libra, 28,7 g
Pesada de cueros secos: 40 libras, 18,4 kg
Petacas de jabón: 1/3 de carga de mula
Quintal: 4 arrobas, 46 kg
Tercio de yerba: 7-8 arrobas
Pernil: Patas traseras de un animal (vaca, cerdo, etc.)
Tomín: 1/3 de onza
Tonelada: 20 quintales, 920 kg

LÍQUIDOS
Arroba: 12,5 litros (aceite)
Azumbre: 1/8 cantara, 2.02 litros
Barril: 32 frascos
Cántara: 16,13 litros
Copa: 0,12 litro
Frasco: 1/7 de cántara
Moyo: 16 cántaras, 258 litros
Pipa: 6-8 barriles

MEDIDAS
Legua náutica: (17,5 al grado = 5,5 Kms.)

BIBLIOGRAFÍA

ALBURQUERQUE, Luís. *Os descobrimentos portugueses.* Publicaciones de Lisboa, 1985.

ARENALES DE LA CRUZ, Reyes. «Vientos, rumbos y direcciones en el horizonte. El nacimiento de una terminología científica en el Renacimiento». *Cuadernos del Instituto Historia de la Lengua,* Centro de Investigaciones Lingüísticas-Universidad de Salamanca, 2009.

ARIAS DE LA CANAL, Fedro y otros. *Fernando de Magallanes, retrato de un héroe.* Ed. Casa Cultura de Potes, Santander, 2006.

BABÍO WALL, Manuel. *Aproximación etnográfica al puerto de Sevilla en el siglo XVI.* Ed. Don Quijote, Sevilla, 1990.

BARROS ARANA, Diego. *Vida y viajes de Hernando de Magallanes.* Imprenta Nacional, Santiago de Chile, 1864.

BARRON, Roderick. *Mapas del mundo.* Ed. Libsa, Madrid, 1989.

BUTTERWORTH, Hezekiah. *The Story of Magellan and the Discovery of the Philippines. D. Appleton and Company.* New York, 1899.

CASAS, Fray Bartolomé de las. *Historia de las Indias.* Fondo de Cultura Económica. México DF, 1951.

CLADERA, Cristóbal. *Investigaciones históricas sobre los principales descubrimientos de los españoles en el mar Océano en el siglo XV y principios del XVI.* Antonio de Espinosa, Madrid, 1744.

COLÓN, Cristóbal. *Diario. Relaciones de viajes.* Sarpe, Madrid, 1986.

—, *Diario de a bordo.* Ediciones Océano, Barcelona, 1985.

COLÓN, Hernando. *Historia del almirante.* Planeta, Barcelona, 2006.

CHARALAMBOUS, Demetrio. *Descubrimiento en el mar de papel. El mapa americano del Rey Salomón.* Edición del autor, Buenos Aires, 1995.

DELPORT CHRISTINE. *Il Roteiro di Leon Pancaldo.* Monografía biográfica. E-book.

EWINGTON, Alison *et alii. The Times Atlas of World Exploration.* Plaza y Janés, Verona, 1992.

FERNÁNDEZ NAVARRETE, Martín. *Colección de documentos inéditos para la historia de España.* Imprenta Viuda de Calero, Madrid, 1842.

FERNÁNDEZ DE OVIEDO Y VALDEZ, Gonzalo. *Historia general y natural de las Indias, islas y tierra-firme del mar Océano.* Imprenta Real Academia de la Historia, Madrid, 1852.

GIL FERNÁNDEZ, Juan. *El exilio portugués en Sevilla. De los Braganza a Magallanes.* Fundación Cajasol, Sevilla, 2009.

HERRMANN, Paul. *Grandes exploraciones geográficas: América, África y el Pacífico.* Ed. Labor, Barcelona, 1982.

HERRERA Y TORDESILLAS, Antonio de. *Historia general de los hechos de los castellanos en las islas y tierra firme del mar Océano. Décadas desde el año de 1492 hasta el de 531. Década primera.* Imprenta Real de Nicolás Rodríguez, Madrid, 1726.

LEONARDO DE ARGUENSOLA, Bartolomé. *Conquista de las islas Molucas.* A. Martín, Madrid, 1609.

LÓPEZ DE GÓMARA, Francisco. *La historia general de las Indias y todo lo acontecido en ellas dende que se ganaron hasta agora y la conquista de Mexico y de la Nueva España.* Martín Nucio, Amberes, 1554.

LÓPEZ DE GÓMARA, Francisco. *Historia general de las Indias.* Espasa Calpe, Madrid, 1941.

LORD STANLEY OF ALDERLEY. *The First Voyage Round the World by Magellan.* Hakluyt Society, Londres, 1874.

LUMMIS, Charles F. *Los exploradores españoles del siglo* XVI. Araluce, Barcelona, 1926.

MANERA REGUEYRA, Enrique *et alii. El buque en la Armada Española.* Sílex, Madrid, 1981.

MARTINIC, Mateo. *Breve historia de Magallanes.* Ediciones Universidad de Magallanes, Punta Arenas, 2002.

—, *Reseña del descubrimiento y de la evolución cartográfica de la Región Magallánica.* Publicaciones del Instituto de la Patagonia, Punta Arenas, 1971.

MEDINA, Pedro de. *Regimiento de navegación, sobre las cosas que los pilotos han de saber para bien navegar y los remedios y avisos que han de tener para los peligros que navegando les pueden suceder.* Sevilla, 1563. Ed. facsímil, 2 tomos: Instituto de España, Madrid, 1964.

MEXIA, Pedro. *Diálogos.* Cristóbal Álvarez, Sevilla, 1551.

MIGUEL BERNAL, Antonio. *La financiación de la Carrera de Indias (1492-1824). Dinero y crédito en el comercio colonial español con América.* Ed. Tabapress, Madrid, 1992.

MICHELET, Jules. *La mer.* Librairie de L. Hachette et Cie., París, 1861.

MONTOTO, Santiago. *Biografía de Sevilla.* Rodríguez Castillejo, Sevilla, 1990.

MORGADO, Alonso. *Historia de Sevilla, de la cual se contienen sus antigüedades, grandezas y cosas memorables en ella acontecidas, desde su fundación hasta nuestros tiempos.* Andrea Pescioni y Juan de León, Sevilla, 1587.

NAVARRO GARCÍA, Luís y García Fuente, Lutgardo. *Sevilla entre dos mundos.* Algaida, Sevilla, 1992.

NOVO Y COLSON, Pedro. *Magallanes y Elcano.* Sucesores de Rivadeneyra, Madrid, 1892.

ORTEGA, Casimiro. *El primer viaje alrededor del mundo, emprendido por Hernando de Magallanes y llevado felizmente a término por Juan Sebastián Elcano.* Ed. facsímil: Extramuros Ediciones, Sevilla, 2009. Original: Imprenta Real de la Gazeta, Madrid, 1769.

ORTIZ DE ZÚÑIGA, Diego. *Annales eclesiásticos y seculares de la muy noble y muy leal ciudad de Sevilla, metrópoli de Andalucía.* Imprenta Real, Juan García Infanzón, Madrid, 1677.

PARRY, J.H. *El descubrimiento del mar.* Editorial Crítica, Barcelona, 1989.

PASTELLS, Rvdo. P. Pablo. *El descubrimiento del Estrecho de Magallanes.* Sucesores de Rivadeneyra, Madrid, 1920.

PIGAFETTA, Antonio. *Noticia del primer viaje en torno al mundo.* Neri Pozza Editore, Vicenza, 1994.

PIGAFETTA, Antonio. *Primer viaje alrededor del mundo.* Ed. de Leoncio Cabrero. Historia 16, Madrid, 1985.

TORIBIO MEDINA, José. *Colección de documentos inéditos para la historia de Chile.* Tomos I y II. Imprenta Ercilla, Santiago de Chile, 1888.

TORIBIO MEDINA, José. *El descubrimiento del océano Pacífico. Documentos.* Imprenta Elzeviriana, Santiago de Chile, 1920.

TORIBIO MEDINA, José. *El descubrimiento del océano Pacífico. Vasco Núñez de Balboa, Fernando de Magallanes y sus compañeros.* Imprenta Universitaria, Santiago de Chile 1920.

ZAMORANO, Rodrigo. *Compendio del arte de navegar.* 1.ª ed., Alonso de la Barrera, Sevilla, 1581.

ZWEIG, Stefan. *Magallanes. El hombre y su gesta.* Ed. Juventud, Barcelona, 1983.

Archivos Consultados

Archivo General de Indias de Sevilla
Archivo General de Simancas
Archivo Histórico Provincial de Sevilla
Archivo de Protocolos de Sevilla
Archivo Torre do Tombo de Lisboa

GLOSARIO BÁSICO DE TERMINOLOGÍA NÁUTICA

Abatimiento: ángulo formado por la quilla de un barco y su dirección real, es positivo o negativo en grados según se produzca a estribor o babor.

Amantillo: jarcia de labor cuyo uso depende de la percha a la que sirve (botavara, tangón, verga, etc.).

Amura: parte exterior del barco desde la proa hasta la popa. Flancos curvos externos del barco.

Babor: parte izquierda de un barco, mirando hacia la proa desde la crujía.

Barlovento: dirección en la que sopla el viento. Barloventear es poner el navío en la dirección del viento.

Bauprés: palo largo que parte de la proa de un navío ligeramente inclinado hacia arriba. En él se afirman los foques y las jarcias firmes del trinquete.

Bordo o bordada: tramo recorrido sobre cada virada (a babor o estribor) para ceñir o tomar el viento.

Botavara: percha en la que se enverga o fija la vela cangreja. Su posición viene a ser casi paralela a la línea de flotación.

Codaste: Estructura vertical que forma la popa de un buque. Su forma depende de las características del timón.

Cofa: plataforma situada en la parte superior de los palos, para uso de los marineros que trabajan en las velas y vegas.

Crujía: línea del centro de la cubierta en sentido longitudinal y paralela a la quilla del barco.

Cuaderna: cada pieza curva unida a la quilla que forma el armazón de un barco. La cuaderna maestra es la que se sitúa en la manga más ancha.

Deriva: forma de abatimiento debida a una corriente marina o la acción del viento.

Derrota: dirección de un barco. A diferencia del rumbo se refiere a la ruta que ha de seguirse entre dos puntos y a la línea que la expresa en la carta.

Driza: cabo del que se suspende una vela o una verga.

Espejo de popa: parte de la popa de forma plana por encima de la bovedilla.

Espiar: halar o jalar a un barco hacia su punto de amarre. Se le hace virar con el ancla desprendida en dirección a una boya o a otro barco.

Estay: cabo que sujeta un palo desde la proa para evitar que se incline hacia la popa.

Estribor: parte derecha de un barco.

Forro: parte externa del casco, asegura la estanqueidad del navío.

Gavia: vela del mastelero.

Jarcia: conjunto de los cabos de un barco. Se divide en jarcia firme, que está fija (obenque, estay, etc.) y jarcia de labor que se usa en los aparejos.

Marcación: ángulo que forman la demora (línea tomada en referencia a la rosa de los vientos, dirigida a un punto de referencia) y el rumbo del barco.

Mastelero: prolongación del palo de un navío (palo macho) cuando no tiene suficiente altura. Ambos se unen a la cofa.

Obenque: cabo grueso para sujetar un palo desde las bandas hasta su cabeza.

Orzada: maniobra del velamen y el timón para dirigir la embarcación en la dirección del viento, la maniobra opuesta se llama arribada.

Palo: mástil colocado de forma vertical a la quilla que sostiene las vergas o cualquier otro elemento de sujeción de las velas. Los habituales de un navío son el bauprés, el trinquete, el mayor y el de mesana.

Penol: cada extremo de la verga.

Quilla: madera curva que delimita longitudinalmente la parte inferior de un barco desde la punta de proa a la de popa.

Roda: pieza que forma la parte más saliente de la proa de un barco, a la que se unen las planchas de los costados.

Rumbo: dirección que lleva un barco, se expresa como el ángulo entre una determinada coordenada (paralelo o meridiano) y la derrota de aquél).

Tambucho: pequeño acceso sobre la cubierta que permite bajar hacia el interior del barco.

Vela: superficie de lona que se iza al palo para recoger la fuerza del viento e impulsar el barco. Según su forma son triangulares, como el foque, la cangreja, de popa y latina, o también redondas y trapezoidales.

Verga: percha colocada horizontalmente a un palo que sostiene una vela.

ÍNDICE TEMÁTICO

ÍNDICE

Gente de la Armada del Maluco

III
Epílogo

IV
Apéndice de documental

V

Consideraciones de interés

Este libro comenzó a escribirse en Royton
(UK), el 27 de septiembre de 2013,
y fue terminado el 21 de
octubre de 2016
en el Rincón de
la Victoria

de Magell navi
Prima ego velivolis ambivi cursibus Orbem
Magellane novo te duce ducta freto
Ambivi, meritoq; vocor Victoria: sunt mi
Vela, ale, precium, gloria; pugna, mare